JN418383

경영학원론

PRINCIPLES OF MANAGEMENT

권영식 김기평 김세진 박철주 백운배 서근하 서대성 신동진 이광근 이상윤 이승은 조경인 황문영 윤명길 공저

(사)한국유통과학회 도서편찬위원회 감수

도서출판 두남

PREFACE

이 책을 출간하기 위한 준비과정은 2012년부터 시작되어 왔다. 그럼에도 불구하고 이제야 세상에 나오게 된 것은 다수의 저자가 참여하는데다 완성도를 최대한 높이기 위하여 꾸준한 준비를 거듭하는 출간 노력이 여간 쉽지 않았기 때문이었다. 이를 위해서 도서출판 두남에서는 수년간 인내하고 지원을 아끼지 않았다.

물론 사회과학분야 최대 규모의 사단법인 한국유통과학회(KODISA)와 20년 가까운 세월동안 함께 했음에서 이유를 찾을 수 있겠지만 학회 회원들과 도서출판 두남 간 지속적인 인연 또한 작용했다고 할 수 있을 것이다.

보통 성공한 조직에서는 통일된 목표와 가치를 창조하기 위하여 훌륭한 리더십을 갖춘 리더의 자질과 카리스마 그리고 리더십 스킬을 요구하고 있다. 사회가 변화함에 따라 조직을 이끄는 리더는 현대 경영에 있어서 기업 성패를 가르는 막중한 역할을 책임지고 있다. 마찬가지로 사단법인 한국유통과학회도 학회 구성원들의 한결같은 노력과 리더들의 열정이 오늘날 학회를 한국 사회과학분야 최대 규모로 우뚝 서게 한 원동력이 아닌가 생각된다.

학회는 현재 4개의 직할 학술지 운영 및 3개의 학회 학술지 위탁운영관리를 포함하여 여러 학회의 학술지 사업을 직접 지원하고 있다. 이들이 세계적인 학술지로 발전할 수 있도록 운영 노하우와 관리시스템을 보급 중이다. 이에 대한 호평이 이어져 더욱 더 많은 학회들이 사단법인 한국유통과학회에 학술지 운영과 관련한 도움을 요청하고 있다.

이 책은 경영학을 처음 학습하게 되는 학생들의 이해도를 높이기 위하여 저자들이 강의 현장에서 축적한 실무 자료와 지식을 바탕으로 집필되었다. 독자들이 경영학의 전반적인 개념과 기본 이론들을 가능한 한 쉽게 이해할 수 있도록 초점을 맞추었다.

본서는 전체 14장으로 구성되어 있다. 구체적으로 살펴보면 제1장은 김기평 교수가 집필하였는데 기업과 경영, 경영자의 정의에 대하여 살펴보았다. 제2장은 이상윤 교수가 경영성과에 대하여 집필하고, 제3장은 경영 환경과 변화에 대하여 백운배 교수가 집필하였다. 제4장은 의사결정에 대하여 김세진 교수가 집필하였고, 제5장과 제6장은 계획, 전략구축과 실행에 대하여 권영식 교수가 집필하였다. 제7장은 조직화에 대하여 조경인 교수가 집필하였고, 제8장은 지휘와 통제에 대하여 신동진 교수가 집필하였고, 제9장은 생산운영관리에 대하여 이승은 교수가 집필하였다. 제10장은 마케팅 활동에 대하여 이광근 교수가 집필하였고, 제11장은 인적자원에 대하여 박철주 교수가 집필하였다. 제12장 자금조달과 활용은 서근하 교수가 집필하였고, 제13장은 정보화와 지식경영에 대하여 서대성 교수가 집필하였다. 제14장 창업과 벤처경영은 황문영 교수가 집필하고, 전체적인 책임편집은 윤명길 교수가 맡아서 진행했다.

이상의 내용은 경영학을 접하는 초보자들이 경영학 개념에 비교적 쉽게 접근할 수 있도록 핵심 내용 위주로 체계적으로 정리하였으나, 내용 중 일부 부족한 점이 있을 것으로 생각되며 이는 앞으로 개정판을 통해 수정 및 보완할 것을 약속드린다.

5년여에 걸친 준비 끝에 초판이 출간될 수 있도록 많은 도움을 주신 한국유통과학회, 국제융합경영학회, 동아시아경상학회, 한국프랜차이즈경영학회의 선후배 교수님들과 수업현장에서 학문의 연구 자료를 제공하여 준 제자들에게 깊은 감사를 드린다. 부족하고 미흡한 이 책이 나오기까지 자료정리와 교정 작업에서 많은 도움을 주신 도서출판 두남의 전두표 사장님과 이승구 상무님께 감사의 마음을 전한다.

2017년 7월

저자 일동

CONTENTS

Chapter 1 기업, 경영, 경영자

Chapter 2 경영성과

Chapter 6 전략 구축과 실행

Chapter 7 조직화

Chapter 9 생산운영관리

Chapter 10 마케팅활동

Chapter 13 정보화와 지식경영

Chapter 14 창업과 벤처경영

제1장 기업, 경영, 경영자

요약

많은 조직이 경영의 대상이 되는 것이지만 그 많은 조직 중에서 기업이 차지하고 있는 비중은 매우 크며, 일반적으로 경영이라 하면 **기업에서의 경영**을 빼놓을 수 없게 되었다. 우리 주변에는 수많은 조직가운데 사적인 영리(이윤)를 추구하는 사업조직이 기업이다.

기업은 제품과 서비스의 생산 이외에도 복잡조직에 널리 응용될 수 있다.

기업이란 재화와 서비스의 생산과 공급을 통하여 최대의 수익(profit maximization)을 올리기 위해 인위적으로 구성된 조직체이며 동시에 개인으로서는 성취할 수 없는 목적을 여러 사람들의 협력을 통해 달성하려는 사회, 심리적 협동시스템이다.

기업의 목적도 시대의 변화에 따라 변하게 되었다. 과거에는 '이윤추구'를 최대의 가치로 생각하여 왔으나, 최근에는 소비자들의 욕구와 생애주기가 변화함에 따라 고객감동을 통한 가치창조가 중요하게 되었다. 따라서 오늘날의 기업의 목적은 **고객생애가치**(Life Time Value)의 극대화를 통한 기업의 가치향상이 필요하게 되었다.

경영이란 "명시된 조직의 목표를 달성하기 위하여 조직이 동원할 수 있는 모든 자원을 사용하여 구성원들의 노력을 계획, 조직, 지휘, 통제하는 일련의 과정"이라고 정의할 수 있다. 경영은 기업의 비전과 목표를 달성하기 위해 계획하고 설행하고 이를 평가하는 일련의 동태적 과정이다.

경영자란 비 인격체라고 할 수 있는 기업에서 기업의 방향을 결정짓고 경영활동을 직접 수행하는 주체가 되어 인격체로서의 역할을 담당하는 사람이다. 따라서 경영자는 경영을 총괄하면서 경영에 대한 책임을 지게 된다.

소유와 경영에 의하여 **소유경영자, 고용경영자, 전문경영자**로 분류되며, 계층에 의하여 **최고경영층, 중간경영층, 하위경영층**으로 분류된다.

경영자의 역할로는 기업 활동을 체계적으로 관리하기 위해서는 경영자가 일련의 경영활동 과정, 즉 계획화, 조직화 및 충원, 지휘, 통제를 수행해야 하고 경영자가 성공적으로 경영목표를 달성하기 위해서는 세 가지 유형의 경영 기술, 즉 전문적 기술, 인간관계적 기술, 개념적 기술을 습득 활용해야 한다.

• 주저자: 김기평교수, 대전대학교 국제물류학과, Tel: 042-280-2051, E-mail: gpkim@dju.kr

제1장 기업, 경영, 경영자

조직이란 "다수의 인간들이 공통된 목적을 달성하기 위하여 상호작용을 하고 조정을 행하는 유기적인 행동의 집합체"라고 할 수 있다. 이러한 조직에 대한 정의를 경영학의 차원과 기업의 관점에서 정의한다면 "다수의 인간들이 그들의 공통된 목표를 달성하기 위하여 투입에 비해 보다 많은 산출을 생산하는 경제성의 원칙에 입각하여 운영되는 유기적인 행동의 집합체"라고 할 수 있다. 기업에 대한 이해는 이러한 조직의 관점에서 이해할 수 있도록 해야 한다.

1 기업의 이해

많은 조직이 경영의 대상이 되는 것이지만 그 많은 조직 중에서 기업이 차지하고 있는 비중은 매우 크며, 일반적으로 경영이라 하면 기업에서의 경영을 빼놓을 수 없게 되었다. 우리 주변에는 수많은 조직이 존재하고 있다. 이러한 조직 가운데 사적인 영리(이윤)를 추구하는 사업조직이 기업이다. 이러한 수많은 조직체들 가운데 경영학의 대상이 주로 기업을 거론하는 이유는 다음과 같다.

첫째, 기업은 오늘날 가장 많이 존재하는 대표적인 조직이며 현대인들에게 가장 큰 영향력을 보이는 조직이다.

둘째, 기업은 제품과 서비스의 생산 이외에도 복잡한 조직시스템이 존재하기 때문에 기업에 대한 연구결과는 공공기관, 학교, 병원, 교회 같은 일반 조직에 널리 응용될 수 있다.

셋째, 경영학 연구의 자료를 기업으로부터 가장 많이 얻을 수 있고 연구결과에 대한 실험 대상이 되기도 하며 산학협력의 무대가 되기도 한다.

1.1. 기업의 본질

"기업이란 무엇인가?"하는 기업의 본질에 관한 물음에는 여러 가지의 답이 나올 수 있다. 이것은 기업이라는 조직의 형태에 대한 관점이 사람에 따라 달라질 수 있기 때문이다.

기업을 보는 관점을 기업관이라고 할 수 있다. 기존의 여러 가지 기업관들을 보게 되면 일치되는 것들이 있는데 이것을 기업의 본질적인 특성이라고 할 수 있다

첫째, 기업은 이윤을 추구하는 조직체라고 할 수 있다. 기업은 수익성 추구라는 공동의 목표 속에서 행동을 한다. 그런데 이러한 수익성 추구는 경제성(經濟性)의 원칙(原則)에 입각하여야 한다. 경제성의 원칙이란 경제적으로 가장 유리한 생산 함수 및 요소 결합의 실현을 모색하는 것으로 기업의 경영에 있어서 생산적인 변환 과정에 관련된 기본 원칙이라고 할 수 있다. 기업은 기본적으로 이윤창출을 통해 기업의 존재가치를 확인할 수 있고 이윤을 창출하지 못하는 경우 기업의 활동이 극단적으로는 정지되기 때문에 어떠한 환경이나 조건 속에서도 이윤을 추구하게 된다고 할 수 있다.

둘째, 기업은 본질적으로 생산기능을 수행한다. 여기서 생산이란 효용가치를 창출하고 부가가치를 창출하는 모든 활동을 말한다. 즉, 생산이란 사회가 요구하는 제품이나 서비스를 얻기 위해 가엽의 자원을 결합하여 변환시키는 과정이라고 할 수 있다. 기업은 인간의 욕구 충족을 실현시킬 수 있는 제품 및 서비스 등을 창출하는데, 이것은 결국 효용을 창출함을 의미하는 것이다. 기업이 창출하는 효용은 경영자의 경영관리기능에 의해 합리적으로 계획되고 실행되며 통제된다고 할 수 있다.

셋째, 기업은 일반적으로 사회적 특성을 갖는다. 기업은 사회적으로 고립된 존재로서는 그 가치가 무의미하다고 할 수 있다. 기업의 내부적인 사회적 특성을 가지며 기업은 인간 집단에 의해 구성되는 사회적 유기체로서 인간이라는 구성원 간의 원만한 이해와 협력이 선행되어야 기업의 목표를 달성할 수 있게 된다. 기업의 외부적인 사회적 특성으로서, 기업은 저마다 기업에 대해 어떠한 이해관계를 가지고 있는 주주, 투자자 및 채권자, 근로자 및 노동조합, 경쟁기업, 소비자, 지역사회 및 정부 등의 여러 이해집단과의 상호작용 내지는 상호의존의 관계를 가지면서 이들 개인이나 집단과의 협력과 갈등 속에서 존속하는 존재라고 할 수 있다.

이러한 측면에서 기업은 거대한 사회시스템 속의 부분적 시스템으로서 이들 외부집단과 지속적으로 상호작용하는 작은 시스템이라고 할 수 있다.

넷째, 기업은 보편적으로 기술적인 특성을 갖는다. 기업의 본질적인 기능인 생산기능을 수행하기 위해서는 기업의 경쟁우위적인 기술을 보유하고 있어야 한다. 기업이 생산에서 판매에 이르는 수많은 과정 속에서 독창적인 기술을 보유하고 있지 않다면 그 기업은 존립할 수 없게 된다. 따라서 기업이 기업으로서 존재하기 위해서는 그 기업만의 핵심기술을 보유하고 있어야 하며 기술 환경의 변화에 대처할 수 있는 기술개발 능력을 보유하고 있어야 한다.

1.1.1. 기업의 정의

기업이란 재화와 서비스의 생산과 공급을 통하여 최대의 수익(profit maximization)을 올리기 위해 인위적으로 구성된 조직체이며 동시에 개인으로서는 성취할 수 없는 목적을 여러 사람들의 협력을 통해 달성하려는 사회, 심리적 협동시스템이라는 측면도 있다.

이상의 정의 속에는 다음과 같은 의미가 함축되어 있다고 볼 수 있다.

① **경제시스템**: 제품과 서비스를 생산하되 최소의 비용으로 최대의 산출을 얻으려 한다.
② **기술시스템**: 자본, 인력, 원료를 제품과 서비스로 변환시키는 활동(기술)이란 것이 존재한다.
③ **사회시스템**: 기업은 사회에 대하여 고용을 창출해주고 사회적 윤리를 실천한다.
④ **심리시스템**: 구성원들 상호 간에 심리적 인간관계를 갖기 때문에 기업 안에는 항상 존경, 미움, 갈등, 사랑, 권력게임 등이 존재한다.

1.1.2. 기업을 보는 관점과 변화

칼 마르크스(K. Marx)는 이 땅에 자본가가 발붙여서는 안 된다고 역설했다. 만일 노동자들끼리 5억을 모아 같은 방식으로 기업을 운영했더라면 남는 잉여가치 1억을 노동자들끼리 나누어 가질 수 있었다는 것이다. 즉 기업가(자본가, 주주)는 아무 일도 않고 1억을 가져갈 권리가 있는 것인가? 그 당위성은 다음과 같다.

첫째, 위험을 감수한 대가이다. 만일 손해를 보았다면 노동자들이 자기가 받은 임금을 다시 내놓을 수 있을까?

둘째, 경제성장과 혁신의 대가이다. 자본가가 없었더라면 통나무 원료는 그대로 산에 방치된 채 이 땅에 교탁이 존재할 수 없었던 것이다. 또한 교탁 공장을 운영하다 보니 칠판과 책상을 만들 수 있는 기술혁신도 이뤄진 것이다.

셋째, 고용기회 창출의 대가이다. 교탁 공장이 설립된 덕분에 노동자, 기술자들은 1년간 일을 하고 임금을 받아서 살 수 있었던 것이다.

넷째, 여성, 아이, 노약자에게 공헌이 된다. 칼 마르크스 주장대로라면 교탁 공장에서 일한 노동자만이 혜택을 봐야 된다. 그러나 힘이 없어 혹은 기회가 없어 교탁 생산에 참여하지 못한 사회구성원들은 어떻게 할 것인가? 자본가가 남은 2억 중에 나누어서 정부에 낸 세금으로 고용에 참여하지 못한 자들에게 삶의 여건을 마련해 줄 수 있는 것이다.

이처럼 기업을 해도 이윤이 생기지 않는다면 아무도 기업을 하지 않을 것이며 이 땅에 기업이 존재하지 않는다면 오늘날 우리가 사서 쓰는 물품과 서비스는 만들어지지 않았을 것이다. 그러므로 이윤이야말로 이 땅의 원료와 지식자원들이 원시상태 그대로 있지 않고 인류에게 유용하도록 세련된 모습으로 다시 태어나게 하는 원동력이 되는 것이다. 다만 지나친 이윤이나 불량품을 만들어 공급하고 챙기는 기업 이윤은 인정할 수 없는 이윤이다.

기업을 보는 관점은 시대의 흐름에 따라 변화하여 가고 있다.

1.1.2.1. 기업의 생산 중심적 개념

자유주의 경제학자인 밀턴 브리드만(Milton Friedman)은 "기업의 목적은 이윤을 극대화하는 것(the social responsibility of a corporation is to maximize profit)"이라고 하였다. 기업의 목적에 관한 가장 전통적이면서도 가장 정통적 먼 견해를 피력하였다. 이는 기업의 본질에서 언급한 바와 같이 기업을 하나의 생산 변환 조직으로 인식하는 데에서 출발한다. 기업을 투입물의 물리적, 화학적 변화를 통하여 새로운 산출물로 바꾸는 조직체로 인식하고 투입물과 산출물의 가치 차이를 극대화하기 위해 활동하는 조직으로 본 것이다. 따라서 기업이란 사람, 돈, 물자 등 여러 자원을 조합해서 제품과 서비스를 만들되 최소의 자원으로 최대의 효과를 냄으로써 이윤을 극대화하는 기관으로 본 것이다.

1.1.2.2. 기업의 마케팅 중심적 개념

그러나 이러한 전통적 관점의 생산 중심적 개념은 시장의 구조가 생산자 중심이었을 때는 설득력을 가지고 있었으나 현대와 같은 소비자 중심의 시장인 정우에는 상황이 다르다. 즉 기업이 아무리 노동, 자본, 물자, 기술 등 투입물을 효율적으로 활용해서 좋은 제품과 서비스를 생산해 내더라도 이것이 제대로 팔리지 않으면, 재고품은 창고에 쌓이게 되고 서비스는 팔리지 않게 되어 결국 임금이나 채무도 갚을 길이 없게 되는 것이다. 따라서 기업은 생산도 중요하지만 생산된 제품을 어떻게 잘 판매할 것인가 하는 점도 중요한 문제로 인식하기 시작하였다. 기업을 단순한 생산 시스템으로 만 인식하고 구매, 소비하는 소비자의 존재를 망각하면 기업은 영속적인 실체로서의 기능을 상실한다는 사실이 자각되었던 것이다. 즉 기업이 내놓은 제품과 돈이 맞바꿔져야 비로소 기업은 그 돈을 가지고 다음 단계에서 필요한 투입물을 사서 다시 생산 활동에 투입하는 순환 과정을 수행할 수 있기 때문이다.

과거부터 만들던 제품을 무턱대고 계속 만들어 낼 것이 아니라, 우선 충분한 시장

조사를 통하여 소비자들이 어떤 제품을 원하는가를 정확히 판단하고 이를 기초로 소비자에게 맞는 신상품을 개발·생산한 후, 이런 제품이 있다는 것을 잠재적으로 구매자에게 알리고 이를 소비자에게 전달할 수 있는 효율적인 유통시스템을 개발하여 소비자로 하여금 구매의욕을 자극해 필요를 느껴 구매하게 만드는 마케팅의 과정이 필요하다. 한마디로 마케팅 중심적인 기업의 역할은 고객을 창출하는 것 바로 그것이다(the role of a corporation is to σ eat customer).

1.1.2.3. 기업의 인간중심의 개념

앨빈 토플러(Albin Toffler)는 인간 사회가 농경사회에서 산업사회로 산업사회에서 이제는 정보화 사회로 변천하고 있다고 하였다. 농경사회에서는 기업의 존재가 없었고, 산업혁명을 통한 산업사회에서는 기업이 등장하고 기업은 산업 활동의 가장 효과적인 수단이었다. 산업사회의 기업은 건물과 공장을 자산으로 여기에 인적 자원과 물적 자원을 비용으로 투입하여 이윤을 창출하였다. 즉 물자와 함께 사람은 단순한 비용으로 인식됐다. 그러나 정보화 사회에 서는 인간의 창조적인 두뇌활동으로 가치가 창출되기 때문에 인간이야말로 건물과 공장을 대신해서 이윤 창조활동에 가장 중요한 자산이 되었다. 미래의 사회에서 기업의 경쟁력은 창조적인 두뇌를 지닌 종업원을 얼마나 확보하느냐에 따라 좌우된다. 따라서 21세기의 기업의 역할은 사람의 능력을 개발하는 것이다(The mission of a corporation is to develop human capacity).

1.2. 기업의 형태

기업의 유형은 관점에 따라 여러 가지로 나눌 수 있다. 예를 들면 기업의 크기, 업종, 소유자, 법적 신분 등에 따라서 다양하게 유형화되는데 법적인 분류로 합명회사란 출자와 경영을 2인 이상이 공동으로 하고 회사 부채에 대해 끝까지 무한책임을 지는 형태이며 합자회사란 일부만 책임지는 유한책임자와 무한책임자가 공동 설립한 회사이다. 물론 무한책임자가 경영을 떠맡는다. 유한회사란 모두가 유한책임 사원으로 출자만 하고 경영은 제삼자가 하되 지분의 증권화나 타인에의 양도가 자유롭지 못한 것이 주식회사와 다른 점이다.

1.2.1. 주식회사

기업 활동이 점점 확대되면서 더 많은 자본이 필요하게 되어 한두 명이 가진 자본으로 충당하기는 어렵게 되었다. 이때 기업의 신용을 담보로 하고 기업이 책임을 지는 기업 명의의 증서(증권 혹은 주식)를 발행하여 수많은 사람들에게 나누어주고 자본을 모아서 설립된 기업이 주식회사이다. 1602년 네덜란드의 동인도회사가 주식회사 형태의 효시로 전해지고 있으나 산업혁명 이후 대량생산체제로 진입하면서 초대형 기업의 필요성 때문에 거의 대부분의 기업들이 주식회사 형태를 취하게 되었다.

주식회사는 다음과 같은 특징을 가진다.

① **유한책임제도:** " 주식을 산 출자자(사설 상의 소유자)들은 자신이 출자한 지분에 대해서만 유한책임을 지기 때문에 많은 사람들이 안심하고 자본을 투자할 수 있게 된다. 무한책임이라면 어느 누구도 선뜻 자본을 출자하려 하지 않을 것이기 때문이다.

② **주식 제도:** 출자의 단위가 되는 주식의 단위당 금액을 소액(5천원, 만원 등)으로 균등화하였기에 적은 자금밖에 없는 소위 소액주주들도 참여할 수 있으며 또한 주식의 매매나 양도가 자유롭다. 그러므로 더 많은 사람들에게 출자를 유도할 수 있어서 주식회사로 자본이 집중되어 거대 자본으로 회사를 운영할 수 있는 장점이 있다.

③ **소유와 경영의 분리:** 주주들은 출자 분만큼 회사에 대해 권한을 갖지만 참여자 본가의 수가 매우 크기에 일부의 주주들이 경영에 대한 결정권을 갖기 어렵다. 따라서 경영은 전문경영인에게 위탁한 셈이 되고 출자자는 배당이나 받으면 되기 때문에 경영능력이 없는 자본가들도 안심하고 투자를 할 수 있다. 그들은 또한 자신들보다 훨씬 경영능력이 뛰어난 전문 경영자에게 회사 운영을 맡길 수 있다는 장점도 있다.

1.2.2. 공기업

정부나 지방자치단체 등 공공기관이 소유주로 되어 있는 기업을 공기업(公企業)이라고 하는데 정부나 공기업은 가만히 앉아서 사기업(私企業)들로부터 이윤의 일정액인 세금(稅金)이나 받지 왜 직접 기업을 운영하느라 골머리를 앓고 있을까? 공기업이 존재하는 이유는 다음과 같다.

① **재정수입:** 정부나 공공단체도 공공복지를 위해 많은 지출을 필요로 하는데 국민이나 사기업의 세금만으로는 충당하기 어려워서 돈을 벌어서 공공사업을 수행하기도 한다. 담배인삼공사의 수입, 한국전력공사 등에서 버는 이윤이 그 예이다.

② **거대한 자본:** 어떤 사업은 너무 많은 자본이 들어가기 때문에 일반 증권투자가들이나 개인들이 모여 가지고는 불가능한 사업이 있다. 예를 들면 서울시 지하철

사업, 신공항 건설 사업 등은 국민을 위해 꼭 있어야 하지만 수조원의 자금을 댈 수 있는 자본가가 없는 것이다.

③ **손해지만 필요한 사업**: 개인 사업가가 산간벽지에 사는 몇 사람을 상대로 버스 사업이나 이동통신 사업을 한다면 손실은 불을 보듯 뻔한 사업이다. 그러나 그들도 한 민족이기에 누군가가 버스 운행을 해주고 통신안테나를 설치해 주어야 한다. 이때 적자운영을 감수하고 정부나 지방자치단체가 회사를 설립하여 운영하는 것이다.

④ **안전, 국방사업**: 국토방위와 사회 안전에 민감한 무기 제조업이라든가 상·하수도 사업, 전기·가스 사업을 사기업이 맡게 되면 기밀유지도 어렵거니와 수시로 발생하는 파업 등으로 국민의 일상생활에 크게 지장을 초래할 수 있기에 아예 정부나 공공단체가 소유하고 운영하는 것이다.

위에 나열한 공기업의 필요성에도 불구하고 다른 나라와 마찬가지로 우리나라에도 적자에 시달리는 공기업들이 많이 있다. 부득이한 적자뿐만 아니라 방만한 경영이라던가 구성원들의 나태로 인한 경영손실은 국민의 세금으로 메워야만 한다. 따라서 사회주의 국가에서도 공기업 민영화가 가속화되고 있으며 우리나라에서도 주식 지분율 50% 이상을 정부가 소유하고 있던 은행이나 많은 공기업들의 민영화가 이뤄지고 있다.

이는 다름 아니라 공기업이 사기업에 비해 비효율적 요소를 많이 포함하고 있기 때문이다. 예를 들면 경영자의 비전문성을 들 수 있다. 정부가 경영자를 임명할 때 전문분야의 종사자가 아닌 고위직 퇴직 공무원을 초빙하는 수도 있고 더욱이 3년 정도의 한시적 재직기간이므로 장기적 경영이 어렵다. 또한 국민에게 필요한 사업인 경우에 아무리 적자가 나도 도산하거나 폐쇄 위험이 없으니 모든 구성원들은 경쟁의식 없이 적자가 나면 국민의 세금으로 메운다는 무사안일의 태도로 업무에 임할 수 있다.

1.3. 기업의 목적

시대의 변화에 따라 기업의 목적에 대한 인식도 변화하게 되었다. 과거에는 '이윤추구'를 최대의 가치로 생각하여 왔으나, 최근에는 소비자들의 욕구와 생애주기가 변화함에 따라 고객감동을 통한 가치창조가 중요하게 되었다. 따라서 오늘날의 기업의 목적은 고객생애가치(Life Time Value)의 극대화를 통한 기업의 가치향상이 필요하게 되었다.

1.3.1. 경제적 목적

기업가는 기업을 운영하고 이를 통하여 이익을 내야만 주주들에게 배당하고 정부에 세금을 내고 그 기업의 미래 성장을 위한 적립을 할 수 있다. 따라서 기업이 이윤을 내기 위해서는 사회가 요구하는 재화와 용역을 최소의 비용으로 생산해야 할 것이고 그렇게 하려면 자원의 투입에서 산출까지 모든 과정을 경제적으로 경영해야 함은 말할 것도 없다.

이윤극대화(profit maximization)

기업은 주어진 상황에서는 가능한 한 최대의 이윤을 내려고 노력해야 한다. 각 기업들은 서로 최대의 이윤을 내려고 경쟁하다 보니 최소의 비용으로 제품과 서비스를 생산하려 할 것이며 또 많이 팔아야 이윤을 내니까 값싸게 시장에 내놓는다. 이렇게 경쟁원리라는 '보이지 않는 손' 덕분에 일반 소비자는 더 좋은 상품을 더 싸게 사서 쓸 수 있는 것이다.

1.3.2. 사회적 목적

기업이 이윤을 극대화해야 한다는 경제적 목적만 인정한다면 부당한 경쟁이나 환경오염을 방치하면서라도 이윤만 추구하면 된다는 말을 인정하는 꼴이 된다. 그러나 기업은 사회가 기업에 기대하는 역할을 수행해야 한다는 사회적 목적도 가지고 있다. 이는 사회적 책임, 기업윤리 등으로 불리기도 한다. 사회적 목적을 소극적으로 달성하는 기업이라면 오염 배출을 억제하고 외제품 판매로 돈 버는 일을 삼가겠지만 사회적 목적의 적극적인 실현은 사회봉사, 고용안정, 예술 활동 지원 등에 앞장서는 것이다. 하지만 때로는 경제적 목적 실현과 사회적 목적 실현이 상충되는 때가 많은 것도 사실이다.

기업의 목적을 논할 때 단일 목적론(single or simple goal theory)과 복수 목적론(multiple or plural goal theory)으로 구분하기도 한다. 전자는 기업의 목적은 오직 그 기업을 최초로 만든 장본인인 기업가(자본가, 주주)의 목적을 달성시켜 주어야 한다는 것이다. 주주가 자기 돈을 투자하여 기업을 만든 이유가 바로 돈을 벌려는 것이었기에 기업은 이윤을 내서 주주에게 배당을 많이 주는 것만이 유일한 목적이라는 것이다. 후자의 입장은 기업의 이해관계자가 주주뿐만 아니라 소비자, 종업원, 정부, 은행, 거래처 등 다양하기 때문에 이들 각자의 목적을 골고루 달성시켜 주어야 한다는 것이다. 사회적 목적을 동시에 달성해야 한다는 말은 바로 복수 목적론적 주장을 대변하는 것이다.

2 경영의 이해

2.1. 경영의 일반적 정의

경영학의 연구 대상으로서의 조직인 기업과 경영을 쉽게 표현하면 각각 육체와 정신에 비유할 수 있다. 조직은 '육체'에 그리고 경영은 '정신'에 비유되면서 양자는 불가분의 관계로 설명되고, 혹자에 의해서 전자는 후자의 목적을 위한 수단의 관계로 설명되기도 한다.

경영과 조직은 하나로 구성된 생존체로서 상호 의존적인 관계에 있기 때문에 경영 없는 조직 활동은 존재할 수 없고 조직 없는 경영활동도 무의미하다고 하겠다.

2.1.1. 경영의 개념

경영이란 "명시된 조직의 목표를 달성하기 위하여 조직이 동원할 수 있는 모든 자원을 사용하여 구성원들의 노력을 계획, 조직, 지휘, 통제하는 일련의 과정"이라고 정의할 수 있다. 또는 "조직의 사명이나 경영목표를 달성하기 위하여 제 자원을 효율적으로 활용하는 과정"으로 정의할 수 있다. 경영자의 입장에서 보면 경영이란 경영자가 조직의 목표를 달성하기 위하여 여러 가지 기능을 수행하는 과정에서 발생하는 행동 현상이라고 할 수 있다. 폴렛(MP. Follett)은 경영에 대해 "사람을 통하여 일을 성취하는 기술"이라고 정의하였으며 또한 드러커(Drucker)는 경영에 대해 "조직의 방향을 제시하고 리더십을 통하여 조직의 제 자원을 어떻게 활용할 것인지를 정하는 것"이라고 정의하였다. 드러커의 경영에 관한 정의를 구체적으로 서술하면 경영은 '조직의 목표를 설정하는 과정이며, 고도의 업무 수행을 위한 조직의 제 자원의 효율적이고 효과적인 사용에 관한 의사결정을 행하는 행동'이라는 뜻이다.

헨리 페욜(Henri Fayol)에 의해 제시된 경영의 개념, 즉 경영은 "계획하고, 조직하고, 지시하고, 조정하고, 통제하는 작업"이라는 정의를 통하여 모든 조직의 경영에 공통으로 나타나는 현상을 정리하면 다음과 같다.

첫째, 계획 수립(planning)이다. 경영자는 조직의 궁극적인 목표를 달성하기 위하여 구체적인 활동 목표를 제시하고 해야 할 일들을 단계적으로 명시한다. 다시 말하여 조직이 나아갈 방향과 수행하여야 할 과업들의 우선순위를 결정한다. 조직이 미래 희망하는 위치와 거기에 어떻게 도달할 것인가를 명확히 하는 과정이라고 할 수 있다.

예를 틀면 외국기업들이 국내시장에 본격적으로 진출함에 따라 앞으로의 사태 변화에 대한 예측을 하고 그 대응책을 강구하는 것은 경영자의 계획 수립 기능이라고 할 수 있다.

둘째, 조직화(organizing)이다. 조직화란 조직 목적을 달성하기 위해 조직의 여러 자원, 부서 또는 직무를 배열하는 과정이다. 즉 계획을 집행하기 위하여 인적·물적 자원을 체계화시키는 기능이다. 계획 수립이 조직의 목적을 설정하고 그것을 어떻게 달성할 것인가에 관련된 것이라면 조직화는 그 목적을 달성하기 위해 조직구조를 어떻게 설계할 것인가에 관련된다. 예를 들어 신제품을 개발할 때 각 부서에서 인원을 추출하여 팀을 만들고 각각의 사람들에게 구체적인 임무와 함께 필요한 재정상의 지원을 하는 것과 같다.

셋째, 지휘 기능(leading)이다. 구성원들이 부여받은 업무를 자발적으로 수행하도록 그들에게 의욕을 불어넣어 주고 영향력을 행사하는 기능을 말한다. '동기부여화'라 불리기도 하는데 계획을 수립하고 조직구조를 만들고 종업원을 채용한 다음 조직을 이끌어가야 하는 것을 말한다. 그러기 위해서는 구성원들에게 목표의식을 강렬하게 심어 주고 그들의 고충을 읽을 수 있는 능력이 있어야 한다.

넷째, 통제 기능(controlling)이다. 구성원들이 맡은 일을 제대로 하고 있는지 혹은 조직이 바람직한 방향으로 나아가고 있는지를 확인하기 위하여 정보를 수집하여 평가를 하고 필요할 때는 시정 조치를 취하는 과정을 말한다.

앞에서 서술한 경영에 관한 다양한 시각과 견해를 통하여 경영에 대한 최종적인 정의를 해보면 경영이란 "기업이 경영목표를 달성하기 위하여 인적, 물적, 재화적 자원을 효율적으로 배분하고 운용함으로써 최종 산출물을 생산해 가는 순환과정"이라고 할 수 있다.

2.1.2. 경영과정

어떤 조직체가 그 목적달성을 위해 하나의 시간적 계열 속에서 거치게 되는 계속적인 과정. 대체로 경영과정에는 계획(planning)·실천(implementation)·통제(control) 등의 기능이 포함된다.

경영학에서 말하고 있는 매니지먼트 프로세스로서 경영체가 그 목적을 달성하기 위한 내부적인 관리기능을 문제로 하는 것들이며 이 기능에 대해서는 많은 학자의 견해가 있다. 즉 계획·조직·명령·지도·조정·통제·정보·보고·예산·평가 등이다. 기업의 경영과정에 있어서도 기본적으로는 경영학과 같으며 이제까지 취하여 온 경영과정에서의 기능은 계획·조직·통제의 세 가지가 중심적이다. 경영의 과정은 그 목표를 구체화하여 '계획'을 갖고 그것을 '실시'로 옮기고 결과를 '심사'하여 다시 다음 계획을 책정하는 것같이 하나하나의 기본적인 기능이 독자적인 역할을 가짐과 동시에 하나의 사이클이 되어 서로 관련하는 것이다(PDS 방식). 그러나 경영은 많은 사람들의 협동에 의하여 달성되는 것이기 때문에 '실시'는 복잡한 계획에 대응하기 위하여 조직의 활동으로서 취급되며 결과의 심사도 단지 개개의 문제 반성이나 검토가 아니라 조직적인 활동에 대응할 수 있는 역할로서 지휘·조정 등의 기능을 포함한 '통제'의 기능으로서 요구된다(POC 방식). 이들 기능 사이에는 계획 책정을 위하여 통제 등에 의한 자료가 필요하며 계획은 조직에 의하여 구체화되고 조직에 의한 실행의 과정에는 통제 등의 역할이 필요하게 되는 것과 같이 서로 떼어 놓을 수 없는 깊은 연관을 가지면서 역할을 분담하는 것이다. 체육의 경영과정을 생각하는 방법으로서 그 과정을 계획·조직·통제 등의 세 가지로 파악, 이것을 '중심적 과정'으로 하고 나아가 그것들의 기능을 보다 효과적으로 수행하기 위한 기초적·부수적인 기능으로서 '재무' 및 '사무를 들고 '주변적 과정'으로 파악하고 있다.

2.1.3. 경영과 관리

기업 활동을 영어로 비즈니스(business)라고 한다. 비즈니스의 어원은 busy(바쁘다)에서 왔으며 사람들이 생존과 발전을 위해 몹시 바쁘게 움직이고 있음을 암시한다. 비즈니스라 하면 언뜻 떠오르는 것이 회사, 경영, 직업, 장사, 고객 등 이러한 단어들일 것이다. 비즈니스가 있음으로써 이 땅에 회사가 존재하고 따라서 고용이 있으며 서비스와 제품의 생산이 가능하다. 비즈니스란 경제 세계에서 제품과 서비스를 생산, 판매하여 이윤을 창출하는 일체의 기업 활동이다. 어떤 비즈니스는 상품(자동차, 컴퓨터, 옷)을 만들어 파는 것이고 어떤 비즈니스는 서비스(보험, 금융, 정보, A/S, 음악)를 만들어 팔면서 이익을 챙긴다. 비즈니스가 있음으로 해서 경제발전도 가능하고 삶의 질도 높아진다. 모든 비즈니스의 중심에는 생산자(seller)와 구매자(buyer)의 교환거래가 있는데 구매자는 돈을 지불하고 상품과 서비스를 얻고 생산자는 그것을 팔고 이윤(profit)을 얻는다.

여기서 이윤은 중요한 의미를 가진다. 생산자는 사람, 기술, 기계 정보 등을 이용하여 상품과 용역(서비스)을 만들어 구매자가 원하는 욕구를 충족시켜 준 대가로 이윤을 얻는다.

이때에 이윤 대신 손해 볼 위험도 있기 때문에 위험을 택한 대가로서의 이윤이다. 회계사는 상품과 용역을 생산하여 팔아서 얻은 총수익에서 총비용을 뺀 것을 이윤이라고 할 것이다.

하여튼 이윤이 나지 않는다면 어느 누구도 비즈니스를 하지 않을 것이며 그렇게 되면 우리는 옷도 차도 아파트도 못 사고 모두 우리 자신이 직접 만들어 사용해야 하는 불행한 사태가 벌어진다. 회사는 이윤을 바라고 생산품의 품질을 높이거나 사업을 확장시키려 한다. 이윤이야말로 비즈니스 활동이 존재하도록 하는 근본 동기가 되는 것이다. 이러한 비즈니스 활동을 효율적으로 운영해 나가는 것이 경영(management)이다.

그런데 비영리조직(non profit organization)도 경영의 대상이다. 서울지하철공사, 한국전력, 금호미술관, YMCA 등 많은 조직들 역시 회사의 비즈니스 활동과 비슷하게 운영되고 있기 때문이다. 즉, 고객에게 전기, 여객운송, 전람회 등 용역을 제공하고 요금을 받는다. 그러나 이들은 그 회사의 주인(국가 또는 단체)에게 이익을 챙겨주는 것이 주목적이 아니라 일반 국민에게 공공서비스를 제공하기 위해 만들어진 조직이다. 비영리조직도 종교단체, 대학, 전경련, 사립도서관, 미술관 등의 사설 조직과 국립대학, 담배인삼공사, 조폐공사 등 공적 조직이 있는데, 정부의 지원이 줄어들게 되고 개별 기업부문이 활성화되는 국가에서는 당연히 사설 비영리조직이 증가할 것이다. 사립이건, 공립이건 그러한 조직에서도 생산·공급이 있고, 구매자와 이용자가 있으며 비즈니스가 이뤄진다는 점이다.

영리조직은 이윤을 많이 내기 위해서 또한 비영리조직은 공공 고객에게 최대의 편리를 공급하기 위해서 조직의 비즈니스 활동은 잘 운영되어야 하는데 이러한 비즈니스를 효율적으로 운영하는 것을 경영(management)이라고 할 수 있다.

어떤 경영자라도 경영마인드를 갖고 조직을 운영해야 하는데 경영마인드(business mind)란 경영자가 기업의 목표를 달성하기 위해 자원을 가장 효율적으로 활용하고 최대의 효과를 얻으려고 생각하며 노력하는 자세라고 할 수 있다. 즉 어떻게 하면 가장 효과적으로 목표를 달성할 수 있을까, 어떻게 하면 가장 효율적으로 업무를 완수할 수 있을까 등과 같은 문제에 대한 해답을 찾으려 노력하는 마음가짐이다. 그러므로 오늘날 모든 조직의 경영자, 예를 들면 대통령, 사장, 사령관, 병원장, 총장뿐만 아니라 팀장, 계장, 슈퍼마켓주인, 가정주부에 이르기까지 모두 경영마인드를 가져야 한다. 특히 기업체 사장이나 부서의 리더가 갖춰야 할 자세이다. 경영마인드 중에서도 핵심요인은 고객중심의 마인드이다. 경쟁사회에서 회사의 사사로운 이익을 챙기기 위해 고객이 불편을 느끼거나 불만족한 상황을 만든다면 고객을 잃고 만다. 최종소비자인 고객에게 잘하기 위해 사내의 연결부서, 거래처와 협력업체 모두 고객으로 간주하고 서비스를 철저히 해야만 최종고객에게 최대의 후원이 가능하다. 자본의 원천인 주주, 소비자를 뒷받침하는 종업원을 모두 고객으로 간주하여 최선의 정책을 펴는 고객

마인드가 절실하다. 그것이 바로 효율적인 경영의 기초가 되기 때문이다.

2.2. 경영학에 대한 이해

최초의 인류가 에덴동산에서 쫓겨날 때 "너는 이마에 땀을 흘려야 한다."는 숙명적 과업을 받았다. 그리스신화에서는 프로메테우스가 제우스의 허락 없이 인간에게 불을 훔쳐다 준 벌로 판도라라는 여인에게 들려 보낸 상자 속에 노동이 있었다고 한다. 이처럼 인간의 기원과 노동의 기원은 때를 같이한다. 인류의 역사가 500만 년이 되었건 그 이상이건 최초의 인간이 태어나서 생산 활동, 즉 노동(예: 채취, 수렵)을 하지 않았더라면 굶어 죽었을 것이다. 물론 오늘날의 생산 활동은 먹을 것에만 국한되지 않고 옷, 장신구에서 결혼알선, 영화, 금융 서비스, 우주여행 프로그램까지 그 범위가 다양해졌다.

그런데 인간은 애초부터 이마에 땀을 흘리기를 싫어했기 때문에 가능하면 노동은 적게 하고 생산은 많이 하려고 머리를 썼는데 이를 위해 두 가지 커다란 발명을 하게 된다.

첫째, 효율적인 생산을 위해 도구를 사용하게 되었는데 한 원시인이 나무 꼭대기의 열매를 따려고 사용했던 긴 막대기의 원시적 도구는 수백만 년간 발달하여 오늘날에는 컴퓨터, 화성 탐사선까지 나오게 되었다. 둘째, 효율적 생산을 위해 인간은 개별적으로 노동하지 않고 서로 모여서 일을 나누어서 하는 분업(division of labor)을 하였다. 예를 들어 고대 원시인들의 생활터전에서 발견된 큰 짐승의 뼈 화석이 300m 정도 사이를 두고 절반씩 나뉘어져 있다. 이는 두 씨족이 큰 짐승을 함께 잡아서 절반씩 나눠 가졌다는 것을 알 수 있다. 물론 물고기를 잘 잡는 김 씨네는 고기잡이 노동만 맡고 사냥을 잘하는 박 씨네는 수렵에만 전념하여 나누어 갖는 것이 효율적이란 사실을 일찍이 깨달았던 것이다.

아담 스미스(A. Smith)는 국부론(國富論)에서 국가의 부의 근원은 생산력의 증대에 있고 이는 분업을 통해서 가능하다고 했다. 분업은 어떤 일을 할 때 서로 다른 개인들이 자기의 역할을 전문화하여 각자 수행한 다음에 이를 교환하고 통합하는 행위이다. 즉 분업에 의해 생산된 제품을 교환할 때에야 부의 증대가 실현된다고 했다. 존 캘빈(J. Calvin)이 각자의 직업은 하늘에서 주신 천직(天職: callings)이라고 할 때에도 창조주가 각자에게 부여한 재능과 능력을 성실하게 최대한으로 발휘하면서 서로 역할 분담을 하면 생산성이 더 오른다는 자본주의 정신의 심오한 통찰력에서 비롯된 것으로 볼 수 있다. 동시에 아담 스미스가 인간과 인간 사이의 동정(同情)을 가장 소중한 것으로 높이 평가한 이유도 부의 증대의 근원이 분업과 교환(상호동정과 상호작용)이라는 동일한 원리에 근거한 것임을 알 수 있다. 말하자면 교환과 나눔(exchange or share)의 행위가 인간 존립의 가장 원초적이며 신성한 원리라고 할 수 있다.

현대인들이 정리한 분업의 위력은 다음과 같다.

① 각자 자기 맡은 일만 반복함으로써 숙련도와 작업속도가 빨라진다.

② 숙련이 되면 새로운 작업 방법을 찾아내는 소위 기술혁신(innovation)이 일어난다.

③ 각자 자기의 생산도구만 있으면 되기 때문에 전체적으로 생산시설이 절감된다.

④ 업무가 다르므로 각자의 재능과 기호에 맞추어 배치가 가능하다.

이러한 효율성 때문에 태초부터 지금까지 인간은 생산 활동을 하되 분업을 통하여 해 왔으며 오늘날에도 한 회사 안에서 수십 수백 가지의 분업으로 하나의 제품(자동차)이나 서비스(관광여행 상품)가 생산되기도 한다.

2.2.1. 경영학이란

기업이라는 조직을 예로 들어보자. 기업조직에 수많은 자원이 투입(input)된다. 노동력, 기술, 자본, 기계·설비, 정보, 지식 등이 투입되어 이들이 서로 상호작용을 하고 나면 제품이나 서비스가 생산되어 고객에게 공급된다. 이때 경영이란 이들 자원을 어떻게 연결시킬 것인가에 대한 계획을 세우고(planning) 계획한 대로 조직을 짜서(organizing) 그대로 실행되도록 진두지휘하고(directing) 서로 협조가 잘되도록 조정과 연결을 잘하며(coordinating) 마지막에는 계획대로 잘되었는지 조사, 감독하는(controlling) 것이다. 이를 간략하게 줄여서 계획(Plan)-실행(Do)-통제(See)의 과정이 바로 경영이라고 할 수 있으며 이러한 일을 하는 사람을 바로 경영자(manager)라고 한다.

좀 자세히 보면 더 복잡하게 된다. 기업이 원래의 목표를 달성하기 위해 돈을 주고 원료를 사서 제품과 서비스를 생산하여 판매하고 그 활동에 참여할 구성원들을 채용하여 일을 시키는 재무, 인사, 생산, 판매의 기능이 제대로 이뤄져야 하는데 경영이란 <도표 1-3>처럼 각 기능들이 제대로 이뤄지도록 계획, 조직, 지휘, 조정, 통제하는 것이다. 결국, 경영이란 기업이건 병원이건 구멍가게이건 각 경제주체가 번영, 발전하도록 인적·물적 자원을 잘 활용하여 좋은 산출이 나오도록 계획하고 필요한 조직을 짜고 구성원들을 지휘, 조정하면서 결과를 검토하고 통제해 나가는 일련의 활동을 뜻한다. 그렇다면 경영은 국가행정, 도시행정, 병원운영, 학교운영이라고 할 때 행정과 운영을 의미하기도 하는 것이며 동시에 영리조직인 회사뿐만 아니라 비영리조직의 운영도 포함하는 광범위한 뜻을 내포하고 있다고 볼 수 있다.

'경영' 하면 우선 '회사'를 떠올린다. 하지만 회사 말고도 학교, 군대, 교회를 운영하는 것도 경영이다. 그러므로 경영학의 연구 대상은 세상의 모든 조직이 된다. 무엇을 연구하는가? 조직의 효율적 운영방법이 무엇인가를 찾아내는 것이다. 조직의 효율적 운영이란 조직에 투입되는 자원을 균형 있게 투입하여 최대의 산출물이 나오도록 하는 것이다. 기업이면 최대의 이윤, 대학이면 훌륭한 학생, 정부 조직이면 국민에 대한 최고의 봉사가 그것이다. 투입되는 자원을 활용하여 훌륭한 산출물이 나오게 하는 최선의 방법을 찾는 일이 경영학자들이 하는 일이지만 경영학 원론을 배우면서 모든 조직을 경영학의 대상에 넣고 연구하기가 쉽지는 않다. 이 책에서 다루는 경영학 내용이 모든 조직에 공통적으로 적용될 수는 있지만 경영학도의 주요 관심은 기업에 국한되는 것이 일반적이고 또한 실제로 대부분 경영학자들의 관심도 기업에만 집중되어 있다. 그 이유는 첫째, 기업이 어떤 조직보다도 경영활동이 가장 복잡하고 왕성하게 실현되고 있으며 둘째, 이 땅에는 기업조직의 수가 가장 많이 존재하면서 가장 많이 일반인의 생활과 밀접하게 연결되어 있기 때문이다.

기업조직을 경영하다 보면 생산관리, 마케팅관리, 재무관리, 회계, 인적자원관리 등의 활동이 필요한데 기업의 경제활동 규모가 거대해지고 경쟁이 치열해짐에 따라 기업의 생존 및 성장을 위해 가장 강조되는 것이 경영활동의 효율성이다. 이러한 점에 주목한 패욜(H. Fayol)은 기업의 필수적인 경영활동을 기술 활동(제조, 가공), 상업 활동(구매, 판매), 재무활동(자금조달, 운용), 보관 활동(재산 및 종업원의 보호), 회계 활동(재무제표, 원가계산), 관리 활동(계획, 조직, 지휘, 조정, 통제)으로 분류했다. 이러한 각각의 활동에 대하여 오늘날의 경영학에는 여러 분야들이 존재하며 각 분야별로 다양한 교과목으로 학습하게 되어 있다.

2.2.2. 경영학연구의 3가지 차원

2.2.2.1. 이론학문이며 실천학문이다

경영학이 과학(science)이냐 기술(art)이냐에 대한 논란은 꽤 오래되었다. 경영학은 연구하는 대상이 아니라 실제로 실천해보고 적용하고 익숙하게 숙달하면서 테크닉을 개선해 나가면 그만이므로 일종의 지혜나 기술에 불과하다는 주장이 있다. 그러나 경영학 이론을 개발하기 위해서는 과학적 접근이 필요하다. 또한 경영학도 경제학, 사회학, 법학 등과 관련하여 사회 내에서 인간과 관련하여 일어나는 현상을 연구하는 학문이기에 사회과학의 한 분야로 간주된다.

경영현실에서 나타나는 현상을 관찰하여 보편타당한 원칙을 만들어 나가는 관점에서 보면 경영학은 이론과학(순수과학)이다. 그러나 한편 조직 목표 달성을 위한 가장 효과적인 방식과 수단을 발견하여 활동하려는 것이 경영학이라면 실천학문(응용과학)이라 할 수 있다.

물론 이들 두 측면은 상호보완의 관계로 파악하는 것이 옳다. 기업 일선에서 처음 시도하여 성공한 경영방침들이 다른 나라, 다른 시점에도 적용해서 성공을 거두는 것을 반복하면 하나의 이론이 되며, 어떤 경영이론을 응용하여 실천방법을 개발하여 현실 경영에 사용한다면 경영 실천이 된다. 이론에 기초를 두지 않은 실무 방식은 실무가 수반되지 않은 이론처럼 큰 성과를 거두기 어렵다.

한편 경영학이 이론과학이 되기 위해서는 그 연구 방법이 과학적이어야 하는데 과학적 연구란 육감이나 단순한 추측이 아닌 객관적인 관찰과 분석 후에 일정한 규칙성이나 보편성을 찾아내어야 한다는 것이다. 현실과 유리된 또는 개인의 특수한 경험에 의한 이론 개발은 타당성을 상실한 것이기 때문이다.

2.2.2.2. 종합학문이다

경영학의 연구 대상이 기업조직 같은 것이고 기업조직 안에는 복잡한 인간행동이 모두 얽혀 있는 곳이기에 그 속에는 심리, 경제, 법률, 공학 심지어 문화인류학이나 철학의 문제까지 존재한다. 그러므로 경영학은 다른 관련 학문분야의 연구결과를 토대로 하여 독자적인 학문분야를 구축하려는 종합 과학적 또는 학제적(interdisciplinary) 성격을 띠고 있다. 경영학은 그 인접 과학인 사회학, 경제학, 통계학, 심리학, 법학, 문화 인류 학동의 분야에서 조직 내 인간 활동을 다룬 분야만 선택하여 이들을 원용하고 종합하여 조직 효율화에 도움이 되는 새로운 이론을 정립해 나가는 학문이다. 그러므로 혹자는 이미 다른 인접 학문분야에서 개발해 놓은 이론들을 다루고 있다며 경영학의 무용론을 주장할 수 있다. 그러나 심리학자 혹은 법률학자가 기업 경영을 연구해 주지는 않는다. 경영학자가 없다면 기업조직 내에서 심리학적 현상과 경제학적 현상이 상호작용하는 사실을 발견할 수 없을 것이다.

2.2.2.3. 특수성과 보편성의 동시추구

동서고금을 초월하여 모든 조직이나 모든 기업에 적용될 수 있는 가장 합리적인 경영방식을 찾아내고 발전시키는 것이 경영학이 추구하는 궁극적인 목표임에는 틀림없다. 그러나 현실세계에서는 기업이나 그 구성원들이 시대와 나라에 따라서 처한 환경도 다르고 가지고 있는 가치관이나 행동양식이 다르기 때문에 보편타당한 유일한 경영원칙(one best way)을 개발해 내기란 불가능한 일이다. 오히려 특정 사회나 특정국가에 가장 합당한 경영방식을 개발하는 것이 유익하고도 현실적이다.

결과적으로 그동안 경영학자들이 추구해온 학문적 방향은 '경영학의 정글(management theory jungle)'로 불릴 만큼 다양한 접근이 시도되었고 미국적·독일적·일본적 경영 등이 탄생되었다. 그러나 경영학이 하나의 학문으로 발전하기 위해서는 특수한 원리를 추구하는데 그쳐서는 안 되며 모든 시대, 모든 국가에 적용 가능한 보편성을 추구해야 한다. 즉, 모든 사회의 역사 문화를 모두 고려하여 각국의 특성을 인식하고 이를 초월하는 경영원리를 개발하는 것이 경영학 연구의 궁극적 목표가 되어야 할 것이다. 그러나 보편적 이론은 여러 특수한 현실 상황을 일반화한 것이므로 특수성과 보편성이 상호보완적 관계에 있음을 인정하고 이를 동시에 추구하는 것이 바람직하다.

2.2.3. 학문의 분류와 경영학의 양면성

오늘날의 많은 사람들은 경영에 대하여 매우 높은 관심을 가지고 이를 배우기 위해 노력을 하고 있다. 국가 발전의 원동력이 기업을 통한 부의 창출이라고 한다면 이러한 역할을 담당하는 조직들을 어떻게 운영하느냐가 가장 중요한 관심사가 되는 것은 당연하다고 하겠다.

우리가 경영학을 배우는 이유는 궁극적으로 우리가 경영이라는 현상을 명확하게 설명하기 위하여 그 현상과 관련된 사항들의 상호 관계를 체계적으로 밝혀 논리적인 설명과 인과관계를 밝히는 것이라고 할 수 있다. 이렇게 경영이란 현상에 대한 과학적인 분석은 궁극적으로 완벽하다고는 할 수 없지만 경영의 현상을 주도하는 경영자로 하여금 부딪치는 현실 문제를 해결하는 데 많은 도움을 줄 수 있다. 왜냐하면 이론으로서의 경영학은 시간과 공간을 초월하여 적용될 수 있는 보편타당성을 갖고 있고, 현실과 동떨어져 있어 가치가 없는 비현실적인 학문이 아닌 경영의 문제에 대한 실질적인 도움을 줄 수 있는 실용성을 갖추고 있기 때문이다.

학문으로서의 경영학이 이론적인 체계를 지닌 과학(science) 인가 아니면 예술, 미술 또는 공예와 같은 실무적이며 실천적인 단순한 기법(art) 인가하는 문제는 응용과학으로서의 경영학이 고유의 대상과 방법을 지난 과학으로서 자립하기 위한 시련이며 피할 수 없는 문제라고 할 수 있다. 과학과 기법이 구분되어야 한다는 관점에서 그리고 경영학 고유의 특성과 성격 때문에 경영학계 자체 내에서도 경영학이 과학인가 아니면 단순한 기법인가 하는 서로 상반된 주장을 하는 논쟁이 오래전부터 있어 왔다.

일반적으로 과학이란 경험을 통해 특정의 대상에 관해 얻는 법칙이나 원리를 객관화하고 보편화한 것으로 이론적 내지 합리성과 실증성을 갖춘 지식체계라고 할 수 있다. 어떠한 학문이 과학으로 인정받기 위해서는 얼마만큼 체계화되어 있고 분명한 원칙을 이론으로 기술할 수 있는가의 정도에 관련된다고 할 수 있다. 이러한 관점에서 경영학은 역사적으로 상당한 기간 동안 과학이라기보다는 하나의 기법으로 알려지고 그 같은 성향이 강했던 것이 사실이다. 그러나 제2차 세계대전 이후 점차 과학성이 제기되고 요구됨으로써 그와 같은 요구에 학문적으로 부응하게 됨으로써 오늘날에 와서는 그 어느 하나의 측면이 아닌 양자의 측면이 동시에 강조되고 인정받기에 이르렀다. 오늘날의 경영학은 이론과학과 응용과학으로서의 성격을 함께 지니는 과학임과 동시에 기법이라고 할 수 있다. “지식이 없는 기법은 맹목적인 것이며 기능이 없는 지식은 무의미한 것”이라는 주장은 경영학의 학문성 그 자체를 잘 설명해 주고 있다고 하겠다.

3 경영자의 이해

3.1. 경영자의 정의

3.1.1. 경영자란

경영은 기업의 비전과 목표를 달성하기 위해 계획하고 설행하고 이를 평가하는 일련의 동태적 과정이다. 그러나 비인격체라고 할 수 있는 기업은 이와 같은 활동들을 스스로 수행하지는 못한다, 즉 기업의 방향을 결정짓고 경영활동을 직접 수행하는 주체가 있어야 하는데 이러한 역할을 담당하는 인격체가 바로 경영자이다. 따라서 경영자는 경영을 총괄하면서 경영에 대한 책임을 지게 된다.

3.1.2. 경영자의 중요성

경영자는 기업체 구성원의 역할 및 행동을 규정하는 사람으로서 기업 경영에 없어서는 안되는 중요한 요소이다. 왜냐하면 사회는 조직 없이 움직일 수 없고, 기업조직은 경영자 없이 그 어떤 것도 할 수 없기 때문이다. 여러 사람이 공동의 목적을 달성하기 위해 고안된 조직이며, 조직의 방향을 결정하는 사람이 바로 경영자인 것이다.

3.2. 경영자의 유형

3.2.1. 소유와 경영에 의한 분류

3.2.1.1. 소유경영자

소기업을 소유하고 운영하는 사람이라는 의미로 소유경영자(owner manager) 또는 기업가(entrepreneur)라는 용어를 쓰고 있다. 기업가라는 용어는 기업의 소유권을 가지고 있으나 운영에 참여하지 않는 자나 대기업을 소유하고 있는 경영자 등의 개념은 제외한다. 그러므로 기업가 정신이라고 하면 직접 출자도 하고 관리도 하면서 혁신기능을 담당하는 기업가의 자세를 의미한다. 특히 미국의 경우 기업가라고 하면 소기업의 소유경영자를 의미하는 경우가 많다. 그러나 우리나라의 경우 기업가라고 하면 소기업의 소유경영자에만 국한되는 것이 아니라 대기업의 경영자까지 포함하는 개념으로 보아야 할 것이다. 이는 미국의 경우 대기업은 소유와 경영의 분리 현상이 상당히 진전되어 있지만, 우리나라의 경우에는 대기업의 소유와 경영의 분리 문제가 최근의 당면 과제로 등장하고 있기 때문에 기업 규모에 관계없이 소유경영자를 의미하는 것으로 보아야 한다.

3.2.1.2. 고용경영자

고용경영자는 기업 규모가 차츰 커지고 경영활동의 폭과 내용이 점점 복잡해짐에 따라 기업가 혼자서 경영관리기능 전부를 담당하기 어려운 단계에서 출현하게 된다. 즉 소유경영자에게 고용되어 경영관리기능의 일부 또는 전부를 위탁받아서 소유경영자의 자산증식을 도와주는 대리인으로서의 경영자를 말한다. 이러한 고용경영자는 경영관리의 전문적 지식과 기술을 지니고 있지만 자본가나 기업가의 이익을 대변할 뿐 실질적으로 소유경영자의 성격과 대동소이하다.

3.2.1.3. 전문경영자

전문경영자는 소유경영자에게 고용되어 있는 것이 아니라 자본과 경영이 분리된 전문 경영 체제 하에서 주주들로부터 경영활동에 대한 제약을 그다지 받지 않고 자신의 전문적 지식을 가지고 자신의 계획 하에 경영활동을 수행하는 사람을 말한다. 소유와 경영이 완전히 분리가 되지 않은 우리나라의 경우 대부분의 경영자들이 소유권에 종속되어 있기 때문에 완전한 전문경영자라고 할 수는 없지만, 단순한 고용 경영자와는 달리 나름대로 영향력과 자율성을 지니고 있어 과거와 달리 오늘날에는 전문경영자라고 하고 있다.

3.2.2. 계층에 의한 분류

3.2.2.1. 최고 경영층

최고 경영층(top management)은 이사회에서 결정된 기본 방침을 실천에 옮기기 위한 전반적이고 총괄적인 관리기능을 담당하며, 기업의 장기적인 목표와 전략을 수립하고 기업의 사회적 책임도 지는 경영자이다. 일반적으로 염원에 해당하는 이사급 이상의 상층부에 있는 경영자를 의미한다. 따라서 경영관리 활동의 계획, 지휘, 조정 및 통제를 담당한다.

3.2.2.1. 중간 경영층

중간 경영층(middle management)은 최고 경영층에 의하여 결정된 집행 방침과 위양된 권한의 범위 하에서 보다 구체적인 관리지침을 수립하여 하위 경영층을 지휘감독하고 근로자를 직접 명령 지시하는 경영자이다. 중간 경영층은 대체로 부장, 차장, 과장 등의 직급에 해당하는 경영자를 지칭한다. 중간 경영층은 최고 경영층과 하위 경영층 중간에서 상호 간의 이견을 조정하고 원활한 의사소통을 돕는 역할을 수행한다.

3.2.2.3. 하위 경영층

하위 경영층(low management)은 현장에서 직접 작업을 담당하는 근로자나 사무원을 지휘 감독하는 경영층으로서 작업 경영층 또는 일선 경영층이라고도 한다. 일반적으로 생산현장의 직장, 조장, 반장 등의 감독자와 사무직의 계장 또는 대리에 해당하는 직책이다.

3.2.3. 직무범위에 의한 분류

3.2.3.1. 전반경영자

기업 전체를 총괄적인 차원에서 경영하는 사람을 지칭하며, 총괄 경영자라고도 한다. 최고 경영층을 전반 경영자(general management)라고 한다. 전반 경영자는 직능경영자로부터 발생하는 각 부문 간의 이해 상충이나 복잡한 경영 환경에서 특히 중요한 역할을 하게 되었는데, 이것을 전반 경영자가 조정, 통합하여 각 부문 활동의 효율성 확보보다 기업 전체의 목표 달성이라는 유효성을 중시한다.

3.2.3.2. 직능경영자

직능 경영자(functional management)는 생산, 마케팅, 재무, 인사 등 기업의 한 부문 활동에만 책임을 지고 있는 경영자로 부문 관리자라고도 한다. 중간 경영층과 하위 경영층을 부문 관리자라고 한다.

3.3. 경영자의 직능과 역할

경영의 본질은 기업을 관리, 통솔하여 일정한 방향으로 이끌어가는 노력인데, 이 같은 노력의 주체는 경영자라고 할 수 있다. 또한 기업은 사람들로 구성된 사회적 단위로서 일정한 목적을 달성하기 위해 형성된 것이기 때문에 경영자는 목표 달성을 위해 다른 사람을 통하여 과업을 수행하는 사람이라고 할 수 있다.

경영자는 경영목표의 달성을 위해 계획을 수립하고, 조직을 형성하고, 부하를 지휘하며, 그 성과를 통제하는 등 여러 경영활동을 수행하게 된다. 그러나 이러한 일련의 과정적 경영활동은 경영목표 달성을 위해 필요한 경영자의 순환적 직능을 의미한다. 그리고 이와 같은 경영자의 직능을 성공적으로 수행하기 위해서 경영자는 이에 필요한 전문적 능력을 갖추어야 한다. 경영 기술이란 경영자가 경영과정의 모든 활동을 훌륭하게 수행하는 데 요청되는 구체적 능력, 다시 말해 경영자의 직능을 잘 수행할 수 있는 능력을 의미한다. 또한 경영자가 경영과정에서 실제로 어떻게 행동하고 있느냐를 설명하기 위해서는 경영자의 역할에 대해서도 살펴보아야 한다.

3.3.1. 경영자의 직능

생산성이 경영 성과에 대한 궁극적인 척도라면 경영활동 과정은 생산성을 달성하기 위한 수단이다. 이러한 관점에서 경영은 생산성을 추구하는 과정이라 할 수 있다 이와 같은 관점에서 경영자의 직능은 계획화, 조직화, 충원, 지휘, 통제라고 할 수 있다. 성공적인 경영 활동을 계속하려면 먼저 기업 목표를 과학적으로 설정하여 여러 자원을 효율적으로 활용할 수 있도록 의사결정을 하고 잘 집행하여야 한다. 그러면 경영관리과정을 구성하는 네 가지 기능을 살펴보기로 한다.

3.3.1.1. 계획화

계획화(planning)는 임무와 목표, 그리고 이들을 달성하기 위한 행동 방안을 선택하는 것을 포함한다. 다시 말해서 계획화는 의사결정, 즉 여러 대안들로부터 미래의 행동 과정을 선택하는 것이라 할 수 있다.

계획화는 우리의 현재 위치와 미래에 우리가 도달하고자 하는 지점과의 간격을 연결해 준다. 계획은 미래의 여러 가지 예측 가능한 상황들에 대해서 사전에 대비할 수 있도록 해준다. 비록 미래를 정확하게 예측하는 것이 불가능하고 예상하지 못했던 사건들로 인하여 수립된 계획이 정확하게 달성될 수 없는 경우도 있지만, 계획이 없으면 사람들의 행동은 목표가 없이 우연에 맡겨지게 될 것이다. 그리고 업무 수행을 위한 환경을 조성하는 데 있어서 기업의 구성원들로 하여금 그들의 목적과 목표, 수행해야 할 과업 및 이런 사항들을 수행함에 있어 준수해야 할 지침 등을 알게 하는 것은 기본적인 요소로서 아주 중요하다.

3.3.1.2. 조직화와 충원

수립된 계획을 수행하기 위하여 인적 및 물적 자원을 결합하고 할당하는 것을 조직화 및 충원(organizing and staffing)이라고 한다. 즉 조직화 및 충원은 앞으로 수행하게 될 과업에 따라 조직구조를 구축하고, 조직에 맞는 인원을 배치하며, 이들에게 자원을 공급함으로써 계획을 집행할 수 있도록 한다. 조직화는 기업의 구성원들이 담당할 역할의 구조를 의도적으로 설정하는 경영관리의 한 분야이다. 목표를 달성하기 위해 필요한 모든 과업이 설정되고, 그러한 과업을 최선을 다해 수행할 수 있는 사람에게 할당되도록 한다는 의미에서 의도적이라고 할 수 있다.

충원은 설계된 조직구조에 의해서 마련된 지위를 채우고 그 채워진 상태를 유지하는 활동이다.

3.3.1.3. 지휘

지휘(leading)란 구성원들이 부여받은 업무를 자발적으로 수행하도록 그들에게 의욕을 불어넣어 주고 영향력을 행사하는 경영자의 기능을 말한다. 즉 이것은 경영관리의 대인 관계적 측면과 밀접한 관계가 있다. 모든 경영자들은 기업 구성원들의 가장 중요한 문제들이 그들의 욕구와 태도, 개인 및 집단으로서의 그들의 행동으로부터 일어나며, 유능한 경영 관리자가 되기 위해서는 효과적인 지도자가 될 필요가 있다는 사실에 동의한다. 지휘는 다른 사람의 작업 노력을 행동 계획에 맞는 방향으로 유도하는 것으로 기업 구성원들이 각자의 직무를 충실히 수행하도록 지도하고 격려하는 것을 말한다.

3.3.1.4. 통제

통제(controlling)는 기업 구성원들의 행동 결과가 계획에 일치되도록 하기 위하여 구성원들의 활동을 측정하고 수정하는 일이다. 따라서 통제는 목표와 계획에 대한 성과를 측정하고, 목표와 성과에 미치지 못하는 결과가 있는 부문을 발견하여, 이 차이를 수정하기 위한 행동조치를 취함으로써 계획의 달성을 보장하는 것이다. 계획은 특정 목표를 달성하기 위해 경영자가 제 자원을 사용하는 방법을 제시해 준다. 그리고 제 활동은 계획된 행동에 일치하고 있는가의 여부를 결정하기 위하여 점검을 받게 된다. 통제활동은 일반적으로 목표 달성의 측정과 관련이 있다.

3.3.2. 경영기술

기술이란 지식을 행동으로 옮겨 결과를 낳게 하는 능력을 말한다. 경영자에게 중요한 경영 기술이란 기업의 구성원으로 하여금 효율적이고 효과적으로 업무를 수행할 수 있도록 도와주는 것이다. 일반적으로 전문가 또는 기술자라고 하면 특정 분야의 일에 정통하기 때문에 다른 사람보다 더 그 일을 잘할 수 있는 능력의 소유자를 말한다.

오늘날의 기업은 기업 경영에 정통한 전문 경영자에 의해 주도되는 것이 현실이다. 그러므로 경영자가 계획화, 조직화 및 충원, 지휘, 통제 등 일련의 경영활동 과정을 성공적으로 수행하기 위해서는 이에 필요한 전문적 능력을 갖추어야 한다. 경영 기술이란 바로 경영자가 자신의 직무를 훌륭하게 수행하는 데 요구되는 구체적 능력, 즉 경영직무를 잘 수행할 수 있는 능력을 의미한다.

이러한 경영 기술은 경험, 교육훈련, 실무 등을 통해서 학습되고 개발, 향상될 수 있다는 특성이 있다.

3.3.2.1. 경영기술의 유형

카츠(R. L. Katz)에 의하면 어떠한 경영자든 그가 성공하기 위해서는 전문적, 인간관계적, 개념적인 세 분야에 관한 기술을 갖추고 있어야만 한다고 주장하였다.

전문적 기술(technical skills)은 방법, 과정 또는 절차에 관하여 특수하게 숙달된 기술 또는 전문지식을 사용할 수 있는 능력이다. 외과의사, 변호사, 회계사 등 그들 담당 분야의 전문적 기술을 지니고 있어야 하듯이 경영자들 역시 자신들이 책임지고 있는 업무를 정확히 파악할 수 있는 충분한 전문적 기술을 지니고 있어야 한다.

인간관계적 기술(human skills)은 개인으로서 또는 집단으로서 다른 사람들과 같이 일하고, 그들을 이해하며, 그들에게 동기를 부여할 수 있는 능력을 말한다. 즉 인간관계적 기술은 다른 사람과 협동하여 작업하는 능력으로서, 대인 간의 신뢰, 열의 및 인간관계의 형성을 통해서 습득될 수 있다. 훌륭한 인간관계적 기술을 갖춘 사람은 자신을 올바르게 인식하며 다른 사람의 감정을 이해하거나 또는 움직이는 뛰어난 능력을 가지고 있다. 특히 많은 대인관계를 갖게 되는 경영자에게 있어서 인간관계적 기술은 매우 중요하다. 왜냐하면 경영자는 기업 내에서는 그가 다른 사람들과의 대인관계를 유지할 필요성이 빈번히 발생함은 물론 자신이 책임지고 있는 단위 조직의 부하 등을 통솔해야만 하기 때문이다.

개념적 기술(conceptual skill)은 기업의 모든 이해관계와 활동을 조정, 통합할 수 있는 정신적 능력이다. 다시 말해서 이는 기업조직을 전체로 보고 각 부분이 어떻게 의존관계를 유지하고 있는가를 통찰할 수 있는 능력을 말한다. 이 기술이 특히 경영자에게 요구되는 이유는 어느 한 요인의 변화가 다른 요인 및 기업 전체에 어떤 영향을 미치게 되는가를 그의 의사결정과정에서 총체적으로 고려해야 하기 때문이다. 훌륭한 경영자는 조직 또는 상황을 총체적으로 파악하여 모든 이해관계자에게 이익이 되도록 문제를 해결할 수 있는 능력을 가져야 한다.

3.3.2.2. 경영자 계층과 경영기술

위에서 지적한 경영 기술은 모두 경영자에게 중요한 요소이지만 각 요소들의 상대적 중요성은 개별 경영자가 속한 경영자 계층에 따라 다르다. 전문적 기술은 기업의 하위계층에서 특히 중요시되며 상위로 올라갈수록 그 중요성이 낮아진다. 반면 최고경영자일수록 기업 전체에 영향을 미치게 되는 포괄적이고 장기적인 의사결정에 임할 가능성이 높기 때문에 개념적 기술은 상위계층일수록 중요시된다. 그리고 인간관계적 기술은 어느 계층에서나 거의 비슷한 비중으로 중요시된다. 경영이란 본래 다른 사람을 통해 목표를 달성시키는 과정이기 때문에 전문적인 기술과 개념적인 기술을 충분히 지니고 있어도 기업의 구성원과 원만한 인간관계를 형성하지 못하면 목표한 성과를 달성하기 어렵다.

3.3.3. 경영자의 역할

지금까지 경영자의 직무를 논의하면서 경영자의 직무를 규정하고 있는 두 가지의 중요한 측면에 대하여 설명하였다.

첫째, 기업 활동을 체계적으로 관리하기 위해서는 경영자가 일련의 경영활동 과정, 즉 계획화, 조직화 및 충원, 지휘, 통제를 수행해야 하고 둘째, 경영자가 성공적으로 경영목표를 달성하기 위해서는 세 가지 유형의 경영 기술, 즉 전문적 기술, 인간관계적 기술, 개념적 기술을 습득 활용해야 한다는 것이다.

마지막으로 거론될 수 있는 경영자의 직무에 대한 또 하나의 측면은 경영자에게 요구되는 활동 내지는 역할이다. 역할이란 어떤 직위에 요구되는 행동 범주를 말한다.

민츠버그(Minzberg)는 경영자들이 어떻게 시간을 소비하며, 어떠한 일을 하고 있느냐를 실증적 관찰 자료에 근거하여 설명하였다. 그는 어떤 계층의 경영자를 막론하고 공식적 권한과 지위로부터 비롯되는 대인적, 정보적, 의사 결정적 역할을 수행하고 있다고 하였다. 이와 같은 관계는 [그림 6-2]에 나타나 있으며 구체적으로 설명하면 다음과 같다.

3.3.3.1. 대인적 역할

기업을 경영하기 위해서는 기업 내·외부의 많은 사람들과 접촉하고 원만한 관계를 유지해야 한다. 대인적 역할(interpersonal role)이란 경영자가 기업을 계속적으로 원만히 운영하는 데 필요한 역할이다. 경영자가 담당해야 하는 중요한 대인적 역할에는 다음의 세 가지가 있다.

첫째, 기업의 외형적 대표자로서의 역할이다. 한 단위 조직의 장으로서 경영자는 방문자의 접견, 기업 구성원의 관혼상제에 참석, 고객 접대 등의 의식적인 일을 수행함으로써 외형적 대표자로서의 역할을 하게 된다. 둘째, 리더로서의 역할이다. 종업원의 채용, 훈련, 동기유발 등을 담당하는 지휘자로서의 역할을 말한다. 셋째, 연락사로서의 역할이다. 이는 기업 내에서는 동료, 기업 밖에서는 공급자나 고객 등과 같은 제 이해집단과 접촉함을 의미한다.

3.3.3.2. 정보적 역할

경영자의 직무에서 가장 중요한 업무는 정보를 수집, 전달하는 것이다. 사실 어느 경영자라도 올바른 결정을 내리기 위해서는 정보를 필요로 하며, 그의 부서 또는 기업 내의 다른 사람들 역시 경영자로부터 수신되는 정보와 경영자를 통해 전달되는 정보에 의존하고 있다. 경영자가 수행해야 할 중요한 정보적 역할(informational role)은 다음의 세 가지로 분류될 수 있다.

첫째, 청취자(monitor)로서의 역할이다. 이는 경영자가 청취자가 되어 경영활동을 수행하는 과정에서 유리하게 활용될 수 있는 정보를 꾸준히 탐색함을 말한다. 즉 경영자는 자신의 개인적 정보망을 이용하여 필요한 경영정보를 확보해야 한다. 특히 경영자는 흔히 종업원들이 등한시하고 있는 분야에 관한 정보를 수집하는 데 관심을 기울여야 한다. 청취자로서의 역할을 실천함으로써 경영자는 그의 부서 내에서 정보에 가장 밝은 사람이 되는 것이다. 둘째, 전파자(disseminator)로서의 역할이다. 이는 기업 내부의 하위계층에게 필요한 주요 정보를 전달해 주는 역할을 의미한다. 셋째, 대변인(spokesperson)으로서의 역할이다. 이는 그가 수집한 정보의 일부를 그 자신의 부서 혹은 기업 외부의 사람들에게 전달해 주는 역할을 말한다.

3.3.3.3. 의사 결정적 역할

의사 결정적 역할(decisional role)은 수집된 정보를 바탕으로 제 경영 문제를 해결하는 것을 의미한다. 이 역할은 다음의 네 가지로 분류된다.

첫째, 기업가(entrepreneur)로서의 역할이다. 이는 경영자가 기업의 성장과 발전을 위해 솔선수범하며 창의적 노력을 하는 것이다. 둘째, 분쟁 해결자(disturbance handler)로서의 역할이다. 이는 노사분규, 고객의 파산 계약 위반 등과 같이 기업 내외부에서 각종 애로사항이 발생했을 때 이에 대한 적극적 해결방안을 모색하는 것을 의미한다. 셋째, 자원 분배자(resource allocator)로서의 역할이다. 이는 경영자가 그 기업의 자원을 어떻게 그리고 누구에게 배분할 것인가를 결정하는 역할이다. 자원배분의 의사결정이 현명하게 이루어질 때 경영 성과가 커지게 되는 것이다. 넷째, 협상자(negotiator)로서의 역할이다. 이는 공급 업자와 계약을 체결한다든가 노동조합과의 견해 차이를 해소한다든가 혹은 마케팅 전문가와 거래를 시작하는 등의 역할이다.

경영자는 이러한 협상자로서의 시간을 소비하는 경우가 많은데 그 이유는 경영자만이 상대 협상자가 필요로 하는 정보와 권한을 소유하고 있기 때문이다.

연습문제

01 기업의 본질(4가지)에 대하여 설명하시오.

02 마케팅 중심적 개념에서의 기업의 정의를 약술하시오.

03 경영과정에 대하여 설명하시오.

04 경영자의 유형(3가지)에 대하여 설명하시오.

05 경영자의 중요성에 대하여 설명하시오.

제 2 장　경영성과

요약

경영전략은 환경이 요구하는 기업 내 필수적 변화를 촉진시킬 뿐만 아니라 기업 내 모든 구성원의 협동 그리고 기업이 나아가야 할 방향 및 기업 목적을 제공하면서 기업의 모든 주요한 활동들을 포함하는 다차원적 개념으로 생각할 수 있다. 경영전략 성과나 과정의 마지막 단계는 평가과정이라고 할 수 있다. 평가는 최고경영자가 그들이 선택한 전략이 기업의 목표를 얼마나 달성하는지 여부를 평가하는 과정이다. 평가는 기업과 전략사업단위에서 동시에 일어난다. 경영성과의 거시적 평가과정은 동기부여, 피드백시스템, 평가기준, 평가결과에 대한 해석을 필요로 한다. 평가는 객관적이거나 주관적 평가기준에 의한다. 전략의 능률을 객관적, 정량적으로 평가하기 위하여 과거 자기 기업 실적과 경쟁자 업적을 비교해 본다. 경영성과 미시적 평가는 유통비용분석(distribution cost analysis), 전략적 이익모형(strategic profit model: SPM), 경제적 부가가치(EVA: Economic Value Added) 등이 있다. 마이크로소프트(MS)는 80억 달러의 가치를 지녔으나 윈도 95 발매를 발표했을 때 주가는 100달러 이상 상승하여 기업가치가 클라이슬러나 보잉보다 더 높아졌다. 이러한 회사들의 가치는 전통적인 회계방식만으로는 측정할 수 없다. 인텔이나 마이크로 소프트의 가치는 건물이나 재고에 있는 것이 아니라 비재무적인 지적 자본에 있는 것이다. 이와 같은 관점에서 캐플란과 노턴은 재무적 지표는 물론 비재무적 지표를 포함한 통합경영지표로서 균형성과표(Balanced Scorecard)를 고안하였다. BSC는 기업이 전략적 목표를 향해 움직이고 있는가를 측정하기 위하여 재무, 내부프로세스, 고객, 학습과 성장이라는 4가지 시각에서 기업의 과거, 현재, 그리고 미래성과를 살펴보고 전사적 성과 개선을 도모하기 위한 전략적 도구로서 종합적이고 균형적으로 경영성과를 측정하는 평가시스템 및 경영관리 도구라 할 수 있다. 각 시각을 간단히 살펴보면 우선 재무적 시각이란 전통적인 평가방법의 주요 핵심사항이던 수익성, 성장률, 활동성 등과 같은 여러 가지 재무적 지표의 성과 측정치를 의미한다. 두 번째 시각은 고객시각으로 일단 목표시장이 결정되면 기업은 가격우위, 품질, 패션, 디자인, 브랜드 이미지 등 고객에게 전달할 가치명제를 파악하여 시장점유율, 고객유지율, 고객확보율, 고객만족도, 고객 수익성 등 측정지표로서 성과 측정을 하는 시각이다. 세 번째 내부 비즈니스 프로세스 시각은 기업 내부의 비즈니스 프로세스가 무엇인지를 파악하여 성과를 측정해야 한다는 시각으로 내부 프로세스를 혁신 프로세스, 운영 프로세스, 판매 후 서비스 프로세스의 3가지 가치사슬로 구분하고 새로운 고객확보 정도, 품질 정도, 반품률 정도 등 프로세스상의 성과를 측정하는 것을 말한다. 마지막으로 학습과 성장 시각은 장기적 성장과 개선을 이루기 위해 필요한 기반 구조로 종업원 개개인의 역량, 정보시스템의 구축정도, 동기부여 및 권한 정도 등 측정지표를 통하여 성과측정을 하는 것을 말한다.

• 주저자: 이상윤교수, 미국 캐럴라인대 경영대 학장, www.carol.ac, E-mail: rmi21lee@hanmail.net

제 2 장 경영성과

1 경영 비전과 성과 목표

1.1. 경영 비전[1)]

1.1.1. 기업 비전(Vision)

단순한 비전(Vision)이란 '미래에 대한 구상, 또는 미래상'이라고만 짧게 기술되어 있다. 기업의 비전(Vision)이란 '앞으로 우리 회사는 어떤 기업이 될 수 있는가'를 결정하는 것으로, 눈에 보이는 현재를 관리하는 것이 아니라 눈에 보이지 않는 먼 미래를 상상하고 예측하는 것을 말한다.

1.1.2. 기업 사명(Mission)

① 사명문이 시장 지향적이어야 한다.
② 사명문이 너무 광범위하게 또는 너무 좁게 설정되어서는 안 된다.
③ 현실성을 지니고 있어야 한다.
④ 사명이 구체적이어야 한다.
⑤ 사명은 기업이 지니고 있는 독특한 역량에 기초하여 설정되어야 한다.
⑥ 조직 구성원들에게 동기부여 할 수 있어야 한다.
⑦ 비전을 제시할 수 있어야 한다.

1.2. 비전에 의한 목표 설정[2)]

1.2.1. 기업 목표

경영은 기업가 정신을 바탕으로 뚜렷한 비전을 바탕으로 기업이 정한 목표를 달성하는 것이 최고의 방법이다. 기업의 목표는 이익창출이 우선이지만 소비자들의 효용

1) 이상윤, 박한혁 (2015). *판매관리론*. 서울: 도서출판 두남, pp. 71-72.
2) 상게서, p. 72.

을 고려한 이익창출이야말로 기업 목표이다.

1.2.2. 비전을 통한 경영

경영의 근본은 서비스를 바탕으로 전개를 하는 것이다. 많은 고객들에게 시간이나 장소, 소유 및 형태적인 효용을 창출하면서 소비행위를 영위하는 것이 경영비전을 통한 경영방식이다.

1.3. 경영 성과 목표[3)]

1.3.1. 시장성과 목표

① 시장성과 목표치는 대표적으로 매출액과 시장점유율을 들 수 있다. 시장 점유율(Market Share)이란 기업의 매출액이 특정 시장의 총 매출액 중 차지하는 비중을 의미한다.

② 시장점유율은 총시장매출 대비 해당 기업의 총매출로 나누어 계산할 수 있다. 시장점유율 계산에 있어 지역과 업종을 구분하여야 한다.

1.3.2. 재무적 성과 목표

① 재무적 성과 목표는 달성하고자 하는 금전적·경제적 달성치를 의미한다. 재무적 성과는 수익성(Profitability)과 생산성(Productivity)으로 구분될 수 있다.

② 수익성 목표치는 순매출에서 총마진이 차지하는 비중, 총자산에서 순이익이 차지하는 비중, 기업의 순가치에서 총자산이 차지하는 비중, 기업의 순가치에서 순이익이 차지하는 비중, 주당 수익률, 순매출에서 운영 이익이 차지하는 비중 등으로 표시될 수 있다.

③ 생산성 달성치는 면적 생산성(소매점 면적에 대비한 순매출), 노동 생산성(종업원 수에 대비한 순매출), 상품 생산성(재고 투자액에 대비한 순매출) 등으로 표시될 수 있다.

1.3.3. 사회적 성과 목표

사회적 욕구를 어느 정도 충족시킬 수 있는지를 서술한다. 고용 효과, 세금 공정한

3) 상게서, pp. 72-73.

납부, 소비자에게 폭넓은 선택 제공, 소비자 공정한 대우, 사회 지원 활동 등이 포함될 수 있다.

1.3.4. 개인적 성과 목표

경영자 개인이나 종업원의 욕구를 어느 정도 충족시킬 수 있는지를 서술한다. 종업원의 자기만족, 지위, 존경, 권위 등이 목표에 포함될 수 있다.

1.4. 경영 성과 평가[4]

1.4.1. 경영 성과 거시적 평가

① 전략이란 '기업이 어떤 사업들에 있고 또 있어야 하는가, 그리고 기업은 어떤 성격을 띠고 있고 또 띠어야 하는가를 정의하는 목표(objective), 목적(purposes or goals), 그리고 그러한 목적을 달성하기 위한 주요 정책(policies)과 계획(plan)의 형태(pattern)'로 정의한다.

② 전략은 환경이 요구하는 기업 내 필수적 변화를 촉진시킬 뿐만 아니라 기업 내 모든 구성원의 협동 그리고 기업이 나아가야 할 방향 및 기업 목적을 제공하면서 기업의 모든 주요한 활동들을 포함하는 다차원적 개념으로 생각할 수 있다.

③ 경영전략 성과나 과정의 마지막 단계는 평가과정이라고 할 수 있다. 평가는 최고경영자가 그들이 선택한 전략이 기업 목표를 얼마나 달성하는지 여부를 평가하는 과정이다. 평가는 기업과 전략사업단위에서 동시에 일어난다.

④ 평가과정은 동기부여, 피드백시스템, 평가기준, 평가결과에 대한 해석을 필요로 한다. 평가는 객관적이거나 주관적 평가기준에 의한다. 전략의 능률을 객관적, 정량적으로 평가하기 위하여 과거 자기 기업 실적과 경쟁자의 업적을 비교해 본다.

4) 상게서, pp. 86-88.

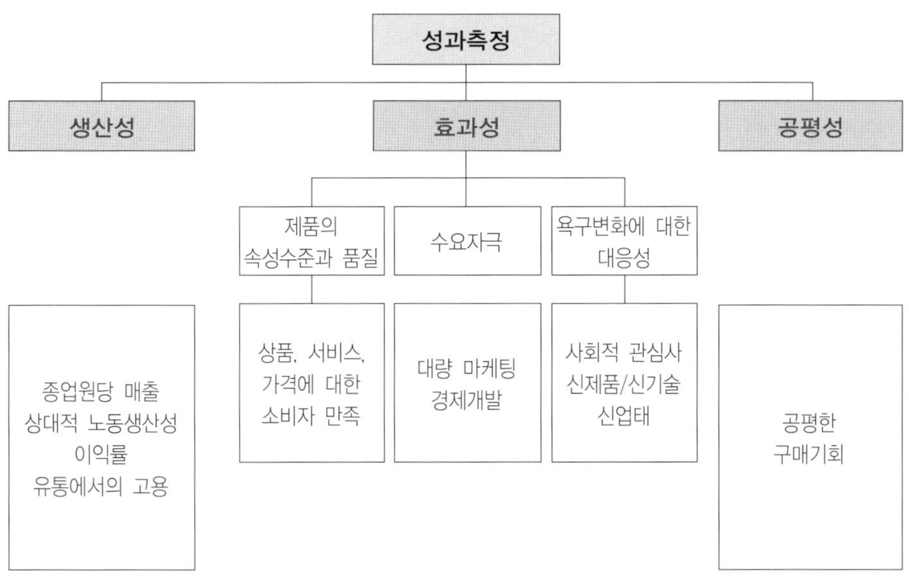

자료: 이상윤, 박한혁(2015). *판매관리론*. 서울: 도서출판 두남, p. 87.

▌그림 2-1 ▌ 경영성과 거시적 평가측정 지표

1.4.2. 경영 성과 미시적 평가

1.4.2.1. 유통비용분석(distribution cost analysis)

① 미시적 평가를 위한 분석방법으로는 유통비용분석이 대표적이다. 각 유통경로별 수익성을 측정하는데 있어 손익계산서상의 비용항목이 유통경로별 경로활동에 얼마나 효율적으로 사용되었는지를 비교하는 것이다.

② 유통비용 분석은 유통경로구성원이 현재 가담하고 있는 경로의 수익성을 결정하는 것을 돕는 도구이며, 유통비용분석을 통해 현재의 경로에서 무엇을 변경하고 수정할지를 알 수 있다.

1.4.2.2. 전략적 이익모형(strategic profit model: SPM)

① 전략적 이익모형은 여러 가지 재무비율들 간의 상호관련성을 탐색하는 방법이다.

② 순이익률(순이익/순매출액): 이 비율은 제품과 서비스의 원가, 감가상각을 포함한 영업비용, 차입자금의 비용 등의 비용을 판매수익으로 감당할 수 있는 경영 능력을 나타낸다.

③ 자산회전율(순매출액/총자산): 총자산에 대한 순매출액의 비율은 자본을 얼마나 잘 활용하는지를 보여주는 지표이며, 자산에 과잉 투자했는지의 여부를 보여준다.

④ 자산수익률(ROA: 순이익/총자산): 순이익률은 사용된 자산의 효율성을 간과하고

있으며, 자산회전율은 매출액의 수익성을 반영하지 못한다. 자산수익률(ROA)은 이러한 단점을 보완해 준다.

⑤ **레버리지 비율**(총자산/순자본): 이 비율은 기업이 장·단기적인 목적으로 자금을 얼마나 차입했는지를 나타내는 지표이다.

⑥ **투자수익률**(ROI: 순이익/순자본): 소유주의 투자에 대한 이익률을 나타낸다.

⑦ **재고투자 매출 총수익률**(GMROI): 이 비율은 제품 재고에 대한 투자가 총이익을 얼마나 잘 달성하는가를 평가할 수 있는 지표이다.

⑧ **경로구성원총자산수익률**(CMRA: channel member return on assets):
CMRA = 총이윤 - (판매촉진, 상품개발, 창고, 운반비용) / 외상매출금 + 재고

1.4.2.3. 경제적 부가가치(EVA: Economic Value Added)

① 경제적 부가가치(EVA)란 기업이 고유활동을 통하여 창출한 순가치 증가분으로서 세후영업이익(NOPAT; Net Operating Profit after Tax)에서 자본주의 기대수익 금액인 자본비용을 차감하고서 얼마만큼의 이익을 창출하였는지를 나타내는 지표이다.

EVA = 세후영업이익 − 총자본비용
= (영업이익 − 법인세) − [타인자본비용 + 자기자본비용(총자산 − 부채)]
= (영업이익 − 법인세) − (투하자본 × 가중평균자본이자율)

㉡ 특징으로 기업의 고유 업무와 관련된 영업활동만을 고려하고 자기자본에 대한 기회비용을 고려하며 손익계산서뿐만 아니라 재무상태표 항목들을 종합적으로 관리한다.

1.5. 경영 성과 환류(Feedback)[5]

1.5.1. 환류 개념

① 환류는 어떤 흐름이 진행되다가 다시 원 상태로 되돌아와 흐르는 현상으로서 행동을 취한 당사자에게 행동 결과에 대한 정보를 주는 것이다.

② 이것은 경영 행위 효과에 대한 보다 객관적인 평가를 가능하게 해주기에 결국 환류는 성공률을 높이기 위해서 진행되고 있는 행동을 결국 수정하게 된다.

5) 상게서, pp. 89-90.

③ 환류는 목표수정과 오차수정을 위한 장치로 환류는 합리적 정책결정에 도움이 된다. 환류된 정보와 자료는 정책 결정자뿐만 아니라 관련 이해 당사자들에게도 제공하는 것이 바람직하며 환류는 정책 환경 변화를 인지하는 데 유용한 자료로 활용된다.

1.5.2. 환류 필요성

1.5.2.1. 어떤 과정을 감시하고 진단하는 과정을 모니터라고 하는데 진단 과정을 통하여 문제점을 파악하고 분석하여 적절한 대응책을 찾을 수 있게 하는 일련의 행위를 말한다.

1.5.2.2. 환류를 통하여 모니터하고 객관적인 평가를 가능하게 함으로써 문제점을 개선할 수 있고 나아가 일에 대한 대응성과 직무역량을 제고하기에 모니터는 환류에서 필요한 요인이 된다고 볼 수 있다.

2 경영 성과 평가 방법

2.1. 경영 계수 성과 평가

계수관리는 경영활동을 계수를 근거로 데이터에 의해서 관리하는 것을 말한다. 경영활동 실체를 나타내는 계수를 파악하고 이것을 계수분석과의 비교에 의해서 경영활동 실체를 분석적으로 관찰하고 파악된 계수를 활용해서 경영활동의 합리적이고 효율적인 관리를 하는 것을 말한다.

2.1.1. 목표 및 달성율 평가[6)]

2.1.1.1. 목표관리

조직전체 목표와 개인 목표를 관련시켜 목표달성이 동시에 인간으로서 흥미나 욕구를 만족시키는 방법이다. 목표 설정은 각종 환경분석을 철저히 하여 목표에 도달할 수 있는 의욕이 생기도록 적정하게 부여하여야 한다.

---

6) 이상윤, 박한혁 (2015). *판매관리론*. 서울: 도서출판 두남, pp. 403-406.

2.1.1.2. 목표설정의 방법

① **상의하달(Top-Down), 하의상달(Bottom-Up):** 목표를 정하고 목표를 부여할 때는 분석을 철저히 하고 산출된 목표에 대해서 설명해 주고 목표를 부여하되 최종목표에 대해서는 의견을 수렴하여 설정하는 것이 바람직하다.

② **목표 수립 시 사전확인:** 판매목표는 기업 내 외부 각종 정보를 바탕으로 상품 특성, 트렌드를 반영하여 실시하고 사전에 확인을 통하여 객관적으로 설정하여야 한다.

㉠ 객관적인 자료 수집과 분석에 의하여 목표를 설정해야 한다.
㉡ 전년도 실적과 최근 3개월 실적 그리고 3-5년 정도 실적을 반영하여 수립한다.
㉢ 상권 특성, 경쟁사 영향요인을 반영하여 수립한다.
㉣ 계절특성, 행사계획을 반영하여 수립한다.
㉤ 매입/재고계획과 연동하여 수립한다.

③ **일별/월별/연간계획 연동:** 기업에서는 1일 실적이 1주 실적이 되고 주간실적이 월간 실적이 되고 월간 실적이 연간 목표가 되기 때문에 모든 실적의 출발은 일별 계획에서 시작된다.

월별 계획은 먼저 계절별 매출계획을 수립 후 월별 계획을 수립하는 것이 합리적이다. 즉 월별 매출계획은 연간 계획에 의거 반기, 계절별, 월간 매출구성비 기준에 따라 배분하는 것이 필요하다. 예상되는 월별 매출구성비를 과거실적을 기준으로 추정 후 내, 외부 환경요인의 고려를 통하여 조정하여 결정한다.

㉠ 3개년의 분기(월)별 실적을 활용하여 다음 해의 연간 매출계획 수립
㉡ 3개년 간 분기(월) 평균매출을 구한다.
㉢ 해당 연도 전체 매출과 분기(월)매출을 추정한다.
㉣ 추석/설날 등 환경을 감안하여 매출을 추정한다.

표 2-1 일별매출계획

일별(요일)	금년 목표	실적	전년 실적	달성률	신장률
1					
2					
합계					

자료: 이상윤, 박한혁 (2015). *판매관리론*, 서울: 도서출판 두남, p. 404.

표 2-2 월별매출계획 양식

구분	1분기	2분기	3분기	4분기	합계	분기평균
y_1						
y_2						
y_3						
평균						
평균지수						

자료: 이상윤, 박한혁(2015). *판매관리론*. 서울: 도서출판 두남, p. 405.

④ **위임 가능한 권한은 대폭 위양:** 상호합의에 의해 목표가 부여되면 목표달성을 위해서 수행하는 방법에 대한 권한은 대폭 위임하는 것이 좋다.

⑤ **결과분석:** 결과에 대해서는 반드시 분석 검토하고 목표에 대한 성과에 대해서는 반드시 결과를 분석하여 차기 목표 수립 시 반영한다.

2.1.1.3. 달성률 관리

설정된 목표에 대한 달성도를 율(%)로 관리하는 대표적인 관리방법이다. 나타난 수치가 높을수록 좋은 실적을 나타낸 것으로 평가된다. 나타난 수치가 너무 낮은 경우는 목표설정을 잘못한 것으로 평가될 때도 있다. 매출실적은 기업에서 가장 중요한 수익 원천으로 영업활동의 평가에 활용된다.

- **목표달성률:** 매출실적 / 목표 × 100

  예) 매출목표 200, 실적 180

  180/200 × 100 = 90%

매출액은 총매출액에서 매출할인 등을 차감한 금액으로 표시된다.

> 총매출액 = 고객의 지불금액 + 에누리
> 순매출액 = 총매출액 − 부가세 − 에누리 + 기타수익

2.1.2. 신장률 평가[7)]

신장률은 전년(전월, 전분기) 대비 금년(당월, 현분기)의 실적 증감률을 나타내는 지수로 성장세를 가늠할 수 있는 대표적인 지수이다.

---

7) 상게서, pp. 406-407.

2.1.2.1. 기업에서 관리하는 신장률 종류

① 누계 신장률: 영업일수 및 영업환경을 무시한 절대 계수 신장비율

② 일평균 신장률: 매출액을 영업일수로 나누어 일평균 실적 신장비율

③ 감안 신장률: 영업환경이 다를 경우 감안하여 신장비교

④ 신장률: 금년 실적 / 전년 실적 × 100 - 100

예) 금년 실적 180, 전년 실적 160

180 / 160 × 100 - 100 = 12.5% 신장

⑤ 일평균 신장률: 금년 실적 / 전년 실적 / 금년 영업일수 × 전년 영업일수 × 100 - 100

2.1.2.2. 감안 분석

영업환경은 언제나 똑같을 수가 없다. 영업일수가 다를 수 있고, 행사가 다를 수 있기 때문에 이런 감안요소를 분석한 후 반영하는 게 감안 분석이다.

2.1.3. 재고회전율 평가[8)]

재고회전율은 상품에 투자된 자금의 회전속도를 말한다. 즉 상품이 일정 기간 중 몇 번 당좌자산으로 전환하였는가를 나타내는 지표로 자금을 신속하게 회수하여 재투자 했는가를 측정하는 것이다. 판매동향, 적정 재고수준, 적정 발주량 등을 파악하는데 이용한다.

① 재고 종류: 기말 재고, 기초 재고, 평균 재고(기말 재고 + 기초 재고 / 2)

② 재고 증감률: 금년 재고액 / 전년 재고액 × 100 - 100

③ 회전율: 매출액 / 평균재고의 개념은 1년 단위 기준으로 월간 단위는 12를, 일수를 기준으로 할 때는 360일을 기준으로 한다.

2.1.4. 이익률 평가[9)]

기업 최대목표는 이익창출이다. 이익률관리란 매출액과 매출이익의 비율로 보는 지표이다. 기업에서는 이동평균법을 사용하여 계산한다.

---

8) 상게서, p. 408.

9) 상게서, pp. 408-409.

이익률: 이익액 / 매출액×100
(에누리제외) (에누리제외 순매출액)

2.1.4.1. 이익률 산출방법

① 원가계(VAT제외) = 전월재고(원가) + 당월매입(원가) + 원가산입(원가)

② 매가계(VAT제외) = 전월재고(매가) + 당월매입(매가)

③ 점출차익액 = 매가계-원가계

④ 점출차익률 = 점출차익액 × 매가계 × 100

⑤ 에누리포함 매출이익액 = 점출차익률 × 순매출액(VAT제외 총매출액)

⑥ 에누리제외 매출이익액 = 에누리포함 매출이익액 - 매출에누리액

⑦ 에누리제외 순매출액(실제 순매출액) = 순매출액 - 매출에누리액

⑧ 이익률 = 에누리 제외 매출이익액 ÷ 에누리제외 순매출액 × 100

2.1.4.2. 매출가격 환원법

매출가격환원법은 회계기간 중에는 매출가격으로 관리하다 기말재고의 매출가격에 원가율을 곱하여 기말재고자산의 원가를 계산하는 방법으로 매가환원법이라 한다.

① GP율

• 총이익액 = 이익액 + 인센티브

② 구매율 객단가 관리

입점 고객에 대한 구매고객동향을 파악하여 고객 니즈를 파악하는데 목적이 있다.

• 구매율: 구매 고객수 / 입점 고객수×100
• 객단가: 매출액 / 구매 고객수

2.1.5. 생산성 평가[10)]

생산성은 분수로 표기한다. 아래 표에서 가리키는 것처럼 그 의미는 투입한 자원(사람, 물건, 자금)이 어느 정도의 성과(매출액, 상품이익)을 산출하는지를 나타내고 있다.

---

10) 상게서, pp. 409-411.

$$\bullet\ 생산성 = \frac{성과(매출액,\ 상품이익)}{투입자원(인원,\ 물적자원,\ 자금)}$$

위 식에서 생산성을 증대시키는 것은 매출액 도는 상품 이익액을 증가시키는 방법과 사람, 물적 자원, 자금의 투입을 감소시키는 결과로 생산성을 극대화시킬 수 있다. 즉 생산성은 매장생산성, 인당생산성, 상품생산성의 관점에서 관찰하는 것이 가능하다.

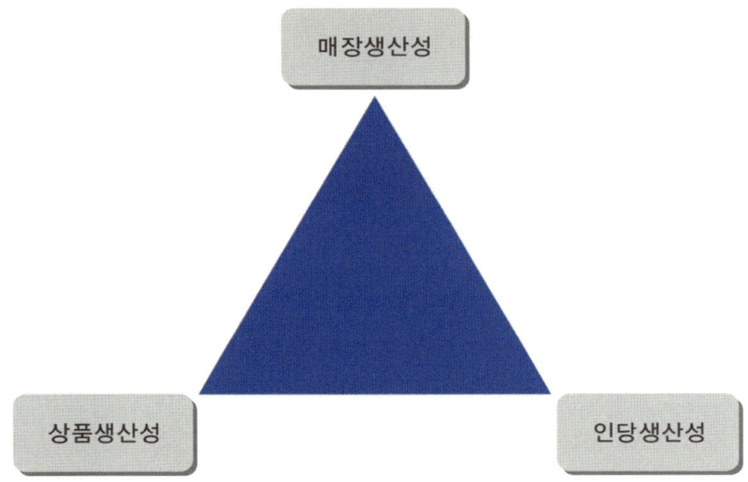

자료: 이상윤, 박한혁 (2015). *판매관리론*. 서울: 도서출판 두남, p. 410.

▌그림 2-2 ▌ 생산성 지표

2.1.5.1. 매장생산성

매장의 생산성을 표현하는 지표로 앞서 언급한 평당 매출액이 있다. 평당 매출액을 다시 한 번 산식으로 표현하면 매출액 /매장평수가 된다. 이 의미는 현재의 매장 1평당 어느 정도의 매출액이 일어나고 있는가라는 의미가 된다.

2.1.5.2. 인당생산성

투입인원의 생산성을 표현하는 지표로 인당매출액이 있다. 이 인당매출액을 산식으로 표현하면 매출액/ 총 종업원 수가 된다. 이 의미는 종업원당 어느 정도의 매출액이 있는가라는 의미이다. 기업의 일평균 매출액이 1천만 원인 경우 종업원이 5명이라면 일 200만원이라 할 수 있다. 이러한 인당매출은 업계 평균이나 동종 업체의 계수로 상호 비교하여 관리되어야 한다.

2.1.5.3. 상품생산성

상품생산성을 표현하는 지표로서 교차비율이 활용된다. 이 교차비율 산식은 교차비율 = 상품회전율 × 상품이익률이 된다. 교차비율 의미는 현재의 재고가 어느 정도의 상품이익을 실현시키는지 설명이 가능하다.

• 교차비율 = 상품회전율 × 상품이익액

$$= \frac{\text{매출액}}{\text{재고}} \times \frac{\text{상품이익액}}{\text{매출액}} = \frac{\text{상품이익액}}{\text{재고}}$$

2.2. 재무분석을 통한 경영 성과 평가[11)]

2.2.1. 재무제표(financial statement)

① 회계실체의 일정기간(회계기간) 동안 경제적 사건과 그 기간 말에 있어서 경제적 상태를 나타내기 위한 일련의 회계보고서이다. 회계는 회계실체의 이해관계자에게 회계실체에 관련된 유용한 재무적 정보를 제공하는 수단으로서 회계보고서를 작성·보고하는 것으로서 재무제표는 이러한 회계보고서의 가장 중심적이고 종합적 체계를 이루고 있다.

② 회계실체의 외부에 있는 이해관계자는 그 실체에 관한 정보를 얻을 수 있는 기회가 극히 제한되어 있기 때문에 이들 외부 이해관계자에게 있어서 재무제표는 매우 중요하다. 따라서 이해관계자가 광범위하게 존재하는 기업이나 그 밖의 사회적 조직에 대하여는 재무제표 작성 및 보고가 법령으로 의무화되어 있으며 또 그 작성 및 보고 방법에 관하여도 규제가 가해지는 것이 일반적이다.

③ 한국의 '기업회계원칙(증권관리위원회 제정)'은 재무제표 작성에 관하여 회계기간 동안의 사건을 나타내 주는 손익계산서(損益計算書), 재무상태변동표(財務狀態變動表) 및 제조원가명세서(製造原價明細書), 기말(期末)의 상태를 나타내주는 재무상태표(財務狀態表), 이익잉여금처분계산서(利益剩餘金處分計算書), 결손금처리계산서(缺損金處理計算書) 등을 필수적인 것으로 정하고 있다.

④ 그러나 이렇게 정형화된 양식에 따라서 작성된 재무제표가 때로는 정보이용자

11) 상게서, pp. 411-416.

의 필요를 충분히 또는 적절하게 충족시켜 주지 못하는 경우도 있다. 따라서 이러한 경우에는 정해진 양식에 구애받지 않고 추가적인 내용을 보충하여 보고함으로써 정보이용자가 잘못 판단하는 오류를 방지하도록 요구되는데, 이때의 보충설명자료를 주기(註記: foot note)와 부속명세서(附屬明細書: supporting and supplementary schedule)라고 한다.

⑤ 재무제표는 기본적으로 회계실체의 경영자 또는 그 지배를 받는 사람에 의하여 작성되며 그 정보는 회계실체의 경영자를 포함한 여러 이해관계자의 이해관계에 직·간접으로 영향을 준다. 따라서 경영자는 자신에게 유리한 방향으로 재무제표를 작성·보고할 가능성이 있다. 그러므로 이러한 문제점을 방지하기 위하여 오늘의 경제사회에서는 회계실체와 직접적 이해관계가 없는 독립적인 전문가에 의하여 그 정보의 타당성에 관한 감사(監査: audit)를 받고, 감사인(auditor)의 감사의견을 첨부하여 보고하는 경우가 있다.

2.2.2. 재무상태표(대차대조표, Balance sheet)

① 회사의 자금이 어떻게 조달되었고 어디에 사용되고 있는지를 나타내준다. 대차(貸借)란 왼쪽, 오른쪽을 나타내는 것으로서 왼쪽이 차를, 오른쪽이 대를 가리키는 말이다. 즉, 오른쪽에는 회사운영에 필요한 자금이 어떻게 조달되었는지를 나타내게 되는데 은행 등 외부에서 빌린 돈이나 갚지 않은 돈은 부채로 표시하고, 주주들로부터 거둔 자금은 자본으로 표시하는 것이다.

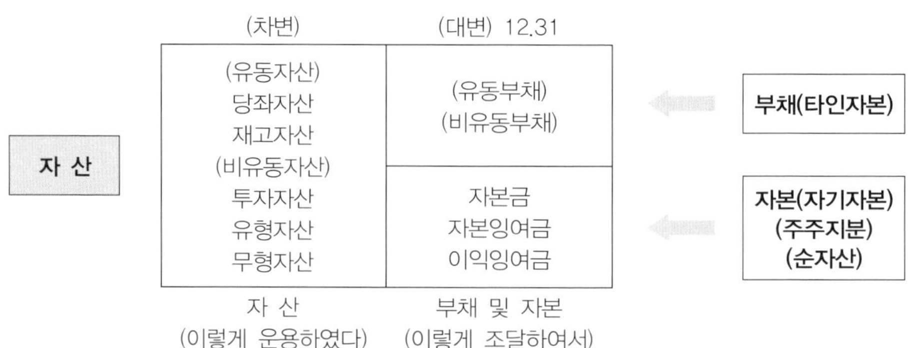

자료: 이상윤, 박한혁 (2015). *판매관리론.* 서울: 도서출판 두남, p. 412.

▮ 그림 2-3 ▮ 재무상태표

② 한편 왼쪽에는 이렇게 조달된 자금이 현재 어떤 형태의 자산에 운용되고 있는지를 보여주는 것이므로 재무상태표는 결산일 현재 재무상태를 나타내며 재무상태표 구성내용은 앞 그림과 같다.

2.2.3. 손익계산서(Income statement)

① 손익계산서는 기업 경영성과를 밝히기 위하여 일정기간 내에 발생한 모든 수익과 비용을 대비시켜 당해 기간 순이익을 계산하여 확정하는 보고서를 말한다.
② 손익계산서에 기재되는 계정과목은 수익이나 비용을 발생하게 한 이유·원인을 나타내는 것으로서 매출액·수입이자(受入利子) 등은 기업 가치를 증가시킨 원인이며 반대로 매입비·급료·잡비 등은 기업의 가치를 감소시킨 원인이다.
③ 손익계산서에서는 수익과 비용의 과목을 대응·비교시켜 손익을 표시하므로 그 기능은 순손익액을 명백히 할 뿐만 아니라 손익발생 과정을 분석적으로 추적할 수 있도록 하여 영업 수행과정까지 알려준다.
④ 손익계산서는 기업목적 달성 정도를 측정하는 기준이며 경영정책 수립과 방향 설정에 있어 가장 중요한 자료가 된다. 양식에는 계정식(計定式)과 보고식이 있는데 기업회계기준에서는 보고식을 원칙으로 하고 있다. 계정식은 총계정원장의 차변과 대변을 그대로 옮겨놓은 형식으로 총비용과 총수익 대조에 편리한 방식이나 일반 이해관계자가 이해하기 쉽고 편리한 형식을 채용하기 위해 보고식을 택하고 있다.
⑤ 손익계산서 산식
㉠ 매출총이익 = 매출액 - 매출원가
㉡ 영업이익 = 매출총이익 - 판매비와 일반관리비
㉢ 법인세비용차감전 순이익 = 영업이익 + 영업외 수익 - 영업외 비용
㉣ 당기순이익 = 법인세비용차감전 순이익 - 법인세비용

2.2.4. 현금흐름표(Statement of cash flow)

① 현금흐름표는 일정기간 동안 기업의 현금흐름을 나타내는 표이다. 즉 현금 변동내용을 명확하게 보고하기 위하여 당해 회계기간에 속하는 현금 유입과 유출내용을 적정하게 표시한 표이다.
② 현금이 어떻게 창출되어 어디에 얼마만큼 쓰였는가를 보여주는 표라고 할 수 있다. 현금흐름표는 재무상태표, 손익계산서, 자본변동표, 이익잉여금처분계산서와

함께 주요 재무제표의 하나이다.

③ 현금흐름표는 일정기간 동안의 현금흐름을 나타내는 보고서이므로 유량(flow) 개념이고 동적 재무제표이다. 재무상태표가 기초에서 기말로 변천해 간 과정을 현금흐름의 측면에서 관찰한 것이 현금흐름표라고 할 수 있다.

2.2.5. 손익분기점(Break Even Point: BEP)

① 손익분기점이란 한 기간의 매출액이 당해 기간의 총비용과 일치하는 점을 말한다. 즉, 이익도 손실도 생기지 않는 매출액을 말한다. 따라서 일정기간의 매출액이 그 분기점을 넘어 증가하면 이익이 발생하지만, 매출액이 감소하여 그 분기점을 밑돌면 손실이 발생한다.

② 매출액이 그 이하로 감소하면 손실이 나며 그 이상으로 증대하면 이익을 가져오는 기점을 가리킨다.

③ 손익분기점 분석에서는 보통 비용을 고정비와 변동비(또는 비례비)로 분해하여 매출액과의 관계를 검토한다. 매출액은 매출수량과 매출단가의 관계로 대치되므로 판매계획의 입안에 있어서 이 분석방법은 중요한 실마리가 된다. 또한 그들 상호의 인과관계를 추구하는 것에 의하여 생산계획, 조업도(操業度)정책, 제품결정 등 각 분야에 걸쳐 다각적으로 이용된다.

2.2.5.1. 손익분기점 공식

① 손익분기점(채산점)을 산출하는 공식
손익분기점 매출액 = 고정비 ÷ [1 - (변동비 / 매출액)]

② 손익분기점 판매량
손익분기점 판매량 = 총고정비 / (단위당 판매가 - 단위당 변동비)

③ 어떤 일정한 매출을 하였을 때에 발생하는 손익액을 산출하는 공식
손익액 = 매출액 × [1 - (변동비 / 매출액) - 고정비]

④ 특정의 목표이익을 얻기 위하여 필요로 하는 매출액을 산출하는 공식
필요매출액 = (고정비 + 목표이익) ÷ [1 - (변동비 / 매출액)]

2.2.5.2. 고정비와 변동비

① 손익 구조의 변화는 매출액의 증감에 의한 영향보다는 오히려 비용증감에 크게 영향을 받는다. 비용에는 매출액의 증감에 거의 관계없이 지출되는 비용과 매출액의 증감에 따라 변화하는 비용이 있다. 전자를 고정비라 하고, 후자를 변동비

라고 한다.

② 고정비에는 판매원의 급료, 복리후생비, 차량연료비, 여비교통비, 통신비, 소모품비, 수도·광열비, 광고·선전비, 감가상각비, 수선비, 토지·건물 임차료, 교제비 등이 있다.

③ 변동비에는 매출원가, 지급운임, 지급하역비, 포장재료비, 지급보관료 등이 있다.

2.2.6. 원가계산

2.2.6.1. 개념

원가란 경영활동을 하기 위하여 필요한 자금을 말한다. 좁은 의미로는 물건을 만들거나, 공급하는 물건을 사는데 필요한 자금을 뜻하지만 넓은 의미로는 물건을 만들어 판매하고 그 대금을 회수하는 때까지 직접·간접으로 들어가는 모든 자금을 뜻한다.

2.2.6.2. 원가 구성

제품의 원가를 구성하는 원가요소는 다음과 같은 단계를 거쳐 판매가격을 구성한다.

			이 익	판 매 가 격
		판매비와 관리비	판 매 원 가	
	제조 간접비	제 조 원 가		
직 접 재 료 비	직 접 원 가			
직 접 노 무 비				
직 접 제 조 경 비				

자료: 이상윤, 박한혁 (2015). *판매관리론*. 서울: 도서출판 두남, p. 415.

▌그림 2-4▐ 원가구성

① 직접원가 = 직접재료비 + 직접노무비 + 직접제조경비

② 제조원가 = 직접원가 + 제조 간접비(간접재료비 + 간접노무비 + 간접제조경비)

③ 판매원가 = 제조원가 + 판매비와 관리비

④ 판매가격 = 판매원가 + 이익

2.2.6.3. 제조원가(manufacturing costs)

① 제조원가란 제품을 생산하는 과정에서 발생하는 모든 경제적 가치 소비액을 말한다.

② **재료비**: 제품 제조를 위한 재료 소비액. 예) 가구 제작업의 목재 등

③ **노무비**: 제품 제조를 위해 투입된 인간 노동력에 대한 대가. 예) 임금, 급료, 상여 수당 등

④ **제조경비**: 재료비와 노무비를 제외한 기타 모든 원가 요소. 예) 전력비 등

표 2-3 제조원가 구성

①	재 료 비	직 접 재 료 비	주요 재료비, 부품비
		간 접 재 료 비	보조 재료비, 소모공구기구비품비
②	노 무 비	직 접 노 무 비	완성직공에 대한 임금
		간 접 노 무 비	검사공 임금, 수선공 임금, 공장 감독자 급여 등
③	제조 경비	직접 제조 경비	외주가공비, 특허권 사용료, 설계비
		간접 제조 경비	전력비, 가스수도비 등

자료: 이상윤, 박한혁 (2015). *판매관리론*. 서울: 도서출판 두남, p. 415.

2.2.7. 경영분석 지표 성과 평가

① 기업경영분석이란 기업의 재무상태표, 손익계산서 등 재무제표나 각종 경영 관련 자료를 종합하여 기업 재무상태나 경영성과를 종합적으로 분석하는 것이며 재무제표를 이용한 비율분석이 중심을 이루고 있어 기업경영분석을 재무제표분석(financial statement analysis) 또는 재무분석(financial analysis)이라고도 한다.

② 기업경영분석을 하는 목적은 기업내외의 이해관계자, 즉 경영분석을 실시하는 주체에 따라 다르며 주주, 채권자, 경영자, 종업원, 납품업자, 경쟁기업, 소비자, 정부 등 재무제표에 대한 각 수요자의 입장에 따라 분석 목적이 다르다.

③ 주요 경영분석 지표

표 2-4 경영분석 지표

부 문	항 목	산 식	표 준
안전성 분석	유동비율	유동자산 / 유동부채 × 100	200% 이상
	당좌비율	당좌자산 / 유동부채 × 100	100% 이상
	부채비율	부채 / 자기자본 × 100	200% 이하
	자기자본비율	자기자본 / 총자본 × 100	50% 이상
수익성 분석	매출액 순이익률	당기순이익 / 매출액 × 100	높을수록 양호
	총자산 세전이익률	세전이익 / 총자산 × 100	높을수록 양호
	자기자본 세전이익률	세전이익 / 자기자본 × 100	높을수록 양호
활동성 분석	총자산 회전율	매출액 / 총자산	높을수록 양호
	매출채권 회전율	매출액 / 매출채권	높을수록 양호
	재고자산 회전율	매출액 / 재고자산	높을수록 양호
성장성 분석	매출액 증가율	당기매출액 / 전기매출액 × 100 − 100	높을수록 양호
	총자산 증가율	당기말총자산 / 전기말총자산 × 100 − 100	높을수록 양호
	자기자본 증가율	당기말자기자본 / 전기말자기자본 × 100 − 100	높을수록 양호
생산성 분석	종업원1인당부가가치증가율	당기종업원1인당부가가치 / 전기종업원1인당부가가치 × 100 − 100	높을수록 양호
	종업원1인당매출액증가율	당기종업원1인당매출액 / 전기종업원1인당매출액 × 100 − 100	높을수록 양호
	총자본투자효율	부가가치 / 총자본 × 100	높을수록 양호

자료: 이상윤, 박한혁 (2015). *판매관리론*. 서울: 도서출판 두남, p. 416.

3 전통적 경영성과 평가의 문제점 및 대안

3.1. 전통적 경영성과 평가 문제점

아날로그 디바이스사의 최고경영자인 스타타(Stata, 1989)[12]가 "이해가 상충될 때에는 재무적인 고려가 우선된다."고 할 만큼 기업 내에 다양한 성과측정 지표들이 존재하고 활용되고 있다 하더라도 그것은 단지 부수적으로 여겨지고 있을 뿐이었다.

그러나 지금까지의 재무적 측정지표들은 '이미 행해진 결정들의 결과'는 보여주지

12) Stata, Ray (1989). Organizational learning-The Key to Management Innovation. *Sloan Management Review*, Spring, 63 ~ 74.

만 '장기적 전략개발을 위한 적절한 지침'을 보여주지는 못했다(Olve, Roy, & Wetter, 1999).[13] 또한, 최근 경제학자 또는 회계학자들 간에 재무보고가 다른 기업의 정보제공요소들에 비해 중요도가 감소되고 있음이 지적되고 있으며(Lev, 1997[14]; Grojer, 1993[15]) 이러한 현상을 재무보고에 포함되지 않은 무형자산의 중요성이 상대적으로 증대되었기 때문이라고 해석하는 견해가 지배적이다(Arthur, 1996).[16] 무엇보다도 이제까지의 재무적 측정지표들은 측정 주체라 할 수 있는 경영자, 주주, 종업원 모두에게 치명적인 한계를 보여주고 있다.

첫째, 재무적 측정지표만으로는 경영자가 올바른 전략수립과 의사결정을 수행할 수 없다.

경영자 관점에서 살펴보면 전통적 재무적 측정지표들은 지난 활동들에 대한 결과만을 보여줄 뿐이므로 '전략적 목표와 일관되지 않는 행위'에 이르게 할 수 있다(Goldenberg & Hoffecker, 1994). 즉, 재무적 관점의 측정에 고정됨으로써 제품 품질, 고객만족도, 배달 시간, 공장의 유연성, 신제품의 리드타임, 더 높은 수준의 종업원 노하우 등과 같이 '덜 실체적이고 비재무적인 측정지표'들을 무시하게 만들고(Peters, 1987)[17] 이로 인해 '시기별 부분 최적화'를 초래하여 '장기와 단기 사이의 균형 달성'을 어렵게 한다(Olve, Roy, & Wetter, 1999).[18]

둘째, 재무적 측정지표는 주주들에게 투자를 위한 명확한 기준을 제공해 주지 못한다. 재무적 측정지표들은 그것만으로 진정하고 공정한 사업현황을 제공할 수 없다(Johnson & Kaplan, 1987).[19] 재무적 핵심비율들의 초점은 외부보다는 내부에 맞추어지고, 내부적으로 개발된 기준에 근거하여 이전 회계 연도와 비교되어 지기 때문에 기업을 경쟁자들과 공정하게 비교하는 것이 더욱 어렵다(Eccles & Pybum, 1992).[20]

---

13) Olve, N-G., Roy, J. & Wetter, M. (1999). *Performance Drivers*. John Wiley & sons Ltd.

14) **Lev, B.** (1997). The Boundaries of Financial Reporting and How to Extend Them. Paper at the OECD Conference on 'Industrial Competitiveness in the Knowledge-Based Economy in Stockholm

15) **Gröjer, J. E.** (1993). *Redovisa anställda på balansräkningen!: Put people on the balance sheet!*. Stockholm: Labora Press.

16) 강순희 (1999). 주요국의 인적자원회계(HRA)의 도입사례와 시사점, 제1회 지식경영 학술심포지엄

17) Peters, T. (1987). *Thriving on Chaos: Handbook for a Management Revolution*. London: Macmillan.

18) Olve, N-G., Roy, J. & Wetter, M. (1999). *Performance Drivers*. John Wiley & sons Ltd.

19) Johnson, T. H., & Kaplan, R. S. (1987). *Relevance Lost - The Rise and Fall of Management Accounting*. Boston: Mass. Harvard Business School Press.

20) Eccles, R. G. and Pyburn, P. J. (1992). Creating a Comprehensive System to Measure Perfor-

셋째, 재무적 측정지표는 조직체 대다수를 차지하고 있는 일반 종업원들에게는 무의미하다. 종업원들은 재무적 측정지표의 월별, 분기별 보고서에 나타난 숫자들이 업무와 관련해서 어떠한 의미를 나타내는지 알지 못하며 시스템들의 복잡성은 일선 업무 유연성을 방해하기도 한다(Shank & Gorindarajan, 1993).[21] 이와 같이 단순한 재무적 지표는 경영자에게는 기업전략 수립에 불균형을 초래하여 올바른 의사결정을 저해하는 요인으로 작용할 수 있고 이를 개선하기 위해 재무적 지표와 함께 비재무적 지표를 동등한 수준으로 관리할 필요가 있는 것이다. 이러한 관점에서 이루어지고 있는 다양한 연구 중 대표적인 연구로 캐플란과 노턴의 균형성과표를 들 수 있으며 인적자원회계(Human Resource Accounting), 스웨덴의 스칸디아 AFS사의 네비게이터, 애니 브루킹 모델, 메이젤의 균형성과표, 맥네어의 성과 피라미드 모델, 애덤스와 로버츠의 EP^2M 등 다수의 방법론들이 제시되고 있다. 현재 BSC는 이러한 모든 방법론을 나타내는 광의 개념으로 그 의미가 확대되어지고 있으며 또 다른 측면에서 유사한 목적의 방법론으로 비교적 재무적 성과측정의 성격이 강한 경제적 부가가치(Economic Value Added), 초과자산 수익률(Return on Assets), 자본시장 프리미엄 접근법(Market Capitalization Method) 등이 있다. 그러나 TQM과 같은 품질경영, 고객만족, CI(Corporation Identity)와 같은 기업 이미지 혹은 브랜드 관리, 기업문화 운동, 학습조직, 그리고 핵심역량 강화 등과 같이 기업의 경쟁력을 내부 환경에서 찾고자 하는 일련의 시도들은 궁극적으로 기업 비재무적 부문의 가치를 인식하고 이를 통하여 기업 가치를 극대화하기 위한 노력들과 같은 맥락이라 할 수 있다. 지금까지 연구된 대표적인 방법들에 대한 기본적인 시각 및 장단점이 <표 2-5>에 정리되어 있다.

표 2-5 기존 방법들의 기본 시각 및 장단점 비교

Tool	Primary Rationale	Advantages	Disadvantages
인적자원 회계	재무적으로 표현된 인적자본은 손익계산서상의 비용이 아닌 재무상태표에 자본화되어야 한다.	• 재무적으로 계산되어짐 • 서비스 산업에서 내부적 활용도가 높음	• 너무 많은 가정 어떤 것은 이루어질 수 없는 것도 있다. • 주관적
경제적 부가가치 (EVA)	회사 목적은 주주 가치를 최대화하는 것과 자본의 효과적 활용을 최대화하는 것이다. 이것은 모든 의사결정 및 회사의 모든 수준에서 반영되어야 한다.	• 주식 가격과 상관관계가 비교적 높음 • 예산수립, 재무계획수립, 목표설정, 인센티브 보상과 연결	• 복잡한 조정절차 • 역사적 원가에 근거한 자산의 장부 가치를 사용 • 설명력이 약함 • 주주만의 이익을 위한 지배구조 가정

mance. *Management Accounting*, Oct., 41-44.

21) Shank, J. K., & Gobindarajan, V. (1993). *Strategic Cost Management.* New York: Free Press.

Tool	Primary Rationale	Advantages	Disadvantages
초과자산 수익률 (ROA)	총자산수익률이 산업평균보다 높다면 기업은 무형자산을 가지고 있는 것으로 평가되어야 한다.	• 미래가치를 반영한 무형자산 가치에 대한 수치적 정보 제공 • 재무계획수립, 목표설정, 보상과 연계	• 미래 초과이익과 초과 이익 발생기간 예상 어려움. • 주관 개입 여지 큼 • 정적인 평가
균형 성과표 (BSC)	회사는 내적 외적 지표를 만들어내는 시스템을 필요로 하고 있다.	• 매우 논리적 • 지표와 재무적 성과와의 분명한 상관관계 • 많은 개발과 문헌	• 경직됨 • 인적자산과 지식창조절차의 부적합한 고려 • 역학적 고려 없음 (정적임) • 외부와의 비교 곤란
지적자본 (IC)	회사에서 만들어지는 가치의 많은 부분은 무형자원으로부터 나오며 따라서 이들 자원은 물리적 자원과 같이 관리되어져야 한다.	• 유연함 • 동적 모델 • 부분적으로 외부와 비교가능 • 비영리조직에 적용 가능	• 문헌이 혼란 • 개발이 초기 단계 • flow 보다 stock에 지나친 집중

3.2. 지적 자본 정의 및 분류

지적 자본을 정의함에 있어서 학자들마다 다소 다른 견해를 가지고 다양한 용어로 표현하고 있지만 사실상 동일한 개념을 지니고 있다고 볼 수 있다. 에드빈슨(Edvinsson & Malone 1997)[22]은 이러한 지적 자산에 대한 개념을 지식 자본, 비재무적 자산, 비물질적 자산, 숨은 자산, 보이지 않는 자산, 목표성취를 위한 수단, 그리고 시장가치에서 장부가치를 제외한 부분과 동일한 의미를 지닌다고 정의하였다. 지적 자본 개념은 초기에는 개인의 지적 능력에 주된 초점이 맞추어졌으나 지적 자본 용어가 경영일선에서 빈번하게 사용되면서 보다 조직과 관련된 개념이 되었고 현재는 유형자산을 대표하는 재무자본에 대응하는 것으로서 기업 보유 무형자산을 총칭하는 개념으로 고려되고 있어 관련된 모든 용어들을 동일한 의미로 인정하되 가장 보편적인 개념인 지적자본이라는 용어를 주로 사용토록 하겠다. 일반적으로 학자들마다 지적 자본에 대한 세부 구성 요소들도 상이한 표현으로 구분하고 있으나 <표 2-6>에서 볼 수 있는 바와 같이 그 의미가 크게 다르지 않다.

22) Edvinsson, L., & Malone, M. (1997). *Intellectual Capital.* New York.: Harper Business.

표 2-6 무형자산의 분류

<table>
<tr><th>Thomas A. Stewart</th><th>Annie Brooking</th><th>Karl-Erick Sveiby</th><th>Kaplan Norton</th><th colspan="2">Leif Edvinsson</th><th>해당 무형자산</th></tr>
<tr><td rowspan="2">인적자본</td><td>지적중심자산</td><td rowspan="2">개개인의 능력자산</td><td rowspan="2">학습과 성장</td><td colspan="2" rowspan="2">인적자본</td><td>노하우, 기업비밀, 저작권</td></tr>
<tr><td>인간중심자산</td><td>창조적 문제해결 능력, 리더십, 경영기술, 기업의 가치·철학, 기업문화, 경험</td></tr>
<tr><td rowspan="2">구조적 자본</td><td rowspan="2">인프라 자산</td><td rowspan="2">내부적 구조자산</td><td rowspan="2">내부비즈니스 프로세스</td><td rowspan="2">조직 자본</td><td>프로세스 자본</td><td>업무제조, 유통프로세스, 기업의 가치·철학, 기업문화, 판매능력, 관리방식, 시장·고객정보 데이터베이스, 하드웨어 및 소프트웨어</td></tr>
<tr><td>혁신자본</td><td>신제품 및 서비스 개발 능력</td></tr>
<tr><td>고객자본</td><td>시장자산</td><td>외부적 구조자산</td><td>고객</td><td colspan="2">고객자본</td><td>브랜드 인지도, 고객 만족도, 명성, 반복거래</td></tr>
</table>

자료: 이춘경, 정기호 (1999). *Kalman Filter를 이용한 무형자산가치 측정.* 제2회 지식경영 학술심포지엄

3.3. 균형성과표 개요(Kaplan & Norton, 1996)[23] 및 한계

마이크로소프트(MS)는 80억 달러의 가치를 지녔으나 윈도 95 발매를 발표했을 때 주가는 100달러 이상 상승하여 기업가치가 클라이슬러나 보잉보다 더 높아졌다. 이러한 회사들의 가치는 전통적인 회계방식만으로는 측정할 수 없다. 인텔이나 마이크로소프트의 가치는 건물이나 재고에 있는 것이 아니라 비재무적인 지적 자본에 있는 것이다. 이와 같은 관점에서 캐플란과 노턴은 재무적 지표는 물론 비재무적 지표를 포함한 통합경영지표로서 균형성과표(Balanced Scorecard)를 고안하였다.

BSC는 기업이 전략적 목표를 향해 움직이고 있는가를 측정하기 위하여 [그림 2-5]에서 보는 바와 같이 재무, 내부프로세스, 고객, 학습과 성장이라는 4가지 시각에서 기업의 과거, 현재, 그리고 미래성과를 살펴보고 전사적 성과개선을 도모하기 위한 전략적 도구로서 종합적이고 균형적으로 기업의 성과를 측정하는 평가시스템 및 경영관리 도구라 할 수 있다. 각 시각을 간단히 살펴보면,

23) Kaplan, R. S, & Norton, D. P. (1996). *The Balanced Scorecard,* Boston: Mass. Harvard Business School Press.

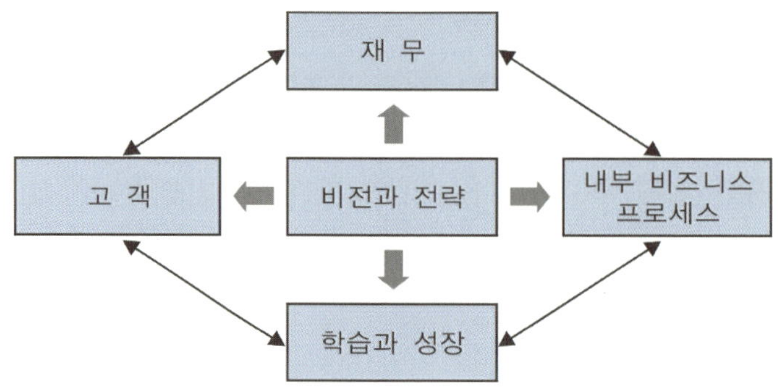

▌그림 2-5 ▌ 캐플란과 노턴의 BSC 모델

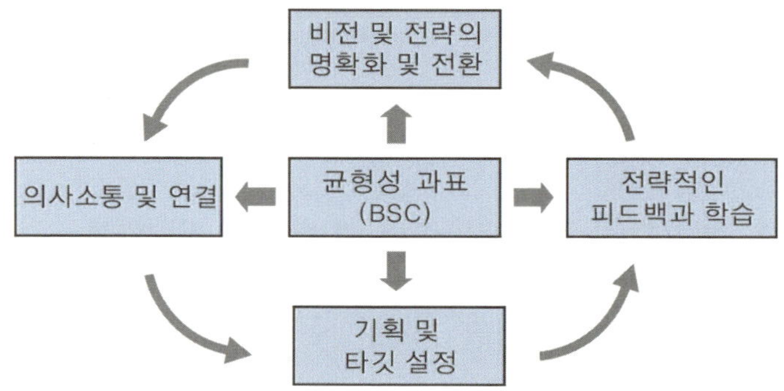

▌그림 2-6 ▌ 캐플란과 노턴 BSC 프로세스

우선 재무적 시각이란 전통적인 평가방법의 주요 핵심사항이던 수익성, 성장률, 활동성 등과 같은 여러 가지 재무적 지표의 성과 측정치를 의미한다.

두 번째 시각은 고객시각으로 일단 목표시장이 결정되면 기업은 가격우위, 품질, 패션, 디자인, 브랜드 이미지 등 고객에게 전달할 가치명제를 파악하여 시장점유율, 고객유지율, 고객확보율, 고객만족도, 고객수익성 등의 측정지표로서 성과 측정을 하는 시각이다.

세 번째 내부 비즈니스 프로세스 시각은 기업 내부의 비즈니스 프로세스가 무엇인지를 파악하여 성과를 측정해야 한다는 시각으로 내부 프로세스를 혁신 프로세스, 운영 프로세스, 판매 후 서비스 프로세스의 3가지 가치사슬로 구분하고 새로운 고객확보 정도, 품질 정도, 반품률 정도 등 프로세스상의 성과를 측정하는 것을 말한다.

마지막으로 학습과 성장 시각은 장기적 성장과 개선을 이루기 위해 필요한 기반 구조로 종업원 개개인의 역량, 정보시스템 구축 정도, 동기부여 및 권한 정도 등 측정지표를 통하여 성과 측정을 하는 것을 말한다. 경영자는 이러한 균형성과표를 이용해서 사업을 다음과 같은 관점으로 살펴볼 수 있다.

• 재무적으로 성공하려면 주주들에게 어떻게 보여야 하는가?
• 비전을 달성하려면 고객들에게 어떻게 보여야 하는가?
• 고객과 주주들을 만족시키려면 어떤 점에서 탁월해야 하는가?
• 비전을 달성하기 위해 필요한 '학습 및 성장'은 어떻게 유지시켜 나갈 것인가?

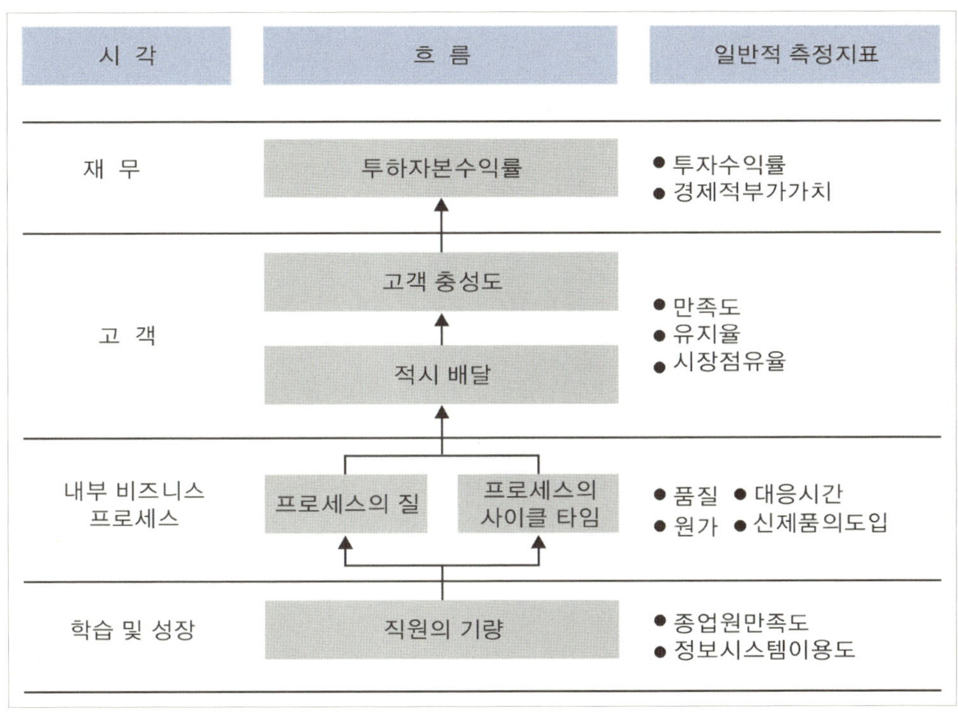

▌그림 2-7 ▌ BSC의 영향의 흐름도 예시

위에서 알 수 있듯이 명확한 비전과 전략은 네 가지 모든 시각의 기초가 된다. 또한 각 네 가지 시각에 대한 전략적 목표, 측정지표, 목표, 행동지침 등을 수립해야 한다. [그림 2-6]의 성과측정표에 중심을 둔 지속적인 프로세스가 이 같은 네 가지 시각을 조화시켜준다. [그림 2-7]의 측정지표에는 '성취된 것(결과물)'과 '결과물에 영향을 주는 것(성과동인)'의 두 가지가 있다. 기업에 있어서 장기적 목표는 대부분 재무적 성과이며 나머지 측정지표들은 조기경보기능의 역할을 하거나, 사업의 방향이 올바른 선상에 유지하도록 모니터 하는데 유용하다.

이처럼 BSC는 전략과 연계되지 않는 재무적 측정지표 위주의 기존의 성과측정 시스템이 가지고 있는 한계를 극복하고 경영자로 하여금 장기적인 관점에서 지속적인 경쟁우위 수립에 중요한 4가지 시각에 대한 새로운 지침을 제공하였다는 데 큰 의의를 가지고 있다. 또한 경영자가 통합적인 경영시스템을 구축하기 위하여 어떻게 재무적 측정지표와 비재무적 측정지표간의 균형을 맞추고 통합할 수 있는가에 대한 해답을 제공해주고 있다. 그러나 BSC는 개별 기업별로 관심을 가지는 무형자산에 따라 다르게 모형이 개발되어야 하고 외부에서 이용 가능한 지표로는 측정하기 불가능하다는 평가가 있어 다른 기업 간에 비교로 사용되기 어려운 단점이 있다(Olve, Roy, & Wetter, 1999).[24] 또한, 다양한 지표들을 동시에 고려하여 본다는 취지에도 불구하고 경직되고 정적이어서 역학적인 고려가 반영되어 있지 않기 때문에(Bontis et al., 1999)[25] 지표간 상호영향을 측정하는데 한계를 나타내고 있어 새로운 정책과 입법상의 변화 수용에 소요되는 지연된 피드백을 계산할 방법이 없다는 어려움을 가지고 있다. 이러한 한계들은 BSC가 보다 미래지향적인 전략적 도구로서 활용되기 위해 해결되어야 할 과제가 되고 있다. 이러한 문제들을 해결하기 위한 방법론으로서 시스템다이내믹스 개념을 도입하여 BSC를 발전시키고자 하는 노력이 활발히 진행되고 있다.

---

24) Olve, N-G., Roy, J, & Wetter, M. (1999). *Performance Drivers*. John Wiley & sons Ltd.

25) Bontis, N., Dragontti, N. C., Jacobsen, K., & Roos, G. (1999). The Knowledge Toolbox: A Review of the Tools Available to Measure and Manage Intangible Resource. *European Management Journal,* 17(4), 391-401.

연습문제

01 기업 비전과 사명에 대해 설명하시오.

02 재무적 성과 목표에 대해 설명하시오.

03 경영성과 거시적 평가측정 지표에 대해 설명하시오.

04 경영 성과 환류(Feedback)에 대해 설명하시오.

05 균형성과표(Balanced Scorecard)에 대해 설명하시오.

제 3 장 경영환경과 변화

요 약

21세기는 과거의 잣대로는 전혀 예측하기 어려운 새로운 환경변화에 직면하게 될 것이다. 앞서 기업경영을 둘러싸고 있는 경영환경의 의의 및 중요성을 피력하였다. 아울러 경영환경 변화의 동태성과 불확실성, 경영환경의 복잡성, 경영환경 변화의 가속화를 살펴보았다. 끝으로 경영환경 유형으로 기업이 통제 불가능한 일반환경과 기업의 직무수행과 직접적으로 관련된 과업환경들을 소개한다. 각각의 중요개념을 요약하면 다음과 같다.

- **경영환경**(business environment)이란 경영자가 기업 경영활동에 관한 의사결정을 내릴 때 고려해야 할 기업 내적 및 외적의 다양한 요인이나 상황을 의미한다.
- **경영환경의 변화**는 항상 변하고 움직이는 동태성과 변화의 방향을 예측하기 힘든 불확실성, 변화의 동인이 매우 복잡한 복잡성, 변화의 속도가 매우 빠른 가속화를 들 수 있다.
- **환경변화에 대응한 합리적인 의사결정 과정**으로 첫째, 기업을 둘러싸고 있는 **경영환경의 요인들은 어떤 것이 있는지를 구체적으로 파악**해야 한다. 둘째, 인식된 경영환경의 변화가 **기업에 어떠한 영향을 미치며 그 강도와 속도는 어느 정도인지를 파악**하는 것이다. 셋째, 한정된 자원을 어떻게 배분하여 **환경변화에 대처할 것인지에 대한 전략적 대응**이다. 앞서 파악된 환경의 종류와 강도, 속도 등을 기초로 보다 구체적인 대응책을 강구하는 단계이다. 넷째, **환류(feed back)시스템 구축**을 통해 지속적인 모니터링과 평가를 통해 환경변화에 적절하게 대응 및 적절한 통제 등을 통해 변화된 환경과의 균형을 안정적으로 유지할 수 있게 된다.
- **환경변화의 전략적 활용**으로 일반적으로 기업의 외적인 요소인 거시적인 환경 변화를 먼저 요약하는 PEST(political, economic, social and technological analysis) 분석과 과업환경인 경쟁사와 고객분석 등을 기반으로 SWOT(strengths, weakness, opportunities, and threats) 분석을 수행하는 것이 전략적인 대응책이다.
- 기업을 둘러싸고 있는 경영환경은 크게 거시적 환경(혹은 **일반 환경**)과 미시적 환경으로 대별된다. 먼저 **거시적 환경요인**은 정치·법률적 환경요인, 경제적 환경요인, 사회·문화적 환경요인, 기술적 환경요인 등으로 구분되며, **미시적 환경요인**은 기업의 업무 수행에 직접적으로 영향을 미치는 **과업환경**(task environment, 혹은 업무환경)이 있다. 과업환경에는 정부 및 노동조합, 소비자, 지역사회 등으로 나누어진다. **거시적 환경**은 기업과 직접적인 상호작용이 이루어지지 않을 뿐만 아니라 통제도 할 수 없으며 경영활동에 간접적인 영향을 미친다. 반면에 **과업환경**은 기업경영활동에 직접적인 영향을 미치며, 기업의 중장기적인 전략수립 및 사업다각화 등의 의사결정에 매우 중요한 영향을 미친다. 하지만 일반환경과 과업환경 각각의 경계가 항상 천편일률적으로 명확하게 구분되지는 않는다.

• 주저자: 백운배교수, 대구미래대학교 서비스경영과, E-mail: woenb@hanmail.net

제 3 장 경영환경과 변화

포춘(Fortune)이 해마다 선정하는 500대 기업의 평균 수명은 고작 40년이다. 삼성경제연구소의 국내기업 평균 수명 조사에서는 30년으로 더 짧게 나타났다. 그런가 하면 세계적 컨설팅 회사인 맥킨지는 향후 4반세기 안에 주요 기업의 3분의 2가 생존하지 못할 것이라고 전망한다. 변화하지 않으면 치열한 경쟁의 장에서 기업이 생존할 수 없음을 보여주는 자료들이다. 이처럼 기업의 평균수명이 짧아지는 가장 중요한 이유는 기업을 둘러싸고 있는 경영환경의 급격한 변화와 기업간 경쟁구도의 심화라 할 수 있다. 이러한 경영환경 변화에 능동적으로 대처하는 지름길은 지속적인 혁신이며, 경영환경의 변화에 영향을 미치는 것 중의 가장 큰 요인은 첨단기술의 발전과 정보통신기술이다. 그 밖의 소비자들의 구매태도와 라이프스타일의 변화도 간과할 수 없다. 따라서 경영환경은 한마디로 살아 움직이는 생물체와 같아서 정기적으로 모니터링하고 신속하게 대처해나가지 않으면 경쟁에서 낙오하게 된다. 본 장에서는 기업을 둘러싸고 있는 국내외의 거시적 환경과 기업의 경영활동 수행에 밀접하게 영향을 미치는 미시적인 환경인 과업환경들을 살펴본다. 나아가 경영환경 분석의 전략적 대응은 6장에서 계획과 전략에서 SWOT 분석 등의 활용기법들을 소개한다.

1 기업 경영환경의 이해

1.1. 경영환경의 의의 및 중요성

기업은 3대를 넘기기 어렵고 나라도 3대째가 가장 고비라는 말이 있다. 이는 기업에 직면한 경영환경의 불확실성과 불안정성의 고조로 인해 지속적인 혁신과 차별화가 뒤따르지 않으면 변화의 희생자가 된다는 것을 방증한다. 최근의 경영 환경을 한 단어로 표현한다면 "**불확실성**(uncertainty)"이라고 할 수 있을 만큼 기업은 급변하는 경영환경에 처해 있고, 이러한 환경 변화에 따른 리스크 관리 프로세스를 적시에 전체 경영관리과정에 반영하기에는 현실적인 한계가 있다. 그렇다고 과도한 리스크 관리를 위해 업무환경과 괴리가 있는 경영관리 프로세스를 설계한다면, 오히려 업무 효율성이 떨어질 뿐만 아니라 경쟁력 저하를 초래한다. 불확실성이란 환경에서 본질, 규모, 시기와 변화의 방향을 정확하게 예측할 수 없음을 의미한다. 이처럼 21세기는 과거의 잣대로는 전혀 예측하기 어려운 새로운 환경변화에 직면할 것이다.

최근 들어 기업경영을 둘러싼 외부환경이 경제시스템, 산업구조, 기업경영방식, 가치관 등 모든 면에서 근본적으로 변화를 요구하고 있다. 기업의 신축성이 발휘되어야 하지만 기존의 관행과 제도가 환경변화를 따라가지 못하고 있고, 사업구조나 종업원의 리스트럭처링도 여의치 못해 기업들의 무더기 도산으로 이어질 가능성이 높다. 한마디로 기업경영 패러다임의 대전환이 요구되고 있다.

지난 50여 년간 한국경제는 제조업을 중심으로 비약적인 성장을 이룩하였지만, 향후는 IT기술을 접목한 **스마트 공장**(Smart Factory; 복수의 스마트 머신과 가상현실생산시스템(CPPS)을 지원하는 애플리케이션 플랫폼으로 구성)으로 변신하는 제조업만 살아남을 것이다. 다시 말해서 과거 아날로그형 제조업에서 디지털 제조업으로의 전환이 요구되는 이른바 "**디지털 경제**"의 시대를 맞이하고 있다. 이처럼 디지털 경제로의 패러다임 대전환을 지원해주는 기술은 인공지능과 사물인터넷(Internet of Things, IoT)기술의 상용화이다.

모든 기술을 하나로 엮어주는 **사물인터넷**(Internet of Things, IoT)**의 등장**은 과거 기업들에게 성공을 가져다주었던 핵심역량이나 베스트 프랙티스(best practice)가 상당부분 무력화될 가능성이 높다. 경영관리과정 전반에 걸친 계획과 실행에도 대대적인 변화가 요구된다. 따라서 새로운 패러다임 하의 경영환경의 의의와 중요성을 알아보자.

1.1.1. 경영환경의 의의

환경(環境, environment)의 사전적 의미는 "생물에게 직접·간접으로 영향을 주는 자연적 조건이나 사회적 상황"이라 일컫는다. 유기체인 물고기가 물을 떠나 살 수 없듯이 유기적 조직체인 기업도 기업을 둘러싸고 있는 환경과의 끊임없는 상호작용을 통해 성장하고 유지된다. 다시 말해서 기업은 세상에 태어나서 성장하고 소멸하는 생명체로서의 순환과정을 거친다. 아울러 기업은 원칙적으로 기업의 창업자가 물러나거나 죽어도 기업은 살아남아 제품이나 서비스를 생산하는 조직체이며, 동시에 계속기업(going concern)으로서의 존속도 가능하다.

과거의 경영학에서는 기업의 경영 문제를 단순히 기업의 내부문제만 다루었다. 환경은 주어진 것 또는 고정된 것이라 생각하고 기업은 경영합리화만 추구하면 되는 것으로 인식하였기 때문에 환경문제가 거의 고려되지 않았다. 산업혁명 이후 대규모 기업의 등장과 기업 간 경쟁의 심화가 대두되면서 환경도 기업활동과 연계된 시스템적 접근이 이루어지며, 기업의 상위 시스템으로서의 환경에 대한 이해와 예측이 중요한 의미를 갖게 되었다.

- **경영환경**(business environment)이란 경영자가 기업 경영활동에 관한 의사결정을 내릴 때 고려해야 할 기업 내적 및 외적의 다양한 요인이나 상황을 의미한다.

기업을 둘러싸고 있는 경영환경은 크게 거시적 환경(혹은 **일반 환경**)과 미시적 환경으로 대별된다. 먼저 **거시적 환경요인**은 정치·법률적 환경요인, 경제적 환경요인, 사회·문화적 환경요인, 기술적 환경요인으로 구분되며, **미시적 환경요인**은 기업의 업무수행에 직접적으로 영향을 미치는 **과업환경**(task environment, 혹은 업무환경)이 있다. 과업환경에는 정부 및 노동조합, 소비자, 지역사회 등으로 나누어진다. 거시적 환경은 기업과 직접적인 상호작용이 이루어지지 않을 뿐만 아니라 통제도 할 수 없으며 경영활동에 간접적인 영향을 미친다. 반면에 과업환경은 기업경영활동에 직접적인 영향을 미치며, 기업의 중장기적인 전략수립 및 사업다각화 등의 의사결정에 매우 중요한 영향을 미친다. 하지만 일반환경과 과업환경 각각의 경계가 항상 천편일률적으로 명확하게 구분되지는 않는다. 또한 기업경영 환경 분석 시 가능한 많은 요소를 파악하는 것이 바람직하지만 각 요소들이 중복되지 않고 논리적이며 일관성을 유지해야 한다.

1.1.2. 경영환경의 중요성

우주에 존재하는 모든 생명체는 환경에 적응하지 못할 경우 생명을 지속하지 못하는 것과 마찬가지로 기업도 끊임없는 환경변화에 신속하고 능동적으로 대응하지 못할 경우 기업의 존속이 어려울 뿐만 아니라 도태되는 것이 자연의 순리다. 최근 기업에 직면한 **글로벌화, 디지털 경제화, 융합화, 각종 법률 및 환경관련 규제 강화, 이해관계자들에 대한 공감과 배려** 등 기업 안팎을 에워싸고 있는 새로운 환경 변화에 대한 적절한 대응은 기업의 생존에 중요한 변수로 작용하고 있다.

이처럼 경영환경이 중요시된 배경을 먼저 살펴보자. 우리가 살고 있는 자연환경은 연속성을 가지고 변화하고 있다. 최근 백년간의 기온변화를 살펴보면 뚜렷한 상승곡선을 그리고 있다는 것을 알 수 있다. 이는 자연생태계 및 농업생태계에 대한 영향뿐만 아니라 인류의 존속에까지 심각한 영향을 미칠 것이다. 또 이와 더불어 사막화현상의 급격한 진행, 해수면 상승 등 여러 가지 문제점들이 발생하고 있다. 이처럼 인위적인 것에 의한 급격한 환경의 변화뿐만 아니라 지층 이동으로 인한 자연적인 급격한 변화도 겪고 있다. 이 때 환경변화에 적응하지 못한 생명체들은 사라지게 된다. 지금부터 약 6천 5백만 년 전에 사라진 공룡이 좋은 사례다. 아무리 크고 강한 동물이라도 **환경의 영향으로부터 벗어날 수 없다**는 자연의 섭리를 알려주고 있다.

인류의 경제활동도 예외는 아니다. 과거 130여 년 동안 전 세계 카메라 시장을 석권하고 필름업계의 제왕으로 군림하던 코닥이 파산하고 회사가 있던 미국 로체스터시티는 6만여 명이 일자리를 잃었다. 또한 인류가 쌓아온 지식을 한 곳에 담은 지식의 보고로 200여 년간 세계적인 명성을 날리던 Britannica 백과사전이 1994년 마이크로소프트와 글로리아 두 회사에서 출시된 CD-ROM백과사전과 10여 년 전 웹상에 만들어진 위키피디아에 밀려 2012년에 몰락한 사실이나 Amazon.com이 최초로 인터넷상에서 서적을 판매하면서 미국 오프라인 도서 업계 1위인 Barnes&Noble 등 기존 서점들이 위협을 받고 있으며, 최근 아마존은 옴니채널(omnichannel) 전략을 위한 오프라인 매장 300~400개를 개설하여 고객 체험공간으로의 활용을 계획하고 있다.

아울러 경영환경은 **시스템적인 인식과 접근**이 필요하다. **시스템**(system)이란 여러 개의 부분이 모여서 하나의 독특한 개체를 이루는 것을 말한다. 예컨대, 사람의 몸은 뇌조직, 신경조직, 호흡기관, 순환기관, 소화기관과 같은 부분이 모여서 동물과 구별되는 시스템을 형성한다. 아울러 기업은 제품이나 서비스를 생산하기 위해 인적, 물적(원자재 및 기계설비 등의 시설), 지적(정보, 기술 등)자원을 투입하고, 기업의 목표인 이익창출을 위한 자재구매, 생산운영, 판매 및 마케팅, 재무 등의 경영관리 활동의 변환과정을 거치는 구성 요소들 간의 상호작용으로 볼 수 있다([그림 3-1] 참조).

시스템 관점(systems perspective)은 영리추구가 궁극적인 목적인 영리조직의 대표적인 기업뿐만 아니라 학교, 정당, 종교단체, 국가 같은 비영리 조직도 생명체로 간주한다. 이러한 시스템은 환경과 상호작용을 하는지의 여부에 따라 **개방시스템**(open system)과 **폐쇄시스템**(closed system)으로 구분한다(윤종훈 외, 2015).[1] 개방시스템은 환경과 지속적인 상호 작용을 통해 원재료나 부품, 인력, 자금 등을 주고받는 시스템을 말한다. 예컨대, 기업, 정보시스템, 생명체 등은 개방시스템으로 볼 수 있다. 반면에 폐쇄시스템은 환경과 상호작용이 없는 시스템으로 교통량의 변화와 관계없이 미리 프로그램화된 교통신호체계에 따라 작동하는 시스템이 폐쇄시스템의 예라 할 수 있다.

오늘날과 같이 격변하는 환경에서 조직이 생존하고 발전해 나가려면 경영환경의 변화에 적절히 대응하여 이를 극복하지 않으면 경쟁우위를 확보하기 어렵다. 환경변화에 대응한 합리적인 의사결정 과정을 살펴보자.

---

1) 윤종훈, 송인암, 박계홍,정지복 (2015). *경영학원론*(제2판), 서울, 한국: 학현사, p. 130.

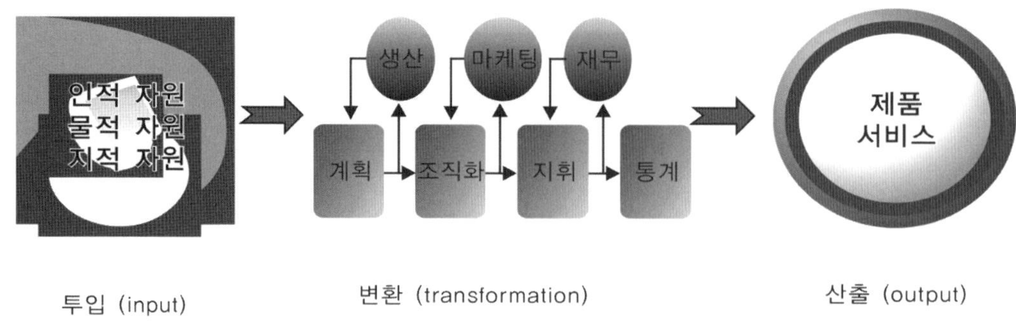

▌그림 3-1 ▌ 기업 경영 시스템(투입 – 변환 – 산출)

첫째, 기업을 둘러싸고 있는 **경영환경의 요인들은 어떤 것이 있는지를 구체적으로 파악**해야 한다. 기업에 직면한 환경의 종류가 얼마나 다양하고 어느 정도 복잡한지에 대해 구체적이고 정확하게 인지하는 것이 쉬운 일이 아니다. 특히, 기업이 직접적으로 통제하기 어려운 거시적 환경의 급격한 변화를 예측하고 사전에 준비한 기업의 경우는 기회(opportunity)로 다가오지만, 그렇지 못한 경우는 위협(threat)에 직면할 수밖에 없다. 과업환경 중의 경쟁자나 소비자의 경우, 적을 알고 자신을 알면 백전백승이라는 말처럼 자사를 둘러싸고 있는 환경을 명확히 이해하는 것이 기엽 경영활동의 첫걸음이다.

둘째, 인식된 경영환경의 변화가 **기업에 어떠한 영향을 미치며 그 강도와 속도는 어느 정도인지를 파악**하는 것이다. 앞서 인식된 경영환경의 요소들이 구체적으로 기업에 어떠한 영향들을 미치며, 기업이 대응할 수 있는 정도의 강도인지 그렇지 못한지, 변화의 속도가 어느 정도인지 등에 관련된 대응책을 수립하기 위한 정보를 수집하고 분석해야 한다. 이 단계에서 가장 중요시되는 것은 변동에 대한 저항의 극복 문제이다. 이때 기업 내에 부작용이 생기면 그것을 제거하거나 보완하면서 환경의 변화에 적응할 수 있도록 조직을 혁신시켜 나가야 할 것이다.

셋째, 한정된 자원을 어떻게 배분하여 **환경변화에 대처할 것인지에 대한 전략적 대응**이다. 앞서 파악된 환경의 종류와 강도, 속도 등을 기초로 보다 구체적인 대응책을 강구하는 단계이다. 기업 경영자가 기업을 둘러싼 경영환경의 변화에 대응하는 대 전제는 2가지가 있다. 첫째는 환경을 있는 그대로 두고 기업 자체가 환경에 맞추어가는 것이고, 둘째는 기업이 선호하는 환경으로 바꾸어 나가는 것이다. 전자를 환경적응(adaption)이라 하고 후자를 환경통제(control)라 한다. 일반적으로 기업의 외적인 요소인 거시적인 환경 변화를 먼저 요약하는 PEST(political, economic, social and technological analysis) 분석과 과업환경인 경쟁사와 고객분석 등을 기반으로 SWOT (strengths, weakness, opportunities, and threats)분석을 수행하는 것이 전략적인 대응책이다. 보다 구체적인 것은 제 2부 계획과 전략에서 다룬다.

넷째, **환류(feed back)시스템 구축**을 통해 지속적인 모니터링과 평가를 통해 환경변화에 적절하게 대응 및 적절한 통제 등을 통해 변화된 환경과의 균형을 안정적으로 유지할 수 있게 된다.

1.2. 경영환경의 변화

1.2.1. 경영환경의 동태성과 불확실성

오늘날 대부분의 기업은 기업에 영향을 미치는 외부환경의 변화와 그의 추세를 미리 예측하기가 매우 어려운 것이 사실이다. 기업의 외부환경은 끊임없이 변화하고 있다는 **동태성**을 갖고 있다. 경영환경의 동태성은 글로벌화 및 정보화 등의 다양한 경영환경 요인들이 상호의존성을 바탕으로 복합적으로 표출되고, 아울러 급속하게 변화하고 있다. 동태적으로 변화하고 있는 경영환경은 기업에 직접적으로 영향을 미칠 뿐만 아니라 기업과 사회 간에 빈번한 사회적 문제를 야기하고 있다(윤종훈 외, 2015).[2] 이러한 환경의 **불확실성**(uncertainty)은 기업 외부환경에서 어떤 사태가 전개될지에 완전한 정보를 획득하지 못한 상황에서 기인한다. 미래의 상황전개를 예측하기가 어려울 뿐만 아니라 기업에 미칠 잠재적 암시를 이해하기가 무척 어렵다(유필화 외, 2008).[3] 일반적으로 환경의 불확실성이 크면 클수록 리스크(risk) 하에서 의사결정이 이루어지며, 위험을 최소화하기 위해 조직설계와 경영활동의 신축성과 적응성을 높여야 한다. 반면에 경영환경의 불확실성이 낮아 기업의 경영환경 변화를 어느 정도 근접하게 예측할 수만 있다면 대응방안을 쉽게 마련할 수 있다.

1.2.2. 경영환경의 복잡성

환경의 **복잡성**은 기업경영에 영향을 미치는 환경요인들의 수와 기업이 이들에 대해 알고 있는 정도로써 측정한다(유필화 외, 2008).[4] 단순한 환경은 몇 개의 요인으로 구성되는 반면, 복잡한 환경은 고객, 경쟁자, 공급자, 정부기관 등과 같은 환경의 구성요

---

2) 윤종훈, 송인암, 박계홍, 정지복 (2015). *경영학원론*(제2판), 서울, 한국: 학현사, p. 132.

3) 유필화, 황규대, 강금식, 정홍주, 장시영 (2008). *디지털시대의 경영학*(제3판) 서울, 한국: 박영사, p. 149.

4) 유필화, 황규대, 강금식, 정홍주, 장시영 (2008). *디지털시대의 경영학*(제3판), 서울, 한국: 박영사, p. 148.

인들의 수가 많을 뿐만 아니라 상호 이해관계가 복잡하게 얽혀 있는 경우가 많아 이를 해결하기 위해 많은 시간과 노력을 필요로 하는 경우가 많다.

환경요인의 수는 경영환경의 범위가 확대로 증가되기도 한다. 현대 기업은 글로벌 시장에서 경쟁해야 하기 때문에 환경의 복잡성이 증대할 뿐만 아니라 활동영역도 그 범위가 날로 확대되어 환경변화의 방향이나 영향력의 정도를 예측하기가 점점 더 어려워지고 있다.

1.2.3. 경영환경 변화의 가속화

현대 기업을 둘러싼 외부환경의 특성 중의 하나는 **변화의 속도(rate of change)가 매우 빠르다**는 것이다(유필화 외, 2008).[5] 농경사회를 지나 산업사회에서 지식정보화시대로 진전되면서 디지털혁명은 새로운 패러다임을 요구하고 있으며, 그 변화속도 또한 더욱 빨라지고 있다. 디지털 혁명은 1만 년 전의 농업혁명과 200년 전의 산업혁명보다 그 영향력은 매우 파괴적이다. 즉, 농업혁명과 산업혁명이 가져왔던 생활의 변화에 비해 빛의 속도로 다가오는 디지털 혁명은 우리의 삶을 영위하게 해주는 기초적인 산업의 틀을 완전히 바꾸어 나가고 있다(박명호 외, 2014).[6] 안정적인 환경에서는 변화의 속도가 느리지만 동태적 환경에서는 변화의 속도가 매우 빠르다. 안정적 환경(stable environment)이란 새로운 경쟁자도 없고 현재의 경쟁자에 의한 새로운 기술적 혁신도 없을 뿐만 아니라 압력단체들의 어떠한 간섭도 없는 경우이다. 기업은 안정된 환경도 경험하고 때로는 동태적인 환경도 경험하는 것으로 나타났다. 즉, 기업은 오랫동안 안정된 기간이 지나고 나면 짧고 복잡한 동태적 환경의 변화를 맞게 되고 다시 새롭고 안정적인 환경으로 변화된다.

5) 유필화, 황규대, 강금식, 정홍주, 장시영 (2008). *디지털시대의 경영학*(제3판). 서울, 한국: 박영사, p. 147.

6) 박명호, 김상우, 백운배, 장영혜 (2014). *인터넷마케팅*(제3판). 서울, 한국: 명경사. p. 47.

도입사례 아마존닷컴의 변신, 옴니채널(omni channel)화 선언!

아마존 닷컴의 신화를 만들어낸 **제프 베조스**(Jeff Bezos), 포춘지는 2010년 7월 스티브 잡스에 이어 2위로 그를 선정하며, 글로벌 IT업계에서 가장 뛰어난 인물로 선정하면서 그는 지금껏 한 번도 혁신을 멈춘 적이 없다고 평가했다. 2013년에는 글로벌 혁신가 1위에 올랐다.

1986년에 프린스턴 대학 전자공학 및 컴퓨터 사이언스과를 수석으로 졸업했다. 당시 굴지의 IT기업인 델, 인텔 등이 그에게 러브콜을 보냈지만 그는 벤처기업에 입사를 한다. 1994년 어느 날 신문에서 인터넷 가입자가 1년에 24배나 증가했다는 기사를 읽고 연봉 100만 달러의 직장을 뛰쳐나와 자기 집 차고에서 오늘의 아마존닷컴을 창업했다. 1995년 7월 세계 최초로 인터넷에서 책을 팔기 시작했다. 사업 초기부터 아마존의 목표는 **'에브리싱 스토어(Everything Store)'**였다. 제프 베조스는 "전자상거래 세계의 종착지가 되는 것이다. 누군가가 온라인에서 무엇을 구매하려고 할 때 가장 먼저 떠올리는 곳이 아마존이 되었으면 한다. 설령 그것이 아마존에 없는 물건이라 할지라도 말이다." 그의 **성공요인은 '고객중심'과 '장기적인 안목', '창조'**를 꼽는다. 그의 경영철학을 반영하는 대표적인 성공사례는 저렴한 가격과 빠른 배송을 위한 **원클릭 결제, 드론 배송, 옴니채널** 등을 꼽을 수 있다.

2016년 2월 3일과 4일 아마존닷컴이 300~400개 오프라인 서점을 열 수 있다는 보도가 이어졌다. 아마존닷컴 대변인은 이 소문에 대한 논평을 거부했다고 밝히고 있다.

▌그림 3-2▐ 아마존드론 프로토타입

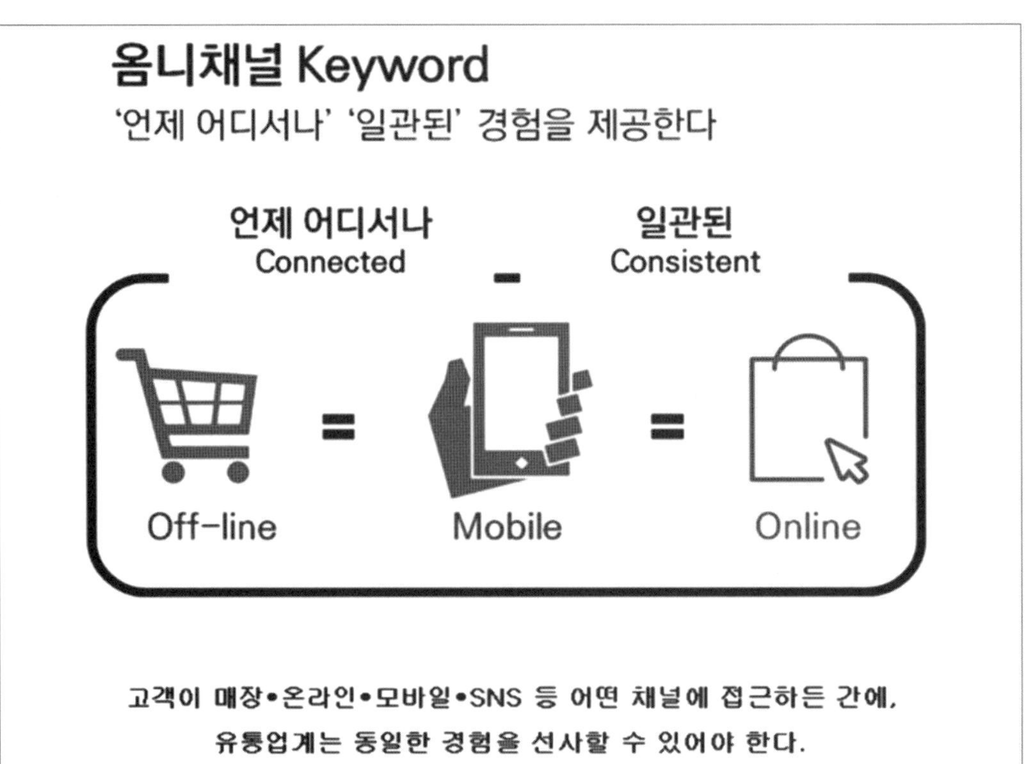

출처: 강정수 (2016). 슬로우 뉴스, 2월 12일자.

▌그림 3-3▐ 옴니채널 키워드

그렇다면 아마존닷컴이 300~400개 오프라인 서점을 열려고 하는 계획은 과연 근거 없는 소문에 불과할까? 아마존닷컴은 2015년 11월 시애틀에 오프라인 서점을 실제 열었다. 오프라인 서점을 넘어 애플 스토어와 유사한 아마존 스토어의 확대는 개연성이 높은 추론이다. 아마존은 이미 **아마존북스를 오픈**하면서 **"매장에는 수천 권의 책이, 아마존닷컴 사이트에는 수백만 권이 있다"**고 강조했다. 아마존북스는 책 외에 아마존 브랜드의 디지털 기기들인 **킨들, 에코, 파이어TV, 파이어 태블릿도 판매**한다.

아마존북스에서 팔리는 책은 아마존닷컴 고객 평가, 사전 주문, 소셜 북 서비스 굿리즈에서의 인기도, 아마존 큐레이터들의 평가에 근거에 선정된다. 대부분의 책들은 아마존닷컴에서 별점 4개 이상을 받았고, 수상 경험이 있는 것들이라는 것이 회사 측 설명이다. 물론 가격은 온라인과 같다.

오프라인 아마존 스토어가 가질 수 있는 전략적 의미는 다음과 같다.

첫째, 아마존닷컴은 뉴욕, 런던, 파리, 베를린 등 아마존닷컴의 시장 지배력이 확보된 곳에서 오프라인 매장을 열 가능성이 크다. 아마존 매장은 책을 일부 전시할 수 있으나, **책 판매가 주요 목적일 수 없다. 도서 판매에서 롱테일 모델은 변함없이 유효하기 때문이다.**

온라인과 오프라인을 연결하는 이른바 O2O가 확대되어도 죽어버린 오프라인 비즈니스 모델이 부활하는 일은 없다. **아마존 매장은 오히려 아마존 에코, 아마존 대시, 아마존 킨들 등 아마존 제품을 체험하는 공간으로 작동할 가능성이 크다.** 미국 안경판매 기업 와비파커(Warby Parker)의 오프라인 매장이 온라인 판매를 높이는데 기여하고 있다는 분석에서도 확인할 수 있는 것처럼, 북미 및 유럽의 다수 온라인 판매 전문기업의 오프라인 매장은 전통적인 판매처(Point of Sales) 의미가 아닌 체험의 장소(Point of Experience)로서 해석하는 것이 타당하다.

둘째, **아마존 물류 시스템의 변화**다. 아마존닷컴은 대형 물류센터에 기반을 둔 거점형 네트워크 배달 시스템을 갖추고 있다. 문제는 이러한 대형 거점 중심의 물류 네트워크가 가지는 한계다. 특히 땅덩이가 큰 미국과 유럽에서 가열되고 있는 당일 배송(One-Day Delivery)이 큰 문제다. 한국처럼 낮은 인건비로 해결할 수 있는 문제가 아니다.

아마존닷컴은 2013년 12월 이른바 **예측형 배달(Anticipatory Shipping)과 관련한 특허를 획득**한다. 이 시스템은 구매가 예측되는 물품을 적절한 시점에 적절한 지역으로 미리 옮겨놓는 방법이다. 이를 통해 물류비용을 크게 줄일 수 있을 뿐 아니라 당일 배송 경쟁에서 작지 않은 경쟁 우위를 확보할 수 있다.

리코드가 아마존닷컴의 300~400개 오프라인 서점 오픈 가능성을 분석하는 기사에서 소개하는 것처럼, 2015년 아마존닷컴은 예측형 배달에 매우 작은 오프라인 거점을 활용하는 추가 특허를 획득한 상태다. 요약하면 **아마존닷컴은 오프라인 아마존 스토어를 물류 배달 네트워크로 활용할 계획**을 하고 있다.

온라인 상거래가 오프라인으로 확대하고 있다. 최근 미국에 등장한 **"상점 내 검색(search-in-store)"이 대표 사례다**. 이를 통해 매장에서 판매하는 상품의 종류와 수가 실시간으로 스마트폰 이용자에게 제공된다. 이는 재고관리와 검색의 동기화를 통해 가능하다.

온라인 상거래 기업의 오프라인 매장은 위에서 언급한 체험의 장소(Point of Experience)로 기능하면서 이른바 **"옴니채널(omni channel)을 활용하는 상거래"** 시대를 열고 있다. 여기에 아마존닷컴은 물류 시스템의 경제 효율성 증대를 위해 오프라인 매장을 활용하고 있다. 이렇게 상거래의 새로운 시대가 열리고 있다.[7)]

2 기업 경영환경의 분류체계

2.1. 일반환경

2.1.1. 정치·법률적 환경

사회를 구성하는 개인과 집단은 가치와 신념의 차이, 이해의 차이 등으로 갈등과 분쟁을 일으킬 수 있다. 이러한 갈등과 마찰을 해결하기 위한 제도적인 장치가 정치 및 법률적 환경이다(구동모 외, 2013).[8)] 정치 및 법률적 환경은 기업의 경영활동에 긍정적 영향을 미치기도 하지만 제약 요인이 되기도 한다. **정치적 환경**은 권력의 집중도 및 정치적 안전성, 정부의 정책 등을 들 수 있다. 아울러 정치집단 및 이해관계자집단이 법률제정과 공공정책 수립에 미치는 영향도 포함된다. 따라서 기업은 정치적 환경에 적절히 대처함으로써 기업의 경영활동에 우호적인 환경이 조성될 수 있도록 관심과 노력을 기울여야 한다(윤종훈 외, 2015).[9)]

법률은 개인이나 기업에 대하여 강제성을 가지는 것으로서 국가의 최고 권력에 의

7) 강정수 (2016). 슬로우 뉴스, 2월 12일자

8) 구동모, 김진극, 박형근, 오상영, 조헌진 (2013). *경영학.* 서울, 한국: 학현사, p. 34.

9) 윤종훈, 송인암, 박계홍, 정지복 (2015). *경영학원론*(제2판). 서울, 한국: 학현사, p. 136.

하여 만들어진 법규와 규칙을 말하는데, 이러한 **법률**은 인간관계는 물론 기업관계에서 비롯되는 여러 가지 분쟁이나 갈등을 중재하고 조정하는 역할을 한다. 기업 경영과 관련된 법률들은 특허법, 공정거래법, 상법, 회사법, 소비자보호법, 노동법, 전자문서 및 전자거래법, 지식재산법 등이 포함된다.

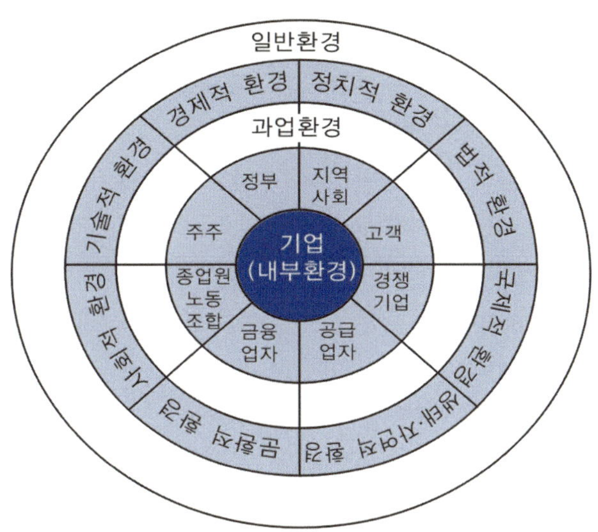

그림 3-4 **경영환경의 분류체계**

2.1.2. 경제적 환경

경제적 환경요인은 기업의 **거시적 환경 중에서 가장 영향력이 크고 직접적인 영향을 미치는 핵심환경요인이다.** 경제적 환경은 자본의 조달, 생산과 유통 및 소비에 이르는 모든 경제시스템으로 구성되어 있다(구동모 외, 2013).[10] 한마디로 원재료의 수급에서부터 제품이나 서비스의 판매에 이르기까지 기업의 모든 경제활동과 관련되어 있다. **경제적 환경요인**은 GNP, GDP, GNI, 1인당 국민소득, 경제성장률, 경기변동, 산업구조의 변화, 물가, 이자와 환율, 정부의 재정 및 금융정책, 고용과 실업률, 노동생산성 등이 있다.

경제시스템은 **자본주의 경제체제**와 **사회주의 경제체제**로 구분된다. 자본주의 경제체제는 시장 경제 원리에 따르며 자원의 분배 및 생산수단의 사유화가 가능한 시스템이다. 반면 사회주의 경제체제는 국가 주도하에 자원이 분배되며 생산수단을 생산자가 공유하는 시스템이다. 다만, 자본주의 경제체제라 할지라도 공익을 위해서는 적절한

10) 구동모, 김진극, 박형근, 오상영, 조헌진 (2013). *경영학.* 서울, 한국: 학현사, p. 31.

규제와 간섭이 뒤따른다. 국가 체제유지 및 희소자원 고갈 등의 특정 분야는 개인소유를 엄격하게 통제하고 있다.

또한 **국가의 경제정책**도 영향력이 매우 크다. 즉, 정부가 성장 위주의 경제정책이냐, 아니면 경기 과열을 억제하기 위한 성장억제정책을 펴느냐에 따라 기업은 여러 측면에서 영향을 받게 된다. 국가의 경제정책인 재정정책과 금융정책은 정부의 재정지출과 조세정책, 통화 공급의 조절 등으로 나타나게 된다. 아울러 정부의 경제정책은 국민의 소비패턴에 변화를 초래하고 나아가 시장의 변화를 주도하게 되어 기업 경영전략 수립 등에 영향을 미치게 된다.

최근의 인터넷과 정보통신기술의 발전으로 인한 **디지털 경제의 대두**도 있다(박명호 외, 2014).[11] 디지털 혁명은 하나의 개념으로 정의되기가 어려운 면이 있다. 정의보다는 하나의 흐름으로 이해해야 한다. 컴퓨터의 등장에서부터 오늘날 인터넷이 미치는 모든 세상의 변화 그 자체의 흐름에 이르기까지 이 모든 흐름이 디지털 혁명 과정이고, 이를 둘러싸고 있는 환경이 디지털 환경이며, 이를 중심으로 하는 경제가 바로 디지털 경제이다. 즉, 컴퓨터 통신의 등장으로 이용자들 간에 자유로운 대화와 정보의 교환을 가능하게 하더니, 오프라인 시장에 버금가는 온라인 시장이 등장하게 되었다. 뿐만 아니라 산업구조의 대변혁을 예고하고 있다. 즉, 스마트 공장의 출현과 더불어 IT자원과 웹(Web)의 통합으로 개별기업의 기업 내부 통합(예, e-ERP)과 혹은 기업과 기업 간의 기업외부 통합시스템(e-CRM, e-SCM) 구축으로 과거와는 차원이 다른 경영혁신 또한 가능하게 되었다. 이 같은 변화의 흐름은 인터넷이라는 판도라의 상자가 생겨나면서 다양한 사업의 기회가 주어졌다. 탁월한 개방성과 글로벌한 네트워크의 속성을 지닌 채 탄생한 인터넷은 전 세계의 모든 사람과 경제 주체들을 하나로 묶으며, 그간 컴퓨터와 통신기술이 연결되면서 **디지털 혁명**이라는 이름으로 조금씩 조작해 오던 새로운 경제 패러다임의 모습을 순식간에 완성본에 가깝게 내놓았다. 즉, 인터넷의 속성을 그대로 비즈니스의 개념으로 전환한 다양한 비즈니스의 유형들이 등장했다. 아마존(Amazon.com: 온·오프라인 도서)이나 프라이스라인(Priceline.com: 온라인 여행사, 패키지여행상품, 비행기, 호텔, 렌터카, 크루즈 등) 등 기존의 유통구조를 인터넷으로 재단장한 많은 비즈니스 모델이 등장하더니 곧, 금융, 제조업 등 기업 전반으로 그 적용 영역을 넓혀 나가며 수많은 인터넷 비즈니스 모델들이 출현하기 시작했다.

11) 박명호, 김상우, 백운배, 장영혜 (2014). *인터넷마케팅*(제3판). 서울, 한국: 명경사, pp. 47~51.

2.1.3. 사회·문화적 환경

사회·문화적 환경이란 사회나 집단을 구성하고 있는 개인의 행동에 영향을 미치는 집단이나 문화, 가치관, 전통 내지 관습 등과 같은 사회적 제도와 사회적 태도 등을 말한다. 이와 같은 요인은 기업에 종사하는 종업원의 행동은 물론 소비자행동의 바탕이 되는 소비패턴에도 영향을 미치게 된다. 이들 개인이나 집단이 갖는 기업에 대한 여론이나 기업 이미지는 기업의 성장 및 발전에 큰 영향을 미치며, 경영자는 이들 집단과 기업의 관계와 그들의 행동에 대해 민첩하게 대응해야 한다.

또한 **사회 구성원의 다양성**(diversity) **관리**로써 사회적 소수자들의 증가와 다양성을 확보하기 위해 동성애자, 장애인, 외국인 근로자 등의 인권을 존중하고 수용하는 사회와 그렇지 못한 사회의 경우 수반하는 문제점들이 현저한 차이가 있을 것이다. 아울러 국내 65세 이상의 **노인인구 증가**(2014년 10월 말 기준 약 650만 명, 2018년에는 전체 인구의 14.3%, 2026년에는 20.8%로 예측)에 따른 건강한 노령인구의 일자리 창출과 한부모 가정의 증가 등에 대한 복지 사각지대에 대한 국가차원의 복지수준 및 제도적 지원에 따른 세제 부담 등도 간과할 수 없다.

앞서 언급한 디지털 경제에서 파생된 디지털 르네상스는 이제 막 시작되었으나 디지털이 이끄는 변화의 속도는 걷잡을 수 없다. **디지털 사회**(digital society)는 일하고 노는 방법은 물론 생각하는 관점까지 송두리째 바꾸고 있다. 다시 말해서 우리의 삶과 관련된 무엇 하나라도 디지털을 빼고 이야기한다는 것은 상상하기 어렵다. 이 변화의 무게 중심은 인터넷이다. 사용자에 의해 구축된 인터넷이 이루어 놓은 가장 큰 사회·문화적 변화는 바로 **가상사회**(virtual society)의 형성이라 할 수 있다. 가상사회의 공급 측면의 가상기업(virtual enterprise)과 수요 측면의 가상공동체(virtual community)로 구성된다(박명호 외, 2004).[12] 가상공동체란 인터넷 공간에 형성된 공동의 관심사와 욕구를 가진 사람들의 집단으로, 인터넷 이용자들 가운데 공동의 관심사를 가진 사람들의 새로운 공동체를 형성하는 제 2의 생활공간이다. 이처럼 온라인상에서 멀티미디어와 이미지 등의 다양한 콘텐트를 통해 대화하고 자기를 표현하는 관계지향적 라이프스타일을 **디지털 문화**(digital culture)라고 한다. [그림 3-5]에서 소개한 "세컨드 라이프(secondlife.com)"는 현실세계의 인간관계를 가상사회로 가장 적절히 옮겨 놓고 있다. 첨단 통신장비로 무장하고 제 2의 생활공간을 무대로 활동하는 클릭 세대들이 열어 가는 디지털 사회구성원들의 관계형성 변화는 <표 3-1>과 같다.

12) 박명호, 김상우, 백운배, 장영혜 (2014). *인터넷마케팅*(제3판). 서울, 한국: 명경사, p. 52.

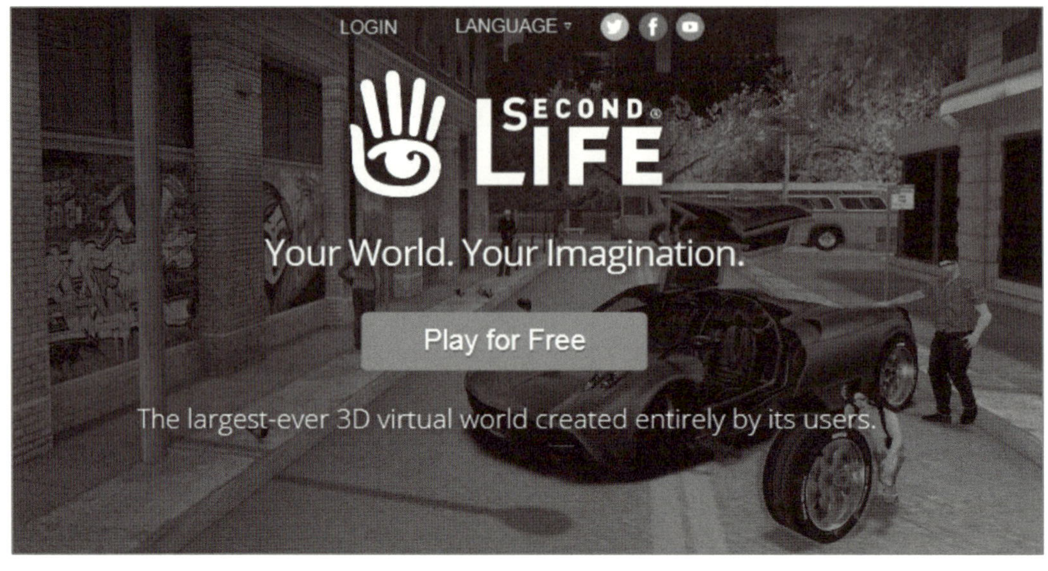

▌그림 3-5▐ 가상사회 – 세컨드라이프(secondlife.com)

표 3-1 디지털 사회에서의 관계구축 변화

구분	아날로그 사회	디지털 사회
공간	물리적 공간	가상공간
대상	사람 대 사람	사람 대 콘텐트, 콘텐트 대 콘텐트
형성	혈연, 학연, 지연	관계밀착정도
방법	구슬치기, 술래잡기, 계 등	게임, 채팅, 커뮤니티 활동 등

자료: 박명호·김상우·백운배·장영혜, *인터넷마케팅*(제3판), 명경사, 2014.

따라서 사회가 다원화되고, 디지털 경제 출현에 따른 문화의 다양성이 강조되고 복잡할수록 기업은 사회·문화적 환경요인의 변화에 대한 분석과 예측이 어려워지며, 이에 적절히 대응하지 못한다면 경쟁에서 낙오될 수 있다.

2.1.4. 기술적 환경

처음 지구에 모습을 드러낸 인류는 추위와 더위를 피하고 맹수의 위협 속에서 먹을 것을 구하는 법을 배워야 했을 것이다. 아울러 자신의 일을 더 쉽고 편하게 하기 위한 도구를 만들기 시작한 선사시대부터 산업혁명을 거쳐 오늘날 우주여행이 가능한 기술과 모든 사물에 인터넷을 입히는 단계로 발전을 거듭해 왔다. 1985년도부터 1990년까지 3편의 시리즈로 나온 영화 "백 투더 퓨쳐(back to the future)"의 영화 속 이야기가 지금 거의 모두 현실로 바뀌고 있다. 인간의 상상력과 기술혁신의 그 끝이 어딘지 실로 궁금해진다.

최근의 컴퓨터와 네트워크, 휴대폰, 인터넷과 같은 정보기술만큼 광범위하고 지속적으로 경영활동에 영향을 준 기술 변화는 없다. 아이팟, 아이폰 등의 디지털 기기와 카카오스토리, 페이스북(Facebook), 트위터(Twitter)와 같은 소셜네트워크 서비스(SNS; social network service) 는 의사소통 방식을 완전히 바꾸어 놓았다. 뿐만 아니라 소비자들의 라이프스타일을 획기적으로 변화시킬 **인공지능, 스마트로봇, 사물인터넷**(Internet of Things)의 등장이다. 사물인터넷은 한마디로 인간이 필요한 모든 사물에 인터넷을 입히는 것이다. 기존 인터넷에서 추구하던 컴퓨터의 연결이 아니라, 인간·사물·공간·무형의 데이터 등을 서로 연결하고 이로부터 수집된 다양한 정보를 분석하고, 서로 공유하도록 하는 것이다. 향후 인류의 삶의 방식과 기업의 생산방식 등을 송두리째 바꾸어 놓을 핵심기술은 바로 사물인터넷 기술과 인공지능 기술일 것이다.

▌그림 3-6▐ 다양한 SNS

이처럼 기술의 발전은 기업이 처한 외부환경 중에서 **가장 동태적이며 파괴력이 크다.** 기술변화는 블루오션을 창조할 뿐만 아니라 기존의 플랫폼을 무용지물로 만들어 버리기도 하다. 한마디로 기회이기도 하고 위협이기도 하다. 기술변화의 가장 중요한 영향들 중에 하나는 높은 진입장벽에 영향을 미치며, 나아가 산업구조를 재편성하는 것이다.

기술의 진보에는 첫째, 원천기술 자체의 변화 없이 부분적인 개선을 통해서 이루어지는 점진적인 발전과 둘째, 기술 그 자체의 원리를 변혁시킴으로써 얻어지는 비약적인 혁신이 있는데, 종래의 기술이 가졌던 기능적인 한계를 넘어서서 이루어지는 기술의 급격한 발전을 **기술혁신**(technological innovation)이라 한다. 혁신이란 용어를 처음 상용한 슘페터(J. A. Schumpeter)는 기업가에 의해 이루어지는 생산수단의 신결합(이미 존재하고 있는 것들의 새로운 결합)이라고 보았으며, 그는 또한 혁신을 단순히 기술의 혁신에 국한시키지 않고, 결과적으로 생산성을 높여 주거나 비용을 줄여 주거나 또는 수익을 증대시켜 주는 모든 아이디어나 기법의 도입으로까지 확대시켰다.

2.2. 과업환경

과업환경(task environment) 또는 업무환경은 기업과 매우 밀접한 관련을 가지면서 기업활동에 직접적으로 영향을 미치는 근접환경이다(서인덕 & 김윤상, 2014).[13] 과업환경과 일반환경의 구분이 항상 명확한 것은 아니며, 조직의 성격이나 활동에 따라 경계가 달라질 수 있다. 일반환경의 일부는 계속 과업환경으로 변화하고 동시에 과업환경도 그 영역이 점점 넓어져서 일반환경으로 흡수되기도 한다. 이처럼 기업의 과업환경은 시대와 상황에 따라 변화하고 있지만 전형적인 과업환경으로는 정부를 비롯하여 노동조합, 소비자, 지역사회, 경쟁기업, 공급자, 채권자, 언론기관 및 경우에 따라서는 주주까지도 포함된다. 이 책에서 주로 다루고자 하는 과업환경은 다음과 같다.

2.2.1. 정부

정부(government)는 앞서 살펴본 정치·법률적 환경과 매우 밀접한 관계를 가지고 있다. 국가 최고의 권력기관이 국회에서 제정된 법률은 모든 산업분야에 일률적으로 영향을 미치지만, 정치는 국가 지도자의 의지에 따라 특정산업이나 기업에 미치는 영향이다. 전자의 경우 각종 세금제도나 환경보존에 대한 규제는 예외 없이 적용된다. 후자의 경우 국가 존속과 직결되는 식량 관련 사업이나 자동차 등과 같은 보호 산업의 경우 관세정책 등을 통해 집중 육성한다(이명호 외, 2014).[14] 그래서 기업의 업무환경이라고 국한해서 말하기에는 그 범위와 영향력이 막중하다. 하지만 기업활동에 대한 지원과 규제를 통하여 직·간접적으로 개입하기도 한다. 즉, 기업활동의 지원과 규제에 대해서 법률이나 각종 규제사항으로 이미 규정되어 있더라도 이를 시행하는 정부의 의지에 따라 기업이 느끼는 체감지수는 현저히 달라질 수 있다. WTO체제 하에서 정부의 역할은 더 이상 '정경유착'과 정부 관료의 '편파적 결정'은 지양하고, 정

13) 서인덕, 김윤상 (2014). *경영학의 이해*(제2판). 서울, 한국: 문영사, p. 156.
14) 이명호, 신현길, 이주헌, 정인근, 조남신, 조장연, 김귀곤, 김솔 (2014). *경영학으로의 초대*(제4판). 서울, 한국: 박영사, p. 104.

책결정의 투명성을 끌어 올려 국제사회 속에서 한국 기업의 위상을 높이고 글로벌 경쟁력을 강화할 수 있는 최소한의 지원이 필요한 시점이다.

2.2.2. 노동조합

노동조합(labor union)은 산업화가 진전됨에 따라 근로자들의 권익을 보호하기 위해 발생된 노동조합은 사용자집단과 함께 기업활동에 영향을 미치는 주요 과업환경이다. 노동조합 설립 초기의 경우 단순히 근로자들의 생활을 유지·개선하기 위해 조직된 근로자 집단이었다(구동모 외, 2013).[15] 고용안정, 복리후생, 임금, 노동시간 및 근로조건 등의 개선 및 향상이 초기의 목적이었다. 근래에는 한 걸음 더 나아가 근로자의 경제 및 사회적 이익 그리고 정치적 이익을 대변하는 사회적 기구로서 발전해 오고 있다. 하지만 이제는 과거의 종속 혹은 대항세력에서 대등 혹은 협력관계로 발전되어야 한다. 기업 또한 종업원의 임금이나 복지후생뿐만 아니라 근로생활의 질 향상을 위해 노력해야 한다.

2.2.3. 소비자

소비자(consumer)는 기업이 판매하는 제품이나 서비스를 구매하는 개인과 조직이다. 소비자가 기업에 이윤을 가져다주기 때문에 기업 경영활동에 직접적으로 미치는 과업환경 중에 가장 중요한 요인이다. 산업화 초기의 소비자는 개별적 거래 대상으로서 존재했었다. 그러나 대량생산체제가 본격화되고 무한 경쟁시대로 전환되면서 시장의 주도권도 판매자(seller's market)에서 구매자(buyer's market)로 옮겨갔다. 나아가 자신들의 권익을 보호하고 합리적인 소비를 증진하기 위한 소비자단체를 결성하여 사회운동과 정치참여를 통하여 기업에 영향력을 행사하고 있다. 소비자환경의 중요성이 근래에 이르러 더욱 중요하게 된 이유는 첫째, **소비자주의**(consumerism)의 형성과 둘째, **라이프스타일**(life style)의 변화를 들 수 있다. 먼저 소비자주의는 소비자의 기본적인 권리를 지키기 위하여 소비자 또는 정부가 전개하는 조직적 운동의 바탕이 되는 이념이다. 이러한 이념을 바탕으로 소비자들의 조직화된 운동이 점차 강화되어 감에 따라 정부도 소비자들의 권익을 보호하기 위해 당양한 소비자관계입법을 통하여 기업에 제약을 가하 시작했다. 라이프스타일의 변화도 소비자환경의 중요성을 부각시킨 원인이 된다. 라이프스타일이란 사회 구성원이 사회 속에서 살아가는 생활유형이라 할 수 있는데, 넓은 의미로 보면 사회의 모든 가치관과 구체적 생활 양태까지 포괄하

---

15) 구동모, 김진극, 박형근, 오상영, 조헌진 (2013). *경영학*. 서울, 한국: 학현사, p. 39.

는 사회 전체의 모습을 말한다. 때문에 라이프스타일은 빈번한 사회적 변화에도 불구하고 비교적 안정적이며 장기간에 걸쳐 변화되어 간다.

2.2.4. 지역사회

지역사회(community)는 기업을 둘러싸고 있는 이해관계자집단 중에서 가장 최근에 대두되고 있는 과업환경이다(서인덕 & 김윤상, 2014).[16] 지역사회는 다양한 차원과 방법으로 기업 경영활동에 영향을 미친다. 과거의 지역사회는 조직화되지 못하고 산발적인 형태로 특정 현안이 발생할 때마다 기업에 영향력을 행사했다(윤종훈 외, 2015).[17] 예컨대, 특정 지역의 환경을 훼손하거나 공해문제 등을 야기하는 기업에 대한 시위 및 불매운동 등이다. 최근에는 성소수자 커뮤니티, 원전 반대 커뮤니티뿐만 아니라 각종 환경보호 관련 커뮤니티와 지역공동체의 현안문제를 해결하기 위한 커뮤니티 등이 출현하고 있다. 예컨대, 완주군의 "완주공동체지원센터"는 민관협력 거버넌스 형태의 중간지원조직(공동체지원센터의 민관협력기구로 전담 공무원을 배치함)으로 로컬 푸드 판매 및 '마을 만들기 사업' 추진 등 다양한 활동을 눈부시게 전개하고 있다.

2.2.5. 기타 과업환경

그 밖에도 중요한 과업환경으로 부품공급업자, 경쟁기업, 은행·보험회사·증권회사 등의 금융기관과 사적인 채권자, 인력제공의 원천이며 주요 고객이기도 한 대학을 비롯한 각종 학교 및 단체, 주식회사의 경우 **주주**(stockholders)까지도 과업환경에 포함된다.

16) 서인덕, 김윤상 (2014). *경영학의 이해*(제2판). 서울, 한국: 문영사, p. 159.
17) 윤종훈, 송인암, 박계홍, 정지복 (2015). *경영학원론*(제2판). 서울, 한국: 학현사, p. 140.

연습문제

01 경영환경 변화에 능동적으로 대처하기 위한 기업의 의사결정 과정을 설명하시오.

02 경영환경의 불확실성을 최소화하기 위한 기업의 대응 방안을 제시하시오.

03 우리나라 노령화인구의 증대가 실버산업 분야에 미칠 영향과 관련 유망 산업을 구체적으로 제시하시오.

04 일반환경 중 국제적환경과 생태·자연적 환경의 구체적 사례를 제시하시고, 그 대응전략에 대한 각각의 성공사례를 제시하시오.

05 아날로그 경제와 디지털 경제의 차이를 설명하고 디지털 경제가 기업경영활동 전반에 미치고 있는 혁신적인 패러다임을 구체적으로 제시하시오.

06 기업 경영환경변화의 예측기법들을 설명하시오.

07 환경변화에 대한 기업의 환경적응(adaption)방안과 환경통제(control)방안을 설명하시오.

제 4 장 의사결정

요 약

경영자는 경영활동을 수행하면서 직면하게 되는 문제해결을 위하여 의사결정을 모색하게 된다. 의사결정은 일정한 목표를 달성하기 위하여 여러 가지 대체안으로부터 특정 상황에 가장 유리한 하나의 행동방안을 선택하는 합리적인 과정이다.

경영자가 당면하게 되는 의사결정문제는 기업경영에 있어서 가장 기본이 되는 중요한 문제로서, 경영자는 집단성, 기업환경요소 고려, 미래지향성, 선택의 제한성, 합리성 등 의사결정의 특성을 충분히 이해하고 합리적인 의사결정이 되도록 최선을 다해야 한다.

의사결정과정은 여러 가지 대안 또는 대체안 중에서 최적의 안을 선택하는 과정이다. 문제의 정의에서부터 의사결정의 문제를 해결하는 대안의 선택과 결정 및 효과를 평가하는 단계로 진행된다.

의사결정의 구조화 정도에 의해 정형적 의사결정과 비정형적 의사결정으로 나누어지며, 의사결정상황의 확실성 정도의 여부에 따라서는 확실성 하에서의 의사결정, 위험 하에서의 의사결정, 불확실성 하에서의 의사결정으로 구분된다.

조직계층의 수준에 따라서 의사결정을 전략적 의사결정, 관리적 의사결정, 업무적 의사결정으로 나눌 수 있고, 의사결정 주체에 따라 개인의사결정과 집단의사결정으로 구분이 된다.

개인의사결정은 개인의 식견과 인격에 근거한 의사결정으로서 개인의사결정에 영향을 주는 요인들로는 스키마, 개인 속성, 창의성, 정보처리능력, 휴리스틱스 등 개인의 성품과 성향에 관계된 요소들이 있다.

집단의사결정의 특징은 다음과 같다.

첫째, 정확성과 신속성에 있어서, 집단의사결정이 개인의사결정보다 시간은 더 소비하지만 오류를 범할 가능성이 적다.

둘째, 판단력과 문제해결에 있어서 집단은 개인보다 많은 정보와 경험, 아이디어, 비판적인 평가능력을 갖고 있다.

셋째, 창의성에 있어 집단은 개인보다 많은 아이디어와 상상력을 갖게 된다. 따라서 오늘날의 많은 조직에서 창의력 개발을 위한 모임이나 분임토의 방법이 널리 이용되고 있다.

"선택은 순간이지만 그 결과는 평생을 좌우한다."

– 엠제이 드마코(MJ DeMarco) –

• 주저자: 김세진, 유한대학교 경영과, Tel: 010-8624-8866, E-mail: trendwatcher@nate.com

제 4 장 의사결정

1 의사결정의 본질

1.1. 의사결정의 의의

경영자는 경영활동을 수행하면서 마주하게 되는 문제해결을 위하여 의사결정을 모색한다. 의사결정(decision making)은 일정한 목표를 달성하기 위한 몇 가지 대체안(alternatives)으로부터 어떠한 특정 상황에 가장 유리한 행동방안(a course of action)을 선택하는 합리적인 과정이라고 할 수 있다. 이는 현재 시점에서 과거자료를 기초로 하여 미래행동의 결과를 예측하는 행위로서 사실적 판단(factual judgement)에 근거한 예견적 행위(predictive act)의 특성을 띠게 된다.

의사결정은 조직행동과 인간행동의 측면에 관련되는 것이며, 계획화·조직화·통제화 등과 같은 관리직능의 부분에서도 이루어지는 것이다.

경영활동은 경영 주체로서의 경영자 행동이며, 그것은 항상 의사결정에서 시작하게 되는 것이어서, 경영 주체로서의 경영자론이 매우 중요시되는 오늘날에 있어서는 경영자의 이러한 행동이 의사결정에 매우 중요한 영향을 미치는 것이다.

1.2. 의사결정의 특성

경영자가 당면하게 되는 다음의 의사결정 문제는 경영에 있어 가장 기본이 되는 중요 문제이다. 경영자는 의사결정의 특성을 충분히 이해하고 합리적 의사결정을 하기 위하여 최선을 다해야 한다.

1.2.1. 집단성

경영에 있어서 의사결정은 어떤 특정의 경영자가 단독으로 할 때도 있지만, 복수의 경영자가 집단으로 하는 경우도 많다. 즉, 각 분야의 전문적 식견을 통합해서 더욱 합리적인 의사결정을 내리기 위하여 이사회나 위원회 등과 같은 의사결정기관을 통해 집단적으로 이루어진다. 하지만 이에 따른 최종적인 책임과 권한은 언제나 최고경영자에게 있다.

1.2.2. 기업환경요소의 고려

경영자의 경영의사결정 문제는 대내외적 환경요소를 충분히 고려하여 결정을 내려야 한다. 특히 근래에는 국내뿐만 아니라 세계 기업 환경과 시장 환경 변화를 고려한 전략적 의사결정을 내려야 한다. 따라서 의사결정은 기업환경에의 적응과정이라고도 한다.

1.2.3. 미래지향성

의사결정은 미래의 불확실성 속에서도 기업이 추구하고자 하는 목적달성을 위한 수단의 선택·결정 행위이다. 그 효과 역시 미래에 발생한다. 그렇기 때문에 유능한 경영자일수록 미래에 대한 불확실성 속에서도 합리적 의사결정을 할 수 있는 능력을 갖추어야 한다.

1.2.4. 선택의 제한성

의사결정자가 선택할 수 있는 선택 범위는 이론적으로는 무한하다. 그러나 경영의사결정은 특수한 상황을 가지고 있어서 이용 가능한 데이터가 불충분할 뿐만 아니라 결정을 내리기까지 소요되는 시간과 인력이 한정되어 있다. 따라서 제한된 범위 내에서도 의사결정자는 보다 합리적 의사결정을 내릴 수 있는 능력을 소유하고 있어야 한다.

1.2.5. 합리성

경영자의 의사결정은 객관적이고 합리적인 근거를 바탕으로 행동하고 결정을 이룰 수 있어야 한다. 그러나 경영은 많은 제약이 따르기 때문에 완전한 합리성을 달성하기가 곤란하다. 따라서 경영자는 기업이 현재 직면하고 있는 상황과 제약조건 속에서 최선책에 도달하기 위한 제한된 합리성(bounded rationality)을 추구하지 않을 수 없게 되었다.

인간은 신이 아니기 때문에 어떠한 경영자도 완벽한 의사결정을 할 수는 없다. 많은 의사결정을 해야 하는 경영자들은 어느 정도는 과오를 범할 수밖에 없는 상황이다. 하지만 경영자가 성공 확률을 보다 높이고자 한다면 합리적이면서 객관적인 의사결정을 하도록 노력해야 한다.

1.3. 의사결정의 원리

의사결정은 목적을 설정하고 목적에 도달하기 위한 대체적 과정의 선택이다. 그렇기 때문에 주관적 요소와 목적, 상황 등의 3대 원리가 필요하다.

1.3.1. 주관적 요소

의사결정의 합리성을 규정하는 주관적 요소로 의사결정자 개인이 가지고 있는 직관과 경험이 있다. 직관과 경험은 의사결정을 하는데 대단히 중요한 역할을 하게 된다.

사람에 따라서는 예상되는 문제에 대해 탁월한 능력을 발휘하여 즉석에서 바로 결정하는 경우가 있는 것이 사실이다. 그러나 일반적인 의사결정자의 직관은 대부분 오랜 경험 및 훈련에 의해서 서서히 무의식적으로 배양된다. 이렇게 배양된 경험과 직관은 높은 성공확률을 가지고 있는 경우가 많다.

그러나 의사결정자의 직관 및 경험이 바탕이 되는 의사결정이 합리적이고 과학적인 것은 아니다. 오히려 결정자 개인의 직관과 경험에 의해서만 이루어지는 경우는 인습적인 관리방식에 그칠 수도 있으며, 또한 이는 과학적 관리방식이라고 할 수 없는 것이다. 직관과 경험을 시도할 때에는 신중하면서도 객관적인 사고가 선행되어야 할 것이다.

1.3.2. 목적

의사결정자의 주관적 요소 이외에, 의사결정자가 결정을 행하는 경우에 있어서 목적의 인식 정도가 결정의 합리성을 규정하는 하나의 요소로 중요한 역할을 한다. 목적을 크게 나누어서 조직목적과 개인목적으로 구분할 때, 조직목적은 다수의 구성원간 협동에 의해서 달성해야 할 비개인적·객관적인 목적이며, 개인목적은 개별 구성원의 개인적·주관적인 목적이라고 할 수 있다.

개인목적을 위한 합리적 결정이 조직목적에 대해 반드시 합리적인 결정이라고 할 수는 없다. 현대의 경영목적이란 구성원의 개인목적이 아니라, 비개인적·개인적 목적과 직결이 된다고 볼 수 있기 때문이다. 따라서 의사결정을 위한 목적 설정 또한 선행과제를 충분히 검토하고 분석한 후 결정되어야 할 것이다.

1.3.3. 상황

의사결정은 특정의 구체적 상황 속에서 이루어지는 것이다. 일정한 외부상황 및 내부상황을 기초로 해서 행하여지며, 결정과 관련된 여러 상황에 대한 지식 유무, 또는 그 정확성의 여부가 결정의 합리성을 규정하는 중요 요소가 된다.

이처럼 상황을 외부상황과 내부 상황으로 나눌 경우, 외부상황에는 시장 경제·생산 기술·정부 경제정책·환율 등이 속하며, 내부상황에는 관리 구조로서의 자금·조직·인력·정보 등이 포함된다.

2 의사결정의 과정

의사결정과정(decision making process)은 몇 가지 대안 또는 대체안 가운데 최적의 안을 선택하는 과정이다. 이 견해는 너무 단순화된 것으로 생각할 수도 있지만 대안들 사이에서 선택하는 단순 행동만은 아니다. 하나의 과정이기 때문이다. 하지만 의사결정을 이해하려면 문제, 목표, 대안, 최적대안과 같은 개념을 알고 실행하는 규범적 의사결정과정을 알아야 한다. 규범적 의사결정은 이런 요소들을 각각의 단계별로 체계적이고 합리적으로 검토하여 문제해결을 시도하는 의사결정을 의미한다.

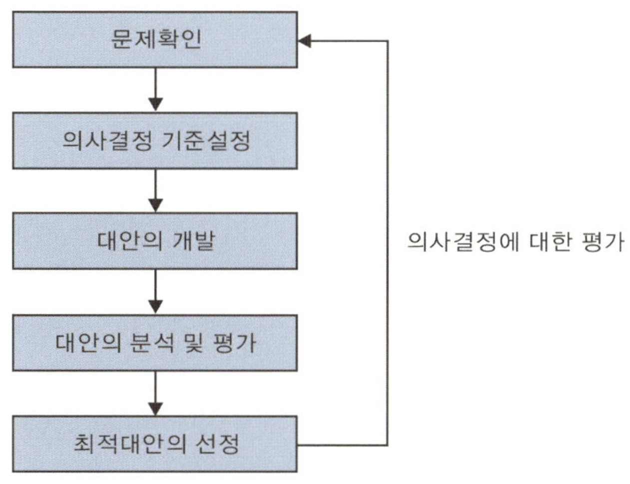

그림 4-1 의사결정과정

그러나 실제 의사결정이 이러한 규범적 과정을 모두 거쳐서 이루어진다고는 볼 수 없다. 하지만 규범적 의사결정과정에 따라 의사결정을 하는 경영자일수록 그렇지 않은 경영자보다는 오류를 범할 확률이 상대적으로 낮다. [그림 4-1]에서 의사결정과정은 문제의 정의에서부터 의사결정 문제를 해결하는 대안의 선택과 결정 및 효과를 평가하는 다섯 단계로 구분한 것인데 그 내용은 다음과 같다.

2.1. 기업의 본질

의사결정의 필요성은 문제가 존재하는 것으로부터 비롯되는 것이다. 따라서 문제의 정확한 파악이 이루어지지 않은 가운데 전개되는 의사결정과정은 별로 의미가 없다. 의사결정은 문제를 제기하는 시작단계부터 불확실성을 전제로 시작이 된다. 의사결정의 첫번째 단계는 문제를 확인하고 규정짓는 단계로 보아야 한다. 경영자는 계획 속에서 발생되는 의사결정 문제를 올바르게 인식하고 목표에 따른 결정 기준이 무엇인가를 객관적 기준으로 비교하여 효과적으로 목표를 달성해야 한다.

2.2. 의사결정의 기준설정

의사결정자는 대안을 발굴해서 비교·평가하기 이전에 의사결정 기준을 마련해야 한다. 기준을 설정하는 목적은 대안들을 비교하기 위한 표준을 설정하는데 있다.

의사결정에 대한 기준은 관련성을 평가하는 기초가 되고 평가의 가치와 유효성을 결정할 만큼 매우 중요하다.

이 단계에서 확인되지 않은 것은 분명히 확인하는 것이 필요하다. 왜냐하면 의사결정자가 특정 기준을 설정기준 단계에서 정확하게 규정하지 않을 경우, 이로 인한 불확실성이 증대될 수 있기 때문이다.

의사결정과정에서 사용하는 기준으로 필수적 기준과 희망적 기준이 있다.

필수적 기준은 어떠한 대안을 채택하기 위해서 반드시 충족되어야만 하는 기준 또는 목표이다. 희망적 기준은 어떠한 대안을 받아들이기 위한 수준을 의미하지만 반드시 적용하지는 않아도 되는 기준을 의미한다.

예를 들어 조직에서 직원을 충원할 때 임금수준이나 직무 성격은 필수적 기준이고 경험과 다른 직원과의 융화는 희망적 기준이다.

이 기준은 전부가 중요한 것은 아니다. 따라서 나열된 항목에 대한 중요도와 상대적 우선권을 주는 것이 중요하다.

2.3. 대안의 개발

문제의 성격이 파악되고 대안을 평가할 수 있는 기준이 마련되면, 의사결정자는 문제 해결에 기여할 수 있는 가능한 대안을 개발하고 발굴하여야 한다. 대안의 개발이란 의사결정의 달성을 가능하게 하는 모든 방법을 고려하는 것이다.

대안을 개발·발굴하는데 있어서 의사결정자가 자주 범하는 일반적인 오류는 최초에 발견한 대안이 그럴듯한 경우 쉽게 그 대안을 선택해 버린다는 점이다. 이렇게 되면 의사결정자는 더 좋은 대안을 선택할 수 있는 기회를 상실할 수도 있다.

그러므로 의사결정자는 가급적 많은 대안을 발굴하여 그 중 최선의 선택이 이루어지도록 하여야 한다.

2.4. 대안의 평가

이 단계에서는 고려 대상이 되는 각 대안을 평가하는 단계이다. 대안의 평가(evaluating alternatives)는 실행가능성, 만족도, 실행결과를 객관적으로 정확하게 행하는 과정이다.

대안의 평가는 먼저 대안이 실행가능한가를 분석해야 한다. 아무리 좋은 대안이라도 조직의 인적, 물적, 재무적 및 정보 자원이 지원될 수 없다면 실행은 불가능하다. 법적인 장벽에 의해서 실행 불가능한 경우도 있다.

실행가능성을 분석한 이후에는 대안 만족도를 평가해야 한다. 대안 만족도란 대안이 의사결정 상황을 만족시키는 정도를 말한다. 예를 들어 한 경영자가 자사 공장의 생산능력을 30% 더 증가하기 위한 대안으로 다른 공장을 인수할 수 있는 대안이 있다고 할 경우 만약 공장을 인수해도 5% 밖에 생산능력을 증가시킬 수 없다면 이 대안은 만족도가 적은 대안이라고 할 수 있다.

2.5. 최적안의 선정

이 단계에서는 결정과정에서 관련성을 갖고 있는 모든 요소들을 정하고 객관적으로 비교해서 실행 가능한 대안들을 확인하며 가장 높은 가능성과 이익을 달성할 수 있는 대안을 최종적으로 선택한다.

선택하기 전에 위험성과 불확실성을 최소화시켰는지 확인함으로써 결정에 대한 확실성을 증대시킨다.

3 의사결정의 유형

3.1. 의사결정의 구조화 정도에 의한 분류

사이먼(H. A. Simon)은 구조화 정도에 따라 의사결정을 정형적 의사결정(programmed decision)과 비정형적 의사결정(non-programmed decision)으로 구분하고 있다.

3.1.1. 정형적 의사결정

정형적 의사결정은 사전에 결정된 일정 기준에 따라 일상적으로 반복해서 이루어지는 의사결정이다. 자주 되풀이되며 구조가 비교적 명확하게 되어 있는 형태의 의사결정으로서, 주어진 조건을 어떤 식으로 처리하여 결정에 이를 것인가에 관한 표준적 절차나 프로그램이 설정되어 있는 의사결정이다.

이 의사결정의 기법으로는 오퍼레이션 리서치(OR; operations research)기법과 함께 컴퓨터를 활용한 수학적 프로그램에 의한 방법인 선형계획법(LP), 게임이론(game theory), 확률론 등의 모델이 많이 사용된다.

다음은 정형적 의사결정의 특징이다.

① 정형적 의사결정은 하위관리자들에 의해서 이루어지며 일반적으로 단기적 성격을 띤다.
② 정형적 의사결정은 조직의 내적 문제에 초점을 두고 있으며, 조직의 외생적 요인에 영향을 받지 않는 폐쇄적 시스템을 가정하고 있다.
③ 정형적 의사결정은 통상적으로 알려진 문제들과 관련이 되어 있어 대안을 평가하는 기준이 분명하다.
④ 정형적 의사결정은 대개 자발적이고 계획적인 의사결정으로서 기존 조직을 계속 유지하고 개선하는 결정이다.

3.1.2. 비정형적 의사결정

비정형적 의사결정은 사전에 결정된 기준이 없는 비구조적인 의사결정으로서 정형적 의사결정과 달리 프로그램화 여지가 적고, 대체로 경영자의 경험·판단·능력 등에 의해 영향을 받게 된다.

이 의사결정은 단발적이고 예상하지 못한 새로운 것이어서, 성격이나 구조가 복잡하고 어려운 유형의 의사결정이다. 여기에는 신제품개발과 관련한 의사결정 등이 해당된다. 최근에는 OR기법으로 비정형적 의사결정 영역까지 확대하려는 시스템분석이 개발 중이다.

비정형적 의사결정의 특징은 다음과 같다.

① 최고경영자 수준에서 이루어지고 장기적 예측사항과 조직의 생존과 관련이 있다.
② 조직이 예상할 수 없는 혁신적이고 창조적인 문제, 즉 예외 문제를 내포하고 있다. 즉각적 행동을 요구한다는 점에서 위기적인 의사결정의 예라고 할 수 있다.
③ 확실성을 보장하는 경우가 적기 때문에 최적해(最適解)까지는 도달할 수 없더라도 위험을 최소화할 수 있는 의사결정이 되도록 노력하여야 한다.

표 4-1 정형적 의사결정과 비정형적 의사결정 비교

구 분	정형적 의사결정	비정형적 의사결정
특 성	• 일상적, 정형적 업무상황 • 하위계층에서 이루어짐 • 객관적 방법과 절차 확립 • 자료의 명확	• 불규칙적이고 특수한 업무상황 • 상위계층에서 이루어짐 • 주관적, 전략적 차원에서 이루어짐 • 자료의 불확실
문제유형	• 인간관계의 명확 • 예측 가능한 상황	• 인간관계의 불명확 • 예측할 수 없는 불가능한 상황
절 차	• 명확한 규정, 규칙, 절차에 의존	• 창의성과 직관에 의존

3.1.3. 정형적·비정형적 의사결정의 분류

경영자가 합리적 의사결정을 하려면, 해결해야 할 문제와 달성해야 할 목표에 적합한 기법을 활용해야 한다. 문제해결을 위해 사용되는 의사결정의 기법과 기술은 의사결정 유형에 따라 다양하게 발달되어 왔다. 사이먼(H. A. Simon)은 의사결정의 정형성 여부를 기준으로 의사결정기법의 발달을 분류하였다.

정형적 의사결정을 해결하기 위한 전통적 방법으로 관습, 사무처리 관계, 조직구조를 제시하였다. 조직구조는 조직구성원에게 공통된 기대를 갖게 하고, 하부목표의 체계를 부여하며 정보의 전달과 취득 책임을 명확히 해주기 때문에 의사결정을 정형화할 수 있게 해 준다는 것이다. 정형적 의사결정을 하기 위한 방법으로는 OR과 컴퓨터 처리 등을 들 수 있다.

비정형적 의사결정을 위한 전통적 기법은 경영자의 판단력, 직관력, 창조력에 많이 의존하며 과거 경험을 바탕으로 하거나 직업적 훈련을 통한 능력을 개발하는 방법을 사용하였다. 비정형적 의사결정에 대한 접근방법으로는 훈련이나 컴퓨터프로그램 작성이 있는데 자기 발견적 또는 탐색적(heuristic) 문제해결방법이 적용된다.

3.2. 의사결정상황에 따른 분류

구텐베르그(E. Gutenberg)는 의사결정 유형을 의사결정상황의 확실성 정도 여부에 따라 확실성(certainty)하에서의 의사결정, 위험(risk)하에서의 의사결정, 불확실성(uncertainty)하에서의 의사결정으로 분류하였다.

3.2.1. 확실성하에서의 의사결정

확실성하에서의 의사결정은 의사결정에 따른 각 대체안 별로 상황의 발생결과를 확실히 예측할 수 있는 상황 하의 의사결정이다. 그 확률은 100%이며 불확실성이 없다. 여기서 말하는 확실성이란 의사결정에 필요한 정보를 충분히 활용해서 각 대체안의 발생결과를 확실히 예측할 수 있는 경우를 의미한다.

3.2.2. 위험하에서의 의사결정

위험하에서의 의사결정은 의사결정에 다른 결과에 대하여 확실하게 예측할 수는 없고, 일정 확률만을 가지고 예측할 수 있는 상황 하의 의사결정이다. 확실성하의 의사결정과 불확실성하의 의사결정 중간에 위치한다.

위험하에서의 의사결정에서 주요 요소는 각 대체안에 관련된 확률을 정확히 결정하는 일이다. 이때의 확률은 가능한 한 객관적 확률로 나타내어 이를 기초로 의사결정을 하게 되는 것이다. 위험하에서의 의사결정은 비교적 완전한 정보를 가지게 되기 때문에 여러 가지 모형 설계가 가능하며 하위조직에서 주로 행하여지고 있다.

3.2.3. 불확실성하에서의 의사결정

불확실성이란 발생할 수 있는 결과를 추정할 수는 있으나 발생확률을 알 수 없는 경우이다. 이 상황 하에서 완전한 의사결정은 있을 수 없고 의사결정자의 능력, 취향, 위험에 대한 태도 등에 따라 차이가 발생한다. 의사결정자의 결과에 대한 주관적 평가를 통해 얻게 되는 주관적 확률이나 게임이론이 유용한 방법으로 많이 이용된다. 여기서 말하는 주관적 확률은 객관적 확률의 주관적 평가결과를 의미한다.

이와 같은 상황 하에서 대체안을 선택할 최선의 기준은 없으나 아래와 같이 몇 가지 방법이 제시되고 있다.

3.2.3.1. 최대-최대기준(maximax criterion)

위험이나 발생할 수 있는 손실을 고려하지 않고 낙관적 입장에서 가능한 최대 수익을 선택하는 방법이다.

3.2.3.2. 최대-최소기준(maximin criterion)

최소 가능한 수익을 최대화하는 기준이다. 보수주의적(또는 비관주의적) 입장에서 택하는 방법으로 최대-최대 기준과 정반대되는 기준이다.

3.2.3.3. 최소-최대 후회기준(minimax regret criterion)

의사결정자는 어떤 대체안을 선택했다가 그 대안에 적합한 상황이 발생하지 않게 되면 후회하게 된다.

이 기준은 각 대체안의 최대이익액과 나머지 이익액과의 차액을 계산하여 후회도를 비교함으로써 후회를 최소화하는 대체안을 선택하는 기준이다. 새비지(Savage) 기준이라고도 한다.

3.2.3.4. 불충분 이유기준(insufficient reason criterion)

어떤 상태가 벌어질 것인지 모르고 있는 경우 각 상황의 발생확률을 동일하게 취급하여 합리적으로 문제를 해결하려는 의사결정기준이다. 라플라스(Laplace) 또는 동일확률기준이라고도 한다.

3.3. 조직계층의 수준에 따른 분류

앤소프(H. I. Ansoff)는 조직계층 수준에 따라서 의사결정을 전략적 의사결정(strategic decisions), 관리적 의사결정(administrative decisions), 업무적 의사결정(operating decisions)으로 분류하고 있다.

3.3.1. 전략적 의사결정

전략적 의사결정은 주로 기업의 외부문제, 특히 제품 믹스 선정과 관계되는 의사결정이다. 최고경영자의 책임인 전략적 의사결정 문제와 구체적인 내용으로 기업목표 변경, 기업 성장계획, 다각화 계획, 제품시장지위(product market position) 및 신제품

개발계획 등이 포함된다.

3.3.2. 관리적 의사결정

관리적 의사결정은 전략적 의사결정을 구체화하기 위해 변환과정의 효율을 최적화하는 것을 목적으로 한다. 조직구조의 변경, 정보 흐름, 유통경로, 입지결정, 생산·인사·재무·마케팅의 관리내용 등이 이에 속하며, 이 밖에 필요한 자본·자재·설비의 조달과 획득, 인력관리, 개발에 관한 것들이 포함된다.

3.3.3. 업무적 의사결정

업무적 의사결정은 자원변환과정 능률을 극대화하는 의사결정이다. 전략적 의사결정과 관리적 의사결정을 구체화한다.

이 의사결정은 주로 기능부문, 제품라인의 자원배분, 일정계획, 업무 감독 및 통제활동 등을 포함한다. 이와 관련되는 것으로 가격결정, 생산일정, 마케팅전략, 재고수준, 연구개발 결정 등도 포함된다.

3.4. 경영문제 해결의 접근방법에 따른 분류

경영상 발생된 문제를 해결하는 방안으로 경영의 질적 접근방법과 양적 접근방법의 두 가지 접근방법이 있다. 질적 측면이란 의사결정자의 인간적 측면, 즉 행위적 측면이 해당되며, 양적 측면이란 경영문제의 계량적 측면이 해당된다.

경영과학적 의사결정은 경영의 양적 측면에 관한 의사결정으로서, 경영관리와 관련된 문제해결에서 계량적 접근방법을 통하여 과학적으로 해결하려고 하는 것이다.

행동과학적 의사결정이란 경영의 질적 측면에 관한 의사결정으로서, 문제해결에서 인간행동의 과학적 규칙성을 모색하는 것이다. 따라서 조직의 행동과학적 측면에서의 개인과 집단의 가치체계를 분석하고, 그것을 중심으로 행동과학적 의사결정에 관한 자료를 수집하여야 한다.

3.5. 의사결정 주체에 의한 분류

3.5.1. 개인의사결정

개인의사결정은 자신의 이해관계만 중심으로 하는 개인의 식견과 인격에 근거한 의사결정이다. 이는 집단적 의사결정과 조직적 의사결정보다는 덜 질서정연하고 덜 시스템적인 과정을 밟는다. 따라서 합리성이 부족하거나 정보력 면에서 다소 취약한 의사결정을 할 수도 있지만 의사결정이 신속하고 의사결정자의 의도에 맞는 결정을 할 수 있다는 장점이 있다.

이와 같은 의사결정을 할 수밖에 없는 이유는 개인적 가치관, 퍼스낼리티(personality), 위험에 대한 성향, 불일치의 잠재성 같은 심리적·행동적 요인에 영향을 받기 때문이다.

개인의사결정에 영향을 주는 요인들로는 스키마, 개인 속성, 창의성, 정보처리능력, 휴리스틱스 등 개인 성품과 성향에 관계된 요소들이 있다.

스키마

스키마(Schema)는 과거 경험에 의해서 형성된 개인의 인지구조로 정의될 수 있다.

스키마는 개인이 어떤 문제에 대해 개념화하고 판단하여 선택하는 데 영향을 미치게 된다. 즉, 스키마는 어떤 사람이나 사물 또는 사건에 대해서 각 개인이 머릿속에 과거로부터 형성해 놓은 의미체계이다. 특별하지 않은 일 같은 일상적 현상에 직면한 경우 일반적으로 그에 대한 심도 있는 분석 과정을 생략한 채 자동적, 습관적으로 제공하는 대안을 선택하게 된다. 그러나 현상이 제공하는 정보 또는 해결해야 할 문제가 일상적이지 않을 때에는 그것에 대한 스키마가 형성되어 있지 않기 때문에 주어진 정보와 기존에 가지고 있는 정보를 융합, 분석하여 보다 의식적인 판단과 선택을 하게 된다.

조직생활에 익숙하지 않은 초기에는 스키마가 거의 형성되어 있지 않기 때문에 모든 것이 신비롭고 조심스럽게 판단을 하게 되지만 조직이나 일에 익숙해지면 스키마가 형성되어 습관적으로 선택이나 결정을 하게 된다.

개인 속성

개인이 갖고 있는 성격이나 가치관과 같은 속성들도 개인의사결정에 영향을 미칠 수 있다.

가치관은 개인이 판단이나 선택을 함에 있어서 사용하는 옳고 그름에 대한 판단기준이다. 가치관은 의사결정의 전 과정에 영향을 미칠 수 있다.

문제 정의에 있어서 가치관에 따라 문제에 대한 심각성 인식에 차이가 생길 수 있다. 또한 대안선택에 있어서도 보수 혹은 진보적 가치관에 따라 선택 내용이 달라질 수 있다. 행동중심적 가치관을 갖고 있는 개인의 경우 그렇지 않은 사람보다 실행 강도에 있어서 차이를 보일 것이다. 유지와 조정단계에서도 가치관에 따라 학습내용에 차이가 생길 수 있다.

둘째, 성격도 개인의사결정에 영향을 미친다. 개인의 성격이 판단과 선택에 미치는 영향과 관련된 연구들은 그리 많지 않다. 그러나 개인의 성격적 특성에 따라 하급자 참여의 정도가 달라진다는 연구결과는 발표되어 있다.

권위주의적 성격의 소유자는 대안 선택에 있어서 보다 제한적일 수 있으며 자율적이고 독립적 성향이 강한 사람도 대안 선택이나 실행에 있어 큰 차이를 보일 수 있다. 특히 위험감수성향에 따라서는 대안선택이 크게 달라질 수 있다. 즉, 위험감수형의 경우는 위험회피형 경우보다 실패 위험이 큰 대안을 선택할 가능성이 높다.

창의성

창의성은 비범한 대안을 찾아낼 수 있는 능력이다. 과거 방식이나 상식적 대안과 비교하여 보다 많은 혜택을 주는 대안을 찾아낸다거나 그것을 한층 더 효율적으로 현실화시킬 수 있는 능력인 것이다. 그렇기 때문에 창의성은 개인의사결정에 있어서 대안발견 및 평가에 지대한 영향을 미친다.

정보처리능력

개인의 판단과 선택에 영향을 미치는 또 다른 요소로 개인이 갖고 있는 정보처리능력이 있다. 오늘날처럼 무수히 많은 정보들이 쏟아져 나오는 상황에서는 하나하나의 정보에 똑같은 비중을 두고 주의를 기울이기가 매우 힘들다. 보다 정확한 상황진단과 문제정의를 위해서는 정보의 중요성을 정확히 평가하고 이를 신속히 처리할 수 있는 능력이 요구된다.

휴리스틱스

정보처리과정과 관련된 의사결정모델로는 휴리스틱스(Heuristics)가 있다. 이 모델은 카너먼(Kahneman)과 트버스키(Tversky)에 의해 제시된 것인데 이들은 의사결정을 하는 데 있어서 '어떻게 판단오류가 발생하는가'에 대해 설명하고 있다. 의사결정자가 결정이나 판단을 할 때 단순사고와 주먹구구식(rule of thumb) 편법에 의한다고 가정하고 있다.

이로 인한 판단오류가 발생하게 되며 그러한 오류들을 체계적으로 정리함으로써 왜곡된 선택 과정을 이해하고, 올바른 의사결정에 도움을 주고자 하였다.

3.5.2. 집단의사결정

기업규모 확대와 업무 전문화로 인하여 이제 종업원의 개인적 지식만으로는 기업이 요구하는 의사결정을 효율적으로 내릴 수 없는 상황이 되고 있다. 따라서 집단의사결정(group decision making)이 개인의사결정보다 우월하다는 기본 가정 하에 그 중요성이 점차 증대되고 있다. 조직의 중요한 의사결정은 경영자 일개인보다는 각종 위원회, 연구팀, 태스크 포스(task force) 같은 집단에 의해 이루어지고 있다. 경영자의 업무시간 중 80%를 회의에 소비하고 있다는 주장이 이를 대변해 준다.

집단의사결정의 특징은 다음과 같다.

첫째, 정확성과 신속성에 있어서 집단의사결정은 개인의사결정보다 시간을 더 소비하지만 오류를 범할 가능성은 적다. 일반적으로 집단이 개인보다 정확하다고 하지만, 집단 속에서 가장 우수한 개인보다는 덜 정확할 수 있다는 점도 간과해서는 안된다.

둘째, 판단력과 문제해결 측면에 있어서 집단은 정보와 경험, 아이디어, 비판적인 평가능력을 개인보다 더 많이 가지고 있다. 판단이나 문제해결에서도 아이디어, 비판적 평가능력을 갖고 있으므로 집단이 개인보다 앞선다고 생각되고 있다. 이 점에 대해서는 타당성이 인정되고 있으나 의사결정문제와 업무 성격에 따라 집단의 우월성이 달라질 수 있다.

셋째, 창의성에 있어서 집단은 개인보다 많은 아이디어와 상상력을 가지고 있다. 따라서 오늘날에는 많은 조직에서 창의력 개발 모임이나 분임토의 방법이 널리 이용되고 있다.

넷째, 전통적인 견해에 의하면 위험부담에 있어서 집단은 개인에 비해 위험스러운 일을 회피한다고 하였으나, 최근 한 연구결과에 의하면 집단이 개인보다 위험부담이 더 큰 방향으로 의사결정을 하는 것으로 나타났다.

◎ 효과적인 집단의사결정기법

지금까지 개인, 집단, 조직 차원의 의사결정에 대해서 살펴보았다. 다음으로는 조직에서 많이 사용되고 있는 집단의사결정 기법들을 소개한다. 그동안 많이 알려진 브레인스토밍도 있고, 지명반론자법이나 변증법적 문의법과 같은 비교적 최근에 많이 연구되고 있는 기법들도 있다.

◎ 브레인스토밍

효과적 집단의사결정기법의 첫번째로 브레인스토밍(Brainstorming) 방법을 들 수 있다. 이 기법은 여러 명이 한 가지 문제를 두고 각자의 아이디어를 무작위로 개진하여 그 중에서 최선책을 찾아가는 방법이다.

문제해결에 이를 때까지 일련의 과정을 반복하는 기법이다. 그러나 이 방법의 문제점은 중구난방식 아이디어 제시로 급기야 문제와 전혀 연관성 없는 아이디어들을 나열하는 결과를 초래할 수도 있다는 것이다. 또한, 아이디어의 개진에 초점을 맞추다보면 현실성을 결여하여 단순히 아이디어로만 그칠 수도 있다. 대안을 발견하는 데는 유효하지만 대안을 평가하고 선택하는 단계에 이르러서는 기타 기법들과 병용하는 것이 바람직하다.

명목집단법

NGT(Nominal Group Technique) 법이라고 하는데 구조화된 브레인스토밍의 일종이다. 이 방법의 주된 특징은 참석자들로 하여금 서로 대화에 의한 의사소통을 못하도록 하는 데 있다. 집단의 구성원들 각자가 마음 속에 실제 생각하고 있는 바를 끄집어 내려는 것이다.

이 방법에 의하면 의사결정에 참여한 각 구성원들은 타인의 영향을 받지 않고 자신의 의사를 개진할 수 있기 때문에 의사결정을 방해하는 타인의 영향력을 줄일 수 있는 장점을 가지고 있다. 효과적으로 이 방법이 사용되는 경우는 새로운 사실을 발견하고 아이디어를 얻고자 할 때, 정보 종합이 필요할 때, 최종 결정을 내릴 때 등이다.

지명반론자법

지명반론자법 또는 악마의 옹호자법(Devil's Advocate Method)은 먼저 집단을 둘로 나누어 한 집단이 제시한 의견에 대해서 반론자로 지명된 집단의 반론을 듣고 토론을 벌여 본래 안을 수정하고 보완하는 일련의 과정을 거친 후 최종 대안을 도출하는 방법이다.

지명반론자는 꼭 집단일 필요는 없고 집단 내 2~3명 정도가 반론자 역할을 담당해도 된다. 중요한 것은 반론자들이 의무적으로 본래 안의 단점 및 약점들을 지적해야 한다는 것이다. 이 과정을 거쳐 선택된 안은 생각할 수 있는 여러 상황에 대한 대응방안까지 포함하고 약점을 보완하게 되어 보다 강력하고 현실적용성이 높아진다.

이 방법은 천주교 성인(sainthood) 추대심사에서 추천된 후보의 성인 추대 불가이유를 자료를 통해 주장하도록 공식적으로 역할을 부여받은 사람을 악마(devil)라고 부른 데서 기인하였다.

특히 지명반론자법은 전략적 의사결정을 할 때 손쉽게 사용할 수 있고 그 효과가 뛰어나다는 측면에서 많이 쓰일 수 있다.

델파이법

델파이(Delphi)법은 구성원이 모여 토론을 거쳐 결정을 하는 것이 아니라 전문적 의견을 설문을 통해 전하고 다른 사람들의 의견을 보고나서 다시 수정한 의견을 제시하는 일련의 절차를 거쳐 최종 결정을 내리는 방법이다.

이 방법은 NGT와는 달리 의사결정과정의 참석자들이 서로 얼굴을 볼 수 없도록 떨어져 있는 상태에서 시행한다. 또한 이 방법에 참여하는 사람들은 NGT에서와는 달리 사안에 대한 전문가들이다.

델파이법은 불확실한 미래 현상을 예측하는 도구로 많이 사용되어 왔다. 예를 들어, 지금까지 시판된 적이 없는 신상품 수요예측을 함에 있어 그 신상품에 관련된 전문가들을 여러 명 초빙하여 델파이법을 사용할 수 있다.

집단사고

집단의사결정시 나타날 수 있는 좋지 않은 현상 중 하나가 집단사고(Groupthink) 현상이다. 1971년 제니스(Janis)가 대실패로 끝나버린 미국 케네디 대통령의 쿠바 피그(Pigs)만 침공사건 등 몇 가지 사례의 의사결정과정을 분석해서 밝혀낸 집단의사결정에서의 집단착각 현상이다. 집단사고에 희생된 구성원들은 충분한 분석과 토론 없이 쉽게 합의한 대안이 최선이라고 믿으며 상대방을 과소평가하려는 경향이 있고 범법을 하면서도 자신들은 도덕적이라고 자기합리화하려는 성향이 있다.

집단사고는 집단구성원들 간의 잘못된 의견일치 추구성향을 의미한다. 집단사고에 빠진 구성원들은 자신이 속해 있는 집단이 최고라는 착각에 빠지게 되며, 다른 집단에 대해 배타적 아집을 가지고 자기 집단 구성원들 간에 의견이 일치되어 있다는 착각을 보이게 된다. 자기가 속한 집단의 역량을 지나치게 높이 평가하려는 성향을 가지고 있고 타 집단에 대해서는 폐쇄적 아집을 보이며 반대 의견이 있더라도 스스로 자제하는 등 획일성 추구성향을 보이게 된다. 그런 결과로 집단의사결정이 역기능적 결과를 낳게 된다. 예를 들어 대안을 불완전하게 탐색한다거나 유리한 정보만을 선택하여 편협한 결정을 내리게 될 수 있다. 결국 최적의 대안이 선택될 수 없게 되고 성공적 성과창출 가능성이 저하되는 결과를 가져오게 된다. 집단사고가 나타나게 되는 전제조건들은 세 가지로 요약된다. 첫째, 집단의 응집력이 높은 경우이다. 둘째는 집단이 외부로부터 고립되어 있거나 충분한 토의가 이루어질 수 없는 등 구조적 결함을 갖고 있는 경우이다. 셋째는 외부로부터의 위험이 임박하여 구성원들 간에 스트레스가 고조되어 있는 경우 등이다.

집단사고에 빠지게 되면 의사결정에 있어 문제해결이 최초에 제시된 범위에서 벗어나지 못하게 제한되며 새로운 정보와 변화에 기민하게 반응하지 못한다. 또한 전문가의 조언이나 자문을 무시하며 문제인식에 소극적이게 되고, 자연히 상황적응능력은 떨어지게 된다. 극복방안으로는 자유로운 토론분위기를 만들거나 카리스마 리더로 인해 집단사고의 원인이 될 수 있는 경우에는 리더 없는 집단토론 방식을 채택하는 것도 좋은 방법이 될 수 있다. 또한 효과적인 의사결정 방안들을 활용하면 집단사고의 위험을 어느 정도 극복할 수 있다.

미국 케네디 대통령의 피그(Pigs)만 침공사례와 '10월의 미사일' 사건은 집단사고의 현상과 극복사례이다.

3.6. 의사결정 실행원칙

3.6.1. 미루지 말고 당장 시작하기

어려운 문제에 직면한 경우 그 문제를 미루고 외면하지 말아야 한다. 무슨 일이든 일단 시작하는 것은 어렵기 마련이다. 하지만 빨리 시작할수록 다양한 정보를 찾아보며 충분히 생각할 시간적 여유가 생긴다.

3.6.2. 무엇에 집중할지 파악하기

의사결정의 순간에는 초점을 어디에 맞추어야 할지 판단이 어렵다. 모든 의사결정에는 결정적 요소들이 있다. 이 결정적 요소들에 집중해야 한다.

3.6.3. 체계적 계획 수립

어떤 정보가 필요한지, 분명한 목표가 있는지, 더 나은 대안을 찾아야 하는지 등 의사결정과정 전체를 바라보며 보완할 수 있도록 체계적 계획을 수립해야 한다.

3.6.4. 복잡한 문제일수록 차근차근 파고들기

복잡한 문제에 마주하게 될수록 침착하게 차근차근 접근해 가야 한다. 여러 결정이 연관되어 복잡해진 경우는 포괄적인 결정부터 좁혀 들어가야 하고, 여러 결정들을 산발적으로 살펴보기보다는 묶어서 비교하는 것이 해결하는데 용이하다.

3.6.5. 분석에 매몰되지 않기

분석을 끈기 있게 한다면 복잡한 문제를 풀 수 있는 가능성이 높으나 의사결정의 순간은 시간의 싸움인 경우가 많다. 올바른 의사결정을 하기 위해서는 완급을 적절히 조절해야 한다. 완벽한 것은 없다는 것을 자각하고 최선의 만족스러운 해결안이 아니더라도 차선의 방법을 받아들여야 하는 경우도 있다.

3.6.6. 전문가 조언

의사결정문제는 자신이 모르는 낯선 분야인 경우가 있기 마련이다. 이럴 때에는 전문가의 조언을 구해야 한다. 전문가에게 대신 의사결정을 내려달라는 것이 아니라 충분한 대화를 통해 전문가가 의사결정과정 전체를 파악할 수 있도록 해야 좋은 조언을 얻을 수 있다.

3.6.7. 기본적인 의사결정원칙 정립

모든 의사결정의 매 순간마다 고심하며 시간을 허비하는 상황이 발생하지 않도록 하기 위해서는 사전에 의사결정의 기본원칙을 설정해 두어야 한다.

3.6.8. 의사결정 스타일 개선

본인의 의사결정스타일을 더욱 발전적으로 개선할 필요가 있다. 이를 위해서는 주기적으로 최근 결정과정에서 자신이 한 행동을 돌아보아야 한다. 주위 사람들에게 자신의 의사결정스타일에 대해 조언을 구해보기도 한다.

3.6.9. 의사결정문제에 끌려 다니지 않기

의사결정문제에 몰리기보다는 본인이 적극적으로 의사결정 문제를 주도해 나가야 한다. 의사결정의 순간을 회피하고 싶은 시간이 아니라 새로운 기회로 만들 수 있도록 해야 한다.

연습문제

01 정형적 의사결정과 비정형적 의사결정의 차이점을 설명하시오.

02 의사결정과정에 대해 설명하시오.

03 전략적 의사결정, 관리적 의사결정, 업무적 의사결정의 차이점을 설명하시오.

04 개인의사결정에 영향을 주는 요인들을 설명하시오.

05 집단의사결정의 장점 및 단점을 설명하시오.

06 집단의사결정 기법들에 대해 설명하시오.

제 5 장 계획(The Planning)

요약

기업이 무(無)에서 유(有)를 창조하기 위해서는 목적과 계획은 필수적 요소이다. 최고경영자가 해야 할 가장 중요한 일중의 하나가 조직과 부서가 성취해야 할 목적과 그 목적을 성취하기 위한 계획을 설정하는 것이다. 계획기능(planning function)은 4가지 관리기능인 계획(planning), 조직(organizing), 지휘(leading) 그리고 통제(controlling) 중 가장 중요한 기능이다. 기업 경영 및 관리는 계획기능에서 출발한다. 본 장에서는 경영자가 기업의 목적달성을 위한 효과적인 계획들을 어떻게 수립해야 하는지에 대한 계획과정(planning process)을 논의하고자 한다. 계획은 목적달성을 위한 청사진(blueprint)인 동시에 필요한 자원할당(resource allocations), 일정, 과업 그리고 기타의 과업수행에 필요한 세부사항을 기술한 것이다. 조직목적은 조직과 조직구성원들이 미래에 달성해야 할 궁극적 대상이지만 계획은 현재의 과업달성을 위한 수단(means)을 설정한 것이다. 우리는 계획수립을 어디서부터 시작해야 하는지에 대한 명확한 관심과 주의를 가질 필요가 있다. 경영자가 조직의 목적을 효과적으로 달성하기 위한 다양한 계획과정의 유형(type of planning process)을 제시한다. 조직목표를 효과적이고 효율적으로 달성하기 위하여 종업원과 주어진 자원을 사용하기 위하여 운영계획을 설명한다. 기업의 목표달성을 위해 활용 가능한 도구인 목표관리(MBO), 단일계획법(single-use plans), 그리고 유지계획(standing plans)과 같은 다양한 접근법을 설명한다. 현재까지 제시된 모든 경영기법이 완벽하다고는 할 수 없다. 계획의 이점과 한계점을 설명하고, 경영자가 불확실성하의 미래를 예측할 수 있는 상황접근법(contingency planning), 시나리오 접근법(scenario building), 그리고 위기관리접근(crisis planning) 등과 같은 계획접근법(planning approach)도 함께 다룬다.

• 주저자: 권영식교수, 한양대학교 경상대학 경영학과. E-mail: cooljune22@naver.com

제 5 장 계획(The Planning)

1 조직 목적 수립과 계획이란 무엇인가?

최고경영자가 해야 할 가장 중요한 일 중 하나가 조직부서의 목적달성과 그 목적달성을 위한 계획을 설정하는 것이다. 관리기능에는 계획(planning), 조직(organizing), 지휘(leading), 통제(controlling)라는 4가지 기능이 있는데 그 중에서 가장 중요한 기능은 계획기능(planning)이다. 기업경영 및 관리는 계획기능에서 출발한다. 그럼에도 불구하고 계획기능은 가장 어려운 관리기능이며 논쟁이 치열한 기능이기도 하다. 최고 경영자는 지속적으로 변화하는 환경에 대응하기 위해 어떠한 계획을 수립해야 하는가? 최근의 정치, 경제, 사회 그리고 문화적 혼란은 예기치 않은 환경 위기에 대한 기업의 계획 전략 과정의 중요성에 많은 관심을 불러일으키고 있다. 하지만 최고경영자뿐만 아니라 중간경영층에 속하는 관리자들은 끊임없이 변화하는 환경에 기업이 대응할 수 있는 계획과정(planning process)이 있을 수 있는가에 의구심을 가지고 있다.

계획과정만으로 끊임없이 변화하는 미래를 예측할 수 없다. 급변하는 환경을 모두 예측할 수 있는 계획과정은 있을 수 없는 것이다. 전 미국장관인 코린 파웰이 "적과의 교전에서 모두 생존할 수 있는 교전계획은 있을 수 없다(No battle plan survives contact with the enemy)"라는 말을 하였듯이 최고경영자가 끊임없이 변화하는 환경에 모두 대응할 수 있는 계획을 수립한다는 것은 결코 쉬운 일이 아니다. 완전한 계획이 없는 것이 아니라 조직 또는 부서가 실천해야 할 세부계획과 목적 없이 조직구성원들이 환경변화에 대응할 수 있는 전술과 전술계획을 수립하지 못하는 것이다. 하지만 탁월한 경영자는 환경이 변함에 따라 조직의 목적을 변화시키면서 조직의 전반적인 계획을 수정해 나간다.

본 장에서는 경영자가 기업의 목적달성을 위한 효과적인 계획들을 어떻게 수립해야 하는지에 대한 계획과정(planning process)을 논의하고자 한다. 우리는 계획수립을 어디서부터 시작해야 하는지에 대한 명확한 관심과 주의를 가질 필요가 있다. 경영자가 조직의 목적을 효과적으로 달성하기 위한 다양한 계획과정 유형(type of planning process)을 제시하고 이에 대한 구체적 예시를 다루고자 한다. 또한 경영자가 불확실성의 미래를 예측할 수 있는 상황접근법(contingency planning), 시나리오 접근법(scenario building), 그리고 위기관리접근(crisis planning) 등과 같은 계획접근법(planning approach)도 함께 다룬다.

1.1. 목적과 계획 설정의 개요

조직목적은 조직과 조직구성원들이 실현시키고자 하는 바람직한 미래 상황 또는 조건을 설정하는 것이다. 조직목적은 조직의 생존하기 위한 구체적인 표현 또는 진술문이기 때문에 중요하다. 계획은 목적달성을 위한 청사진(blueprint)인 동시에 필요한 자원할당(resource allocations), 일정, 과업 그리고 기타의 과업수행에 필요한 세부사항을 기술한 것이다. 조직목적은 조직과 조직구성원들이 미래에 달성해야 할 궁극적 대상이지만 계획은 현재의 과업달성을 위한 수단(means)으로 설정한 것이다. 계획의 개념은 조직의 목적을 결정하기 위한 도구인 동시에 목적을 달성하기 위한 수단인 것이다.

1.1.1. 목적과 계획의 수준

[그림 5-1]은 기업의 미래 경영을 위한 목적과 계획의 수준을 나타낸 것이다. 계획과정은 기업의 기본적 목적을 정의하는 미션(mission)을 설명하는 것에서부터 출발한다. 특히, 외부 이해관계자들에게 기업이 추구하는 미션(mission)이 무엇인지를 설명하는 것에서부터 출발하는 것이다. 기업 미션은 기업이 달성하고자 하는 목적과 그 목적을 실현하기 위한 계획수립의 기초가 됨과 동시에 기업의 각 사업부 단위의 실행 전술 및 일선 하위 부서의 운영 지침을 만들기 위한 기초가 되는 것이다. 최고경영층은 조직의 효율성(efficiency)과 효과성(effectiveness)을 고려하여 기업의 전략적 목적과 계획을 수립할 의무가 있다.[1)]

예를 들면, 기업이 추구해야 할 이상적 가치 또는 사회적 가치를 들 수 있다. 또는 중간경영층은 최고경영층에서 수립한 기업 비전과 목적 그리고 계획에 기초하여 사업부 단위와 부서별 운영에 필요한 세부 전술적 목적과 계획을 수립하여야 한다. 운영계획(Operational plans)은 기업조직의 하위수준에서 필요한 특정 업무절차 또는 지침을 규정하는 것이다. 예를 들면, 개별부서의 업무 지침 또는 조직구성원 복리후생과 같은 구체적 절차와 지침을 규정하는 것이다. 일선관리자와 감독관들은 중간경영층에서 수립한 전술적 목적과 계획에 기초하여 특정한 과업과 업무 프로세스에 대한 운영계획을 수립하게 된다.

---

1) Richards, M. D. (1986). *Setting Strategic Goals and Objectives* (2d ed.). St. Paul, MN: West.

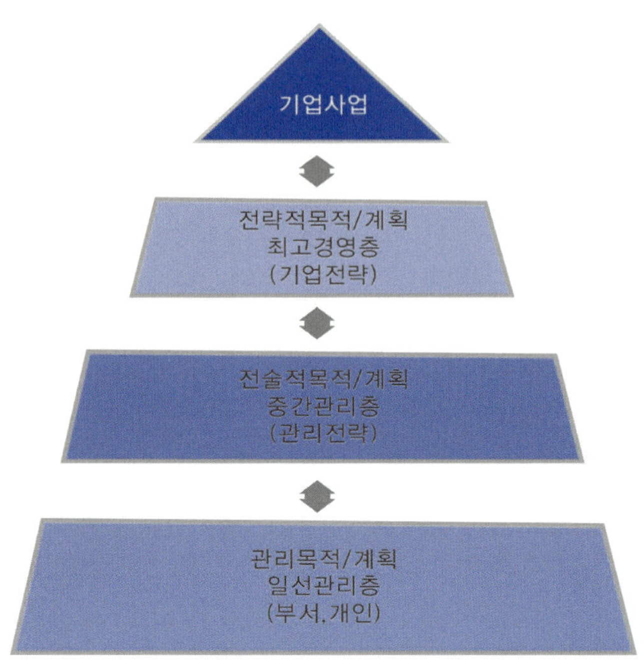

그림 5-1 목적과 계획의 수준

1.1.2. 조직 계획 프로세스

경영자들이 매일의 일상의 활동에서 업무수행에 있어 단조로운 업무처리 과정을 예방할 수 있는 전반적인 계획 프로세스를 제시하면 [그림 5-2]와 같다.

계획과정(planning process)은 다음과 같은 절차에 의해서 수립되어 진다. 첫째, 최고경영층에 의한 명확한 기업미션과 전략목적이 수립되고, 둘째, 최고경영층에서 수립한 전략에 맞추어 기업환경을 둘러싸고 있는 주요 경쟁 상황을 분석하여 필요한 정보를 확인하고 이를 실행하기 위한 상황계획(contingency plan) 및 시나리오 계획을 공식화할 수 있는 구체적인 전술적 목표와 계획을 수립하는 것이며, 셋째, 중간경영층은 목표를 달성하는데 필요한 운영절차와 지침을 기획하는 것이다. 조직 계획프로세스는 운영목표와 기획을 설계하는 것과 관련되며, 과업수행 중에 있는 일을 결정하는데 필요한 측정과 목표를 선택하는 것, 업무 행위를 실천하는데 필요한 목표와 위기관리 계획을 확인하는데 필요한 것들을 계획하는 것이다. 계획을 실행하기 위한 도구는 MBO, 성과표(performance dashboards), 단일계획표 그리고 권한위임 등이 포함된다. 마지막으로 중간경영층은 주기적으로 결과를 확인하고 검토해서 피드백(feedback)하여야 한다.

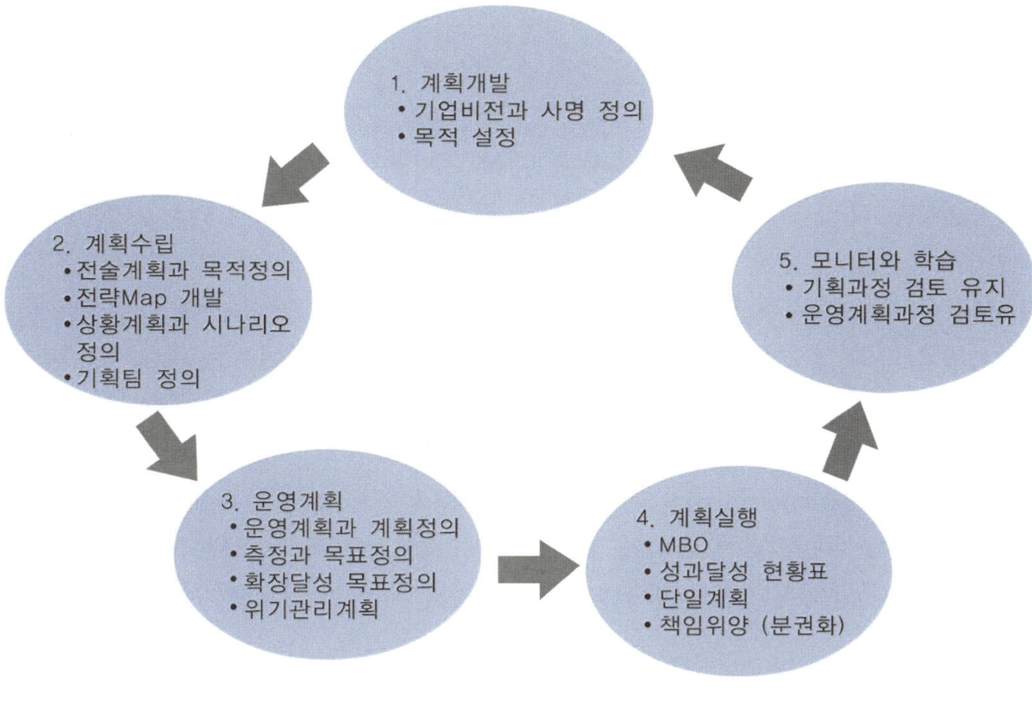

▌그림 5-2▐ 조직 계획 과정

2 조직의 목적 수립

전반적 계획프로세스는 기업미션과 목적이 구체적으로 설정되면 시작이 된다. 기업목적은 기업조직 스스로 만들 수 없는 것이며 개인 또는 집단에 의해서 형성된 사회적 풍토 하에서 만들어지는 것이다. 경영자는 달성하고자 하는 목적에 관해서 다른 아이디어를 가질 수 있기 때문에 추구하고자 하는 목적에 대해서 논의와 협의가 필요한 것이다.

2.1. 조직 목표

최상위의 목적은 기업 존립의 본질을 표현하는 미션이다. 미션은 기업의 가치, 열망, 그리고 존재의 이유를 나타낸다. 잘 정의된 미션은 기업목표와 계획전략의 기본이 된다. 명확한 미션이 없는 기업은 기업이 추구해야 할 목표와 계획을 주먹구구식으로 설정하게 되며 조직구성원들이 수행할 수 없는 전략과 전술을 만들어 낸다. 성공 기업의 속성 중 하나가 의사결정 지침과 실행전략의 명확한 미션을 가지고 있다는 것이다. 기업미션에 반하는 경영 의사결정과 수행이 행해질 때 조직은 혼란에 빠지게 된다. 월마트의 창업자 샘 월튼은 새로운 소비자 만족 정책을 수립하여 실행할 것이라는 Sears의 말을 듣고 월마트도 Sears를 능가할 수 있는 새로운 경영전략을 모색하기로 결정했다. 그 당시는 월마트의 총매출 규모는 Sears보다 약 20억 달러가 적은 규모였다. 하지만 샘 월튼은 월마트의 기업미션을 단계별로 추진함으로써 Sears를 충분히 뛰어 넘을 수 있다는 확신을 가지고 있었다. 그의 생각처럼 Sears는 하향길로 접어들게 되었고 더 이상 월마트를 추월하지 못했다. 기업미션은 기업이 존립해야 하는 이유일 뿐만 아니라 앞으로 기업이 어떠한 방향으로 나아갈지에 대한 지표를 설정하는 것이다.

미션선언문(mission statement)은 해당 기업과 동일한 산업군에 속한 다른 기업과의 차별화를 위해 광범위하게 정의된 진술문이다. 친환경 의류와 액세서리 판매기업인 Holstee 창업자인 브루크린은 세상의 모든 소비자들에게 영감을 줄 수 있는 미션진술문을 만들었다.

Holstee의 미션은 조직구성원들이 추구하고자 하는 열정보다 중요한 것이 없다는 것을 창업주는 물론 조직구성원들에게 지속적으로 생각하게 만들게 쓰여졌다.

비록 대부분의 기업 미션 진술문들이 Holstee의 미션 진술문처럼 광범위하고 명확한 것은 아니지만 잘 정의된 미션진술문은 조직구성원의 동기부여와 조직의 성과를 향상시킨다. 미션진술문의 내용은 기업의 가치뿐만 아니라 기본적인 사업활동과 목적을 포함한다. 또 다른 미션진술문에는 목표시장, 소비자, 제품품질, 공장의 위치, 그리고 조직구성원들의 처우 등과 같은 내용을 포함시키기도 한다.

2.2. 목적과 계획

전략적 목적(strategic goals)은 기업이 미래에 달성하고자 하는 것과 기업의 나아갈 방향을 광범위하게 제시하는 것이다. 전략적 목적은 특정 사업부 단위 또는 부서의 전략적 목적보다는 전체 조직이 나아갈 방향을 제시하는 것이다.

전략계획은 기업의 목적달성을 위한 기업활동과 기업목적 달성에 필요한 인적, 물적 자원할당을 위한 계획인 것이다.[2] 전략계획은 2 ~ 5년 사이의 미래 달성하고자 하는 단계별 기업활동을 수립하는 장기 전략계획이다. 전략계획은 목적은 일정 기간 내

2) Meising, Paul, and Wolfe, Joseph (1985). The Art and Science of Planning at the Business Unit Level. *Management Science,* 31, 773-781.

에 달성하고자 하는 조직의 목표를 수립하는 것이다.

전략계획이 수립되면 다음 단계는 전술계획을 수립하는 것이다. 전술계획은 조직 내의 주요 사업부단위와 부서들이 달성해야 할 결과와 방향을 설정하는 것이다. 전술계획의 목표는 중간경영층들에게 적용되며 기업 전체 목적 범위 내에서 조직 내 사업부 단위와 부서들이 수행해야 할 지침을 마련하는 것이다.

전술계획은 주요 전략계획을 실행시키는데 도움이 되며 기업전략의 주요한 목적달성을 위해 설정된다. 전술계획은 전략계획보다 단기간 내에 달성하고자 목표들의 단기적 계획이며 연도별 계획이다. 영리조직 또는 비영리조직부분에 있어서는 전술계획은 기업 내의 주요 사업부단위와 하위부서들이 조직의 전략계획을 실행시키기 위해 무엇을 해야 할지를 수립하게 된다.

운영목표(operational goals)는 부서, 작업집단 그리고 개인들이 일상의 업무를 수행하기 위한 지침서와 관련된다. 운영목표는 정교하면서도 측정 가능한 것이어야 한다. "정시배달 90% 이상 달성하기", "다음 달 초과근무 10% 이상 줄이기" 등과 같은 세부 목표를 설정하여 수행하는 것이다. Trader Joe의 제품개발부서의 운영목표는 매주 각 매장별로 새로운 아이템을 입점시키는 것이다. 인사부의 운영목표는 대 고객 접촉면에서 근무하는 종업원들의 장기근속을 유도하기 위해 한 해 이직률을 5% 미만으로 줄이는 것이다.

운영계획은 운영목표를 달성하기 위한 단계별 실행 지침을 설정한 것이며, 이는 조직내부의 일선관리자들이 업무수행에 필요한 지침과 절차를 수립하는 것이다. 운영계획은 일상의 업무와 주간업무를 수행하기 위해 부서 관리자들의 업무 지침과 절차에 속한다. 목표는 계량적 항목으로 표시되며, 부서의 운영계획은 목표를 어떻게 달성할 것인가에 초점을 맞춘다. 운영계획은 부서관리자, 감독, 그리고 개별 종업원을 위한 업무계획과 실행 지침과 절차를 규정하는 것이다. 일정은 운영계획의 중요한 구성요소이다. 일정은 조직의 전술적 목표와 전략적 목표를 달성하는데 요구되는 개별 운영목표의 달성을 위한 세부 시간계획으로 이루어진다. 또한 운영계획은 조직구성원들이 원하는 성과를 달성하는데 필요한 자원이 관련되어 있기 때문에 필요 예산을 고려하여 수립하여야 한다.

누가 조직목적을 설정하는가? 경영자(CEO) vs 연합(Coaliation)

기업은 많은 활동을 수행함과 동시에 전체 미션을 성취하기 위해 동시에 여러 가지 목표를 추구한다. 하지만 이러한 목표를 달성하기 위해 누가 미션과 목적을 결정하는가에 있다. 어떤 목표를 실행하는 것은 또 다른 목표를 지연시키거나 포기하게 되는 것일 수 있다. 이러한 이유에서 중간경영층간에 일의 우선순위를 놓고 자주 논쟁을 벌기게 된다. 예를 들면, 중국의 Zhejiang Geely Holding Group (浙江吉利控股集团)이 볼보자동차를 인수한 후에 Zhejiang Geely Holding Group의 경영층과 볼보 경영층과 심한 의견 갈등을 겪었다. 볼보 측 경영자들은 stable market을 위해 시장에서 볼보자동차의 안전성, 신뢰성, 친근감을 추구한 반면, 새로운 중국 측 경영자들은 super-luxury 자동차 시장으로 진입을 위한 공격적 마케팅 전략을 추구하고자 했다. 양측의 목적은 상호배타적이여서 기업이 추구해야 할 방향을 모색하기 위한 지속적인 협의를 진행했다. 한 기업이 강력하고 동기부여적인 목적은 한 집단의 경영층에 의해서 설정되는 것이 아니라 협의 또는 연합을 통해서 이루어지는 것이다. 협의체 경영(coalitional management)은 경영자의 목적을 지원하는 사람들의 연합을 결성하는 것과 관련되며 설정된 목적을 실행하는 사람들에게 영향을 미치게 된다. 효과적인 연합체 경영자들이 존재한다는 것은 다음의 3가지 단계와 관련이 있다.

- 소비자와 다른 경영자들과 대화하기
- 갈등에 대한 의견을 교환하기
- 부서간 장벽을 허물고 cross-silo를 촉진할 것

2.3. 전략 맵을 활용한 목표 설정

효과적이고 바람직한 조직목표는 전략맵을 활용하여 수립할 필요가 있다. 조직목표는 하부조직의 목표달성이 상부조직의 목표달성으로 이어지기 때문에 상호보완적이며 일관성 있게 유지되어야 한다. 조직성과는 상호독립적인 부서들간의 업무흐름을 어떻게 연결시키느냐에 따라 극대화될 수 있다. 즉, 종업원, 팀, 부서들이 조직이 보다 높은 성과와 기업사명을 성취할 수 있도록 도움이 될 수 있는 특정한 목표에 도달할 수 있게 협력하여 일할 수 있도록 하는 것이다. 조직목표의 위계사슬을 체계화하여 나타낸 것이 "전략맵(strategy map)"이다. 전략맵은 조직목적달성의 핵심 추진요인들의 도식적 표현이다. 전략맵은 각 분야의 특정한 목표와 계획이 어떻게 상호 연관되어 있는지를 나타낸다. 전략맵은 관리자들에 조직의 목표와 계획의 "원인과 결과(cause-and-effect)"의 관계를 나타내 주기 때문에 조직목적 달성의 최선의 방법을 선택할 수 있는 대안을 제공한다.

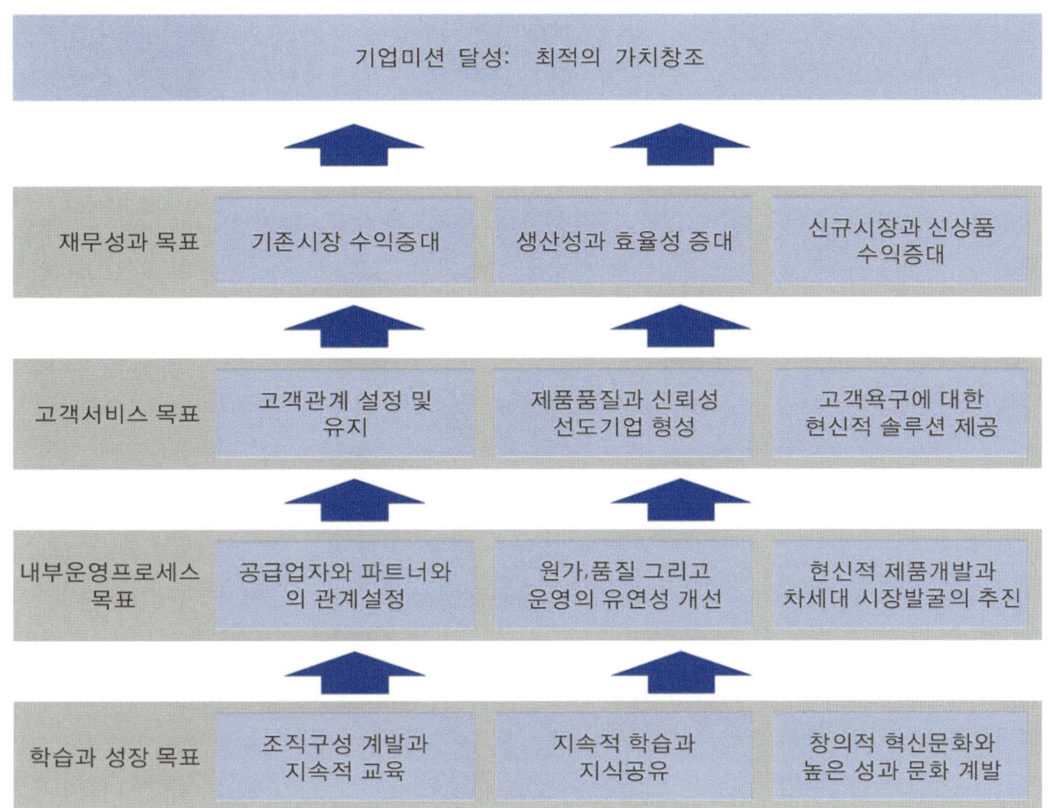

▌그림 5-3▐ 기업목표 간 연계 유지 전략 Map

[그림 5-3]은 기업의 목적달성에 공헌할 수 있는 4가지 핵심요소들의 인과관계-학습과 성장, 내부 프로세스, 고객서비스, 재무성과를 각 분야의 목표와 계획이 어떻게 연결되어 있는지를 나타낸 것이다. 학습과 성장목표는 기업 내부의 우수한 사업프로세스를 달성하는데 도움이 되는 기반으로 제공된다. 내부운영프로세스 목표는 조직내부 구성원들이 고객서비스와 만족을 제공할 수 있는 목표와 연계가 되며, 조직의 재무성과목표를 달성하는 것뿐만 아니라 이해관계자들에게 최상의 기업가치를 제공하는 것과 연계가 된다. [그림 5-3]에서 보여준 전략 Map은 기업조직의 종업원 개발, 지속적 학습과 지식공유 그리고 혁신문화의 창달을 포함하는 학습과 성장을 가능하게 한다. 이러한 목표를 달성하기 위해서 기업조직은 공급업자, 파트너와의 좋은 협력관계를 구축할 수 있는 내부운영프로세스를 만들어야 하며 제품품질과 운영 유연성을 개선할 필요가 있으며, 혁신적인 제품과 서비스를 개발하여야 한다. 내부 프로세스 목표를 실행하는 것은 기업이 고객과의 강한 유대관계를 유지하기 위해 필요한 것이며 이는 고객의 욕구를 충족시킬 수 있는 혁신적인 솔루션 제공과 보다 나은 제품품질 보증과

신뢰성을 확보할 수 있게 한다. 전략 Map의 최상위 단계인 하부조직의 목표달성은 기존 시장에서의 매출증대를 달성하는데 도움이 되며 목표달성은 생산성과 효율성을 증가시키며 신제품과 서비스의 판매 증가와 새로운 시장개척에 도움이 된다.

살아 움직이는 생명체로서의 조직에 있어서 전략 Map은 매우 복잡하고 구체적이며 특정한 사업분야는 특정한 목표와 관련성을 갖는다. 하지만 [그림 5-3]과 같은 유기체 Map(generic map)은 각 사업분야 영역이 상호보완적 관계를 유지하도록 하기 위해서 관리자들에게 각 분야의 목표와 계획을 세부적으로 수립하는데 도움이 된다.

3 운영 계획

관리자는 조직목표를 종업원과 주어진 자원을 효과적이고 효율적으로 사용하기 위한 운영계획으로 사용한다. 고려해야 할 점은 효과적인 목표를 어떻게 설정하느냐에 달려있다. 관리자들은 MBO, 단일계획법(single-use plans), 그리고 유지계획(standing plans)과 같은 다양한 접근법을 활용한다.

3.1. 목적 설정 기준

[그림 5-4]는 효과적인 목표설정을 위한 요인들을 나타낸 것이다. 무엇보다도 중요한 것은 목표는 고유하며 측정가능(specific and measurable)해야 한다. 측정가능할 때 운영목표는 전년대비 순이익의 2% 향상, 불량 주문서 0%로 도달, 3.5 ~ 3.7% 사이의 불량률 감소와 같이 계량적인 형태로 표현한다. 모든 목표를 계량적으로 표현할 수는 없지만 애매한 목표설정은 종업원들의 동기부여를 감소시킨다. 필요하다면 목표는 정성적 목표뿐만 아니라 정량적 목표로 설정하여야 한다. 중요한 점은 목표는 정확하게 정의되어야 하고 측정가능한 절차와 방법을 제시하여야 한다. 효과적인 목표는 주어진 기간과 시간 내에 측정가능해야 한다는 것이다. 예를 들면 목표는 핵심결과분야를 포함시켜야 한다. 종업원 행동 또는 조직성과의 모든 측면을 포함시킬 수 있는 목표를 설정할 수는 없다. 만일 모든 성과를 포함할 수 있는 목표를 설정할 수 있다면 그것은 특정한 종업원 또는 조직의 성과를 달성할 수 없게 된다. 대신에 관리자는 선택과 명료성(choice and clarity)의 원칙에 의해 목표를 설정하여야 한다. 명확하고 분명한 목표가 설정되면 조직의 모든 역량과 자원을 집중할 수 있게 되는 것이다. 관리자는 도전적이며 현실적인 목표를 설정하여야 한다. 만일 목표가 비현실적이면 종업원

들의 도덕적 해이(moral hazard)를 가져올 뿐 아니라 목표달성의 실패를 야기시키는 결과를 초래한다. 또한 종업원들이 달성해야 할 목표가 너무 단순하고 수월하다면 종업원들은 목표달성에 필요한 도전정신과 의욕을 상실하게 된다. 목표는 보상체계와 연계하여 설정되어야 한다. 종업원들의 목표달성은 궁극적으로 종업원들의 급여, 승진, 그리고 성과급 등과 연계해서 설정하는 것이 종업원들에게 동기부여를 촉진할 수 있는 수단으로 작용될 수 있다. 종업원들은 조직내부의 공지사항과 보상체계에 관심을 기울이게 된다.

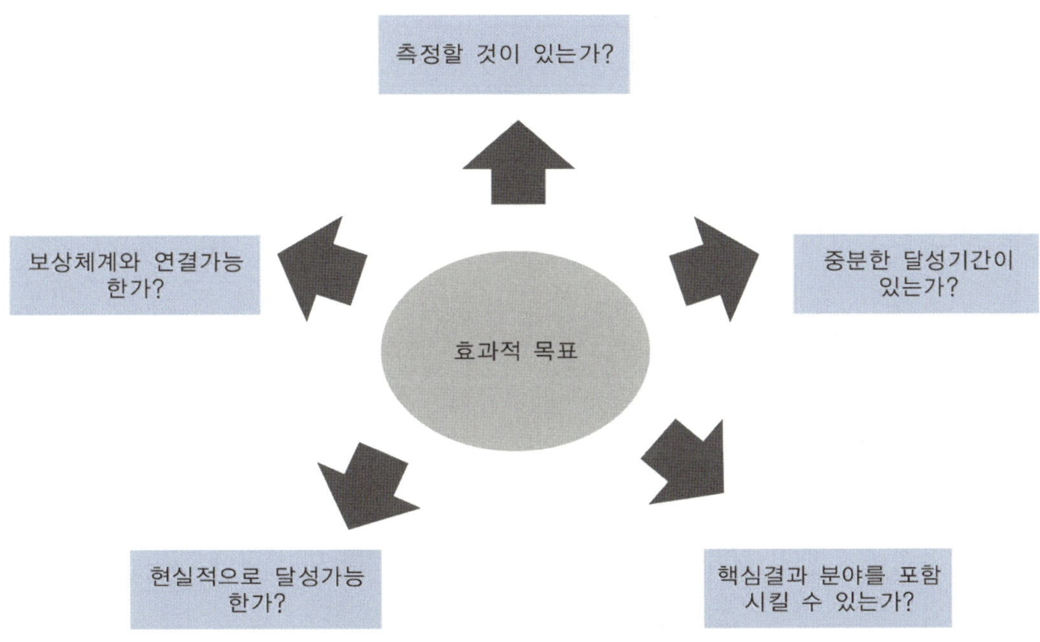

그림 5-4 효과적 목표의 특징

3.2. 목표관리(MBO)

피터 드러커가 1954년 저술한 "경영학 원론(The practice of Management)"에서 제시한 "목표관리(Management by Objective: MBO)"는 종업원들이 달성해야 할 목표를 수립하고 목표달성과정을 모니터링을 하는데 이용할 수 있는 유용한 방법을 제시하였다. 목표관리(MBO)는 관리자와 종업원들이 수행해야 할 모든 과업의 목표를 수립하는 시스템이다. 또한 종업원들이 달성한 성과를 모니터링하기 위해 사용된다. 목표관리(MBO)의 단계별 과정은 [그림 5-5]에 제시되어 있다.[3)] 목표관리 프로세스를 성공적으로 수행하기 위한 단계는 4단계로 구성되어 있다.

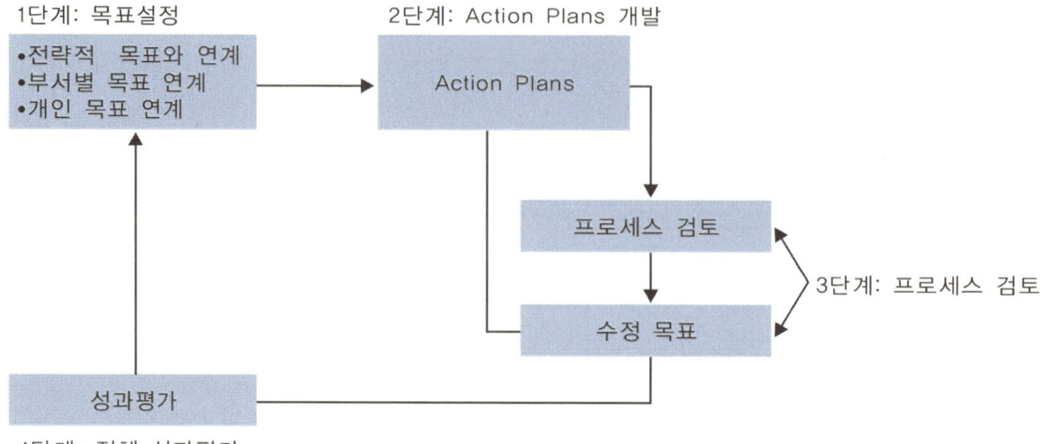

▌그림 5-5 ▌ MBO 프로세스 모델

1단계: 목표설정

조직의 모든 부서의 종업원들이 달성해야 할 목표를 수립한다. "우리가 목표를 달성하기 위해서 무엇을 해야 하는지?라는 문제에 답을 얻기 위해 일상의 업무를 검토한다. 관리자는 종업원들에게 목표달성의 동기부여와 책임감을 주어야 하기 때문에 효과적 목표 설정 기준을 준수하여야 한다. 하지만 종업원들이 달성해야 할 목표는 상호 연관되어 있기 때문에 부서간 달성목표를 고려하여야 한다. 목표설정을 하는데 있어 종업원과 감독관간의 상호협의 하에 세운 목표는 목표달성을 위한 강한 동기부여 요인으로 작용한다. 팀 단위 프로젝트의 경우에 있어서도 모든 팀 구성원을 목표설정 과정에 참여시키는 목표달성을 위해 가장 바람직하다.

2단계: 활동계획을 수립

활동계획(action plans)은 목표달성을 위하여 필요한 종업원들의 행동과정을 정의하는 것이다. 활동계획은 개별종업원과 부서에 필요한 계획이다.

3단계: 과정검토(review process)

주기적 과정검토는 진행되고 있는 활동계획을 확실하게 하기 위해 매우 중요한 과정이다. 과정검토는 관리자와 부하직원들 간의 분기별 비공식적으로 진행되는 활동이다. 주기적 점검(periodic checkup)은 관리자와 종업원들에게 목표달성을 위해 정해진 규칙과 절차를 사용하고 있는지 또는 목표를 정확히 알고 진행하는지를 알 수 있게

---

3) Muczyk, Jan P., & Reimann, Bernard C. (1989). MBO as a Complement to Effective Leadership. *The Academy of Management Executive,* 3, 131-138.

해준다. 관리자와 종업원들은 사전에 정해진 규칙과 절차에 구속받지 않으며 바람직하고 의미 있는 결과를 만들기 위해 필요한 절차와 단계를 만들 수 있다. 목표관리(MBO)의 핵심은 목표가 조직 또는 부서 그리고 개인에게 적합하지 않다면 목표를 변경할 수 있다는 것이다.

4단계: 전반적인 성과평가

목표관리의 마지막 단계는 개별 종업원과 부서가 달성한 성과를 평가하는 것이다. 목표달성의 성공과 실패(success of failure)는 성과평가시스템(the performance appraisal system)과 보상체계로 연계된다. 부서별 평가와 전체 조직의 성과는 다음 년도의 목표를 설정하는 기준으로 활용된다. 목표관리(MBO)는 년차별 목표수립 계획의 순환구조로 형성된다.

듀폰, 인텔, 삼성, LG, 현대 등과 같은 세계적인 기업들이 목표관리 기법을 사용한다. 대부분의 경영자들은 목표관리(MBO) 기법이 개별종업원, 부서 등의 목표 설정에 유용한 기법이라 인정한다.

목표관리(MBO) 기법은 여러 가지 유용한 이점을 제공한다. [그림 5-6]은 목표관리(MBO)의 이점을 나타낸 것이다.

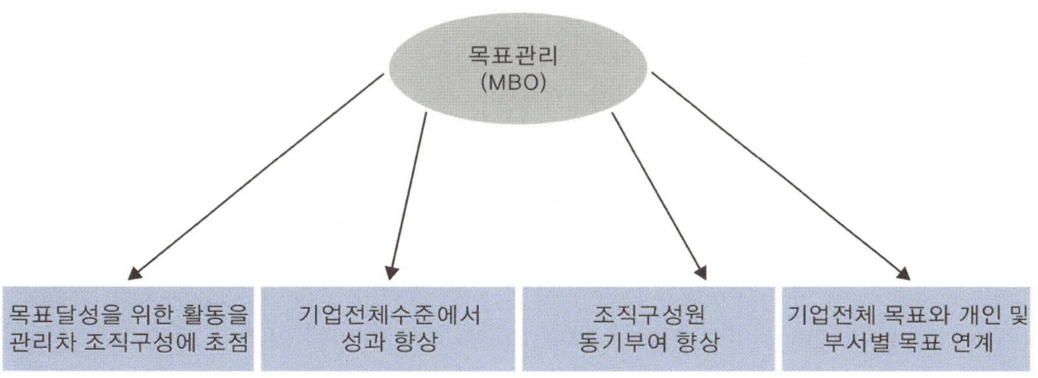

그림 5-6 MBO 이점

기업목표는 관리자와 종업원들의 열정과 노력이 동반될 때 달성될 수 있는 것이다. 목표관리와 같은 성과관리시스템은 종업원들에게 업무와 성과가 기업에 어떻게 공헌할 수 있는지를 알게 하는 것이 중요하다. 성과는 종업원들이 목표달성을 위해 그들이 업무에 집중할 때 향상되며 그들이 무언가를 성취하고자 하는 욕구가 충족될 때 동기부여되는 것이다. 일선관리자들의 목표달성은 최고경영층의 목표달성을 가능하게 한다.

하지만 목표관리(MBO)기법은 부적절하게 이용될 때 문제가 발생한다. 예를 들면, "목표"에 대한 지나친 강조는 그 자체만을 강조하게 된다. 종업원들은 잠재적 문제점들을 무시하거나 비윤리적인 측면을 목표달성을 위해서 무시하게 된다. 부가적으로 목표관리(MBO)는 독자적으로 존재하는 기법이 아니다. 목표관리는 종업원들이 목표를 효과적으로 달성할 수 있도록 인적자원을 관리하는 기법이다. 미국의 경우에는 도시 경찰청과 교육청에서 목표관리와 유사한 시스템을 적극 활용하고 있다. 목표를 달성하기 위한 방법은 성과를 달성하는 것만큼 중요하다. 최근에는 방법관리(management by means)라고 불리는 새로운 체계적 접근법이 제시되고 있다. 방법관리(MBM)는 목표달성을 위해 사용된 방법론과 프로세스의 초점에 맞추는 기법이다. 방법관리(MBM)는 Thomas Johnson이 그의 저서 "Profit beyond measures"에서 제시한 기법으로 관리자들이 정확한 방법으로 그들의 활동을 추진할 때 긍정적인 성과를 얻을 수 있다는 것에 기반을 두고 있다. 방법관리(MBM)는 목표를 달성하는 것보다는 목표를 달성하기 위한 방법에 초점을 맞춘 것이다.

하위층 관리자들은 업무에 몰입할 수 있는 을 사용해서 최고경영층과 중간경영층을 막론하고 가능한 한 많은 조직 구성원들의 참여를 통하여 목표달성의 문제를 관리적 측면에서 중점적으로 다루려고 하는 참여적 관리(參與的管理). 즉, 목표관리(MBO)란 조직의 목표설정에서부터 책임의 확정, 실적의 평가, 개인 또는 조직단위의 활동에 이르기까지 조직의 상위층과 하위층이 다 같이 참여하여 효과적으로 조직의 목표를 달성하려는 관리기법 내지 관리체계라 말할 수 있다.

오늘날 대규모 조직에서는 목표관리의 기법을 흔히 사용하고 있는데, 그 기원은 제1차 세계대전 이후 미국의 뒤퐁사(Dupont社)에서 실시한 데서 비롯된 것으로 알려져 있으며, 정부기관에 처음 도입된 것은 1970년대 초 미국의 닉슨(Nixon) 행정부였다. 그러나 목표관리의 성격이나 정신은 이미 1910년대 테일러(F. Taylor)의 과학적 관리법에서 발견되며, 그 기본 개념은 1930년대 중반 연방정부의 행정과 조직에 관한 귤릭(L. Gulick)의 연구에서도 나타나 있다. 그리고 목표관리(MBO)가 구체적인 관리기법으로 체계화된 것은 1950년대에 드러커(Peter F. Drucker)에 의해서이다.

이와 같이 오랜 기간에 걸쳐 이루어진 목표관리(MBO)가 1970년대에 이르러 비로소 미국 정부기관에 받아들여지게 된 것은 당시 채택·사용하고 있던 계획예산제도(PPBS)의 문제점을 극복할 수 있다고 생각하였기 때문이다.

그러면 목표관리에 의하여 목표를 달성할 경우, 그 관리과정이 어떻게 진행되어지는지를 살펴보기로 한다. 목표관리는 크게 구분하여 목표의 설정(setting objectives), 목표달성을 위한 과정의 추적(tracking progress), 최종 결과에 대한 평가(evaluating results)의 3단계로 진행된다.

첫 단계인 목표의 설정에서는 조직 구성원들의 참여하에 ① 주어진 기간 내에 달성해야 할 과제를 위한 최종목표·중간목표의 설정, 여러 목표들 간의 우선순위의 결정, ② 목표달성을 위한 발전계획의 수립, ③ 인력·예산·정보 등의 자원 배분(資源配分)을 다루게 된다. 둘째 단계인 과정의 추적에서는 목표추구 활동에 대한 중간평가가 있게 된다. 중간평가는 임무수행이 제대로 잘 되어 가는지를 확인하고 불충분하면 보완조치를 취하기 위해서이다. 셋째, 최종 결과에 대한 평가단계에서는 목표성취 여부를 평가하여 그 결과를 다음에 진행될 목표관리의 과정에 다시 반영하는 것이다. 이와 같이 목표관리의 과정은 정책과정 경우처럼 환류를 하게 된다.

3.3. 계획의 활용

3.3.1. Single-use Plans

단일계획(single-use plans)은 미래 반복적으로 일어나지 않는 일의 목표를 달성하기 위해 개발된 기법이다. 반면, 지속계획(standing plans)은 조직 내에서 반복적으로 일어나는 과업 또는 상황을 해결하기 위해 제시되는 가이드라인을 제공하는 반복계획인 것이다. <표 5-1>은 단일계획과 지속계획의 주요 유형을 나타낸 것이다. 단일계획은 프로그램과 프로젝트를 포함하는 계획이다. 기본적 지속계획(standing plans)은 조직정책, 규칙과 절차에 관한 계획이다. 지속계획(standing plans)은 종업원의 태만, 결근, 금연, 교육훈련, 고용, 그리고 해고와 같은 규칙과 절차가 포함된다. 대부분의 기업에서는 대중매체에 관해서는 지속계획이 필요하다는 것에 공감한다.

표 5-1 일회성 계획과 지속성 계획의 주요 유형

일회성 계획(single-Use Plans)	지속성성 계획(Standing Plans)
프로그램 • 전년도 조직목표를 유지하기 위한 프로그램 • 중장기 계획을 달성하기 위한 주요 프로그램 • 기업의 다양한 프로젝트 연계 프로그램 예: 새로운 전략기획실 신설 전년도 프로젝트 관련 문서의 디지털화	정책(Policy) • 범위의 광의 – 일반 전략수행 지침 • 기업 전체 목표/전략 계획에 기반 • 기업의 목표달성을 위한 의사결정 기준 예: 성희롱 금지 정책 인터넷과 미디어 정책
프로젝트 • 전년도 목표를 달성하기 위한 계획 설정 • 프로그램보다 범위와 복잡성 축소 • 기업전체에서 부서별 프로젝트로 축소 예: 조직구성원 사무실 분위기 개선 기업내부 인트라넷 구성	규칙(Rule) • 범위의 협의 • 특정 목표를 달성하기 위한 행동 수칙 • 특정 목표를 달성하기 위한 적용 규칙 절차(Procedure) • 표준 운영규칙 • 목표 달성을 위한 세부 규칙

4 계획(Plans)의 이점과 한계

계획과정의 유용성을 믿는 관리자들은 그 무언가를 달성하기 위해서 계획이 수반되어야 함을 확신하는 반면에 개별 종업원과 조직성과에는 어느 정도 한계점이 있다고 생각하는 사람들도 있다. 계획과정은 장점과 단점을 동시에 가지고 있다.

기존의 연구결과를 종합해 보면 계획과정은 기업의 성과에 긍정적인 영향을 미침을 알 수 있다.4)

- **목표와 계획은 종업원에게 동기부여와 몰입의 원천을 제공한다(Goals and plans provides a sources of motivation and commitment).**

계획과정은 종업원들에게 미래 발생 가능한 불확실성을 감소시키고 종업원들이 무엇을 달성해야 하는지를 명확하게 한다. 명확한 목표의 결핍은 동기부여를 감소시키고 종업원들이 수행해야 할 과업에 대한 이해력을 떨어지게 한다.

- **목표와 계획은 자원할당의 가이드라인을 제공한다(Goals and plans guides resource allocation).**

계획과정은 관리자들에게 종업원, 자본, 설비 등과 같은 자원을 적재적소에 배치할 수 있도록 하는 가이드라인을 제공한다.

- **목표와 계획과정은 활동을 위한 가이드라인을 제공한다(Goals and Plans are a guide to action).**

계획과정은 특정한 타깃에 주의를 기울이여 종업원들에게 성과를 달성할 수 있도록 방향을 제시한다.

- **목표와 계획은 확실성에 대한 불신을 만들어 낸다.**

계획은 관리자들에게 미래 실현할 수 있는 것에 대한 불안감을 조장하게 한다. 모든 계획은 하나의 가정에서 출발하게 되며 관리자들은 경쟁자, 공급자, 그리고 고객에 관해서 정확히 알지 못한다는 것이다.

---

4) Locke, E. A., & Lartham, G. P. (1990). *A Theory of Goal Setting E-Task Performance.* Englewood Cliffs, N. J.: Prentice Hall.

• **목표와 계획은 불확실한 환경에 대해 엄격한 규정을 만들 수 있는 가이드라인을 제공한다.**

특정한 목표, 계획, 그리고 시간계획이 전반적인 계획과 관련된다면 그 계획은 더 이상 적절한 계획이 될 수 없다. 끊임없이 변화하고 불확실한 환경 하에서 관리를 한다는 것은 유연성을 필요로 한다.

• **목표와 계획은 직관력과 창의성을 만들어 낸다.**

성과는 직관력과 창의성에서 나타난다. 지나친 관례적 계획은 업무수행을 방해할 뿐이다. 예를 들면, 목표관리 프로세스에서 목표설정 과정에서 종업원들은 창의적 아이디어를 제공하기보다는 관례적인 목표를 제시하는 경우가 일반적이다.

5 불확실성하의 계획

계획의 한계점을 고려한다면 경영자는 무엇을 하여야 하는가? 계획의 한계점을 통제하고 계획의 이점을 얻어낼 수 있는 한 가지 방법은 첨예하게 대립하는 경쟁구도와 급변하는 환경을 조율할 수 있는 창의적인 계획접근법을 활용하는 것이다. 이러한 접근법은 조직이 예기치 않은 아니 상상할 수 없는 일에 직면했을 때 이를 극복할 수 있도록 해주는 기법이라 할 수 있다. 즉, 상황계획접근법(contingency planning), 시나리오 접근법(building scenarios), 위기관리 계획법(crisis planning)이다.

5.1. 상황계획 접근법

조직이 상당히 높은 불확실성하에 운영될 때 또는 장기간 변화 없이 안정적으로 운영될 때 계획은 아무런 쓸모가 없는 것처럼 보일 때가 있다. 환경에 적응하지 못하는 계획은 급격한 기술적, 사회적, 경제적, 또는 다른 환경변화에 직면했을 때 조직의 성과에 도움을 주기보다는 조직의 성과를 저해하는 요인으로 작용한다. 이러한 경우 관리자는 변화하는 환경에 대처할 수 있는 복수의 대안을 마련할 필요가 있다.

상황계획(contingency plans)은 기업이 예기치 않은 상황, 계획차질 또는 비상사태에 대처할 수 있는 계획이다. 상황계획을 수립하기 위해서는 관리자는 가능한 경제침체성, 시장경기하락, 공급원가 증가, 신기술개발, 안전사고 등과 같은 중요한 요인들에 관해 규정할 필요가 있다. 관리자들은 최악의 사태에 대비해서 발생 가능한 여러 가지 상황에 대비할 수 있는 대안을 마련해야 한다. 예를 들면, 매출액 20% 하락과 가격 8% 하락이 발생한다면 기업의 관리자들이 취해야 할 대안은 무엇인가? 이런 경우 관리자는 정산표(layoffs), 위기관리예산(emergency budgets), 판매촉진 홍보 강화, 새로운 시장 개척 등을 포함하는 새로운 상황계획을 제시하여야 한다.

5.2. 시나리오 접근법(building scenarios)

시나리오 접근법은 어떤 상황이 발생했을 때 예측 가능한 상황을 설정하여 미래의 발생 가능한 사건을 예측하는 기법이다. 시나리오 접근법은 현재의 트렌드와 불확실성을 고려하여 미래의 발생 가능한 상황을 시각적으로 설정하는 것이다. 경영자는 시나리오 접근법을 통해서 과거에 발생했던 상황을 재현하는 것이 아니라 문제해결을 위한 대안과 당위성을 찾아내는 것이다. 경영자들이 직면하는 가장 어려운 상황은 이전에 경험하지 못한 일에 직면하는 것이다. 오늘날과 같이 급변하는 환경변화 속에서 경영자들이 미래의 발생 가능한 사건 또는 환경을 예측한다는 것은 그리 쉬운 일이 아니다. 경영자들이 미래의 상황을 예측할 수는 없지만 미래 발생 가능한 사건을 관리할 수 있는 상황을 연습할 수는 있다. 경영자들은 시나리오 접근법의 출발점으로 산업에 영향을 미치는 요인과 형태를 분석하기 위해 유럽의 채무문제, 아시아의 경제침체, 지구온난화현상과 같은 시나리오를 이용하기도 한다. 가상 시나리오 기법은 과거 사용되었던 시나리오를 활용하여 현재 상황을 이해하고 미래발생 가능한 상황을 예측하는 것이다. 시나리오는 미래에 어떠한 일이 발생할 것이며 경영자들은 어떠한 방법으로 대응할 것인지에 대한 대안을 제시해 주는 것이다. 경영자들이 선택할 수 있는 시나리오는 최선의 결과를 가져올 수 있는 긍정적 시나리오(optimistic scenarios)와 최악의 결과를 가져올 수 있는 비관적 시나리오(pessimistic scenarios)를 이용하여 대안을 선택하게 된다. 이는 미래 발생 가능한 사건을 예측하는데 있어 반드시 경영자가 고려해야 할 대안의 선택이다.

5.3. 위기관리 계획

많은 기업의 경영자들은 예기치 않은 상황에 대처하기 위해 위기관리 계획(crisis planning) 시스템을 채택하고 있다. 특히 대한항공과 아시아나항공과 같은 항공사들은 위기관리계획 시스템 구축에 많은 예산을 투여하고 있다. 항공사는 잠재적으로 발생

가능한 재난에 유연하게 대처할 수 있는 조직이 아니다. 위기는 조직환경에서 발생할 수 있는 전형적인 특징인 것이다. 미국 동부 해안의 허리케인, 일본의 쓰나미와 원전사고 그리고 북유럽의 오로라에서 발생한 오존층 파괴현상 등이 위기 현상에 해당한다. 이와 같은 위기현상은 매우 다양하지만 체계적으로 수립된 위기관리 계획 시스템을 구축하고 있다면 발생한 재난에 대비할 수 있다.

5.3.1. 위기예방(crisis prevention)

경영자들은 발생 가능한 위기상황을 극복할 수 있도록 기업의 모든 역량을 사용하여 예방하여야 하며, 잠재적으로 발생 가능한 위기상황에 대한 징후를 탐지하여야 한다. 예방단계(the prevention stage)의 핵심은 종업원, 고객, 공급업자, 정부, 노조 그리고 지역사회와 같은 이해관계자 집단과의 개방형, 신뢰관계를 구축하는 것이다. 이해관계자 집단과의 우호적 관계를 구축함으로써 경영자는 기업이 처한 위기상황을 슬기롭게 대처할 수 있는 방안을 마련할 수 있게 된다. 예를 들면 종업원과 노조 등과 개방형, 신뢰관계를 형성한 기업은 노조파업의 위기를 슬기롭게 극복할 수 있게 된다.

5.3.2. 위기관리준비(Crisis preparation)

위기관리준비 단계(Crisis preparation)는 위기상황이 발생했을 때 위기를 관리하고 조절할 수 있는 세부계획을 수립하는 것이다. 위기관리준비 단계는 ① 위기관리팀(a crisis management team)을 구성 ② 세부 위기관리 계획을 수립 ③ 효과적인 의사소통 시스템을 구축하는 것과 관련된 3단계로 구성된다. 예를 들면 위기관리팀(a crisis management team)은 발생한 위기상황을 잘 관리할 수 있도록 각 부서의 유능사원으로 구성된다. 또한 위기상황을 대내외적으로 홍보하기 위한 공보관을 두는 것이 바람직하다. 위기관리계획(crisis management plan)은 발생 가능한 의기상황 유형별로 상세하게 수립되어야 한다. 예를 들면, 화재, 지진과 같은 자연재해와 경제침체상황, 산업재해, 제품과 서비스 실패 등과 같은 일반적 재해, 그리고 제품변경, 테러행위 등과 비정상적 재해 등과 같이 유형별 위기상황 시나리오를 준비하여야 한다.

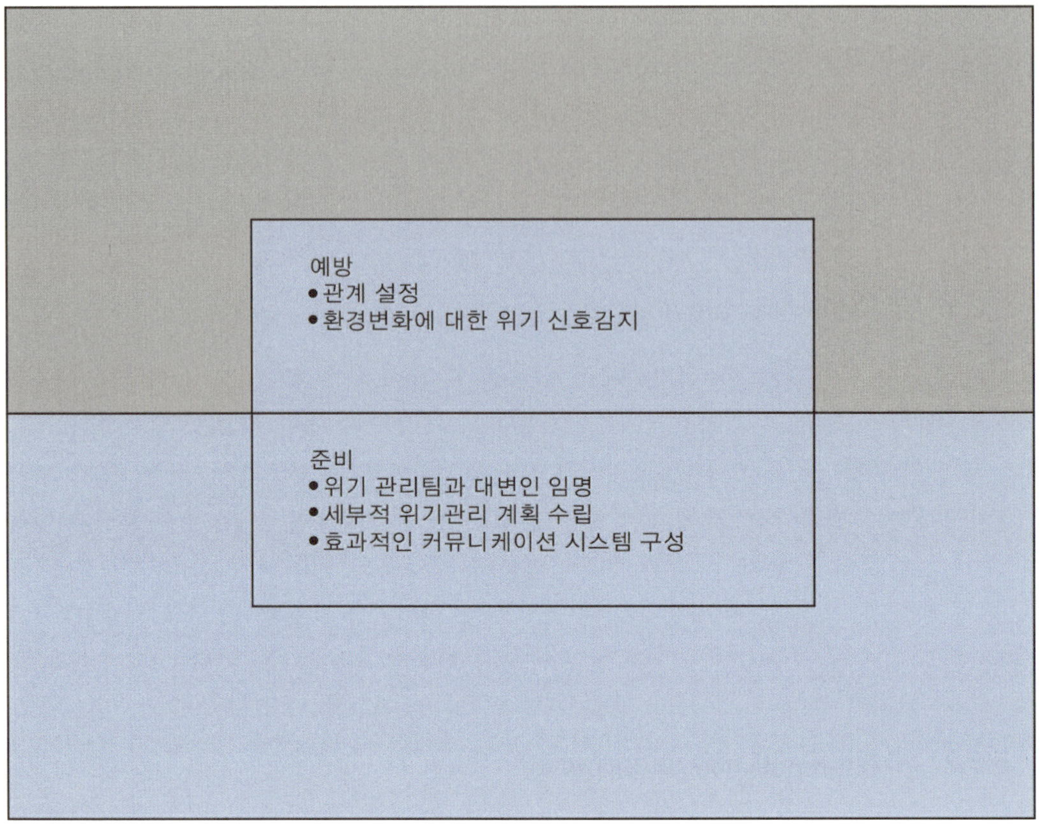

▌그림 5-7 ▌ 위기관리 기획의 주요 단계

위키피디아 사례 | 환경변화의 발상 전환

위키피디아의 설립자 지미웨일스는 "위키피디아"를 시작하기 전인 1996년 시카고 선물거래소에서 일할 때 직장인들이 점심을 밖에 나가서 사먹는 게 비효율적으로 보여 온라인 음식주문 사이트를 열었지만 실패했다. 그러나 포기하지 않고 "3APS"라는 검색사이트를 만들어 검색결과에 붙은 광고를 클릭하면 광고료를 받는 모델로 만들었으나 또 실패하였다. 2001년에 만든 위키피디아도 처음에는 성공 여부를 가늠하기 힘들었다. 하지만 그가 겪었던 실패 경험들은 그를 단단하게 만들어 주었고 3APS에서 광고료를 받는 모델로 실패했으니 위키피디아에서는 아예 광고를 없애고 소액의 기부금을 받는 형식으로 모델화 하였다. 그 결과 현재 위키피디아에는 지금 260개의 언어로 약 20만 개의 전문지식이 공유되고 있다. 지식을 공짜로 제공하겠다는 역발상이 오히려 도움이 된 것이다.

WIKIPEDIA
The Free Encyclopedia

연습문제

01 기업미션과 기업 선언문의 관계에 대해서 논의하여 보자.

02 목표관리(MBO)의 구체적 사례를 조사하여 논의하여 보자.

03 단일계획(single-use plan)과 지속계획(standing-use plan)의 차이점을 구체적인 사례를 들어 논의하여 보자.

04 급변하는 환경변화에 적응할 수 있는 위기관리 기법에 대해서 논의하여 보자.

제 6 장 전략 구축과 실행

요약

기업은 생존하기 위해 끊임없이 변화와 성장을 추구해야 한다. 기업을 둘러싼 환경은 변화한다. 변화에 적응하지 못하면 기업은 성장을 멈추거나 도태되어 버린다. 변화에 적응하고 성장하기 위해서는 무엇이 필요한가? 본 장에서는 기업성장과 자원의 효율적 활용을 위한 기업전략 구축과 경영자가 전략을 어떻게 실행하며 평가해야 하는지에 대해 설명하고자 한다. 우선, 전략의 개념적 정의에서 목적과 전략의 수준에 대해서 살펴보고자 한다. 전략적 사고과정을 통해 기업의 성장과 발전을 위한 장기계획 수립과정의 필요성을 설명하고, 기업의 현재 상태를 진단·분석할 수 있는 SWOT분석의 유용성을 살펴본다. 기업 전략의 구축과 실행은 3가지 수준에서 수립·실행된다.

첫째, 기업수준전략(Corporate-level strategy)은 기업실체를 구성하는 사업단위와 제품라인 등을 포함하는 "전체" 부분의 전략을 포함한다. 기업단위수준의 전략적 경영활동 새로운 시장 개척, 기업합병, 생산시설 신설, 제품라인 추가 등과 관련되는 경영활동 전략이다. 둘째, 사업단위수준전략이다. 전략경영자는 "우리는 경쟁사와 어떻게 경쟁할 것인가?"와 같은 것이다. 기업의 사업단위수준 전략은 기업의 사업단위 또는 제품라인 전략과 관계되며, 사업단위수준의 전략적 의사결정은 광고, 연구개발의 범위와 방향, 제품변경, 신제품개발, 시설과 장비등과 관련되는 의사결정을 하는 것이다. 셋째, 기능단위수준전략은 운영관리자 및 일선관리자들이 "우리는 사업단위수준 전략을 어떻게 지원해야 하는가?"라는 질문을 한다. 기능단위수준전략은 사업단위 내의 주요 기능적 업무수행과 관련된 절차와 규칙 등을 포함한다. 기능단위수준전략은 재무, 연구개발, 마케팅, 제조 등과 활동과 관련되는 부분을 설명한다.

세상의 시장은 하나로 변하고 있다. 기업은 과연 어떤 변화를 추구해야 하는지에 대한 전략으로 글로벌 전략의 필요성과 프로세스를 설명한다.

• 주저자: 권영식교수, 한양대학교 경상대학 경영학과, E-mail: cooljune22@naver.com

제6장 ▌ 전략 구축과 실행

1 전략이란 무엇인가?

베스트 바이(best Buy)는 1990년대 말에서부터 2000년 초기까지 가장 잘 나가는 기업 중의 하나였다. 베스트 바이의 급성장 원동력은 판매전략에 있다. 예를 들면, GPS(global positioning satellite) 시스템, 컴퓨터, 텔레비전, DVD 그리고 디지털 카메라와 같은 전자제품 등의 제품판매를 위한 판매전략에 있다. 하지만 온라인을 통한 인터넷 구매, 스트리밍 뮤직의 활용 등과 같은 새로운 디바이스 출현 등의 첨단기술의 발달로 인한 경쟁환경의 급속한 변화는 베스트 바이의 경쟁적 강점을 둔화시키는 요인으로 작용하였다. 이를 극복하기 위해 베스트 바이는 새로운 판매전략을 수립하고 소매점 위주의 점포망 확충과 다양한 전자제품을 시장에 출시하고, 대규모 매장에 "shop in shop"을 도입하여 다른 소매업자에게 재임대하는 전략을 사용하고 있다. 모든 기업은 전략(strategy)에 관심을 가지고 있다. 패스트푸드 산업의 경우, 맥도날드는 소비자들의 입맛을 바꾸기 위해 새로운 피자 조리법을 공개적으로 광고하는 전략을 사용한다. 맥도날드의 성공전략은 맥카페에서 뜨거운 커피와 아이스 커피, 스낵류, 간식 디저트, 그리고 건강식 제품을 판매하는 전략을 도입하여 성공을 거두었다. 기업의 추구하는 전략의 실패는 기업발전에 치명적인 손실을 끼치게 된다. 예를 들면, 아날로그 필름에서 디지털 필름으로 사업전략 방향을 모색하지 못한 Kodak사는 여전히 침체의 늪에 빠져있다. 정치, 경제, 문화 그리고 소비자 트렌드 변화에 따른 기업전략의 변화는 기업의 장·단기 발전에 중요한 영향을 미친다. 기업이 환경변화에 적응할 수 있는 전략을 시기적절하게 수립하지 못한다면 결국 기업은 첨예한 경쟁환경에서 도태하게 되는 것이다.

본장에서는 기업이 환경변화에 대응할 수 있는 전략관리(strategic management)를 설명하고자 한다. 첫째, 전략관리의 요소가 무엇인지를 설명하고 전략의 목적과 수준을 설명하고자 한다. 둘째, 그리고 기업단위수준(corporate-level), 사업단위수준(business-level), 부서단위수준(function-level)에서 전략구축모델을 설명하고자 한다. 마지막으로 경영자가 전략계획을 실행하기 위한 기법에 대해서 설명하고자 한다.

이케아 사례 | **문화차이 극복**

해외진출시 가장 고려해야할 부분은 모두가 알다시피 각 나라마다의 문화차이이다. 그렇다면 이케아는 해외진출시 모든 나라의 문화차이를 고려해서 현재의 모습을 갖출 수 있었을까? 이케아가 해외진출을 처음 택한 나라는 미국이다. 미국 진출 초기에 이케아는 실패를 겪었는데 그 이유가 미국과의 문화차이를 인식하지 못한 탓이다. 제품 규격의 표기 방식, 미국인에 맞는 제품 크기 등을 고려하지 않았다. 문화적 차이를 고려하여 사소한 생활 패턴까지 조사하고 이를 제품에 반영하여 변경한 결과 미국에서 이케아는 미국에서 안정적으로 자리를 잡게 되었다. 이후 이케아가 외국에 진출할 때 시장조사는 이케아 계획의 중심이 되었다. 시장조사를 바탕으로 알게 된 지역별 문화적 특성 데이터를 이케아 카탈로그나 매장 내 쇼룸 배치에 적극적으로 적용함으로써 소비자들에게 다가간다.

즉, 이케아는 가장 저렴한 가격으로 소비자에게 꼭 맞는 제품을 제공함으로써 가구 공룡이라는 타이틀을 유지해 나가고 있다.

1.1. 전략적으로 생각하기(Thinking Strategically)

전략적으로 생각한다는 무엇을 의미하는 것일까? 전략적 사고는 기업과 경쟁적 환경을 포함해서 장기적 관점의 방향설정을 의미하는 것이다. 전략적 사고는 영리단체와 비영리단체 모두에게 중요한 개념이다. 영리기업의 경우, 전략계획은 시장에서 경쟁적 행동과 관련된다. 적십자와 구세군과 같은 비영리단체의 경우, 전략계획은 외부 환경에서의 실행하는 이벤트 계획과 관련된다. 전략적 사고와 계획은 기업성과에 지대한 영향을 미친다.[1] Mckinsey의 설문조사에 의하면 대부분의 경영자들은 전략계획의 중요성을 인식하고 있다는 것이다. 설문조사결과, 기업의 공식적 전략계획과정이 있다고 응답한 CEO는 기업의 전략개발과정에 20%만이 불만을 나타낸 반면 기업 자체 공식적 전략계획과정이 없다고 응답한 51%의 CEO는 기업의 전략개발에 불만을 나타냈다. 성공기업의 CEO는 전략적 사고와 계획을 한다. 성공기업을 만들기 위해서 CEO는 전략을 수립하고 지원하는데 따는 상쇄관계(trade-off)와 선택을 해야만 한다. 하지만 기업의 핵심 역할을 수행하는 중견관리자들은 하위관리자들이 업무수행에 있어 전략적 사고를 하기를 원한다. 전략개념(strategy concept)과 전략수준(levels of strategy)을 이해한다는 것은 전략적 사고를 하기 위한 첫걸음인 것이다.

1.2. 전략관리란 무엇인가?(What Is Strategic Management?)

전략관리(strategic management)란 기업이 조직목적을 달성하기 위해 환경과 상호작용하여 최선의 전략적 대안을 수립하고 실행하기 위한 의사결정과 활동이다. 경영자들은 종종 다음과 같은 질문을 하곤 한다. 경쟁환경에서 발생하는 변화와 트렌드는 무엇인가?; 경쟁자는 누구이며, 경쟁자의 강점과 약점은 무엇인가?; 우리의 고객은 누구인가?; 우리가 소비자에게 제공하는 제품과 서비스는 무엇인가?; 소비자들에게 가장 효율적인 방법으로 제품과 서비스를 전달할 수 있을까?; 등과 같은 수많은 질문을 하고 이에 대한 해답을 찾으려고 한다. 뛰어난 조직성과는 결핍의 문제가 아니라 경영자가 환경과 어떻게 상호작용하면서 전략을 만들어 내느냐에 달려 있는 것이다.

1.2.1. 전략의 목적

전략관리의 첫 번째 단계는 명확하게 전략을 정의하는 것이다. 즉 환경변화에 대처할 수 있는 자원할당과 활동, 경쟁적 이점, 그리고 기업의 목적을 달성할 수 있는 활동계획을 수립하는 것이다. 경쟁적 이점은 시장에서 다른 경쟁자와 비교해서 소비자의 욕구와 기호에 부합할 수 있는 독특한 무엇인가를 제공할 수 있는 능력이다. 전략구축의 본질은 기업이 경쟁사와 비교해서 차별화된 방법을 선택하기 위한 것이다. 경영자는 기업이 경쟁사와 차별적인 전략을 실행할 것인지? 아니면 유사한 전략을 실행할 것인지? 에 대한 의사결정을 하여야 한다. 전략은 환경조건에 적응하기 위해 시간의 흐름에 따라 변화한다. [그림 6-1]은 기업의 전략개발에 영향을 미치는 4가지 요소

1) Miller, Chet, & Cardinal, Laura B. (1994). Strategic Planning and Firm Performance: A Synthesis of More than Two Decades of Research. *Academy of Management Journal,* 37(6), 1646-1665.

인 목표고객, 핵심역량, 가치창출, 시너지 효과 달성 등을 나타낸 것이다.

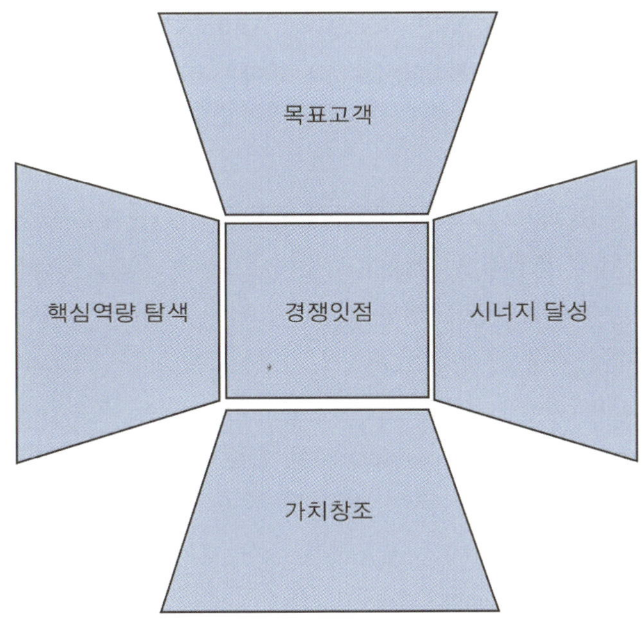

그림 6-1 경쟁 이점의 요소

1.2.1.1. 목표고객

효과적인 전략은 목표고객을 정하고 목표고객이 원하는 제품과 서비스를 제공한다. 경영자는 시장세분화 전략을 통해 인구통계학적으로 목표고객을 설정하여야 한다. 즉 자사의 판매 제품과 서비스를 기준으로 특정 고객을 설정하여야 한다. Southwest Airlines사는 장거리를 이동하는 사람들이 저렴하고 편안한 항공편을 선호한다는 사실을 알고 저가항공편을 출시하면서 장거리 이동 고객을 목표고객을 설정하고 마케팅전략을 수립하였다. 또한 Volvo사는 중국시장을 개척하면서 브랜드 명성, 편안함과 승차감을 선호하는 고객에서 명품 자동차를 선호하는 고객으로 목표고객을 설정하고 공격적인 마케팅전략을 수립하였다. Volvo사는 중국과 다른 국가에서 부유층을 대상으로 공격적 마케팅전략으로 새로운 시장을 개척하였다.

1.2.1.2. 핵심역량(Core Competence)

기업의 핵심역량은 기업이 경쟁사와 대비해서 특별한 무엇인가를 잘할 수 있는 차별화된 능력을 보유하고 있는 것이다. 기업의 핵심역량은 경쟁사가 가질 수 없는 차별화된 핵심기술 또는 능력을 보유하고 있는 것이기 때문에 경쟁적 이점으로 나타난다.[2] 기업의 핵심역량은 우수한 연구개발능력, 전문가 기술 노하우, 프로세스 효율성 등의 분야가 될 수 있다. 예를 들면, Southwest Airlines사는 운영비 절감을 위한 항공사 운영효율성의 핵심역량에 초점을 맞추고 있다.

1.2.1.3. 시너지 달성

단일 부서의 활동 성과보다 조직간 부서의 활동이 연관관계를 맺을 때 발생하는 결합효과가 크면 시너지 효과가 발생했다고 한다. 기업은 원가, 시장점유율, 기술 또는 관리기술등의 관점에서 특별한 이점을 얻을 수 있다. 시너지 효과는 기존 자원을 활용해서 새로운 부가가치를 달성하는 효과를 가진다. 예를 들면 Kraft사가 제품시장 확장을 목적으로 Cadbury사의 유통망 구조를 활용하기 위해 흡수합병한 경우를 들 수 있다. 또한 Oracles사의 Sun Microsystem사를 흡수합병한 예에서도 찾아볼 수 있다. 시너지효과는 기업간 좋은 관계에서도 발생할 수 있다. Coinstar사는 영화관람객에게 보다 신선하고 질 좋은 원두커피를 제공하기 위한 자판기 설치사업을 위해 Starbucks와 제휴관계를 맺고 서비스를 제공한다.

1.2.1.4. 가치 전달

전략의 핵심은 소비자에게 핵심 가치를 전달하는 것이다. 가치는 소비자가 지불한 화폐가치 대비 소비자를 얻을 수 있는 혜택의 조합으로 나타낼 수 있다. 경영자는 기업의 핵심역량을 창출할 있는 전략을 구축하여야 하며 이를 바탕으로 시너지효과를 만들어 낼 수 있어야 한다. Starbucks는 무료식음권이 아닌 현금과 동일하게 사용할 수 있는 Starbuck 선물카드를 도입하여 소비자들에게 기업의 가치를 전달하고 있다. 또한 Amazon은 기업의 핵심역량을 개발하고 시너지를 구축하여 목표고객들에게 기업의 가치를 전달하기 위한 전략을 구축하고 있다.

1.2.2. 전략의 수준

기업발전을 위한 전략을 개발하면 경영자는 개발된 전략을 어떻게 기업의 각 부서에 적용할 것인지를 결정해야 한다. 전략관리의 또 다른 측면은 전략문제를 적용할 수 있는 조직수준과 관계된다. 일반적으로 전략경영자는 전략의 세 가지 수준에서 전략을 고려한다. 전략수준 단위는 [그림 6-2]에 표시되어 있다.

---

2) Thompson, Jr., Arthur A., & Strickland, III, A. J. (1992). *Strategic Management: Concepts and Cases* (6th ed.). Homewood, IL: Iwin.

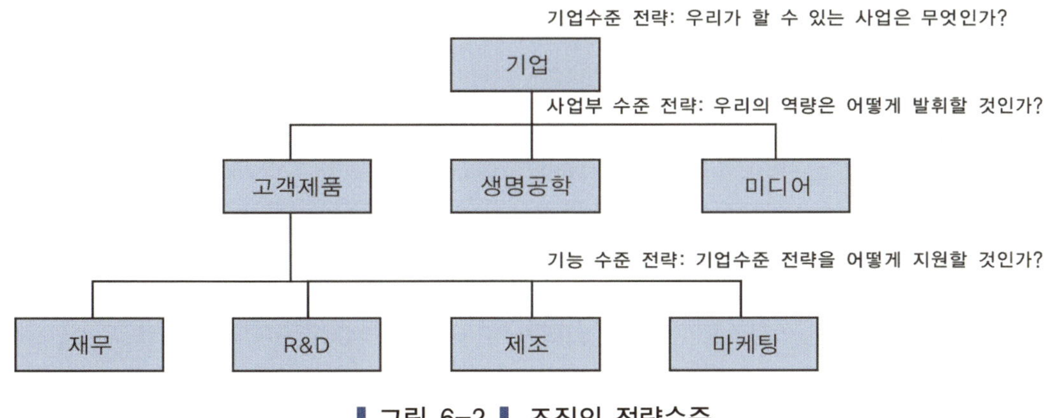

▌그림 6-2 ▌ 조직의 전략수준

1.2.2.1. 기업수준전략(Corporate-level strategy)

기업수준전략을 고려할 때 전략경영자는 "우리가 하고자 하는 사업단위는 무엇인가?"와 같은 질문을 하곤 한다. 기업수준전략(Corporate-level strategy)은 기업실체를 구성하는 사업단위와 제품라인 등을 포함하는 "전체" 부분의 전략을 포함한다. 기업단위수준의 전략적 경영활동 새로운 시장 개척, 기업합병, 생산시설 신설, 제품라인 추가 등과 관련되는 경영활동 전략이다. 예를 들면, BBQ가 ㈜퍼스트프랜차이즈, 마루F&C, 인더키친 등 10개의 중소 프랜차이즈 회사와 제휴를 맺고 프랜차이즈 인큐베이팅 사업을 시작한 것이다.

1.2.2.2. 사업단위수준전략(Business-level strategy)

사업단위수준전략을 고려할 때 전략경영자는 "우리는 경쟁사와 어떻게 경쟁할 것인가?"와 같은 질문을 하곤 한다. 기업의 사업단위수준전략은 기업의 사업단위 또는 제품라인 전략과 관계된다. 사업단위수준의 전략적 의사결정은 광고, 연구개발의 범위와 방향, 제품변경, 신제품개발, 시설과 장비등과 관련되는 의사결정을 하는 것이다. 예를 들면, BBQ가 인큐베이팅 사업을 시작하면서 제휴사와 더불어 공동구매, 공동물류, 공동마케팅, 가맹점 교육, 가맹점 개설 영업, 광고 및 홍보, 구매와 물류, 가맹점 운영과 관리, 메뉴와 조리법 개발, BI 및 인테리어 기획, 점포 공사 등의 지원방식을 결정하는 것이다.

1.2.2.3. 기능단위수준전략(Functional-level strategy)

기능단위수준전략을 고려할 때 일선관리자는 "우리는 사업단위수준전략을 어떻게 지원해야 하는가?"라는 질문을 하곤 한다. 기능단위수준전략은 사업단위 내의 주요 기능적 업무수행과 관련된 절차와 규칙 등을 포함한다. 기능단위수준 전략은 재무, 연구개발, 마케팅, 제조 등과 활동과 관련된다. Gap의 마케팅 부서 기능단위수준 전략요소 중 하나가 목표고객에게 모바일 기기 사용법을 홍보하는 것으로 마케팅 부서는 고객이 Gap 매장 근처에 접근했을 때 Gap 어플을 사용할 수 있도록 지원하는 것이다.

2 전략관리 프로세스(The Strategic Management Process)

전략관리 프로세스(The Strategic Management Process)는 [그림 6-3]에 표시하였다. 기업의 CEO는 기업미션, 목적 그리고 전략들을 고려하여 기업의 현재 경쟁적 위치를 평가하게 된다. CEO는 기업의 내부와 외부 환경을 고려하여 실행 전략을 개발하고 경영활동에 적용하게 된다. 하지만 기업의 둘러싼 내·외부 환경변화는 기업미션과 목적을 변경하게 하거나 기업수준, 사업단위수준, 기능단위수준에서 새로운 전략을 모색하도록 하게 한다. 기업미션과 목적을 달성하기 위한 기업의 역량을 변경시키는 요인은 기업이 현재 실행하고 있는 전략적 문제와 관련이 있다. 급격한 환경변화와 첨예한 경쟁관계 속에서 경영자는 변화를 필요로 하는 전략 문제에 관해 세심한 주의를 기울여야 한다. 전략관리 프로세스(The Strategic Management Process)의 마지막 단계는 [그림 6-3]에 표시된 것처럼 "전략의 실행"이다.

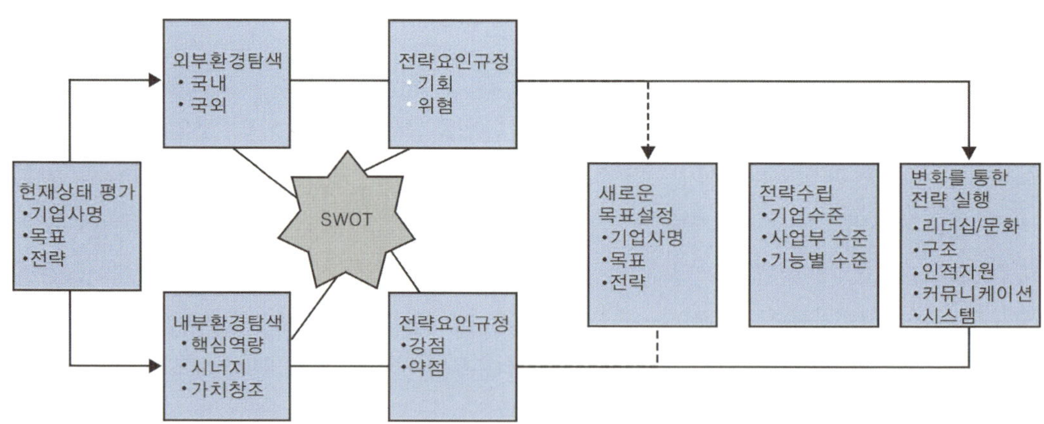

▌그림 6-3 ▌ 전략관리 프로세스

2.1. 전략수립과 실행

전략수립(strategy formulation)은 기업목적의 설정과 특별한 전략적 계획 수립을 이끌어 낼 수 있는 기획(planning)과 의사결정(decision making)과 관련된다. 전략수립(strategy formulation)은 전략적 문제를 확인하기 위한 외부환경과 내부문제를 평가하는 것을 포함한다. 기업의 내·외부 환경과 문제를 평가하는 과정은 전략실행(strategy execution)과 대비되는 과정이다. 전략실행(strategy execution)은 전략적 목적을 달성하기 위해 기업이 보유한 자원분배에 대한 관리적이고 조직적인 도구라고 할 수 있다. 전략실행은 관리(administration)와 전략계획의 실행이다. 경영자는 수립된 전략이 올바르게 실행될 수 있도록 조직구조 변화, 이해관계자 설득, 새로운 보상시스템 등을 사용하여야 한다.

2.2. SWOT 분석

기업의 경쟁력 확보를 위해 경영자가 전략을 수립하기 위해서는 내·외부 환경, 보유자원, 기업의 구조적 문제를 이해하여야 한다. SWOT 분석은 기업 성과에 영향을 미치는 강점, 약점, 기회, 위협요인의 평가하는 것이다. CEO는 소비자, 정부간행물, 전문저널, 공급업자, 금융관계자, 컨설턴트, 학회 등과 같은 다양한 경로를 통해서 기업에 영향을 미치는 기회요인과 위협요인에 관한 외부 정보를 수집해야 한다. 또한 CEO는 회계장부, 재무비율, 손익계산서, 그리고 종업원 근무태도와 만족 조사 보고서 등과 같은 자료를 통해 기업의 내부 강점과 약점에 관한 정보를 수집하여야 한다. 더불어 CEO는 기업 내 모든 계층의 임원진과 종업원들과의 일대일 면담, 회의, 대화를 통해 기업의 강점과 약점을 파악할 필요가 있다.

2.2.1. 내부강점과 약점(Internal Strengths and Weaknesses)

내부강점(the internal Strength Factors)은 기업이 전략적 성과 목적을 달성할 수 있도록 하는 긍정적 내부특성(positive internal characteristics)이다. 내부약점(the internal Weakness Factors)은 기업성과 달성을 저해하거나 제약하는 내부특성이라 할 수 있다. 경영자는 [그림 6-4]와 같이 점검표를 활용하여 내부강점과 약점을 평가할 수 있다. 경영자는 마케팅, 재무, 생산 그리고 연구개발 등과 특별한 기능부서의 내부 감사를 통해 성과를 평가할 수 있다. 기업 내부의 강점과 약점의 분석은 전체 조직 구조, 관리능력 그리고 품질관리와 인적자원 관리 특성을 평가할 수 있다. 기업 내부의 강점과 약점 분석을 통해 경영자는 경쟁사 대비 자사의 강점과 약점을 결정할 수 있는 것이다.

관리와조직	마케팅	인적자원관리
• 관리품질 • 임원진 능력 • 집중화의 정도 • 조직 흐름도 • 기획 정보 • 통제시스템	• 유통 • 시장점유률 • 관고효율성 • 고객만족 • 제품품질 • 서비스명성 • 판매원 이직률	• 종업원 숙련도 • 교육 • 노조 • 이직률, 결근률 • 종업원 만족도 • 종업원 불만정도
재무	**생산**	**R&D**
• 순이익 • 부채자본비율 • 재고비율 • 수익률 • 신용평가률	• 위치, 자원보유 • 생산설비 노후화 • 구매시스템 • 품질관리 • 생산성/효율성	• 기초 기술 능력 • 연구/개발부서 • 연구 프로그램 • 신제품 혁신 • 기술혁신

▌그림 6-4▐ 조직의 강점과 약점 평가 체크 리스트

2.2.2. 외부기회와 위협(External Opportunities and Threats)

위협요인은 기업의 전략목표를 달성하는데 저해요인으로 작용하는 외부환경의 특성들이다. 예를 들면, Microsoft 사의 위협요인 중 한 가지는 인터넷을 통해 거래되는 값싼 소프트웨어 제품들의 시장잠식 현상이라 할 수 있다. 기회요인(opportunities factors)은 기업의 전략목적을 달성하거나 초과 달성할 수 있도록 도울 수 있는 잠재 가능성이 있는 외부환경의 특성이라고 할 수 있다. 예를 들면, 최근 미국 자동차 시장에서 발생한 일련의 사태로 도요타 자동차에 대한 성능문제, 안전성 문제, 그리고 여론관계의 악화로 인해 대부분의 미국 소비자들이 미국 자동차 회사의 제품을 선호하는 계기를 들 수 있다. 경영자들은 정치, 경제, 사회문화, 역사 모든 분야에 근거해 외부환경 요인을 평가해야 한다.

기업의 강점, 약점, 기회, 그리고 위협요인을 분석하고 평가하기 위해서는 기업의 전략행동에 영향을 미치는 과업환경과 일반환경을 이해할 필요가 있다.

과업환경 영역에는 경쟁기업의 활동, 소비자의 반응, 그리고 노사관계 등을 포함되며 전략적 행동과 가장 밀접한 관련성을 갖는다. 일반환경은 기업이 추구하는 과업환경과는 직접적인 관련성을 가지고 있지 않지만 기업의 전략행동을 위해서는 반드시 이해해야 한다. 기술발전, 정치경제, 사회문화, 자연환경 그리고 다국적 관계, 사회문화적 변화 등이 포함된다.

2.3. 사업부 단위 수준 전략

사업부 단위 수준 전략을 이해하기 위한 접근법에는 포트폴리오 전략(portfolio strategy), BCG Matrix 그리고 다각화 전략이 있다.

2.3.1. 포트폴리오 전략(portfolio strategy)

개인 투자자들은 자신의 보유 자산을 투자하는데 있어 위험과 수익률을 고려하여 분산투자하기 원한다. 예를 들면, 자신의 보유자산을 고수익-고위험 주식, 저수익-저위험 주식 그리고 성장주(growth stocks), 그리고 금융관련 주식 등과 같이 여러 가지 종목에 분산투자하는 것이다. 이와 마찬가지로 기업도 전략적 사업단위(strategic business unit; SBUs)라 불리는 사업단위별로 기업 자산을 분산투자하기를 원한다. 전략적 사업단위는 독특한 사업미션, 제품라인, 경쟁자 그리고 시장을 대상으로 한다. 기업의 CEO는 경쟁기업의 전략적 사업단위와 비교해서 자사의 전략적 사업단위 SBUs)를 운영하여야 한다. 포트폴리오 전략(portfolio strategy)은 시너지 효과와 경쟁적 이점을 얻을 수 있도록 사업단위와 제품라인의 조합이 필요하다. 시너지효과 경쟁적 이점을 동시에 획득할 수 있는 포트폴리오 전략의 예는 의료·보험산업에서 찾아 볼 수 있다.

2.3.2. BCG Matrix

BCG Matrix는 Boston Consulting Group에 의해 1970년 개발된 기업 전략 분석도구로 포트폴리오 전략(portfolio strategy) 분석기법이다.

BCG Matrix는 기업 보유자원의 투입과 산출 측면에서 현재 기업이 운영하고 있는 사업단위의 환경상황을 파악·분석하여 운영 사업단위의 새로운 전략 설정을 위한 분석도구이다.[3)]

BCG Matrix는 성장-점유율 매트릭스(growth-share matrix)'라고도 하며 사업을 상대적 시장점유율(Relative Market Share)과 사업성장율(Business Growth Rate)을 기준으로 4가지로 분류했다.

3) Thompson, Jr., Arthur A., & Strickland, III, A. J. (1992). *Strategic Management: Concepts and Cases* (6th ed.). Homewood, IL: Iwin; Shanklin, William L., & Ryans, Jr., John K. (1981). Is the International Cash Cow Really a Prize Heifer? *Business Horizons,* 24, 10-16.

즉, X축을 '상대적 시장점유율(Relative Market Share)'로 하고, Y축을 '시장성장률(Business Growth Rate)'로 하여, 미래가 불투명한 사업을 물음표(Question Mark)로 분류하고 미래 성장가능 사업 등이 이에 속하며 사용 가능 전략은 새로운 다각화 사업 전략, 상대적 시장점유율과 사업 성장성이 모두 좋은 사업을 별(Star), 사업성장률은 낮은 반면 상대적 시장점유율이 높고 투자에 비해 수익이 월등한 사업을 젖소(Cash Cow), 점유율과 성장률 둘 다 낮은 사업을 개(Dog)로 구분했다.

BCG Matrix는 산업을 사업단위로 구분하여 사업의 특성을 단순화, 유형화하여 사업단위의 미래 방향을 어떻게 할지를 명확하게 판단할 수 있게 하지만, 사업의 평가요소가 상대적 시장점유율과 시장성장률뿐이어서 외부환경요인 영향 정도를 간과했다는 점과 단순화의 오류에 빠지기 쉽다는 단점이 있다.

- 별(star) 사업단위: 급격하게 성장하는 산업군에서 상대적 시장점유율이 큰 사업단위이다. 성숙기에 속하는 사업단위이지만 이 분면에 속한 사업단위는 추가적인 성장 가능성이 있기 때문에 지속적인 투자가 필요한 사업단위이다.
- 젖소(Cash Cow) 사업단위: 성숙기에 속하는 사업단위이다. 사업단위의 성장가능성은 낮지만 상대적 시장점유율은 매우 높은 사업단위이다. 이 분면에 속한 사업단위는 대규모 광고와 설비투자가 필요 없기 때문에 기업의 순현금 흐름의 원천이기도 하다.
- 물음표(Question Mark) 사업단위: 신규사업 또는 급속하게 성장하는 산업군에 속하지만 상대적으로 시장점유율은 낮은 사업단위이다. 물음표 사업단위는 잠재적 리스크를 내포하고 있는 사업단위이다. 이 분면에 속한 사업단위는 별(star)이 될 수도 있고 개(dog) 사업단위로 전락할 수도 있다. 기업에서는 이 분면에 속한 사업단위를 미래의 별(star) 사업단위로 육성하기 위해 젖소(cash cows) 사업단위에서 벌어들인 자금을 집중 투자하기도 한다.
- 개(dog) 사업단위: 성장가능성이 아주 낮거나 사업단위 자체를 철수해야 하는 사업단위이다. 상대적 시장점유율 자체도 아주 낮은 사업단위이다.

[그림 6-5]에 표시되어 있는 원은 가상기업의 사업포트폴리오를 나타낸 것이다. 원의 크기는 기업의 사업 포트폴리오에 속한 각각의 사업단위의 상대적 크기를 나타낸 것이다. General Electric(GE)사와 같은 세계적 기업은 각 사사분면에 2개 이상의 사업단위를 보유하고 있다. 예를 들면, General Electric(GE)사의 젖소(cash cows) 사업단위는 가전제품 사업단위이다.

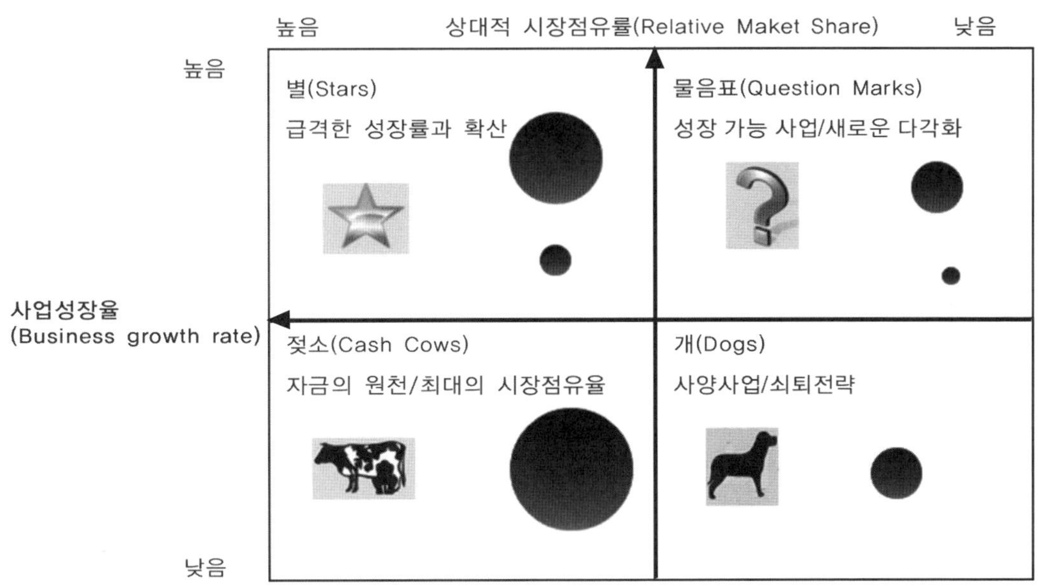

▌그림 6-5 ▌ BCG Matrix

2.3.3. 다각화전략

다각화전략이란 기존의 사업과는 다른 새로운 사업영역으로 진출하여 기업의 성장을 꾀하는 전략이다. 다각화전략의 목적은 새로운 제품과 서비스를 생산하기 위해 기업의 사업영역을 확장하는 것이다. 다각화 전략의 전형적인 예는 구글이 유튜브를 인수합병한 것이다. 다각화전략의 다른 예는 애플이 iPhone으로 이동통신 산업분야에 진출한 예를 들 수 있다. 네슬레가 애견용품 사업에 진입한 예를 들 수 있다. 새로운 사업이 기존의 사업과 관련이 있을 때 기업은 관련다각화전략(related diversification strategy)을 이용할 수 있다. 예를 들면, UnitedHealth가 의료산업 분야로 진출한 것과 네슬레가 애견용품 분야로 진출한 것이다. 비관련다각화(related diversification strategy)는 기존의 사업영역과는 전혀 다른 분야로 사업을 확장하는 것이다. 예를 들면, GE사가 가전산업과는 다른 식품산업과 미디어 산업분야로 진출하는 것이다. 비관련다각화전략(related diversification strategy)을 사용하는 경우 기존의 사업영역과는 전혀 다른 분야로 진출하는 것이기 때문에 사업전략을 성공적으로 수행하기가 어렵다. 대부분의 기업들은 비관련다각화전략(related diversification strategy)을 포기하고 기업의 핵심영역을 고려하여 비 관련 사업영역을 매각하는 경우도 있다. 기업의 CEO는 수직적 통합 전략(strategy of vertical integration)을 통한 가치(value)를 만들어 내기 위한 다각화 전략 기회를 모색하고 있다. 수직적 통합(vertical integration)은 기업이 제품과 서비스를 생산하기 위해 필요한 공급업자를 계열화하거나 최종소비자에게 제품과 서비스를 판매하기 위해 분배업자를 계열화하여 사업영역을 확장하는 것이다. 최근에 대기업들은 원자재의 수급, 제조, 그리고 유통까지를 통합 운영하는 수직적 통합에 열을 올리고 있다. 수직적 통합의 전형적 예는 정유산업에서 찾아 볼 수 있다.

2.4. 사업단위수준전략(Business-Level Strategy)

제품이 다양화하고 있는 기업에서의 경쟁전략은 각 제품과 시장마다 형성된다. 이제 우리는 전략사업단위에서 "어떻게 경쟁할 것인가?"하는 전략구축에 초점을 맞추어야 한다. 사업단위수준 전략을 구축하는데 가장 효과적이고 일반적인 모델은 Poter의 경쟁전략 모형이다. Michael E. Porter는 '현대 전략 분야의 아버지'라 불리며 수많은 기업을 대상으로 연구한 결과를 활용하여 원가우위전략(Cost Leadership), 차별화전략(Differentiation strategy), 원가집중화전략(Focused Cost Leadership), 그리고 집중차별화전략(Focused Differentiation) 등의 사업단위수준전략을 제시했다.

2.4.1. 경쟁환경

기업의 경쟁환경은 사업영역마다 다르며 다른 특성을 가지고 있다. 대부분의 대기업에서는 사업영역을 분리하며 전략사업단위(SBUs)로 사업을 분석·평가한다. 예를 들면, 삼성은 전자, 자동차, 보험, 유통 등으로 구성되어 있으며, 각 계열사별로는 각각의 전략사업단위별로 제품과 서비스 상품이 구성되어 있다. 따라서 각 사업영역별로 미치는 내·외부 환경 영향은 다르다.

2.4.2. 포터의 경쟁전략(Poter's Competitive Strategy)

Michael E. Porter는 기업이 특정한 사업분야에서 경쟁력을 확보하기 위해서는 원가우위전략(Cost Leadership). 차별화전략(Differentiation strategy), 집중화전략(Focused Cost Leadership)을 채택해야 한다고 제시하였다. 각각의 전략유형은 전형적으로 조직의 특성과 관련이 있으며 [그림 6-6]에서 요약되어 있다.

2.4.2.1. 원가우위전략(Cost Leadership)

원가우위전략(Cost Leadership)을 추구하는 기업은 경쟁사와 비교해서 제품을 효율적으로 생산하기 위해 효율적인 생산설비, 원가절감 추구 그리고 원가통제시스템을 사용한다. 비록 원가우위전략(Cost Leadership)이 항상 낮은 가격에 제품을 판매하는 것은 아니지만 원가우위전략을 추구하는 기업은 소비자들에게 보다 낮은 가격에 제품과 서비스를 판매하기 위해 낮은 내부원가를 유지해야 한다. 원가우위전략을 선도하는 기업의 위상은 경쟁기업의 제품과 서비스 가격보다 낮은 가격에 상품을 판매한다는 것을 의미한다. 또한 제품과 서비스 품질 유지와 기업 이윤을 확보한다는 것을 의미한다.

원가우위전략(Cost Leadership)은 혁신과 성장을 추구하기보다는 안정성을 유지하기 위한 전략이다. 하지만 월마트의 예에서 볼 수 있는 것처럼 기업성장을 추구하는 전략이기도 하다.

2.4.2.2. 차별화전략(Differentiation strategy)

차별화전략은 산업 내에서 자사의 제품과 서비스를 경쟁사와 다르게 차별화시키는 것이다. 기업은 독특한 광고, 제품특징, 서비스를 사용하거나 또는 첨단 기술을 개발하여 경쟁사와는 다른 제품과 서비스를 소비자에게 제공하는 것이다. 차별화전략의 전형적 예는 Harley-Davidson 모터사이클, 애플 컴퓨터와 무선전화 그리고 Gore-Tex 섬유사에서 볼 수 있다. 예를 들면, 애플사의 iPhone과 iPad는 디자인의 독특성으로 인해 경쟁사의 다른 제품에 비해 높은 가격에 판매된다. Starbucks, Whole Foods Market 그리고 IKEA 등은 차별화전략을 사용하고 있다.

2.4.2.3. 집중화전략(Focus strategy)

집중화전략(Focus strategy)을 추구하는 기업은 특정 지역 시장과 목표고객에 기업의 모든 역량을 집중한다. 모든 기업들은 원가우위전략(Cost Leadership) 또는 차별화전략(Differentiation strategy)을 추구하지만 때로는 특정 목표고객에 대해서는 집중화전략(Focus strategy)을 사용하기도 한다. 집중화전략(Focus strategy)을 사용하는 경우 경영자는 경쟁적 이점을 얻을 수 있도록 전략을 사려 깊게 고려하여야 한다. 세계적 명성의 악기제조 전문사인 Gibson사는 일본의 Yamaha와 경쟁하기 위해 원가우위전략(Cost Leadership)으로 기업전략을 전환함으로서 치명적인 기업손실을 입은 경우를 볼 수 있다. Gibson사의 경영진은 기타 애호가들은 Gibson사 제품의 가격이 아니라 Gibson사의 제품명성 때문이라는 사실을 알고 기업전략을 차별화전략(Differentiation strategy)을 변경하고 신기술 개발과 마케팅 부분에 대규모 투자를 하였다.

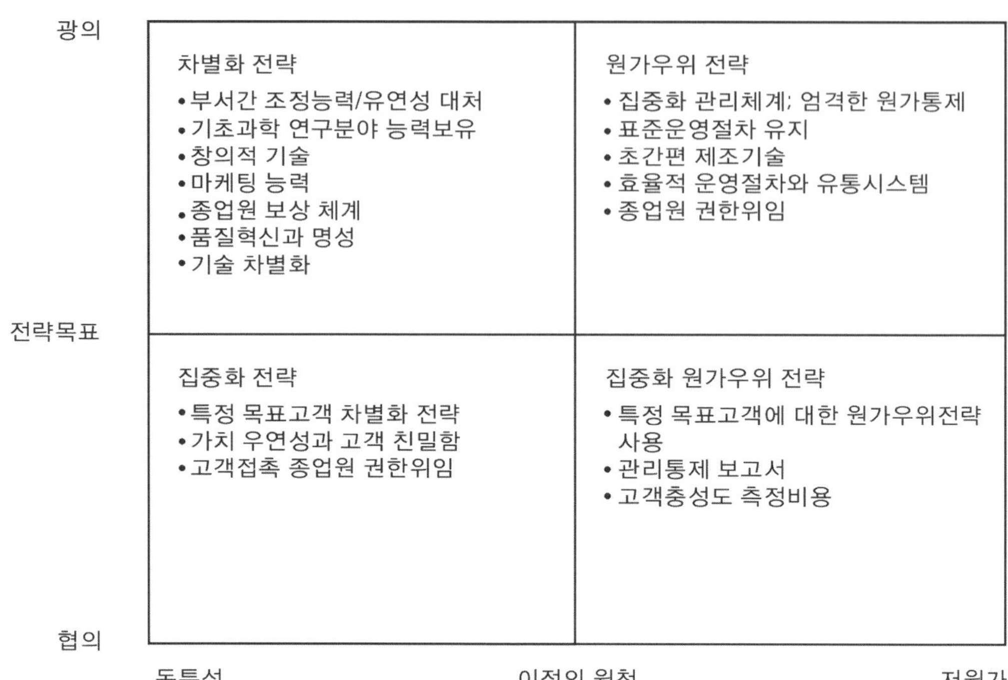

▌그림 6-6▐ 포터의 경쟁전략 조직 특성

집중화 전략 사례 | UNIQLO 목표고객 전략

중국은 유니클로에 있어 최대의 해외 시장으로 중국내 가장 작은 점포의 연매출도 2000억 위안을 넘는다고 한다. 유니클로가 중국에서 성공할 수 있었던 이유에는 3가지가 있다.

첫째, 유니클로는 중국내 타깃 고객층을 중산층에 집중했다. 진출 초기에는 높은 관세와 중국인의 소득 수준과 소비 성향에 대한 불확실한 조사로 소비자들에게 외면당했다. 하지만 일본과 중국의 소득차이 분석 결과, 일본 유니클로 구매층 평균 소득이 중국 중산층과 비슷하다는 점을 도출해냈고 가격대비 우수한 품질을 원하는 소비자층에 유니클로는 실용성과 가격대비 우수한 품질을 어필하며 만족감을 극대화하기 위해 노력했다. 또한, 진출 초기 교외지역에서 점포의 형태를 추구한 반면 중산층 브랜드 이미지를 강조하기 위해 유니클로는 대도시 번화가의 대형 쇼핑몰 안에 입주하였고 적절한 타깃 고객층을 확보할 수 있었다.

둘째, 유니클로는 SPA(Speciality retailer of Private label Apparel) 운영방식을 성공

적으로 도입하여 경영원가 절감 효과를 톡톡히 보았다.

마지막으로, 전자상거래를 통해 고객층을 다양화시켰다. 즉, O2O 서비스를 통해 고객은 온라인으로 오프라인에 있는 물품들을 구매, 수령할 수 있으며 고객층을 중국 전역으로 넓힐 수 있었던 전략이 되었다.

UNIQLO

UNI QLO

동아제약 사례 | 비타 500: 틈새시장

드링크 시장은 동아제약의 박카스가 시장을 거의 독식하고 있었다. 하지만 광동제약은 이 드링크 시장에 발을 뻗기로 계획하였다. 당시는 비타민C가 유행을 맞은 해로 정제나 과립으로 섭취하는 비타민 C의 종류는 많았으나 음료형태로 섭취하는 제품은 존재하지 않았다. 이를 이용하여 비타 500이라는 새로운 음료를 개발하기에 이른다. 제품에 대한 아이디어는 나왔기 때문에 맛에 비중을 두고 개발을 진행했다. 신맛의 비타민C를 한국인이 좋아하는 맛으로 만들며 유사제품이 출시되더라도 흉내 낼 수 없는 맛을 창조하기 위해 노력했다. 제품에 대한 자신감이 있었던 광동제약은 비타 500을 런칭할 소비자층에 대해 고민했고 신제품에 민감하지 않은 젊은 층을 공략하는 것을 목표로 하였다. 또한 젊은 층에 어필하기 위해서는 디카페인 음료가 매력적이라는 사실을 인지하고 음료에서 카페인을 완전히 제거하였다. 이는 약국에서만 판매가 가능한 기존의 기능성 음료들에 비해 다양한 유통경로를 가지게 되었고 자연스레 박카스와의 전면전을 피하며 음료시장에 성공적으로 안착할 수 있게 되었다.

비타 500이 성공할 수 있었던 가장 큰 요인은 시장을 잘 세분화하여 업계 1위와 경쟁하지 않으며 틈새시장을 확보할 수 있었기 때문으로 판단된다. 즉, 신제품 개발의 경우 누구도 생각지 못한 창의적인 아이디어(정제, 과립의 형태로 섭취하는 비타민C

가 아닌 음료의 형태로 섭취)와 신제품이 안정적으로 자리 잡을 수 있는 틈새시장에 대한 분석과 해당 시장에 스며들도록 돕는 마케팅의 3박자가 이루어져야 한다.

2.5. 기능적수준전략

기능단위수준전략(Functional-Level Strategy)은 사업부단위수준전략의 실행을 지원하기 위한 주요 부서에서 준수해야 할 절차와 규칙에 관한 전략이다. 주요 조직 기능은 마케팅부서, 생산부서, 재무관리부서, 인사자원관리부서, 그리고 연구·개발부서 등이 포함된다. 일선관리자는 기업의 전략적 목적을 달성할 있도록 사업부단위수준 전략과 조화될 수 있는 전략을 채택하여야 한다. 예를 들어 어떤 기업이 기업 확장과 성장을 위해 신제품 도입을 위해 차별화전략(Differentiation strategy)을 채택한 경우를 생각해 보자. 인적자원관리 부서는 기업 성장과 확장에 필요한 경력직 간부와 신입사원 채용에 필요한 계획을 수립하여야 한다. 마케팅 부서는 시험 마케팅, 마케팅 캠페인, 그리고 시험판매와 같은 실행 계획이 필요하다. 그리고 재무관리부서는 차입금계획, 설비투자와 현금흐름 계획이 필요하게 된다. 성숙기 제품과 서비스 또는 원가우위전략(Cost Leadership)을 추구하는 기업은 다른 기능단위수준전략(Functional-Level Strategy)을 필요로 한다. 인적자원관리 부서는 종업원들의 훈련 교육 계획과 안정된 근무환경 개선 계획이 필요하다. 마케팅부서는 상표충성도, 안정된 유통망 구축 등을 강조하게 된다. 생산부서는 장기생산계획, 표준화 절차, 그리고 원가절감전략을 필요로 한다. 재무관리 부서는 순현금흐름과 균형 대차대조표에 초점을 맞추게 된다.

2.5.1. 글로벌전략(Global Strategy)

정보기술의 발달과 환경변화는 세계 시장을 단일시장으로 변화시키고 있다. 많은 기업들은 앞에서 언급한 전략을 이용하여 글로벌 전략을 추구한다. 기업의 CEO와 임원들은 글로벌 시장을 경영할 수 있는 전략을 수립하고 구축하여야 한다. 글로벌전략을 구축할 때 CEO들이 고려해야 할 점은 글로벌전략 표준화와 국내 사회적 책임간의 전략적 딜레마이다.

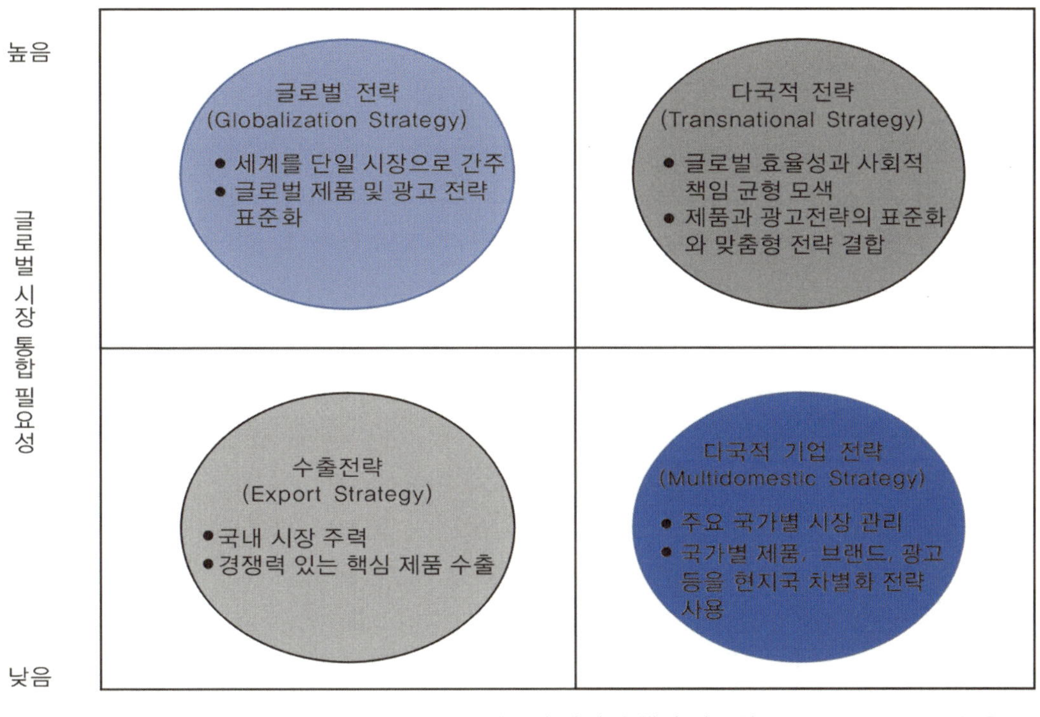

출처: Hitt, M. A., R. duane Ireland, R., and Hoskisson, R. E. (1995). *Strategic Management: Competitiveness and Globalization.* St. Paul, MN. p. 239.

▌그림 6-7 ▌ 글로벌 기업의 전략

[그림 6-7]은 글로벌 기업의 다양한 전략 형태를 나타낸 것이다. 첫 번째 단계인 수출전략(export strategy)은 국내기업이 국내 생산제품을 2개 이상의 국가에 수출하고자 할 때 사용하게 된다. 기업이 수출전략을 이용하는 단계에서는 국내의 사회적 책임 또는 글로벌 표준화 전략의 문제에 대한 딜레마는 거의 없게 된다. 하지만 기업이 현지 생산과 마케팅 전략을 확장시키고자 하는 다국적 기업전략을 추구하면 기업이 진출한 국가에서 실행할 수 있는 전략을 필요하게 된다. 따라서 기업의 CEO들은 글로

벌전략(globalization strategy) 대 다국적전략(multidomestic strategy)4) 중 어느 전략을 기업의 기본적 전략으로 이용할지를 결정해야 한다. 세계적인 기업들 중에서는 다국적 전략(multidomestic strategy)을 활용하여 글로벌 표준화와 국내의 사회적 책임을 수행할 수 있는 방안을 모색한다.

2.5.1.1. 글로벌전략(Global Strategy)

기업이 글로벌전략을 선택하게 되면 세계 공통으로 제품디자인과 광고전략을 표준화하게 된다. 글로벌전략 접근법은 소비자와 산업제품에 대해 단일 시장이 존재한다는 가정에서 출발한다. 모든 소비자들은 동일한 제품과 서비스 제품 구매를 원하며 동일한 라이프스타일을 가지고 있다는 가정을 한다. 즉, 모든 소비자들은 모두 삼성 휴대폰과 현대 자동차를 구매하기를 원한다는 것이다. 글로벌전략은 제품디자인과 생산라인, 공급업자, 유통체계, 협상가격 등을 표준화하여 기업의 생산과 운영 효율성을 향상시키는데 도움이 된다. 예를 들면, 질레트사는 면도날을 생산하기 위한 표준화된 프로세스와 이에 필요한 원자재 수급을 위한 표준화된 공급체계 시스템을 사용하는 대규모 생산공장을 보유하여 생산 및 판매 방식을 전 세계적으로 표준화하고 있다. 글로벌전략은 국가별 제품의 생산원가와 마케팅 비용을 절감시켜 준다. 예를 들면, 도미노 피자는 인도, 중국, 러시아 그리고 브라질과 같은 시장을 확장하기 위해 글로벌 전략을 사용한다. 비록 현지 소비자들의 기호와 취향에 맞는 식자재와 맛을 추구하지만 도미노 피자는 미국 본국과 동일하게 인도, 중국, 러시아 그리고 멕시코에서 피자 조리시설, 포장, 마케팅 및 광고전략을 동일하게 적용한다.

2.5.1.2. 다국적기업전략(Multidomestic Strategy)

기업이 다국적전략을 선택하게 되면, 기업이 진출한 국가별 독립적 형태로 현지 법인 기업을 독립적으로 운영하게 된다. 다국적전략을 이용하여 현지에 진출한 기업은 현지국의 경쟁상황, 경쟁기업, 그리고 소비자 기호와 취향에 맞는 제품디자인과 마케팅, 그리고 광고전략을 수정하여 사용한다. 이와 같은 이유는 현실적으로 국가별 소비자의 기호와 취향을 다르다는 것이다. 프랑스 소비자들은 아침식사 때는 오렌지 주스를 마시지 않는다. 중동국가의 소비자들은 향이 나는 치약을 선호한다. 동양제과는 국가별 소비자의 기호와 취향에 맞게 조리법, 포장지 등을 변경하여 진출하였다. Kraft Food사가 스낵류를 중국시장에 진출할 때, 녹차, 아이스크림, 그리고 망고, 만다린 오

4) 다국적기업(Multidomestic strategy)전략 하의 기업은 경영활동을 하는 국가의 수만큼의 제품 다양성, 브랜드, 광고프로그램을 활용

렌지 등의 향을 첨가해서 스낵류를 제조하여 진출하였다. 또한 서비스 기업이 해외 시장에 진출할 때 글로벌전략을 신중하게 고려한다. 예를 들면, 7-Eleven은 국가별 제품믹스, 광고, 그리고 지불조건 등이 다르기 때문에 다국적기업전략을 사용한다.

기업이 글로벌 표준화와 진출 국가의 사회적 책임을 모두 달성하기 위하기 위해서는 다국적 기업을 선택하게 된다. 진정한 의미의 다국적 기업 전략은 국가별 다른 환경과 경쟁여건으로 인해 이용하기 어려운 전략이다. 하지만 국내의 사회적 책임에 요구가 증가하면서 이를 수행하기 위해서는 기업의 효율성을 모색해야만 한다. Coca-Cola는 글로벌 표준화와 진출 국가의 사회적 책임 이행을 효과적으로 달성하고 있다. Coca-Cola는 Coke, Fanta 그리고 Sprite와 같은 음료 제품의 생산, 광고 그리고 유통 부문에 대한 효율성을 달성하고 있다. 하지만 Coca-Cola사의 CEO인 Muther Kent는 현지 소비자들의 기호와 취향에 맞는 제품을 전략을 적극 추진하고 있다. Coca- Cola사는 전 세계에 걸쳐 400가지 이상의 음료 제품을 출시·판매하고 있다. 비록 다국적 기업들이 원가절감을 위해 글로벌 표준화 전략을 이용하기를 원하지만 현지 소비자들의 기호와 취향 그리고 정부규제 등에 따라 맞춤형 제품(customization)을 출시 판매할 필요가 있다.

3 전략의 실행(Strategy Execution)

전략관리 프로세스의 마지막 단계는 전략실행이다. 대부분의 기업들은 기업 성장에 필요한 수많은 전략을 가지고 있지만 전략을 성공시키기 위해서 많은 노력을 기울여야한다. 왜 그럴까? 전략수립은 쉬운 일이지만 실행은 어렵다는 것이다. 수많은 전략수립 전문가들은 전략실행이 가장 중요하며 가장 어려운 일인 동시에 전략관리에 핵심이라는 점에 동의한다.

[그림 6-8]은 경영자가 효과적으로 전략을 실행하는데 필요한 주요 원천을 나타낸 것이다. 전략실행에 필요한 주요원천은 명백한 리더십(visible leadership), 명확한 역할과 책임(clear roles and accountability), 원활한 의사소통(candid communication), 그리고 적절한 인사관리 규정 등을 들 수 있다.

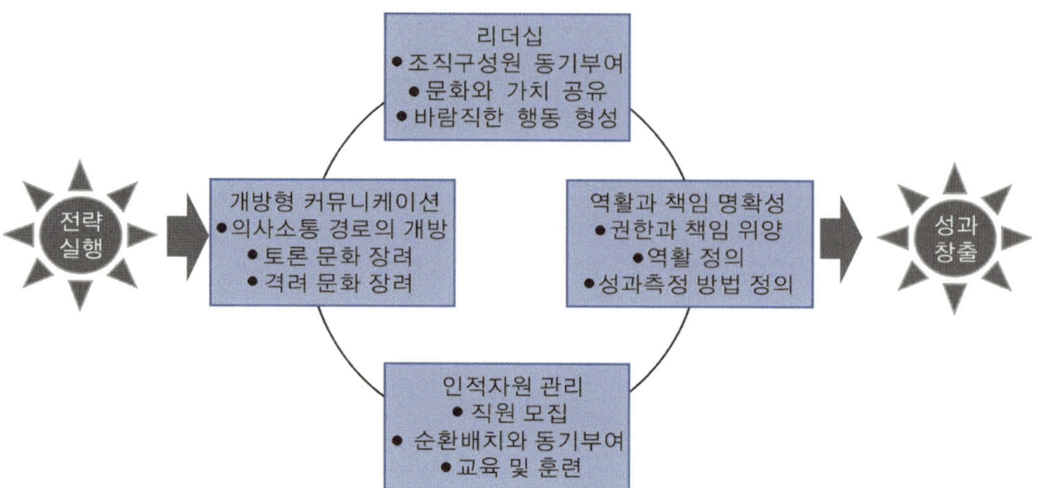

출처: Jay R. Galbraith and Robert K. Kazanjian, Strategy Implementation: Structure, Systems, and Process, 2d rd.(Cincinnati, OH: South-Western, Cengage Learning, 1986); Lawrence G Hrebiniak, Making Strategy Work; Leading Effective Execution and Change(Upper Saddle River, NJ: Wharton School Publishing/Person Eduction Inc, 2005); and Eric Beaudan, "Creative Execution," Ivey Business Journal(March-April 2010).

▌그림 6-8▐ 전략 실행 가이드 라인

3.1. 리더십(Visible Leadership)

전략실행의 핵심은 유능한 리더와 리더십에 있다. 리더십은 조직구성원들에게 전략을 행동으로 옮길 수 있도록 필요한 새로운 행동양식을 수용하도록 영향력을 행사하는 능력이다. 기업이 수립한 목표와 목적을 달성하는데 필요한 전략을 실행할 수 있도록 새로운 행동양식을 수용하게 하여 조직구성원들에게 영향력을 행사하는 능력인 것이다. 리더는 새로운 전략을 지지할 수 있도록 조직구성원의 설득, 동기부여 기법, 그리고 문화적 가치를 활용한다. 리더는 조직구성원들을 설득하고, 새로운 전략방향을 지지하는 조직구성원들과의 연합전선을 형성하며, 기업성장을 위해 비전을 함께 할 수 있는 중견 관리자들을 설득한다. 가장 좋은 예는 Pixar사를 들 수 있다. Pixar사는 리더십에 대해 독특한 전략을 가지고 있다. Pixar사는 창의적인 애니메이션을 제작하기 위해 조직구성원들에게 최대한의 자율권을 부여한다. Pixar사는 관리자에서부터 관람객에 이르기까지 새로운 제작 애니메이션 작품에 대해 아이디어를 제시하도록 격려한다.

3.2. 역할과 책임명확화(Clear roles and accountability)

조직구성원들은 개인의 행동이 전략을 달성하는데 어떻게 기여하는지를 이해할 필요가 있다. 전략을 효과적으로 실행하기 위해 CEO는 역할을 명확하게 정의하고 전략 실행의 결과를 책임질 수 있는 팀 또는 개인에게 권한을 위임해야 한다.

3.3. 개방형 의사소통(Candid communication)

기업 관리자는 토론문화를 통해 전략 아이디어를 포괄적으로 수집하여야 한다. 관리자는 조직간 그리고 부서간 경계에 따라 팀워크와 협력을 강조하고 개방형 문화를 만들어야 한다. 효과적인 전략실행은 주주, 소비자 그리고 이해관계자들과 원활한 의사소통 채널을 필요로 한다. 구글의 창업자인 Sergey Brin과 Larry Page는 해마다 이해관계자 집단에게 기업 운영에 관한 서신을 발송한다. 소비자들과의 원활한 의사소통은 전략실행 요소 중의 하나이다.

3.4. 인적자원 관리(Appropriate human resource practices)

기업의 인적자원 관리는 조직구성원 자체이다. 즉, 종업원들에 대한 관리의 문제이다. 인적자원 관리는 모집, 선발, 교육 및 훈련, 그리고 보상, 이직, 동기부여 그리고 조직구성원들이 전략목표를 달성하도록 하는 전 과정이다. 관리자는 인적자원 관리 부문을 기업의 전략실행과 연계하여야 수립하여야 한다. 예를 들면, 미국 내 5성급 리조트 호텔인 Broadmoor Hotel는 호텔의 최상의 서비스를 제공하기 위해 최상의 종업원을 모집, 선발, 교육 및 훈련 과정을 통해 투숙객들에게 최상의 서비스를 제공하도록 하고 있다.

연습문제

01 전략적 사고과정(Thinking Strategically)에 대해 구체적 예시를 들어 논의하여 보자.

02 신세계는 하남시 스타필드 복합매장을 오픈하였다. 신세계의 전략계획 과정에 대해서 구체적으로 논의하여 보자.

03 이디야 커피전문점의 현재의 운영 현황을 SWOT을 활용하여 분석하여 보자.

04 기업의 발전단계 전략과 글로벌 전략의 차이점에 대해서 논의하여 보자.

05 포터가 제시한 경쟁전략을 거의 모든 기업에서 활용하고 있다. 과연 오늘날과 같이 급변하는 환경변화 속에서도 포터가 제시한 전략유형을 그대로 적용할 수 있는지를 생각해 보자.

제 7 장 조직화

요약

조직화되어 있다는 것은 조직에 속하여 있는 것 이상이다. 가정이 조직이라면 각자의 역할수행은 조직화이다. 조직화가 잘 되었다는 것은 가정에서는 아빠의 역할, 엄마의 역할, 자식의 역할을 충실히 하고 있다는 것이고, 직장에서는 맡은 바 임무수행을 잘 하고 있다는 것이다. 또한 조직화는 자기역할을 분명히 하면 그에 따른 보상을 받을 수 있는 것이다. 기업에 있어서의 조직화는 더욱 그러하다. 자기가 속한 한 분야에서 조직화에 역할을 잘 해 낸다면 자기관리를 잘하는 것이다. 이러한 사람의 특징은 삶의 다양한 분야에서도 잘 계획하고 잘 실행해 나감으로서 성공적인 삶을 만들 수 있다.

사람은 사회적 동물이다. 사회란 자기가 속한 어느 영역을 말하는 것이다. 그 어느 영역이란 다양한 집단이 될 수 있다. 가족, 직장, 학교, 친목회 등등 이러한 집단에 일원이 되는 것이 바로 조직에 속하게 되는 것이다. 그렇다면 조직화란 무엇인가? 바로 조직 구성원의 직무와 관계 그리고 조직의 책임을 결정하는 것이 조직화이다.

조직화의 목적은 조직의 어떠한 목표 달성을 위한 설정 과정이다. 목적은 어느 조직의 조직화에 따라 바뀔 수 있으며 원칙을 가지고 있다. 조직의 의사결정 주체에 따라 목표를 향한 조직화의 모양이 달라 질 수 있으며, 상위계층 즉 경영계층에 의한 목표관리가 있을 수 있고 결정권이 나뉘어져 유동적으로 분권이 될 수도 있다. 이것은 기업운영에 있어 어떤 것이 최종목적 달성에 적합한 모양인지를 파악하고 결정되어져야 한다. 또한 조직의 움직임을 어떻게 가지느냐에 따라 조직의 기능이 달라 질 수 있다. 전통적인 조직의 형태, 동태적인 조직의 형태로 구분을 할 수 있고, 복잡한 기업의 구조를 운영해 나가기 위한 매트릭스 조직도 있다. 이처럼 조직화의 다양함은 조직의 좋은 성과를 내는 것이 궁극적인 목적인 것이다.

나는 지금 어떤 조직에서 어떠한 역할을 하고 있는가?

내가 속한 조직은 누가 결정권을 가지고 있으며 어떠한 형태로 움직이는가?

우리의 조직은 지금 균형 있는 발전을 하고 있는가?

• 저자: 조경인교수, 대전과학기술대학교 물류유통경영과, Tel: 042-580-6415, E-mail: zokin@naver.com.

제 7 장 | 조직화

1 조직화의 이해

사람은 누구나 어떠한 조직에 속해 있다. 가정, 회사, 학교, 혹은 취미생활이나 스포츠센터의 구성원이 되는 것도 조직의 일원이 되는 것이다.

회사조직에 대하여 좀 더 구체적으로 살펴보면 한 회사가 정상적으로 운영이 되기 위해서는 경영관리와 더불어 투자의 결정, 직원들의 인사권의 결정 등의 책임을 지며 운영을 해나가야 할 누군가가 필요하다. 또 누군가는 회사의 외부에서 오직 영업에만 신경을 쓰며 상품을 소비자에게 알리는 역할을 해야 하고 또 누군가는 회사내부에서 자금관리를 맡아서 해야 하는 역할이 있을 수 있다. 총체적인 관리, 외부에서의 업무, 내부에서의 업무 바로 회사를 움직이는 이 모든 행동이 업무가 된다. 이러한 업무는 구성원들이 각자 맡은 후 그 일을 책임을 지게 된다. 때로는 그 역할이나 업무가 바뀌기도 하는데 조직의 수평적인 이동이나 혹은 수직적인 이동이 일어나기도 한다. 이러한 변화가 일어나도 관계나 역할은 약속이 되어 지속적으로 유지가 된다.[1)]

1.1. 조직의 정의

① Eber: 특정한 목적을 가지고 그 목적을 달성하기 위하여 조직구성원 간에 상호작용하는 인간의 협동집단(내부 합리화에 초점)

② Arnard: 공동의 목적달성을 위해 공헌할 의욕을 가진 2인 이상의 인간이 상호 의사 전달하는 집합체(구성원 의욕에 초점)

③ Elznick: 계속적으로 환경에 적응하면서 공동의 목표를 달성하기 위하여 공식적, 비공식적으로 관계를 유지하는 사회적 구조

④ Atz & Kahn: 공동의 목표를 가지고 내부관리를 위한 규제장치와 외부환경관리를 위한 적응구조를 발달시키는 인간의 집단[2)]

1) 장영광, 정기만 (2014). *생활 속의 경영학.* 신영사

2) 박계홍 (2015). *경영조직론.* 학현사

1.2. 조직화의 의의

조직화란 어떠한 조직에서 누가 어떠한 일들을 실행에 옮길 것인가 결정하도록 조직 구성원 각자의 직무와 상호간의 관계를 결정하는 것이 바로 조직화의 의의이다.

즉 조직화를 할 때에는 누가 어떠한 일을 할지, 누가 누구에게 지시를 내릴지, 누가 누구의 지시를 받을지, 어떠한 일의 책임은 누가 지어야 할지 등을 구체적으로 정하고 조직구성원의 업무의 범위를 결정하여 그에 따르는 책임과 결정권을 부여한다.[3] [4]

1.3. 조직화의 목적

조직화의 중요한 목적은 조직이 어떠한 업무를 효과적으로 수행하며 목표달성을 위해 업무의 내용을 편성하고, 즉 인원, 방법, 자재, 자금 등을 합리적으로 배분하여 수평적 수직적으로 상호관계를 설정하는 과정이라 할 수 있다.

2 조직화의 원리

2.1. 조직화의 기본원리

• 조직화 = 계획 + 실행 + 개선

조직화는 아무것도 없는 무(無)에서 시작을 하는 것이다. 조직화를 위한 계획부터 조직화의 시작이며 실행과 개선이 합하여지면 조직화가 이루어지는 것이다.[5]

2.2. 조직화의 원칙

조직화를 할 때에는 기본적인 몇 가지 원칙이 있다.

첫째, 목적이 있어야 한다. 각 부문별로 목표가 있고 이러한 목표는 전체조직의 목

---

3) 이명호 (2015). *경영학으로의 초대*. 박영사

4) 장영광, 정기만 (2014). *생활 속의 경영학*. 신영사

5) ㈜런닝솔루션 (2002). 조직화. 피어슨에듀케이션솔루션

적과 통하고 조화를 이루어야 한다. 그리고 각 부문의 목표는 조직이 모두가 알고 있어야 한다.

둘째, 기능화가 되어야 한다. 조직이 형성이 되는 것은 직무 즉 기능에 적합한 인력을 배치하기 위해서이다. 사람중심보다는 업무 중심으로 조직화하는 것이다.

셋째, 책임과 권한이 주어진다. 주어진 책임에 맞는 권한을 부여해야 한다.

넷째, 권한이임을 할 수 있어야 한다. 조직 내의 지시를 받는 역할의 직원이 스스로 판단하여 직무를 수행할 수 있는 권한을 상사가 이임해주는 것을 의미한다.

다섯째, 관리의 한계가 있다. 상사가 부하직원을 관리하고 지시할 수 있는 부하직원의 수는 한계가 있음을 말한다. 업무의 특성과 범위에 따라 그 한계가 많을 수도 적을 수도 있다.[6] [7] [8]

3 집권화와 분권화

조직화에서 의사결정에 따른 권한을 경영층(상위계층)에 집중을 하는 집권화와 조직화된 하위계층에 권한을 주어 결정을 하는 분권화로 나눌 수 있다.

즉 기업운영의 관리조직화 형태를 결정하여 어느 형태로 결정권을 줄 것인가의 문제이다.

집권화와 분권화를 결정하는 요소는 다음과 같다.

첫째, 상위계층의 권한이 하위계층에 이임이 불가할 경우 집권화를 해야 하며 의사결정이 일상적으로 반복적이라면 분권화해야 한다.

둘째, 업무가 유동적일수록 분권화를 해야 한다.

셋째, 일관적인 행동이 필요하고 명령이 통일되어야 할 때는 집권화를 해야 한다.

다섯째, 기업이 성장과정에 있고 관리와 권한이 복잡해지는 경향이 있으면 분권화를 해야 한다.

여섯째, 경영자의 관리능력이 우수하고 강한 리더십이 있어 분권화 관리에 어려움이 없다면 분권화가 가능하며 중간 관리자 양성에 조직화를 이루려 한다면 분권화를 통해 관리자를 양성할 수 있다.

---

6) 임창희 (2015). *조직론이해.* 학현사

7) 장영광, 정기만 (2014). *생활 속의 경영학.* 신영사

8) 이명호 (2015). *경영학으로의 초대.* 박영사

일곱째, 기업의 소유와 경영이 분리되어 있다면 분권화를 한다.[9]

3.1. 집권화

집권화된 조직은 조직운영에 통일된 방침을 유지해 나갈 수 있으며 상위계층의 경험을 최대한 살릴 수 있다. 반면 상위계층의 권한이 집중되어 하위계층이 의존을 많이 하므로 하위계층의 개발이 어렵다.[10]

3.2. 분권화

분권화된 조직은 조직 내의 의사결정이 신속히 이루어지며 하위계층 구성원의 권한이 확대되어 실력발휘를 하기에 적당하다. 또한 중간 관리자양성을 확대해 나갈 수 있다. 반면 조직 내의 각 부문간 충돌이 일어날 수 있다.[11]

4 조직형태

조직은 부문화를 하여 부서간 관리할 수 있는 단위를 구성하고 이러한 공식적인 구조는 부문간 관계를 규정한다. 이러한 조직형태는 조직의 성격에 따라 차이가 있지만 기업의 경우 기업의 이익을 극대화하기 위한 조직형태를 구성하게 된다. 하나하나의 작업 단위를 구성하여 작업능률을 증대시키고 전문적 직무기능이 결합되도록 한다.

기업의 발전적인 미래를 위해 조직형태의 환경은 큰 영향을 미치게 된다. 보다 전문화를 통해 분업화되어 있는 부문별 업무가 상호의존 또는 화합하게 하여 또다른 하위의 조직을 만들 수 있게 된다. 조직형태는 기관조직형태, 기업조직형태, 비(영리)조직형태 등에 따라 그 직능체계를 달리하기도 하나 이 책에서는 기업의 조직형태에 대해 살펴본다.[12]

---

9) 장영광, 정기만 (2014). *생활 속의 경영학.* 신영사
10) 이명호 (2015). *경영학으로의 초대.* 박영사
11) 임창희 (2015). *조직론이해.* 학현사
12) 이명호 (2015). *경영학으로의 초대.* 박영사

4.1. 전통적이며 단순한 조직

조작형태의 가장 일반적인 형태가 상위계층과 하위계층으로 나누어진 가장 초보적인 형태이다. 대외적으로 사장, 전무, 상무, 부장, 과장, 사원 등으로 구분이 된 수직적인 형태이나 내부적인 업무를 보면 대외적인 직함이나 형태에 관계없이 일개 부문으로 업무가 이루어지는 것을 볼 수 있다. 하지만 이러한 초보적인 조직도 사업이 확대 또는 발전되면서 하위조직이 생겨나고 부문별 업무가 나뉘어져 효율에 따라 인원을 구성하는 형태로 만들어진다.13)

4.1.1. 기능별 조직형태

기능별 조직형태는 직무에 있어 유사한 기능의 조직을 묶는 가장 전통적인 조직형태이다. 각 부서별 기능에 맞는 업무를 일관성 있게 배정하여 그 결과가 우수하게 나타날 수 있다.

조직형태 내에서 기능이 같으므로 지속적인 훈련과 개발이 가능하다. 하지만 대내외적인 환경의 변화가 있고 직무대응에 실패를 했을 때에는 조직 전체의 문제로 발전이 될 수 있으며 그 책임 소재를 가리기가 어렵다. 기능별 조직형태로 이루어진 기업의 부문별 소통도 어려울 수 있다. 서로간의 이해부족 현상이 생기기 때문이다.14)

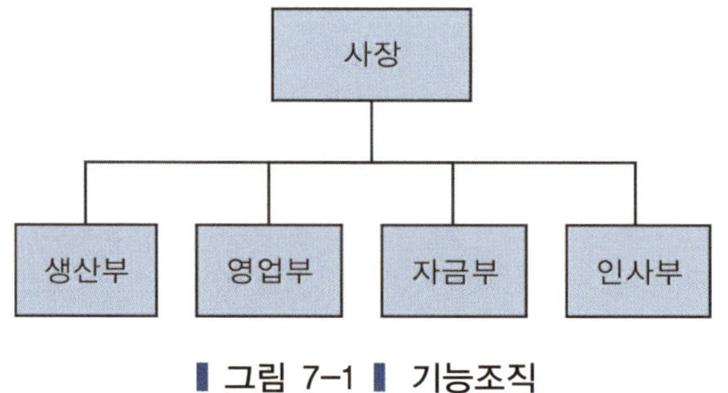

그림 7-1 기능조직

4.1.2. 부문별 조직형태

부문별 조직형태는 기업의 조직화가 제품에 따라 지역에 따라 고객의 특성에 따라 업무의 과정에 따라 부문별로 조직을 한다는 것이다. 부문별 조직의 각 부문에는 기능별 조직이 다시 포함될 수 있다.

13) 장영광, 정기만 (2014). *생활 속의 경영학.* 신영사

14) 박계홍 (2015). *경영조직론.* 학현사

부문별 조직형태는 각 부문별로 특화되어 부문별로 그 특징을 잘 살려낼 수 있는 장점이 있다. 부문안의 기능부서의 조정을 쉽게 할 수 있으며 책임소재가 명확하다. 하지만 한 기업 내에서 부문조직간 경쟁을 하게 되어 조직전체가 어려워질 수 있다.[15)]

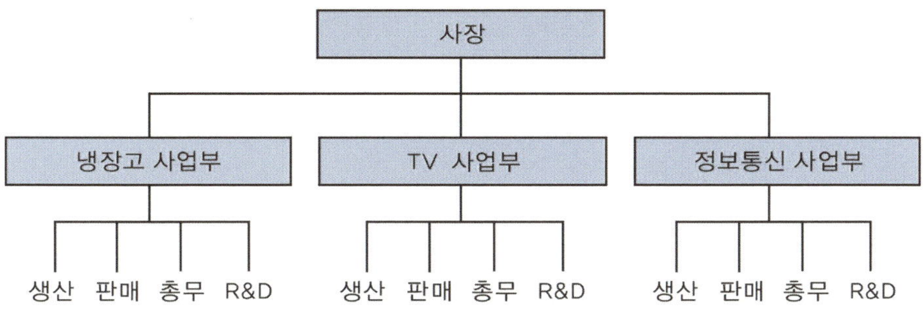

그림 7-2 제품별 부문조직

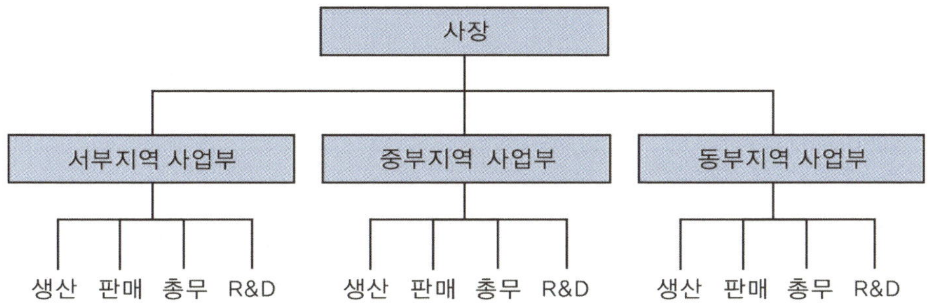

그림 7-3 지역별 부문조직

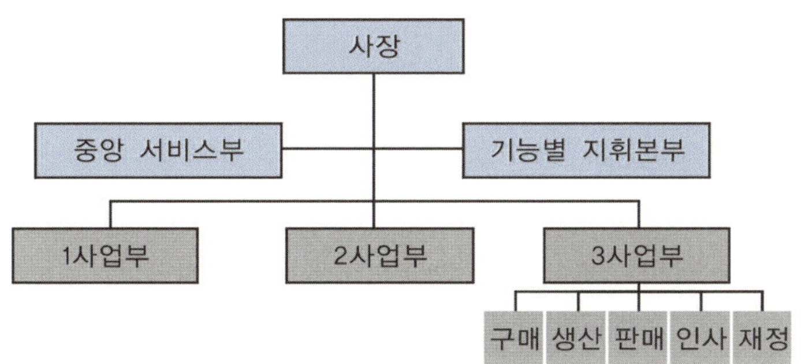

그림 7-4 부문조직

15) 박계홍 (2015). *경영조직론*. 학현사

4.2. 동태적 조직

전통적 조직은 상위계층과 하위계층의 관계가 상명하복의 관계로 고착되어 창의적인 업무나 시대의 트렌드에 따른 자발적인 행동을 나타내기 어려운 특성이 있다. 반면 동태적 조직은 자발적이며 창의적인 행동을 유도하며 변화하는 시대의 흐름을 적극적으로 대처해 나갈 수 있는 장점이 있다. 기업의 동태적 조직으로는 팀 조직, 사업부제 조직, 매트릭스 조직, 학습조직 등이 있는데, 이 책에서는 팀 조직과 매트릭스 조직, 사업부제 조직에 대해서 살펴본다.[16]

4.2.1. 팀 조직

팀 조직은 임시조직으로 특정한 과제를 수행하기 위해 임시로 구성한다. 팀은 기존의 조직에서 프로젝트를 수행하기에 적합한 사람을 차출하여 구성하며 이 팀 조직은 전통적이고 정태적인 조직에서 수행이 어렵고 부문별 조직의 보완을 위한 한시적이고 동태적인 성격의 조직이다. 이렇게 구성된 팀은 목적이 달성되면 해체하고 팀원은 원래의 부서로 돌아간다.

구 분	집단(전통 조직)	팀 조직
조직구조	수직적·계층적 조직	수평적 조직
목표 설정	상부에서 목표 설정·부여	팀 내에서 공동으로 목표 설정
운영 방식	지시(상의하달), 품의, 회의	개방적 토론, 문제해결 미팅, 공동결정(협력·지원·충고)
정보 흐름	폐쇄적·독점적	개방, 공유
리더십	강하고 명백한 지도자상	팀장·팀원이 리더십 공유
정책 운영	직위·직책을 완전결합 운영	직위(직급)·직책을 분리 운영
권 한	상부에 집중 경향	하부에 대폭적 위양
책 임	구성원 각자의 개별 책임	팀 전체의 공동 책임
조직성과	개별적 성과의 총합	개별적 성과의 합보다는 더 큰 시너지 효과 창출
평가 기준	상부조직의 성과에 대한 기여도	팀이 수립·추진한 목표의 달성도
보상 방법	개인 기준, 연공주의	팀 기준, 능력주의

▌그림 7-5▐ 집단조직과 팀조직[17]

16) 장영광, 정기만 (2014). *생활 속의 경영학.* 신영사

17) 박계홍 (2015). *경영조직론.* 학현사

팀 조직은 고정적인 조직을 만들지 않고도 특수한 임무를 수행할 수 있고 인력운영에 기존부서의 인력을 활용하기에 유연하며 고정비용을 줄일 수 있다.

팀이 맡은 프로젝트의 결과를 명확하게 평가할 수 있다. 하지만 일시적으로 모인 조직이기에 팀원 간의 조화나 협력이 어려울 수 있고 리더인 팀장의 역할이 매우 중요하다.[18) 19)]

4.2.2. 매트릭스 조직

매트릭스 조직은 기능별 조직과 부문별 조직에 팀 조직을 결합한 형태의 조직이다. 매트릭스 조직은 기업 내에서 한정된 인적 물적 자원을 다양하게 활용하기 위하여 한 부문에만 배치하는 것보다 유연하게 전환 배치하여 한정된 인적·물적 자원을 폭넓게 활용하기 위함이다.

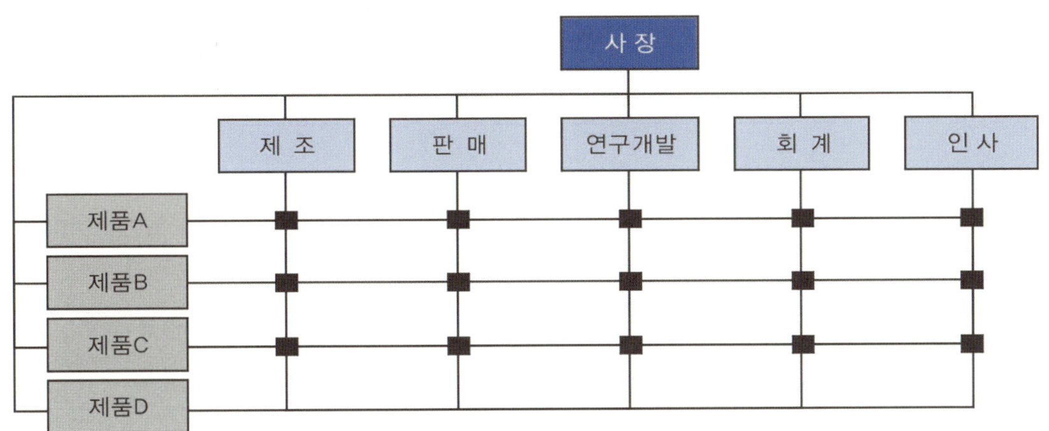

▌그림 7-6 ▌ 매트릭스 조직[20)]

따라서 매트릭스 조직은 구성원이 최소한 2～3개 이상의 부서에 배치되어 임무를 수행하게 된다. 기본이 되는 부서에 몸을 담고 특정한 프로젝트를 수행하는 제품, 지역, 고객의 특성을 살리는 부문별로 몸을 담아 임무를 수행하게 된다. 이러한 매트릭스 조직은 항공기제조업, 금융서비스업, 법률전문업, 회계세무전문업 등에서 실제로 적용을 많이 하며 복잡하고 급변하는 환경상황에서 유연하게 대처할 수 있는 조직이다.

매트릭스 조직은 기업이 발전하고 그 규모가 커짐에 따라 복잡해지고 기술 지향적이

---

18) 임창희 (2015). *조직론이해*. 학현사
19) 박계홍 (2015). *경영조직론*. 학현사
20) 박계홍 (2015). *경영조직론*. 학현사

됨에 따라 조직에 유연성을 부여하려는 목적으로 1960년대 미국에서 처음 등장했다.

매트릭스 조직은 기능부서간 유기적인 협조로 의사소통이 원활하고 외부환경에 신속히 대응할 수 있다. 조직이 복잡할수록 상호 의존해야 하는 프로젝트를 수행할 때 각 부문 간의 조정을 촉진하고 부문관리자 사이에 권한의 균형을 가능하게 한다는 장점이 있다. 부문 간 정보의 공유로 양호한 의사결정을 내릴 수 있다. 하지만 매트릭스 팀의 팀원은 2개 이상의 부서에 몸을 담고 있기에 직속상사 또한 2명 이상이 되어 혼란이 올 수 있는 단점이 있다. 이러한 상황을 극복하기 위해 매트릭스 팀의 구성원은 우선순위를 결정할 수 있어야 한다.

또한 일반적인 조직형태보다 많은 비용이 들 수 있다.[21) 22)]

4.2.3. 사업부제 조직

기업이 확대되어 규모가 커짐에 따라 조직단위에 따른 책임경영이 필요하게 된다. 이렇게 기업의 제반업무를 효율적으로 수행하기 위하여 직계참모식 조직으로 구성하는 것이 바로 사업부제 조직이다. 이 조직은 지역별, 제품별, 고객별 또는 새로운 형태의 분할된 사업영역으로 사업부를 재편하여 각 사업부별로 권한을 주어 사업부제 조직이 자주적으로 운영하도록 한다. 사업부는 독립적으로 운영이 되기 때문에 수입과 지출을 자율적으로 결정하고 사업부의 수익으로 계획을 세워 새로운 예산을 편성할 수 있다.

지역별 사업부제 조직으로는 은행, 우체국, 세무서와 같은 전국적으로 동일한 서비스와 함께 광범위한 지역사업으로 활동한다. 또한 지역별 활동에서 보다 신속하고 만족스러운 서비스를 제공하고 지역적 시장과 문제에 역점을 둠으로써 고객들의 욕구에 신속하게 대처할 수 있다.

제품별 조직은 기업의 제품이 생산에서 판매, 관리에 이르기까지 한가지의 제품을 생산함에 조직이 생산, 판매, 연구개발 등 여러 기능을 한 부서에 주어 결정을 하는 조직이다. 하나의 제품 또는 제품군의 생산·판매·개발 등에 대한 포괄적인 책임 뿐 아니라 의사결정에 대한 공식적인 권한과 영향력을 갖는다.

---

21) 장영광, 정기만 (2014). *생활 속의 경영학.* 신영사

22) 박계홍 (2015). *경영조직론.* 학현사

5 기업조직의 방향

기업이 조직을 만들고 운영함은 이윤을 확대하기 위함이다. 조직을 만들고 운영함에 비용이 절감되어야 하고 성과를 높여야 하며 직원의 참여도를 올리려는 다각적인 방법을 모색하여야 한다.

조직화에서 명령단계의 축소는 불필요한 단계를 줄임으로써 능률적인 조직을 만들 수 있다. 수직적인 단계를 줄이고 수평적인 단계를 넓힘으로써 직원의 참여도와 성과를 높일 수 있다. 이는 통제범위의 확대를 가져올 수 있는데 수직적인 단계가 줄어듦은 관리자가 통제하는 범위가 넓어진다는 뜻도 있다. 기업은 무엇보다 조직간 경쟁이 회사를 성장시킨다. 하지만 과도한 경쟁은 기업을 혼란에 빠뜨릴 수 있다. 때문에 조직은 경쟁과 협력이 동시에 추구되어 기업의 발전을 가져오고 균형 잡힌 조직관리가 이루어져야 한다.[23)]

23) 임창희 (2015). *조직론 이해*. 학현사

연습문제

01 조직화의 의의와 목적에 대해 설명해 보자.

02 조직의 집권화와 분권화의 장점을 설명해 보자.

03 매트릭스 조직에 대해 설명해 보자.

제 8 장 지휘와 통제

요 약

일반적으로 경영이란 기업 또는 조직의 목적을 달성하기 위해 시장 경제 원칙에 따라 활동하는 과정을 말하며 이러한 경영과정은 구체적으로 계획화·조직화·지휘·통제 등의 순환과정을 통해 이루어진다. 여기에서는 지휘와 통제를 중심으로 경영의 개념을 설명하고자 한다.

먼저 지휘(leading)란 경영자가 조직의 목표를 달성하고자 제한된 자원을 효율적으로 배분, 할당하고 조직 내 구성원들 간의 원활한 협력과 조정을 창출하는 역할을 말하며 지위와 관련된 권력을 몇 가지로 구분할 수 있다.

또한 경영자가 조직을 지휘하려면 지휘에 필요한 리더십이 필요하게 되는데 Lewin은 리더십을 권력형 리더십, 민주형 리더십, 그리고 자유방임형 리더십으로 분류하였다. 뿐만 아니라 리더십을 이해하기 위한 이론들은 특성이론(trait theory), 행동이론(behavioral theory), 그리고 상황이론(contingency theory)을 들 수 있다.

다음으로 지휘에 필요한 것 중 하나는 동기유발(motivation)이다. 이는 조직 구성원이 조직의 목표를 달성하는데 있어서, 자발적이며 적극적으로 목표를 달성하도록 이끄는 과정으로 설명되며 여기에서 몇 가지 이론들을 살펴보게 되는데 인간의 욕구가 위계적으로 조직되어 있다는 Maslow의 욕구계층이론, 인간의 욕구를 중요도 순으로 계층화했다는 알더퍼(Alderfer)의 ERG 욕구설), 인간에게는 전혀 이질적인 두 가지 욕구가 동시에 존재한다고 주장하는 허즈버그(Herzberg)의 두 요인 이론(two factor theory), 자신의 능력을 발휘하여 어려운 일을 해결해 목표를 달성하려는 욕구라고 하는 맥클리랜드(McClelland)의 성취동기이론이 있다.

이밖에도 브룸(Vroom)의 기대이론(expectancy theory)과 아담스(J. S. Adams)의 공정성이론(equity theory)등이 있다. 리더십 다음으로 의사소통이 지휘에 필요한 요소인데 의사소통(communication)의 기능은 조직적 차원에서 목표가 설정되면 이를 달성하기 위해 개인 또는 부서단위로 업무가 배분되고 정보의 공유기능을 수행하게 된다. 의사소통은 크게 대인적 의사소통과 조직적 의사소통의 2가지로 분류되며 의사소통의 장애요인이 발생 하는데 이들은 다시 세분화되어 나누어지게 되며 의사소통을 효과적으로 개선하는 몇 가지 방안을 제시한다.

경영의 두 번째 개념인 통제(control)는 경영계획에 의해 실행된 업무가 목표수준에 도달하도록 하기 위하여 계획과 실행결과의 차이를 측정하고 그 원인을 밝히는 경영관리활동이다. 여기에는 3가지 통제의 유형, 즉 사전적 통제(pre-action control), 동시적 통제(concurrent control), 그리고 사후적 통제(post-action control)가 있다.

한편 통제의 과정은 성과를 측정하고 계획대로 되었는지 비교하고 계획이나 행동을 다시 피드백 하는 3가지로 구분된다. 그리고 경영통제기법은 크게 재무통제, 예산통제 그리고 생산 및 재고 통제의 3가지로 나뉘어 설명할 수 있다. 재무통제는 재무제표, 비율분석, 그리고 재무감사로 이루어지고 예산통제는 운영예산과 재무예산으로 구성되며 생산관리통제는 구매통제(purchasing control)와 재고통제(inventory control)를 통하여 이루어진다.

• 주저자: 신동진교수, 배재대학교 국제학부, E-mail: jinny774@hotmail.com

제 8 장 지휘와 통제

1 지휘의 특성

1.1. 지휘의 개념

지휘(leading)란 경영자가 조직의 목표를 달성하고자 조직 구성원들이 맡은 임무를 효과적으로 수행하도록 그들에게 동기를 부여하고 관리, 감독하는 행위 또는 과정을 말한다.

1.2. 지휘는 왜 필요한가?

경영자는 주어진 조직의 목표를 효과적으로 달성하기 위해 제한된 인적·물적 자원을 효율적으로 배분, 할당함으로써 조직 내 구성원들 간의 원활한 협력과 조정을 창출하는 역할을 하여야 한다.

1.3. 지위와 관련된 권력

경영자는 지위에 걸맞는 권력을 가지고 지휘기능을 수행하는바 다음과 같은 종류로 권력을 구분할 수 있다.

1.3.1. 보상적인 권력(reward power)

경영자 또는 조직의 리더가 조직구성원이 원하는 여러 가지 보상에 대한 재량권을 가지고 있기 때문에 생겨나는 권력을 말하는 것이다.

1.3.2. 합법적인 권력(legitimate power)

경영자 또는 조직의 리더가 차지하고 있는 지위나 위치로 인하여 조직구성원들이 그를 따를 수밖에 없도록 만드는 권력을 말하는 것이다.

1.3.3. 강압적인 권력(coercive power)

경영자 또는 조직의 리더가 조직구성원들의 감봉, 좌천 등의 처벌에 대한 공식적인 권한을 가지고 있기 때문에 생겨나는 권력을 말하는 것이다.

2 지휘의 이론

경영자가 조직을 지휘하려면 지휘에 필요한 리더십, 즉 리더가 발휘하게 되는 행동이 필요하게 된다. 여기에는 여러 가지 이론들이 리더십을 설명하고 있는바, 이들을 구체적으로 살펴보면 다음과 같다.

2.1. Kurt Lewin의 리더십 분류[1)]

Lewin은 리더십을 다음의 3가지로 분류하였다. 먼저, 권력형(권위주의적) 리더십은 조직 내의 의사결정을 리더가 독단적으로 하는 것이다. 따라서 명령지시적이며 집단 활동을 회피하며 의사결정 참여를 허용하지 않는다. 결과적으로 조직구성원들에게 좌절감을 주고 일방적 리더십이 된다.

둘째, 민주형 리더십은 의사결정을 리더가 하기보다는 부하들에게 위임하는 형태로서 집단토의를 권장하며, 객관적 입장에서 칭찬과 격려를 해주고 상호 동등한 조직분위기로 발전되어 조직구성원들에게 만족을 가져다주게 된다.

셋째, 자유방임형 리더십은 조직 내의 의사결정 권한을 리더가 부하들에게 전적으로 위임하는 형태로서 조직 구성원들이 자율적으로 의사결정을 하며, 사실상 리더가 필요 없는 형태로 조직 구성원들 간의 이해부족에 따른 무관심을 야기하기도 한다.

2.2. 특성이론(trait theory)

본 이론은 유능한 리더와 그렇지 않은 리더 간에는 신체적인 특성, 성격, 그리고 능력 등에 있어 차이가 존재한다는 것이다. 즉 훌륭한 리더는 태어날 때부터 남다른 뛰어난 기질을 가지고 태어난다는 주장이다. 이를 구체적 사항으로 정리해 보면 다음

1) Lewin, K., Lippitt, R., & White, R. K. (1939). Patterns of aggressive behavior in experimentally created social climates. *Journal of Social Psychology*, 10, 271-301.

<표 8-1>로 설명될 수 있다.

표 8-1 특성이론

구 분	내 용
신체적 특성	체력, 나이, 신장
사회적 배경	교육수준, 사회적 지위, 가정배경
지적 능력	지능, 판단력, 결단력, 언어의 유창성, 통찰력, 설득력
성 격	독립심, 정서적 안정, 자신감, 성실성, 적극성

2.3. 행동이론(behavioral theory)

본 이론은 리더십연구 개념을 연장시켜 리더의 행동유형을 더욱 구체화시키고 효과적인 리더십 행동을 기르기 위한 방법으로 블레이크와 머튼의 격자 이론 리더십이라고 하기도 한다. 이를 [그림 8-1]로 설명하면 다음과 같다.

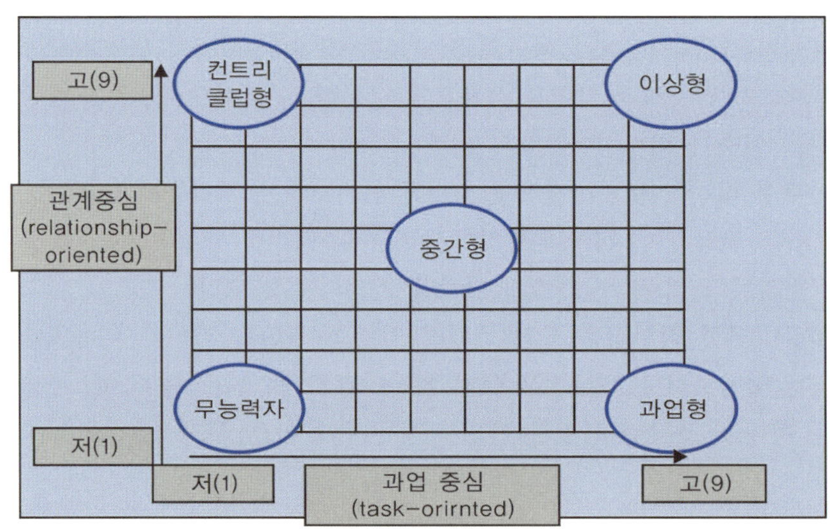

그림 8-1 행동이론

위 [그림 8-1]에서 행동경향 분류기준은 2가지, 즉 과업에 대한 관심과 관계에 대한 관심으로 분류하였다. 이를 다시 구체적으로 살펴보면 다음과 같다.

먼저, 과업에 대한 관심을 보이는 리더는 과업을 중시하며 생산방법과 절차 등 세부사항에 관심을 보이고 공식권한과 권력에 의존하여 부하를 치밀하게 감독하는 지시스타일 리더이다.

둘째, 관계에 대한관심을 보이는 리더는 부하 중심형 리더라고 할 수 있으며 부하와의 관계를 중요시하여 부하에게 권한을 위임하고 지원적 업무환경을 조성하여 부하의 개인발전에 관심을 가지는 행동스타일 리더이다.

2.4. 상황이론(contingency theory)

본 이론은 어떤 상황에서나 적절한 최적의 리더십 유형은 없으며 효과적인 리더십은 상황에 따라 가장 적합한 리더십 유형을 발견하는 것이라고 주장한다.

2.4.1. 피들러의 상황이론2)

여러 상황을 고려한 최초의 리더십 이론이라고 할 수 있으며 과업의 성공적 수행은 이를 이끌어 나가는 리더십의 스타일과 과업이 수행되는 상황의 호의성(favorableness) 여부에 따라 달라진다고 주장하는 이론이다. 한편 Fiedler는 리더십 스타일을 과업지향형(task-oriented)과 관계지향형(relationship-oriented)으로 분류한다.

이를 설명하면 다음과 같이 나타낼 수 있다[그림 8-2].

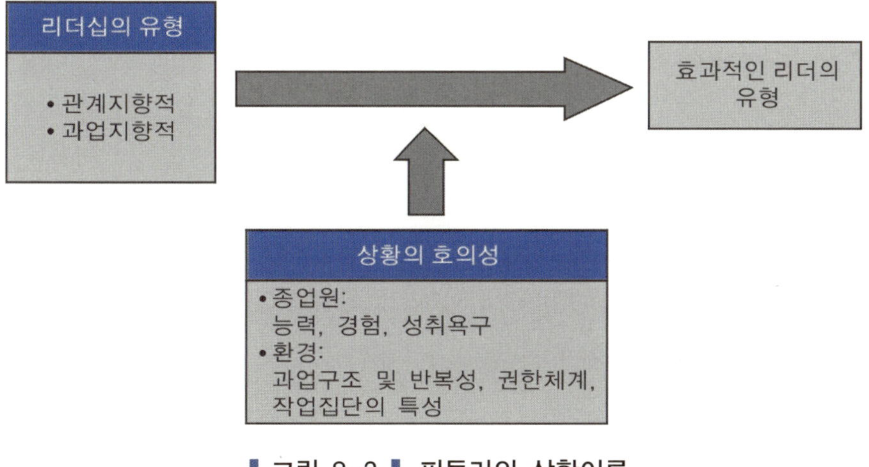

▌그림 8-2 ▌ 피들러의 상황이론

2) Fiedler, F. E. (1964). A contingency model of leadership effectiveness. In L. Berkowtir (Ed.), *Advances in experimental social psychology* (pp. 149-190), New York: Academic Press.

2.4.2. 하우스의 상황이론[3)]

유능한 리더는 종업원들이 경영업무와 관련된 목표와 개인적 목표를 달성할 수 있도록 부하들에게 과업을 분명하게 제시해 주는 기능과 작업수행에 방해가 되는 것을 사전에 제거하여 일 자체에 만족을 느끼도록 유도하는 기능을 제시해 주어야 한다고 주장한다. 이를 설명하면 다음과 같이 나타낼 수 있다[그림 8-3].

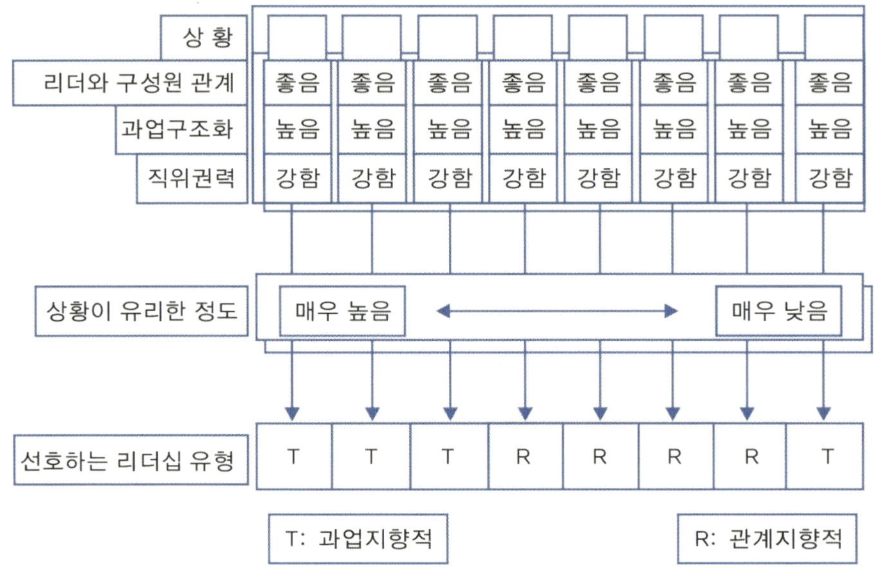

▌그림 8-3 ▌ 하우스의 상황이론

본 이론에서 리더의 행동은 다음과 같은 4가지 유형으로 구분된다.

2.4.2.1. 지시적 리더십(directive leadership)

지시적 리더는 조직구성원들에게 업적에 대한 명확한 기준을 강조하며 구체적인 직무수행과정과 작업일정에 대해 분명하게 제시해 준다.

2.4.2.2. 지원적 리더십(supportive leadership)

지원적 리더는 종업원들에게 우호적이고 친절하며 그들의 복지나 작업환경에 관심을 많이 기울인다.

3) House, R. J. (1971). A path-goal theory of leader effectiveness. *Administrative Science Quarterly.* 16, 321-338.

2.4.2.3. 참여적 리더십(participative leadership)

조직구성원들을 중요한 의사결정과정에 참여시키고 그들의 의견을 반영하는 민주적이며 종업원 지향적 리더이다.

2.4.2.4. 성취 지향적 리더십(achievement-oriented leadership)

성취 지향적 리더는 항상 종업원들에게 도전적이고 해볼 만한 목표를 제시해 줌으로써 그들의 능력을 최대한으로 발휘할 것을 기대한다.

3 동기유발

3.1. 동기유발(motivation)의 개념

조직 구성원이 조직의 목표를 달성하는데 있어서, 자발적이며 적극적으로 목표를 달성하기 위하여 열심히 노력하도록 이끄는 과정이다. 이러한 동기유발의 이론을 간략하게 도표로 살펴보면 다음과 같다[그림 8-4].

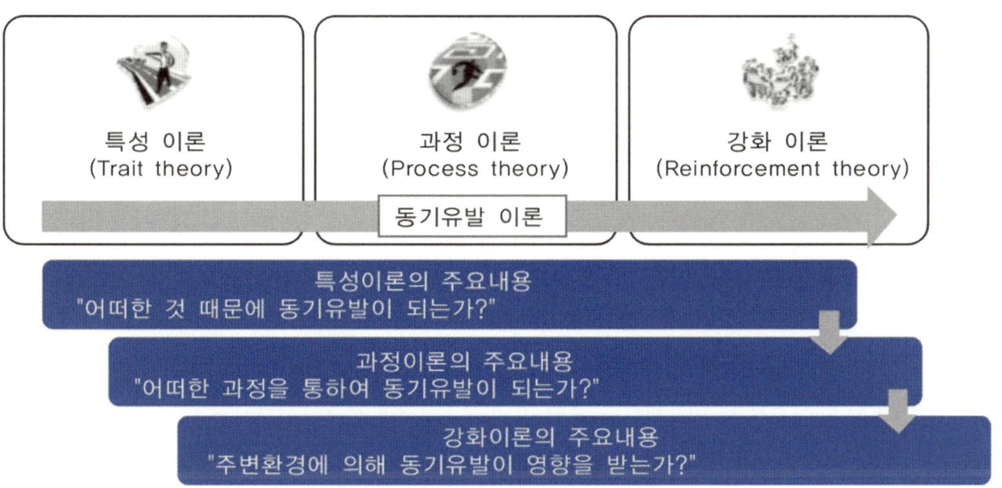

❚ 그림 8-4 ❚ 동기유발의 이론

3.2. 특성이론

3.2.1. Maslow의 욕구계층이론4)

본 이론에 의하면 인간의 욕구는 위계적으로 조직되어 있으며 하위 단계의 욕구 충족이 상위 계층 욕구의 발현을 위한 조건이 되며 이 과정에서 동기적 행동이 유발된다. 이러한 이론은 다음과 같은 5가지 단계로 구성되어 있다.

① 생리적 욕구(physiological needs)
② 안전의 욕구(safety needs)
③ 사회적 욕구(social needs)
④ 존경의 욕구(esteem needs)
⑤ 자아실현의 욕구(self-actualization needs)

Maslow의 욕구계층이론은 경영자에게 종업원의 욕구를 충족시키기 위해서 무엇을 해야 하는지를 파악할 수 있는 동기를 제공해 줄 수 있는 근거를 제공한다. 그러나 본 이론의 문제점을 살펴보면 실제 연구결과에서는 욕구계층이 존재하지 않는다는 점과 욕구가 반드시 단계별로 충족되는 것이 아니라는 것이며 개인의 욕구는 상황에 따라서 변화한다는 것이다.

3.2.2. 알더퍼(Alderfer)의 ERG 욕구설5)

본 이론은 Alderfer가 인간의 욕구에 대해 매슬로우의 욕구단계설을 발전시켜 주장한 이론이다. 인간의 욕구를 중요도 순으로 계층화했다는 점에서는 매슬로우의 욕구단계설과 동일하게 정의하지만, 그 단계를 5개에서 3개로 줄여 제시하였다는 점에서 차이를 보인다. 즉 욕구의 계층성을 주장하되 존재(existence: E), 관계(relatedness: R), 성장성(growth: G)의 세 가지로 축소하여 설명하고 이를 구체적으로 살펴보면 다음과 같다.

① 존재(existence: E): 배고픔, 목마름, 주거지 등과 같은 모든 형태의 생리적, 물리적 욕망들이 여기에 해당한다.
② 관계(relatedness: R): 작업장에서 인간관계와 관련된 모든 것들을 포함한다.

---

4) Maslow, A. H. (1943). A theory of human motivation. *Psychological Review*, 50, 370-396.
5) Alderfer, C. P. (1972). *Existence, relatedness, and growth.* New York: Free Press.

③ 성장성(growth: G): 창조적, 개인적 성장을 위한 한 개인의 노력과 관련된 모든 욕구를 말한다.

하위욕구가 충족되면, 상위욕구에 대한 욕망이 커지는 반면, 상위욕구가 충족되지 않을수록 하위욕구에 대한 갈망은 더욱 커진다는 이론이다. 한편 ERG이론의 만족-진행과 좌절-퇴행에 기초하여 이론의 작용원리를 도표로 나타내면 다음과 같다[그림 8-5].

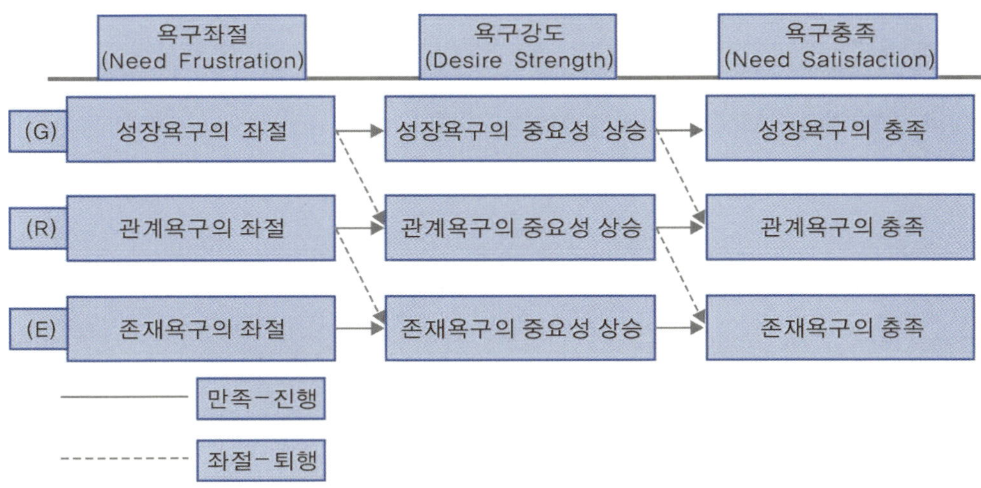

▌그림 8-5 ▌ 알더퍼(Alderfer)의 ERG 욕구설

3.2.3. 허즈버그(Herzberg)의 두 요인 이론(two factor theory)[6]

본 이론은 매슬로우의 문제점을 극복하기 위해 그의 연장선상에서 전개된 이론으로 허즈버그는 인간에게는 전혀 이질적인 두 가지 욕구가 동시에 존재한다고 주장한다. 즉 동기요인과 위생요인이 두 가지 욕구이다. 동기요인(motivation factors)은 만족요인이라고도 하며, 직무 자체와 관련되어 있고 종업원으로 하여금 직무에 대한 만족을 느껴서 스스로 열심히 일하게 함으로써 성과도 높아지게 하는 요인이다. 위생요인(hygiene factors)은 개인의 욕구를 만족시켜주는데 있어서 주로 개인의 불만족을 방지해 주는 효과가 있는 것들이다. 이러한 두 가지 욕구에 기초한 이론의 요인들을 표로 나타내면 다음과 같다<표 8-2>.

6) Herzberg, F., Mausner, B., & Snyderman, B. B. (1959). *The Motivation to Work* (2nd ed.). New York: John Wiley & Sons.

표 8-2 허즈버그(Herzberg)의 두 요인 이론

동기(motivators)요인 (직무)	위생(hygiene factors)요인 (환경)
만족도가 높아지며 성과가 높아지게 하는 요인 → 직무 자체나 개인의 정신적/심리적 요인	불만족은 줄이지만 만족도를 높이지는 못하는 요인 → 직무외적 요인
기업의 정책	성취감
임 금	안정감
작업조건	직무내용
대인관계	책임감
안정된 직업	성장과 발전
신 분	존경과 자아실현

3.2.4. 맥클리랜드(McClelland)의 성취동기이론[7)]

성취동기이론이란 장애를 극복하고 자신의 능력을 발휘하여 어려운 일을 해결해 목표를 달성하려는 욕구이거나 또는 도전적이고 어려운 과업을 훌륭히 성취하고 싶어하며 성취결과보다 성취과정에서 만족을 얻으려는 내적 의욕이다. 성취동기가 강한 사람들은 학업성취, 업적, 명성, 재산과 같은 외적인 보상이나 성취결과에 연연해하지 않고 어려운 일을 훌륭히 성취하는 과정 자체에서 만족을 얻고자 노력하며 인간의 욕구를 성취욕구, 권력욕구, 소속욕구 등 세 가지 욕구를 기준으로 파악한다.

3.2.4.1. 성취욕구(needs for achievement)

성취욕구가 강한 사람은 약한 사람에 비해 과업지향성, 적절한 모험성, 성취가능성에 대한 자신감, 혁신적인 활동성, 자기책임감, 결과에 대한 관심도 및 미래지향적인 긍정적 태도를 가진다.

3.2.4.2. 권력욕구(needs for power)

높은 권력욕구를 가진 사람은 영향력과 통제를 행사하는데 큰 관심을 가지며 리더로서의 일을 찾고 강압적이고 자기본위적인 경향이 강하다.

3.2.4.3. 소속욕구(needs for affiliation)

소속에 대한 욕구가 강한 사람은 다른 사람과 친근한 관계를 가지려고 하며 사회집단으로부터 소외되는 아픔을 피하고자 하는 경향이 강하다.

---

7) McClelland, D. C., Atkinson, J. W., Clark, R. A., and Lowell, E. (1953). *The Achievement Motive* (Eds.). Englewood Cliffs, NJ.: Appleton-Century-Crofts.

개인의 욕구단계는 개인에 따라 차이가 있다고 주장하며, 실제로 동기화는 동기의 강도, 목표달성에 대한 기대치, 그리고 보상수단에 의해 결정된다고 주장한다. 따라서 McClelland는 관리자들에게 다음 사항을 실행하라고 권한다. (1) 성과에 대한 주기적인 피드백 제공, (2) 종업원에게 성취 모델 제시, (3) 종업원의 자기 이미지 개선을 위해서 종업원과 협력, (4) 현실을 모든 업무 관련 주제에 적용이다.

3.2.5. 내용이론들의 비교분석

위에서 살펴본 이론들의 내용을 요약하여 그림으로 정리하면 다음과 같다[그림 7-6].

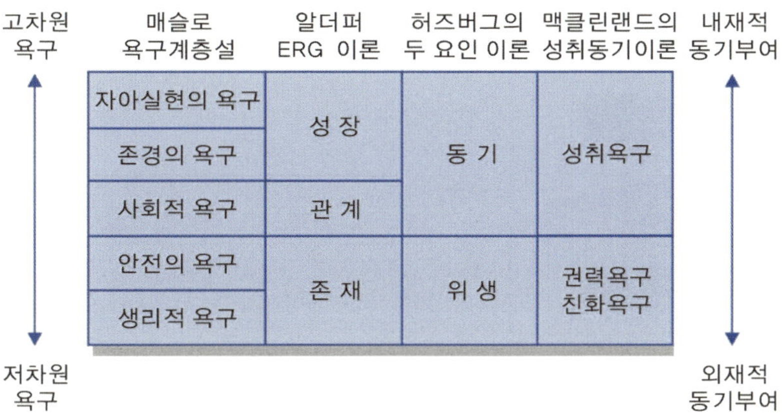

그림 7-6 내용이론들의 비교분석

3.3. 과정이론

인간의 동기가 어떻게 유발되는지에 대한 과정에 초점을 둔 연구이론이다. 이를 살펴보면 아래와 같다.

3.3.1. 브롬(Vroom)의 기대이론(expectancy theory)8)

본 이론에 의하면 개인의 동기유발의 정도는 그 일이 이루어지기를 원하는 정도와 실제로 그 일을 이루어 낼 수 있을 것이라고 믿는 정도에 따라 달라진다고 주장한다. 즉 경영현장에서 열심히 일함으로써 긍정적 유인가(valence)가 높은 성과들을 얻을 확률이 높다고 지각하면, 작업동기가 높다는 것으로 객관적 상황보다 개인의 지각이 중

8) Vroom, V. (1964). *Work and Motivation.* New York NY.: John Wiley.

요하다고 간주한다.

이것을 다시 공식으로 살펴보면, 동기유발의 힘 = 유인가(valence) × 기대(expectancy)로써 나타낼 수 있다. 용어를 정리하자면 유인가(valence)는 특정 결과에 대한 개인의 선호도로서 종업원이 어떤 특정 결과를 선호하는 강도이며, 기대(expectancy)는 특정 행위가 원하는 결과를 가져올 가능성이다. 위에서 살펴본 이론들의 내용을 정리하면 다음과 같다[그림 8-7].

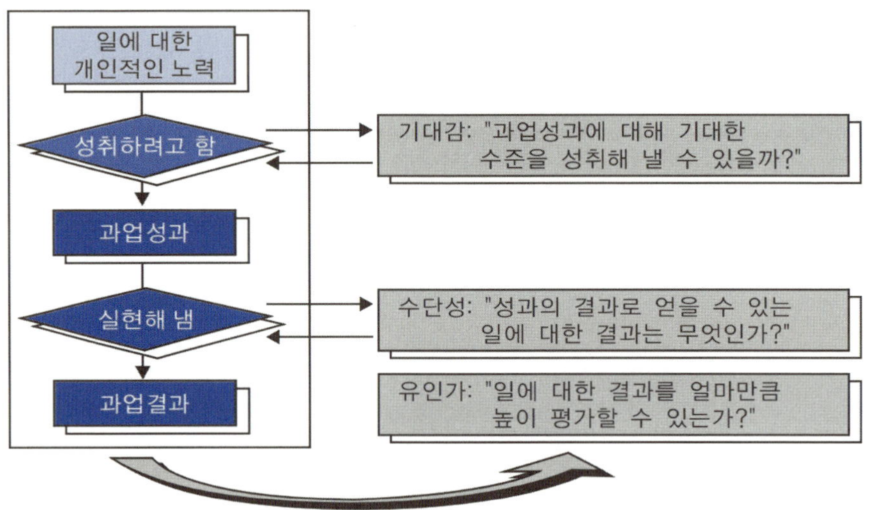

▌그림 8-7▐ 브룸(Vroom)의 기대이론 (expectancy theory)

3.3.2. 아담스(J. S. Adams)의 공정성이론(equity theory)[9]

본 이론에 의하면 자신의 업적 또는 노력에 따라 주어지는 보상이 불공정하다고 느끼면 그런 불공정을 줄일 수 있는 방향으로 동기가 유발된다는 데에 초점을 맞추고 있으며 개인의 행위는 타인과의 관계에서 공정성을 유지하는 방향으로 동기부여가 된다고 주장하는 이론이다. 공정성이론에 대한 내용을 도표로 설명하면 다음과 같다[그림 8-8].

---

9) Adams, J. S. (1963). Toward an understanding of inequity. *Journal of Abnormal and Social Psychology,* 67(5), 422-436.

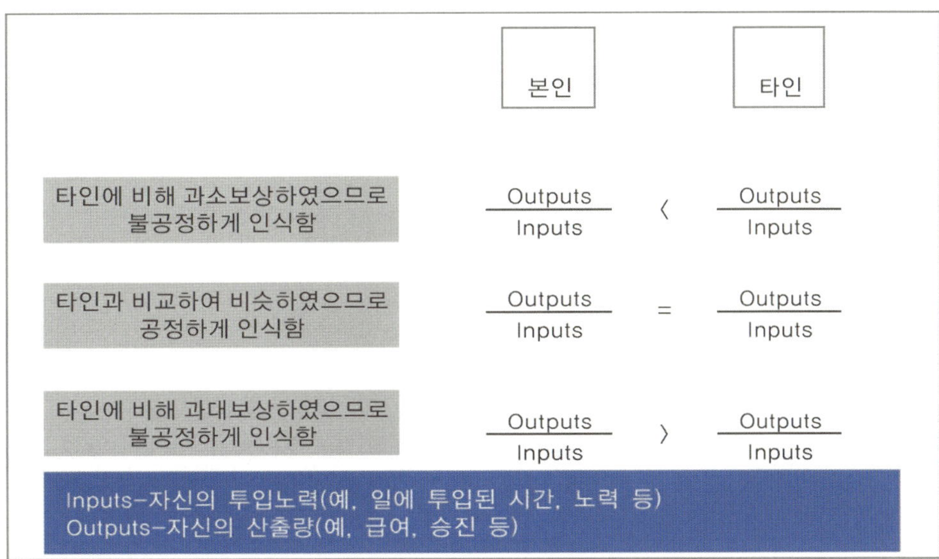

▌그림 8-8▐ 아담스(J. S. Adams)의 공정성이론

3.3.3. 강화이론

본 이론은 인간의 행동과 결과의 결속관계를 통해 바람직한 행동을 촉진하고 바람직하지 않은 행동을 억제시키는 영향력을 설명하는 과정이다. 즉 상이나 처벌을 통해 조직구성원들의 행동의 변화 또는 수정을 모색한다는 이론이다.

강화전략은 다음과 같은 3가지 유형으로 나눌 수 있다.

① **적극적 강화**(positive reinforcement): 종업원에게 즐겁고 보상적인 결과를 가져오는 행동을 증가시키기 위해 칭찬과 임금인상과 같은 긍정적인 보상을 제시하는 전략이다.

② **소극적 강화**(negative reinforcement): 적극적인 강화전략과 같이 요구되는 행동을 증가시키는데 초점을 맞추고 있으나 방법은 다르다. 종업원에게 주어지는 부정적인 조건을 제거하거나 해로운 자극을 중지하기 위하여 요구되는 행동을 촉진하는 것이다.

③ **소멸**(extinction): 바람직하지 못한 행동에 대해서는 행동을 중단하도록 요구함으로써 미래에 같은 행동의 재발을 방지한다.

④ **처벌**(punishment): 부정적인 행동에 따른 산출결과에 대해 감봉이나 강등과 같은 불쾌한 보상결과를 줌으로써 행동의 재발을 저지시킨다.

4 의사소통

4.1. 의사소통(communication)의 개념

한 사람의 정보를 다른 사람에게 전달함으로써 정보가 교환 또는 공유되는 일련의 과정을 일컫는다.

4.2. 의사소통의 기능

조직적 차원에서 목표가 설정되면 이를 달성하기 위해 각 종업원이나 부서 단위로 업무가 배분되고 정보의 공유기능을 수행하게 되며 감정 표현의 기능을 하게 된다. 이외에도 의사소통은 정책결정과 의사결정의 합리화기능, 사기앙양과 참여촉진 기능, 리더십의 발휘수단 기능 등 다양한 기능과 특성을 포함한다.

4.3. 의사소통의 과정

의사소통의 과정을 그림으로 나타내면 다음과 같다[그림 8-9].

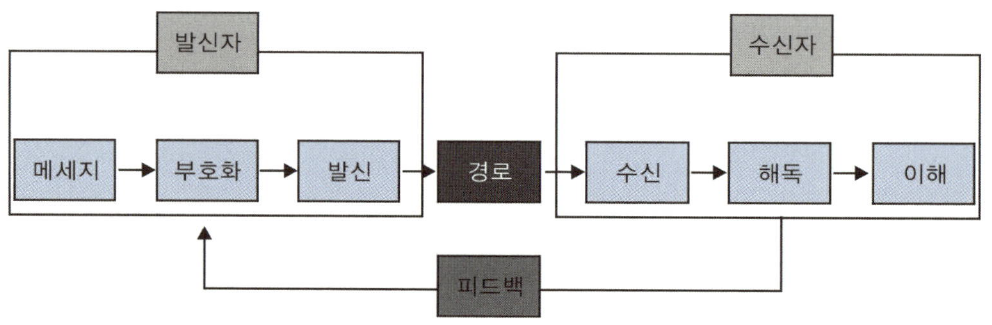

그림 8-9 의사소통의 과정

4.3.1. 의사소통의 유형

의사소통은 크게 대인적 의사소통과 조직적 의사소통의 2가지로 나누어지며 이들을 다시 구체적으로 세분화하여 설명하면 다음과 같다.

4.3.1.1. 대인적 의사소통

① 대인적 의사소통(interpersonal communication): 비교적 소수의 조직구성원들 사이에서 이루어지는 정보교환 및 의사전달의 형태로 다음의 3가지로 나누어진다.
② 구두에 의한 의사소통: 말을 사용하는 의사소통(oral communication)으로 직접대화, 전화통화, 집단토의에서와 같이 언어를 사용하여 정보를 교환한다.
③ 문자에 의한 의사소통: 글을 통하여 서로에게 의사소통을 하는 경우로 주로 많이 사용되는 방법이다.
④ 비언어에 의한 의사소통: 말과 글을 사용하지 않고 의사소통을 하는 방법으로 눈짓, 표정, 몸짓, 뉘앙스 등에 의해 이루어진다.

4.3.1.2. 조직적 의사소통(organizational communication)

조직의 목표를 달성하기 위해 공식적으로 구성된 조직구조를 통해 이루어지는 의사소통의 형태로 다음의 2가지로 나누어진다.

① 조직의사소통 네트워크: 공식적 의사소통(formal communication)과 비공식적 의사소통(informal communication)으로 나누어진다.
② 집단의사소통 네트워크: 연쇄형, Y자형, 바퀴형, 원형, 완전연결형으로 구분된다.

4.3.2. 의사소통 장애요인과 개선방안

4.3.2.1. 의사소통의 장애요인

의사소통을 하는데 장애가 되는 요인은 다음 4가지로 설명할 수 있으며 이들은 다시 세분화되어 나누어진다.

① 송신자와 관련된 요인: 본 요인은 커뮤니케이션 목표(communication goals)의 결여, 커뮤니케이션 기술(communication skill)의 부족, 신뢰도(credibility)의 결핍, 그리고 대인간의 감수성(interpersonal sensitivity)부족 등으로 나눌 수 있다.
② 수신자와 관련된 요인: 이와 관련된 요인으로는 선입견(preconceived ideas), 평가적 경향(evaluative tendency), 선택적 경청(selective listening), 그리고 반응적 피드백(responsive feedback)의 결핍 등을 꼽을 수 있다.
③ 송신자와 수신자간의 차이에서 오는 요인: 이것은 송신자와 수신자간의 쌍방의 차이에서 기인된 것으로 위에서 설명한 부분들이 중복되거나 혼합해서 일어나는 현

상이다.

④ 기타 환경적(상황적) 요인: 이러한 종류에는 정보의 과중(Information overload), 어의상의 문제(semantic problems), 커뮤니케이션의 풍토(communication climate)문제, 시간의 압박(time pressure), 그리고 비구두적 커뮤니케이션(nonverbal communication)을 들 수 있겠다.

4.3.2.2. 의사소통의 개선방안

의사소통을 효과적으로 개선하는 방안은 여러 가지가 있으나 여기에서는 다음과 같은 몇 가지를 제시하여 마무리하고자 한다.

① 의사전달자 측면: 효과적인 의사소통을 위해 무엇보다도 피드백에 관심을 가져야 한다. 즉 시각, 청각, 그리고 언어 면에서의 노력이 필요하다.

② 수신자 측면: 효과적인 의사소통을 이끌어내기 위해서는 의사전달자의 입장에서 좋은 청취자가 되는 것이 필수적이다.

③ 의사전달자와 수신자가 모두 사용할 수 있는 방안: 커뮤니케이션에서의 언어를 사용(use of language in communication)함으로써 서로 이해하기 쉽고 따라서 효과적인 의사소통의 개선책이 될 수 있다.

5 통제의 본질

5.1. 통제(control)의 개념 정리

5.1.1. 통제란?

조직의 목표를 달성하기 위하여 계획이나 목표가 바람직한 방향으로 진행되고 있는지를 측정을 통해 확인하고 시정하는 제반 행위를 일컫는다. 즉 경영통제란 경영계획에 의해 실행된 업무의 성취 수준이 계획에 근거한 기준 또는 목표수준에 도달하도록 하기 위하여 계획과 실행결과의 편차를 측정하고 그 원인을 밝히며 이를 시정하는 관리활동이다.

5.1.2. 통제의 중요성

통제는 다음과 같은 측면에서 중요한 의미를 가진다. 첫째, 조직의 목표 달성여부를 최종적으로 확인하는 활동이며 피드백 하는 관리활동이다. 둘째, 현대 경영의 특징인 조직에서의 권한위임을 촉진시킨다. 셋째, 환경변화에 대하여 대응할 수 있도록 해준다. 넷째, 기업의 규모가 점차 커지고 기업업무환경이 복잡해지고 있다.

5.1.3. 통제의 유형

통제의 종류는 다음과 같이 크게 3가지로 분류할 수 있다.

5.1.3.1. 사전적 통제(pre-action control)

사전통제는 예비통제라고도 하며, 경영활동이 시작되기 전에 실행되는 통제이다. 경영목표가 분명하게 설정되었는지, 목표달성에 필요한 투입자원이 준비되었는지, 그리고 이들에 의한 결과가 경영목표와 일치할 것인지를 사전에 검토하는 것을 말한다.

5.1.3.2. 동시적 통제(concurrent control)

동시통제는 진행통제라고도 하며, 업무나 작업이 진행되고 있는 동안에 이루어지는 통제를 말한다. 이는 경영활동이 종료되기 전에 업무단위 또는 기간단위에 수시로 통제함으로써 경영활동의 목표를 달성하기 위한 조치이다.

5.1.3.3. 사후적 통제(post-action control)

사후통제는 피드백통제라고도 하는데, 일정기간이 만료된 후 경영성과를 측정·분석하고 계획과 비교, 차이가 발생하였을 때 인과관계를 규명함으로써 각 조직단위의 책임과 권한관계를 명백히 하고 동시에 미래의 계획수립에 필요한 근거자료를 제공하는 데 의의가 있다.

통제의 유형을 그림으로 나타내면 다음과 같다[그림 8-10].

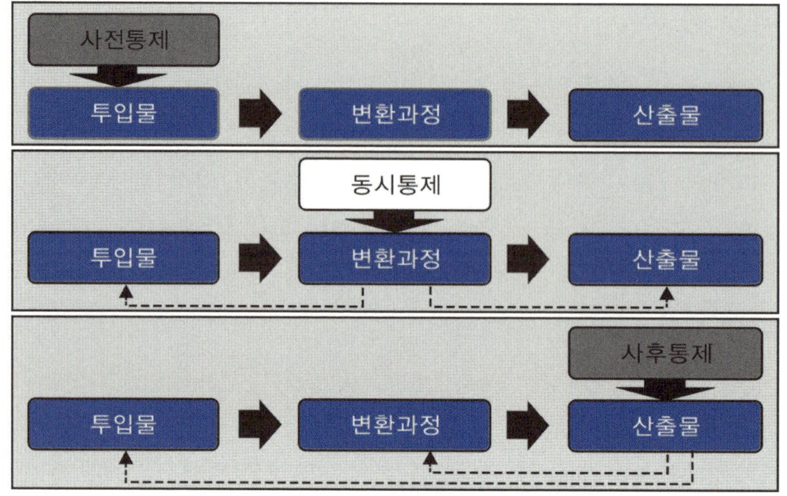

▌그림 8-10 ▌ 통제의 유형

5.1.4. 통제의 과정

통제의 과정은 간단하게 요약하자면 성과를 측정하고 계획대로 되었는지 비교하고 계획이나 행동을 다시 피드백하는 3가지로 구분된다. 먼저, 성과의 측정, 둘째, 표준과의 비교, 마지막으로 수정행동 착수이다.

5.2. 경영통제기법

경영통제기법은 크게 재무통제, 예산통제 그리고 생산 및 재고 통제의 3가지로 나뉘어 설명할 수 있다.

5.2.1. 재무통제

5.2.1.1. 재무제표

기업의 재화와 용역의 흐름을 재무적 측면에서 자료를 이용하여 분석함으로써 경영실태나 업적을 파악하는 활동으로 대차대조표(재무상태표), 손익계산서, 현금흐름표 등이 있다.

5.2.1.2. 대차대조표(balance sheet)

일정시점에 있어서 기업의 재무 상태를 나타내는 재무제표이다.

5.2.1.3. 손익계산서(income statement)

일정기간 동안 기업의 수익과 비용을 대응시킴으로써 기업의 경영성과를 측정하여 보고하는 재무제표이다.

5.2.1.4. 현금흐름표(cash flow)

일정기간 동안 기업의 현금흐름을 명확히 보고하기 위해 활동별 현금의 유입과 유출내용을 적정하게 표시하는 회계보고서이다.

5.2.1.5. 비율분석

비율분석(ratio analysis)법은 기업의 경영실태나 재무적 건전도를 분석 및 평가하는 기법이다. 재무비율에는 유동성비율(liquidity ratio), 레버리지비율(leverage ratio), 수익성비율(profitability ratio), 안정성비율(stability ratio), 성장성비율(growth ratio) 및 활동성비율(activity ratio)이 가장 일반적이다.

5.2.1.6. 재무감사

재무제표의 정직성과 공정성을 확인하고, 경영자의 의사결정에 중요한 기준을 제공해 주는 재무통제와 직접적인 관계를 갖는 통제활동으로 외부감사(external auditing)와 내부감사(internal auditing)로 구분된다. 외부감사는 외부전문인인 공인회계사(CPA; certified public accountant)에 의해서 감사가 수행되며 주로 기업의 회계자료 및 재무제표가 독립적으로 평가 및 검증되는 확인과정이라 할 수 있으며 내부감사는 기업내부의 자체 구성원에 의해서 수행되는 감사를 의미한다.

5.2.2 예산통제

예산통제(budgetary control)는 기업 전체의 입장에서 미래의 일정 기간에 대한 예산을 편성하고, 이 예산에 근거하여 조직 전체와 각 부문의 활동을 지휘하고 조정하는 기능을 가진다.

예산의 특징은 일반적으로 구체적인 측정수단인 화폐단위로 표시된다. 자원을 제공하고 지원받는 사람 사이의 약속을 나타내며 공식적인 승인절차가 필요하다. 그리고 예산의 변경은 특별한 상황 하에서만 이루어져야 한다.

예산유형으로는 운영예산과 재무예산이 있다. 먼저, 운영예산은 수입예산, 지출예산, 이익예산으로 구분되며, 한 예산기간 내에 기업의 목표나 계획을 달성하기 위해

소모하리라 예상되는 재화와 용역에 관한 예산이며 재무예산은 한 예산기간 내의 기업에 대한 현금수입과 지출에 관한 예산이다. 구체적으로 재무예산은 현금, 대차대조표, 자본지출 및 조달 등을 포함한다.

고정예산과 변동예산 중 먼저 고정예산은 예산기간 중 계획된 특정 매출량이나 생산량을 전제로 수립된 단일예산을 말하며, 실제로 생산량이나 매출량의 변동이 있을지라도 추가 예산을 허용하지 않는 비탄력적인 예산이며 고정예산의 비탄력적인 요소에 탄력성을 부여하기 위한 예산이 변동예산이라 할 수 있다.

5.2.3. 생산관리통제

생산관리에서의 통제는 크게 구매통제와 재고통제를 통하여 이루어진다. 먼저, 구매통제(purchasing control)는 가능한 구매집중을 통한 구매력 강화에 노력하고 가능한 공급업체의 수를 줄이며 공급업자와의 파트너십 관계를 구축하는 것이 구매통제의 핵심이다. 둘째, 재고통제(inventory control)는 재고를 유지하는데 소요되는 비용을 최소화하기 위해 재고의 적정수준을 파악하는 노력이 필요하다.

연습문제

01 지휘의 주요이론(3가지 이상)에 대하여 설명하세요.

02 동기부여의 주요이론(3가지 이상)에 대하여 설명하세요.

03 의사소통의 장애요인과 개선방안에 대하여 설명하세요.

04 통제의 유형에 대하여 설명하세요.

05 통제의 중요성에 대하여 설명하세요.

제 9 장　생산운영관리

요약

기업은 제품 또는 서비스를 고객에게 제공하고 그 대가를 받아 이윤을 얻음으로써 존재하며 발전한다. 기업이 이윤을 향상시키기 위해서는 제품 또는 서비스의 생산운영 원가를 절감하거나 매출의 증대를 통해 가능하며, 전자는 생산운영관리를 통해서, 후자는 마케팅관리를 통해 이루어진다.

생산운영관리는 사람(Man), 기계(Machine) 재료(Material), 방법(Method)인 4M의 관리를 통해 수행되는데, 4M의 적절한 운영관리는 생산방식의 최적화로 품질(Quality) 향상, 코스트(Cost) 저하, 납기(Delivery) 준수를 통한 원가절감으로 이어지고, 원가절감은 기업의 이윤을 창출하게 되고 기업 경쟁력 향상의 중요한 요소가 된다.

본 장에서는 이러한 생산운영관리 활동에 대한 개요를 설명하고, 생산운영관리의 주요 활동에 대해 살펴보고자 한다. 또 글로벌화에 따른 생산방식의 변화에 따라 해외거점의 생산운영 형태, Make-Buy 전략과 실행 및 글로벌 책임경영에 대해 설명한다.

• 주저자: 이승은교수, 대전보건대학교 마케팅관리과, Tel: 010-6425-4007, E-mail: eunslee@hit.ac.kr

제 9 장 생산운영관리

1 생산운영관리의 개념

기업은 제품 또는 서비스를 고객에게 제공하고 그 대가를 받아 이윤을 얻음으로써 존재하며 발전한다. 기업이 이윤을 향상시키기 위해서는 제품 또는 서비스의 생산운영 원가를 절감하거나 매출의 증대를 통해 가능하며, 전자는 생산운영관리를 통해서, 후자는 마케팅관리를 통해 이루어진다.

생산운영관리는 사람(Man), 기계(Machine), 재료(Material), 방법(Method)인 4M의 관리를 통해 수행되는데, 4M의 적절한 운영관리는 생산방식의 최적화로 품질(Quality) 향상, 코스트(Cost) 저하, 납기(Delivery) 준수를 통한 원가절감으로 이어지고, 원가절감은 기업의 이윤을 창출하게 되고 기업 경쟁력 향상의 중요한 요소가 된다.

본 장에서는 이러한 생산운영관리 활동에 대한 개요를 설명하고, 생산운영관리의 주요 활동에 대해 살펴보고자 한다. 또 글로벌화에 따른 생산방식의 변화에 따라 해외거점의 생산운영 형태, Make-Buy전략과 실행 및 글로벌 책임경영에 대해 설명한다.

1.1. 생산운영관리의 의미와 기능

제품 또는 서비스를 고객에게 제공하기 위해서는 '생산' 혹은 '운영'이라는 활동이 필요한데 이때 "무엇을 만들 것인가", "어떻게 만들 것인가"라는 기본적인 활동에 대한 관리가 필요하다. 관리는 일반적으로 계획, 조직, 지휘, 통제 활동으로 구성된다.

계획에서는 생산운영의 목표 수립을 포함하는 전략 계획에서부터 목표를 달성하기 위한 모든 활동과 방법에 대한 전술계획, 추진일정과 실행절차에 관한 운영계획을 하게 된다. 계획된 생산목표를 달성하기 위한 인적·물적 자원을 시스템화하는 과정을 조직이라 하며, 조직에서는 제품과 서비스 생산에 필요한 생산운영 과정을 규정하고 인적자원을 조직화 한다. 지휘는 생산목표를 달성할 수 있도록 종업원에게 동기를 부여하고, 활동을 조정하는 제반 활동을 뜻하며, 통제는 성과가 계획된 생산목표와 일치하는지를 평가하고 조정이 필요한 경우에 이에 대한 조치를 취하는 과정을 말한다.

그러면 기업은 왜 생산운영을 위해 계획, 조직, 지휘, 통제 등의 활동을 수행하는가?

기업이 제품 혹은 서비스를 생산운영하기 위해서는 투입(input)을 산출(output)로 변환하는 일련의 활동을 하게 되는데, 이를 프로세스(process)라고 한다. 프로세스를 통해 재료(Input)는 제품(output)으로 변환되는데 이 변환과정(process)은 앞에서 말한 4M(사람, 기계, 재료, 방법)이라는 생산요소를 조합하여 이루어진다.

하나의 제품 혹은 서비스를 고객에게 제공하기 위해서는 여러 개의 프로세스가 동시에 운영되는데 여러 개의 프로세스가 모여서 하나의 시스템(system)으로 문제없이 정상적으로 작동하기 위해서는 시스템을 계획하고 조직하고 지휘하고 통제하는 일련의 활동이 반드시 필요하며 이러한 일련의 활동을 최적화하기 위하여 생산계획과 통제, 구매/자재관리, 재고관리, 설비관리, 작업관리, 품질관리 등이 필요하며 이들을 통합하여 생산운영관리라고 한다.

1.2. 생산운영관리의 발전

생산운영관리는 시장의 환경 변화와 기술의 진보에 따라 지속적으로 혁신해 왔다. 18세기 산업혁명시대에 영국의 브라마와 모즐레이는 선반의 슬라이드식 절삭구를 개발하여 생산성 향상에 기여했다고 한다.

아담 스미스는 소형 가내공장을 예로 들어 제조공정을 세분, 작업자를 각각 전문화시키고 어떤 작업에 있어서는 2~3개를 한 공정으로 묶어 진행하도록 함으로서 획기적인 생산성 향상을 가져왔다.

19세기에 접어들어 기계에 의한 공장생산이 증대하자 과학적 지식을 바탕으로 기술이라고 하는 객관적·보편적 지식으로 체계화하여 기능으로부터 독립되기 시작했고 19세기 말부터 20세기 초에 걸쳐 미국의 테일러는 '과학적 관리법'을 창안했다. 테일러의 과학적 관리법은 가장 능률적으로 작업을 진행시킬 수 있는 방법 내지는 작업을 진행시킬 수 있는 작업의 흐름을 파악하고, 방법 연구를 통하여 보다 능률적인 작업방법을 검토하고 그것이 가장 유효한 방법이 될 수 있는가를 작업 측정에 의해 평가한다. 그리고 가장 능률적이라고 인정된 작업방법을 표준 작업방법으로 결정하고 이것을 지속적으로 실행할 수 있도록 관리한다.

1913년 헨리 포드는 컨베이어를 도입하고 대량생산을 위하여 작업과 제품의 단순화(simplification), 부품과 작업의 표준화(standardization), 기계설비의 전문화(specialization)라는 대량생산방식의 원칙인 3S를 구현하여 포드생산시스템을 확립하였다. 이후 고객이 다양화되고 개성화되어 가는 시장 변화에 따라 대량생산의 단점을 보완하고 다품종소량생산에 대응하는데 적합한 도요타생산시스템인 JIT(Just-In-Time) 생산

체제가 확립되었다.

정보통합화 기술의 발전으로 1960년대 중반에는 생산에 필요한 자재별 소요량과 소요시기를 결정해 주는 자재소요계획시스템(MRP)이 개발되었고, 이후 MRP의 확장 개념으로 생산활동 전반에 걸친 제조자원을 통합적으로 계획하고 통제하는 관리시스템인 제조자원계획(MRP-Ⅱ)로 발전하였다. 현재는 많은 기업이 ERP(Enterprise Resource Planning)와 같은 전사적 자원관리시스템을 활용하고 있는데, 이는 생산활동 중심에서 서플라이 체인과 설계, 영업, 원가회계 등 기업 활동 전반에 걸친 모든 업무의 경영자원을 대상으로 확대한 개념으로 정보기술의 발전과 더불어 등장하게 되었다.

정보기술의 발전과 함께 글로벌화의 진전, 그리고 시장에서의 고객 욕구의 다양화, 개성화, 감성화에 따른 생산형태의 변화의 트렌드는 대량고객화(Mass Customization)라는 개념을 생산방식에 접목하여 발전시켰다. 대량고객화는 서로 상반된 의미를 가진 대량생산과 고객화라는 두 단어가 합쳐져 이루어진 개념으로 정보기술과 생산 기술의 혁신에 의해 가능하게 된 새로운 세분화 기법이다.

대량고객화는 각 고객의 욕구를 충족시키기 위해서 개별적으로 디자인된 제품을 대량으로 생산하는 것을 의미한다. 예를 들어, 고객을 제품의 기획 단계에서부터 참여시켜 고객이 원하는 욕구를 제품 디자인에 반영시켜 생산하되, 이를 요구사항의 계열화, 레인지(Range)화 등을 통해 대량으로 생산 가능케 함으로써 생산비용은 늘리지 않고 고객만족도는 높이는 방법이다.

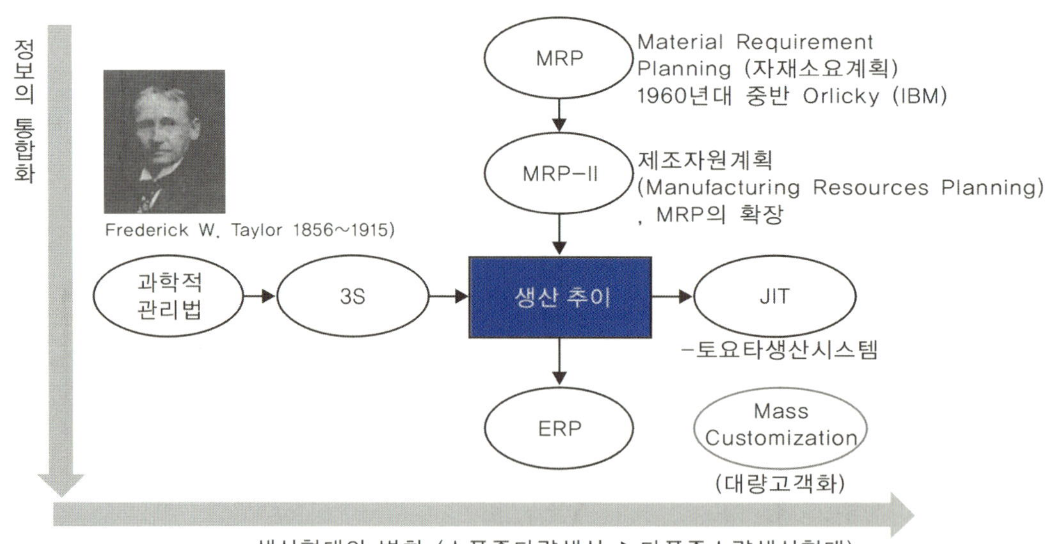

그림 9-1 생산운영방식의 변화

1.3. 생산운영활동의 의의

기업은 제품 혹은 서비스를 고객에게 제공하여 이익을 많이 내면 낼수록 경쟁력 있다고 말한다. 기업의 이익은 시장에서의 판매가격과 제품을 만드는데 소요된 원가와의 차이에서 나온다. 그런데 가격은 시장에서 결정되기 때문에 기업의 능력으로 이익을 발생시키기 위해 컨트롤할 수 있는 것은 원가이다. 생산운영측면에서 우리가 사용하고 있는 제품의 단가는 기업별로 크게 차이 나지 않는다. 동일 재료일 경우 재료비 단가, 에너지 단가, 시간당 임률 등은 비슷하지만, 이익은 기업에 따라 차이가 날 수 있다. 이는 불량이나 재작업, 생산성 저하 등 각 기업에서 제품을 만드는 방법에 따라 원가가 달라지고 그로 인해 이익의 차이가 나타나게 된다.

[그림 9-2]에서와 같이 제품 혹은 서비스를 어떻게 만드는가 하는 것이 생산운영에서 중요한 요소이며 생산운영의 활동을 어떻게 하느냐에 따라 기업의 원가에 영향을 미친다.

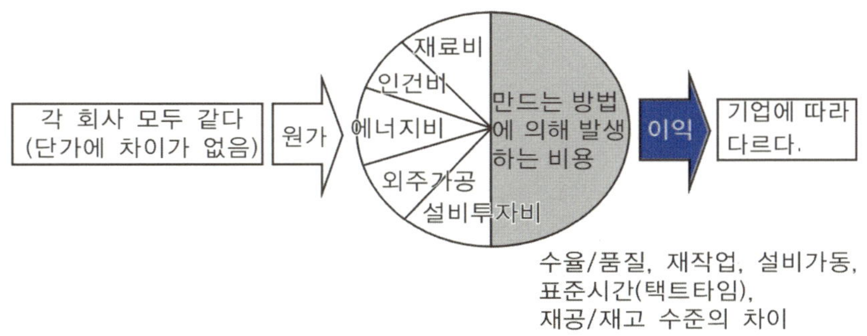

▌그림 9-2 ▌ 생산운영활동과 이익

생산운영활동의 본질은 고객의 입장에서 만족하는 제품을 만드는 것이고 생산자 입장에서는 판매가가 원가보다 높아서 이익을 남기도록 하는 것이다. 즉 [그림 9-3]에서와 같이 고객과 생산자 두 측의 입장에서 모두 만족시켜야 하는 것이다. 고객의 입장을 잘 반영하면서도 생산자 입장에서도 만족하는 시스템을 어떻게 만들어 갈 것인가가 생산운영활동의 핵심 포인트이다.

고객의 기본적인 생각	생산자의 기본적인 생각
구입가격 〉 고객의 사용만족 (X) 구입가격 〈 고객의 사용만족 (O)	판매가 = 원가 + 이익 (X) 이익 = 판매가 − 원가 (O)

▌그림 9-3 ▌ 고객과 생산자의 기본적인 생각

표 9-1 생산운영관리의 이슈사항

구 분	주요 이슈 사항
1. 다품종 소량생산의 문제	① 소르트 생산에 의한 생산계획의 변경이 빈번하게 발생한다. ② 계획변경에 따라 품종변경, 사양 변경이 자주 일어난다. ③ 계획변경에 따라 생산우선순위가 변동된다. ④ 영업의 긴급 오더에 의한 계획변경이 빈번하게 발생한다. ⑤ 신제품 개발지연으로 생산계획의 변경이 일어난다. ⑥ 확정생산계획의 수립지연으로 빈번한 계획변경이 발생한다. ⑦ 부품조달의 문제로 생산계획의 변경이 빈번하게 일어난다.
2. 생산정보시스템의 문제	① 현물과 장부의 불일치가 있다. ② 현장 데이터의 정의, 정확도가 미흡하다. ③ 현장의 운영 Rule/기준이 불명확하다. ④ 기준(Rule) 대로 지켜지지 않는다. ⑤ 시스템과 실행의 갭(Gap)의 차이가 있다. ⑥ 재작업, 데이터 왜곡, 올바른 경영의사결정이 힘들다 ⑦ 생산에서 나오는 정보를 제대로 활용을 하지 못한다.
3. 생산능력과 부하 문제	① 공정간 능력의 불균형이 심하다. ② 작업일보가 부정확하다. ③ 공정능력을 제대로 파악하지 못하고 있다. ④ 작업지시에 오류를 범하는 경우가 있다. ⑤ 불량체크를 위한 공정대기시간이 길다. ⑥ 작업관리가 미비하여 공정로스 및 동작로스가 자주 발생한다. ⑦ 작업표준(표준작업화)이 미비하다.
4. 자재수급의 문제	① 생산계획의 변경으로 인한 긴급한 자재의 수급이 이루어지지 않아 재고의 부족현상이 일어난다. ② 생산계획변경에 따른 자재수요변동으로 재고의 과다현상이 발생한다. ③ 원부자재의 적기 공급이 곤란하거나 부정확한 수요판단으로 재고의 과잉 내지 부족현상이 발생한다. ④ 로트사이즈의 부정확으로 인한 과잉재고가 발생한다. ⑤ 긴급수요대응을 위해 과다하게 안전재고를 보유하는 경우가 많다. ⑥ 재고는 낭비라는 인식이 부족하다.
5. 설비보전의 문제	① 생산설비의 작업준비 변경시간이 과다하게 걸린다. ② 생산설비가 노후화 되어 고장이 잦다. ③ 설비에 대한 예방보전의 실시가 미비하다. ④ 설비의 보전기간 및 검사기간의 설정이 미숙하다.
6. 작업자의 의식문제	① 작업자의 잔업 기피가 많아진다. ② 작업자가 부정적인 생각을 갖는 경우가 많다. ③ 작업자가 자기의 일에 대한 책임 회피의 경향이 있다. ④ 다능공이 부족하다. ⑤ 작업자들이 힘든 작업을 기피한다.

그러나 고객 측에서는 필요한 물건을 필요한 시기에 필요한 만큼 구입하고자 한다. 가능하면 다양한 품종의 제품에서 선택하고자 하며, 납기는 가능한 한 줄이려 한다. 품질은 최고의 제품을 가장 싸게 구매하고 싶어 하는 것이다.

생산자 측에서는 가능한 한 수량을 모아서 생산하고, 모아서 출하하며, 계획적으로 생산하기 위해 납기를 어느 정도 길게 가져가기를 원한다. 대량생산이 가능한 표준품을 만들고 싶어 하며, 소비자의 요구품질수준 내에서 많은 이익을 내고자 한다.

고객과 생산자의 접점에서 상호 모두가 만족하는 수준을 달성하기 위해서 기업은 지속적으로 생산방식을 개선하고 발전해 왔다. 그러나 <표 9-1>에서와 같이 다품종 소량생산, 생산정보시스템, 생산능력과 부하, 자재수급, 설비보전, 작업자의 의식 등에서 끊임없이 이슈가 발생한다. 효율적인 생산운영관리가 되기 위해서는 다음과 같은 이슈사항을 해결해 나가야 한다.

2 생산운영관리의 주요 내용

기업은 고객이 요구하는 제품을 결정된 납기 내에 제공하기 위하여 생산운영관리를 수행한다. 소정의 품질수준을 유지 또는 그 이상의 품질수준을 추구하고 납기, 생산기간의 단축, 원재료, 부품, 제품의 재고 최소화, 작업자와 생산설비의 최대한 효율적 활용, 생산자재의 효율적 활용의 극대화, 최소원가에 의한 이익확보 실현 등을 목적으로 하고 있다.

이를 위하여 생산운영관리에서는 생산계획과 통제, 구매/조달관리, 제품공정관리, 자재/재고관리, 품질관리 등의 주요 기능을 수행하고 있다.

[그림 9-4]에서와 같이 생산공정관리는 협의의 개념인 공정관리와 광의의 개념인 공장관리로 구분하여 설명할 수 있으며, 본 장에서는 협의의 개념인 공정관리 측면에서 생산공정관리를 설명하고자 한다.

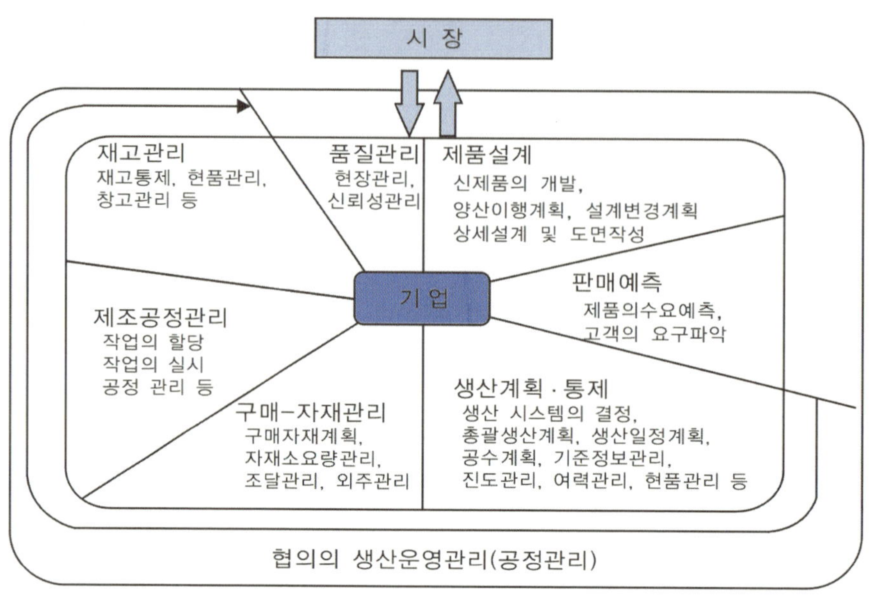

그림 9-4 생산운영관리의 범위

2.1. 생산계획과 통제

생산계획은 생산활동에 앞서 무엇을, 언제, 어디서, 얼마나, 어떻게 생산할 것인가를 예정하는 것이다. 이를 위해서는 판매계획이 선행된다. 생산계획은 판매계획과 공장이 갖고 있는 생산능력을 조정하는 활동으로 장기, 중기 및 단기계획으로 수립된다. 생산능력은 기업이 보유하고 있는 설비의 정상적인 조건 아래서 충분히 가동하였을 때의 예산 최대 생산량 즉, 최대 잠재생산량을 말한다. [그림 9-5]에서와 같이 사업전략에 따른 능력계획이 수립되면 총괄생산계획과 주생산 일정계획이 수립된다. 그다음 단기 일정계획이 수립된다.

생산계획단계에서 수립된 계획이 차질 없이 잘 수행되도록 하기 위해 현장에서는 계획에 따른 순서관리, 여력관리, 진도관리 등이 동시에 수행된다. 이를 생산통제라 하며 세부계획에 대비하여 문제점의 해결과 생산을 촉진하는 기능이다.

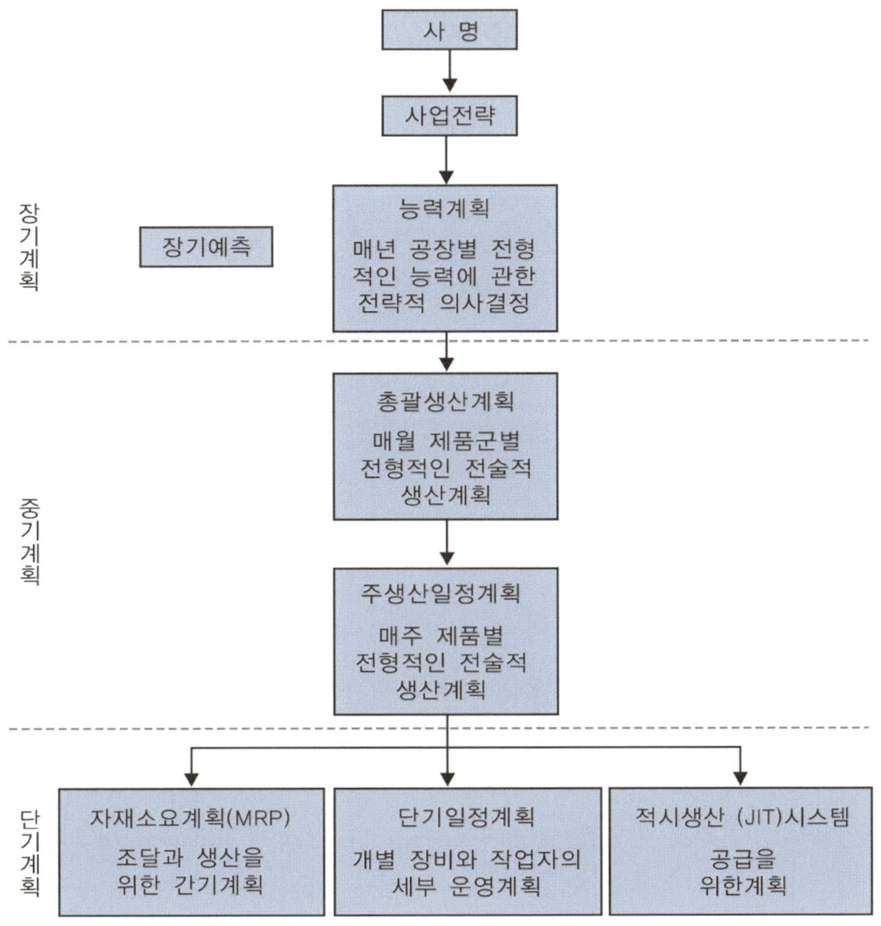

▌그림 9-5 ▌ 생산계획 수립과정[1)]

2.1.1. 총괄생산계획

총괄생산계획은 연간 수요예측에 대한 월별 제품군에 대한 전반적인 생산계획을 말한다. 보통 1개월에서 1년까지의 중기계획으로 변동하는 수요를 경제적으로 만족시키기 위해 고용수준, 작업수준, 재고수준, 외주화 수준 등과 같은 자원의 최적결합을 결정하는 생산계획을 의미한다. 총괄생산계획에 있어서는 개개의 제품별로 구분하지 않고, 제품군 단위 또는 전체 품목을 일괄해서 생산수량과 생산시기를 결정하는 것이다. 총괄생산계획의 기본 목적은 수요량과 생산량 간의 균형을 유지함으로써 비용의 최소화, 서비스 수준의 최대화, 고용과 조업의 안정화, 재고 최소화 등이다. 일반적으로 계획기간 중의 수요는 계절적 요인 등 여러 가지 요인들로 인해 수시로 변동한다. 따

1) 이창효, 한상찬 (1999). *현대 생산·운영관리*. 서울, 대한민국: 도서출판 대명

라서 해당 제품의 주문형태, 수요예측 등의 변화에 따라 시장경기 동향을 고려하여 총괄생산계획을 수립하여야 한다.

2.1.2. 주생산 일정계획

주생산 일정계획은 매주별 개별제품에 대한 세부 생산 일정계획이다. 수요예측과 총괄생산계획을 수립한 후 입안되는 계획이다. 주생산 일정계획은 총괄생산계획을 보다 세부적으로 나누어 개별 제품별로 수요예측이나 실제 주문량에 대하여 언제까지 얼마를 생산할 것인가를 계획하는 것이다. 이러한 주생산 일정계획은 작업이 언제 시작되며, 어느 부서에서 작업을 수행하며, 소요되는 설비, 물자 및 인력을 구체화하는 세부적인 일정계획을 수립하는데 기초가 된다. 따라서 주생산 일정계획에서는 자재소요계획(MRP)과 연결시켜 계획한다.

2.1.3. 단기 일정계획

단기 일정계획은 일련의 작업이 수행되도록 생산자원을 시간에 따라 할당하는 의사결정과정으로, 작업자와 설비에 대한 작업의 할당과 세부일정계획이 된다. 일정계획에는 생산자원을 가능한 시간부터 차례로 할당하는 전진일정계획(forward scheduling)과 납기일로부터 거꾸로 자원을 할당해 나가는 후진일정계획(backward scheduling)으로 구분할 수 있다. 일정계획 수립 시에는 납기순서를 고려하여 생산 우선순위를 결정해야 하고 내·외부 변동사항에 따라 일정계획은 조정 가능해야 한다.

2.1.4. 생산 통제

생산 통제는 편성된 공정이나 일정에 따라 작업이 올바르게 실행되는지를 체크하고 생산도중에 발생하는 문제점의 해결과 생산을 촉진하기 위해 수행된다. 협의의 생산 통제의 대상은 사람과 물품이 되겠지만, 광의의 생산 통제는 2절부터 시작되는 구매조달관리, 자재재고관리, 제조공정관리, 품질관리 등을 통해서 이루어진다. 생산 통제는 일반적으로 다음과 같은 순서로 진행된다.

① 생산계획에 기초한 준비
② 계획한 작업의 할당과 해당 작업자에게 통지
③ 작업에 필요한 재료 및 부품 지급
④ 업무의 진도 파악 및 조정

⑤ 결과 기록

2.2. 구매/조달관리

구매조달은 경영전략과 사업계획에 따라 필요한 구매대상 품목을 파악하고 필요한 자재 혹은 용역을 매입하는 것을 말한다. 이를 위해서는 구매전략을 수립하고 협력사를 발굴 육성하며 발주관리 및 구매품에 대한 품질관리 등을 수행한다.

구매전략 수립에서는 구매품의 특성을 고려하여 구매방향을 설정하고 효율적인 구매조달을 위해 조달방법 의사결정, 구매품 특성별 구매전략을 수립하고 실행한다.

조달방법 의사결정을 위해서는 구매대상 품목을 파악하고 관련 정보를 수집하여 구매품 조달방법에 대해 의사 결정하여야 하며 이를 위해서는 사전에 구매품에 대한 특성별 구매전략이 수립되어 있어야 한다. 구매품의 특성이란 구매품의 수요/수량, 재질특성, 협력사의 품질, 납기, 원가수준 등을 의미한다. 구매품의 유형은 원자재, 부자재, 시중 구매품, 도입품 등으로 구분된다.

2.2.1. 구매품의 분류

구매품은 조달 난이도와 사업 영향도를 각각 고, 저의 4개 그룹으로 분류하여 전략구매품 그룹, 레버리지전략구매품그룹, 일상구매품그룹, 병목구매품그룹으로 분류할 수 있다.[2)]

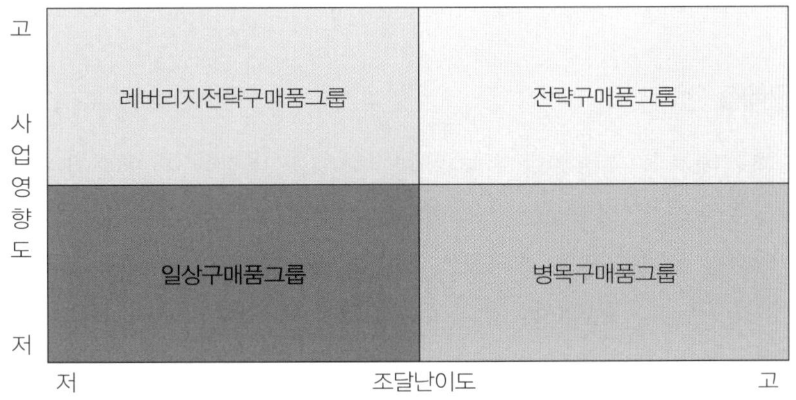

▌그림 9-6 ▌ 구매품 분류

2) 구매조달 분야 NCS(2014), p. 17.

ABC분석에 의한 구매품 분류는 파레토개념(Pareto개념 80:20)을 사용하여 일정기간(보통 1년) 동안 구매품의 구매비용(평균단가 × 수량)을 산출하여 구매비용이 큰 구매품부터 정렬하여 전체 구매품의 80%에 해당하는 구매품을 A(20%에 구매품에 해당), 추가 15%에 해당하는 구매품을 B(30%에 해당), 그리고 나머지 5%에 해당하는 구매품을 C(50%에 해당)로 분류하여 구매품을 관리하는 것으로 효율을 높이기 위해 차별관리를 목적으로 사용된다.[3)]

2.2.2. 구매기법

구매품별 구매기법은 ABC분석 및 구매품그룹 분석을 기초로 정기정량 발주, 부정기정량발주(정량발주 또는 발주점시스템), 정기부정량발주(정기발주시스템), 부정기부정량발주(MRP, VMI, 위탁재고) 의 4개 기법으로 분류할 수 있다.

① MRP(자재소요량계획 Material Requirements Planning): 제품생산계획, BOM(Bill of Material 자재명세서), 재고현황을 기초로 기간별로 자재소요량을 산정하여 협력사에 발주하고, 이에 따라 해당 납기에 협력사가 납품하는 기법이다

② VMI(Vendor Managed Inventory 협력사관리재고): 판매실적, 재고현황을 협력사와 공유하여 이를 기초로 협력사가 자동으로 납품일정을 산정하여 납품하는 기법이다.

③ 위탁재고(Consignment): 초기에 일정량의 재고를 고객의 창고에 위탁하고, 고객이 해당 구매품을 사용하고 사용량에 대한 정보를 협력사에 전달하면 사용한 수량만큼을 고객에게 납품하는 기법이다.

2.2.3. 구매품 관리

구매조달관리에서는 구매품의 경쟁력 확보와 시장변화에 유연한 대응을 위해 협력사의 선정도 중요하다. 협력사를 선정할 때는 협력사의 재무제표를 분석하여 안정성, 성장성, 수익성을 정량적으로 해석하여 분석할 수 있는 능력이 필요하며 평가기준은 경영평가(경영자자질, 재무상태, 관리시스템 등), 기술평가(설계개발, 공정, 품질, 원가), 현장평가(5S, 4M 준수)를 포함한 체크리스트 형태로 운영한다. 5S는 정리, 정돈, 청소, 청결, 습관화 운동을 말한다.

발주관리는 생산 목표를 달성하기 위해 사전정보의 수집 및 분석, 구매품 발주 및

3) 구매조달 분야 NCS(2014), p. 17.

진척관리를 수행하는 것을 말한다. 생산계획에 따른 양질의 제품을 적시 정량, 적정가에 조달하기 위해 발주 전의 준비단계에서 주문서의 작성, 송달, 수주의지의 확인까지를 포함하는 일련의 업무이다. 발주계획은 제품 생산계획을 기초로 작성되는데 제품을 생산하는 방식으로는 계획에 기초하는 밀어내기(Push) 방식과 (광의의 개념인) 고객의 요청에 의한 고객요청(Pull) 방식의 2가지가 있다. 밀어내기(Push) 방식의 대표적인 기법으로는 자재소요량계획(MRP), 고객요청(Pull) 방식은 협력사관리재고(VMI), 위탁재고(Consignment), 간반(Kanban) 등이 있다.

구매품의 품질관리는 구매품질비용을 최소화하기 위해 구매품의 품질을 검사하여 부적합품에 대한 조치 및 피드백을 제공하는 것을 말한다. 구매품의 검사는 색상, 수량 및 규격 등을 검사하는 것을 포함하며 검사평가기준에 적합하지 않는 부적합품에 대해서는 발견된 불량 원인을 협력사에 전달하고 불량품의 재발 방지 및 사전 예방하는 활동도 포함하여 수행된다.

구매조달에서는 구매품별 불량 수, 구매조달 소요시간(Lead time), 납기 대비 실적, 원가 목표 대비 계약금액, A/S 지원 현황, 안전재고 수준 등을 포함하여 실적을 평가하고 사업 및 경영계획, 생산계획, 구매전략 및 구매계획 등을 고려해 구매품의 원가절감을 위한 활동을 협력사와 함께 계속하여야 한다.

2.3. 자재/재고관리

자재관리는 QCD(품질, 원가, 납기)를 효율적으로 관리하기 위하여 자재관리 방침을 정하고 자재운영자원을 분석하여 운영계획을 수립함과 동시에 자재조달을 원활히 하기 위해 자재조달 계획 수립, 입고 관리, 보관창고관리, 재고관리 및 출고관리 등을 수행하는 것을 말한다. 여기에 자재의 출고부터 제품 입고까지의 시간적, 공간적 효용가치를 창출하고 리드타임과 적기공급을 혁신하기 위한 사내 물류관리를 포함한다. 자재관리에 있어서 사내물류관리는 적절한 수량과 품질의 자재를 생산활동에 차질없이 공급하고 사내공장간 리드타임을 단축하고 생산성을 향상하기 위해 필요시점에 자재를 공급하고 공정 중 과잉, 혹은 불량 자재를 적절히 회수하여 시간적, 공간적, 수급조정의 가치를 창출한다.

리드타임은 어떤 시작시점에서 도달시점까지 경과된 시간을 말하는데, 리드타임의 단축은 효율 향상의 의미로 중요하게 받아들여진다. 경영방침, 생산계획, 구매계획 및 협력업체 현황 등을 파악하고 생산에 필요한 자재를 적시에 조달공급하기 위하여 자재특성 및 리드타임을 파악하는 것은 자재관리에서 중요한 업무이다.

2.3.1. 자재의 조달

자재관리를 위해서는 자재의 조달단위, 수단, 방법을 설정하고 품목별 조달량과 일정도 계획하여야 한다. 조달단위는 조달 공급하는 단위로 낱개, 박스, 파렛트, 무포장단위 등 자재특성과 목적에 따라 다양하며 구매단위 생산요소단위, 경제성, 재고정책 등에 따라 선택된다.

자재품목별 구매특성은 내자외자, 대분류/중분류/소분류, 사용관리상 등으로 구분되며 협력업체의 포장단위, 구매단위, 생산 사용단위를 파악하고 자재조달단위 수단을 이해하고 숙지해야 한다. 내자는 '국내에서 생산 조달 공급되는 자재'이며 외자는 '국외에서 생산 조달 공급되는 자재'를 의미한다.

자재의 정확한 입고 및 결품 방지를 위해 자재입고 수량과 품질검수, 보관방법을 결정하는데, 자재의 물리적, 화학적 형태를 파악하여 보관장소 및 취급 방법 등에 관한 사항을 숙지하고 점검하게 된다.

2.3.2. 자재의 보관

자재의 보관에서는 자재의 유해성 여부를 확인하여 취급상의 안전관리 항목을 점검하고 산업안전관리법에 따라 근골격계, 물질안전보건자료(MSDS, Material Safety Data Sheet) 등의 안전에 관한 의무사항을 준수한다.

보관창고는 자재의 품질특성을 지속적으로 유지 보전하고 창고공간을 효율적으로 운영하기 위하여 자재 취급 및 보관조건을 설정하고 창고동선, 창고기기 및 설비를 관리하여 보안 안전에도 문제가 없어야 한다.

보관의 기본원칙은 다음과 같다.

- 통로대면 보관의 원칙
- 높이 쌓기의 원칙
- 선입선출의 원칙
- 명료성의 원칙
- 위치표시의 원칙
- 회전대응 보관의 원칙
- 통일성 및 유사성의 원칙
- 중량 특성의 원칙
- 형상특성의 원칙
- 네트워크 보관의 원칙

2.3.3. 재고관리

자재의 정확한 출고와 오사용 공급 방지를 위해 자재의 출고 계획 또한 매우 중요한 업무이다. 재고관리에서는 재고 목표를 설정하고 실물정보를 파악하여 적기적소에 양질의 자재를 제공할 수 있도록 운영재고, 안전재고, 불용재고를 관리한다. 운영재고는 생산이 원활하게 운영될 수 있도록 항시 유지하는 재고를 말하며, 안전재고는 제품 수요, 리드타임, 공급업체의 불확실성에 대비하기 위하여 보유하는 재고이다. 용도가 없는 자재, 품질 하자가 있어 원래의 목적에 사용할 수 없는 자재를 불용재고하고 한다. 적정재고는 상품과 원재료가 계속적으로 판매루트로 투입되기도 하고 생산라인에 보급되기 위해 필요한 이상적인 재고량을 말한다. 판매동향과 조달동향의 동기화로 과잉재고와 결품을 억제하는 것이 중요한 과제가 된다.

필요한 자재를 확보하고 출고 방법기준을 설정하여 검사 후 출고작업을 수행한다. 자재출고에 있어서는 풀시스템(pull system)과 푸시시스템(push system)이 있는데 자재공급요청에 의해 필요한 부품을 공급하는 절차는 풀시스템이라 한다. 푸시시스템은 자재공급일정계획에 따라 필요한 부품을 공급하는 형태를 말한다.

재고관리모형으로는 수학적 모형을 사용하는 확정적 재고모형(determinate inventory model)과 확률적 재고모형(stochastic inventory model)이 있는데, 재고정책을 수립할 때 가장 중요한 결정사항은 주문량과 주문시기이다. 따라서 수요를 토대로 수요가 일정한 값으로 확정적으로 알고 있다고 가정한 경우에 적용할 수 있는 모형이 확정적 재고모형이고, 수요가 불확실한 상황 하에서 적용 가능한 모형이 확률적 재고모형에 해당한다.

일반적으로 기업이 보유하고 있는 총자산 중에서 재고자산이 차지하는 비중은 업종에 따라 다르지만 대개 20%정도인 것으로 알려져 있다. 재고자산은 너무 많아도 문제이며 너무 적어도 문제가 생긴다. 너무 많으면 고객의 주문에 바로 대응은 할 수 있으나 이들 재고를 유지, 관리하는데 드는 비용이 커지며, 너무 적으면 재고부족현상이 발생하여 팔수 있는 기회를 상실할 수가 있고 또한 원활한 생산활동에 차질을 빚을 수도 있기 때문이다. 따라서 재고관리의 기본 목표는 한편으로는 시장의 수요동향에 신속히 대처해 나가면서 또 한 편으로는 원자재, 중간제품, 완제품 등의 재고량을 가능한 한 적게 보유함으로써 재고에 관련된 총비용을 최소화하는 것이다.

2.4. 제조공정관리

제조공정관리는 제품을 생산하는 공장에서 일정한 품질·수량·가격의 제품을 일정한 시간 안에 가장 효율적으로 생산하기 위해, 공장의 모든 활동을 총괄적으로 관리하는 활동이다.

원자재가 제품이 되기까지에는 여러 가지 작업을 필요로 하는데, 그러한 작업에는 일정한 순서와 계열이 있으며, 그와 같은 작업의 계열을 생산공정이라고 한다. 일반적으로 현대의 공장에서는 생산공정이 매우 복잡한 콤비네이션에 의해 이루어지고 있기 때문에, 공정의 일부에 잘못이 생기면 생산공정 전체가 영향을 받아 제품 제조에 중대한 지장을 가져온다.

그러므로 각 부분공정과 작업을 생산물에 주목하면서 일정한 시간계획 하에서 규제·통제함으로써 모든 생산공정의 흐름을 원활하게 하려는 것이 공정관리이다.

2.4.1. 공정관리절차

공정관리는 일반적으로 다음과 같은 절차에 의해 운영된다. 우선 생산계획에 따라서 각 제품의 제조에 필요한 공정과 작업순서를 결정하고, 각 공정에 필요한 시간과 장소를 결정한다. 이 단계를 절차계획이라 하며, 절차표가 작성된다.

절차표에 따라 예정표에서 산출된 소요시간과 제품의 납기 등에 따라 필요한 일수를 일상생활에서 쓰는 연월일에 할당하여 일정계획을 작성한다. 또한 각 작업에 일정을 매겨서 작업일정을 결정한다.

일정계획에 따라 각 작업의 진행상황을 정확히 파악하고, 공정의 진행을 계획대로 진행하도록 조정·촉진한다. 이를 공정통제라 한다.

2.4.2. 제조공정의 형태

기업에서 이용할 수 있는 여러 가지의 제조공정의 형태는 제품의 생산량과 고객화의 정도에 따라 구분된다. 제조공정의 형태는 다음 5가지로 구분할 수 있다.

① **프로젝트공정(Project Process)**: 규모가 큰 비반복적인 생산활동으로 선박건조나 대형건축물의 경우를 말한다. 완성하는데 오랜 시간이 소요되고 많은 자본과 자원이 투자된다. 또한 고객의 주문에 따라 일정기간동안에 단일 품목만을 생산한다. 프로젝트를 관리하는데 있어서 중요한 문제는 전체 프로젝트의 완성과 관련된 개별작업을 PERT/CPM과 같은 기법으로 생산일정과 자원배정을 관리한다. 또한 새로운 상황과 문제에 대처하기 위하여 공정에 많은 유연성이 있어야 하고, 이것은 숙련되고 잘 훈련된 노동력을 필요로 한다.

② **개별생산공정**: 소수의 다양한 제품을 생산하는 공정으로 전형적으로 고객의 명세

서에 따라 제품을 만드는 소규모 기술 작업에 이용된다. 개별생산공정은 신제품의 생산착수를 할 때 마다 매번 변경하여 설치해야 하고 각 제품은 장비를 찾아다니면서 다양한 순서로 작업을 진행한다. 이 공정에서는 유연성 있는 장비와 숙련된 노동력을 필요로 하게 된다.

③ 뱃치생산공정: 유사제품의 소규모 묶음(batch) 제품이 동일한 장비에서 생산되는 경우의 공정을 말한다. 개별생산공정에서는 신제품 생산에 착수할 때 마다 장비 설치를 위한 비용이 소요되는데 뱃치생산공정에서는 유사제품의 공정을 묶어 생산함으로써 더 많은 단위 생산이 가능하도록 하여 비용을 줄일 수 있다.

④ 대량생산공정: 단일 제품을 대량으로 생산하는 조립 또는 생산라인이 전형적이며 제품이 표준화되어 있어야 하고 규칙적인 순서에 따라 생산공정이 이루어진다. 대량생산공정은 제품의 안정된 대량수요에 의존한다. 전자제품이나 자동차 생산공정이 주로 여기에 속한다. 대량생산공정의 효율성, 단위당 원가절감, 제품통제의 용이성 및 속도 등의 장점이 있는 반면, 높은 장비 비용, 인적자원의 단조로운 작업으로 인한 직무만족도 저하, 수요변화 및 개별고객의 요구에 대한 대응력 부족 등이 단점으로 남아있다.

⑤ 연속흐름생산공정: 고도로 표준화된 제품의 대량생산 또는 부피가 큰 화학공장, 오일 및 제지와 같은 장치산업의 형태로 생산공정이 자동화되어 있으며 하루 24시간 연속적으로 작업이 가능하다. 이 공정은 막대한 자본이 투자되나 아주 적은 노동력을 필요로 하며 단위생산비용은 매우 낮다. 된다. 연속공정은 매우 효율적이지만 시스템의 유연성은 떨어진다.

2.4.3. 최적공정의 선택

공정에 관한 의사결정은 수익성, 생산성, 비용, 유연성 등에 장기적으로 영향을 미치기 때문에 기업은 제품설계, 수요량, 수요의 변화, 유연성, 인적 자원 등을 고려하여 공정형태를 선택해야 한다. 제품설계는 전반적인 공정형태를 결정하게 되며 생산될 단위의 수량은 최적공정형태에 영향을 미친다. 생산될 총 수량과 수요의 변화패턴에 따라 공정이 결정되어야 한다. 만약 한 제품의 생산이 중단되고 다른 제품의 생산에 착수할 수 있는 속도에 대해서도 고려해야 한다. 유연성의 또 다른 면은 노동력에 관계된다. 유연한 공정은 다양한 종류의 직무를 수행하기 위한 충분한 숙련 작업자에 달려 있다. 다양한 공정은 다양한 능력을 필요로 하며 인적자원의 훈련 및 숙련도는 생산성에 영향을 미친다.

2.5. 품질관리

기업은 제품 혹은 서비스를 고객에게 제공하고 그것에 의해 이익을 얻고 얻어진 이익을 재투자해서 기업은 유지된다. 품질이란 기업이 제품 혹은 서비스를 통해 제안한 가치에 대한 고객의 평가라고 할 수 있다. 그러면 제품의 품질 자체가 경영의 직접적인 목적이 되는 것이다. 경영의 목적이 이익이라는 의견이 일반적이지만, 이익을 높이기 위해서는 어떤 경우라도 매출을 증가시켜야 하고 고객만족이라는 의미에서 제품품질의 향상은 필수적이다.

이익을 올리는 것 자체가 경영의 목적이라기보다는 고객에게 가치를 지속적으로 제공하기 때문에 이익을 올릴 수 있다는 생각이 타당할 것이다.

품질은 고객이 받아들일 수 있다는 의미이고 품질관리의 기본 사상은 고객지향이라는 철학이 개재한다. 국제적으로는 ISO9000시리즈라는 국제표준에 의해 품질경영이 보급되고 실현되고 있다.

협의의 의미에서 품질관리는 제품의 치수, 중량, 성분, 성능 등에 대하여 제품수준을 유지하고 향상시키기 위한 관리이다. 기업에서 생산되고 있는 제품의 품질은 소비자의 욕구에 부응하고, 지속적으로 기업이 유지·발전되기 위해서 절대적으로 요구되는 필수조건이다. 이러한 품질유지를 위해 종래에는 작업자, 감독자에 의한 품질확인이나 검사중심의 품질관리를 실시하였으나, 이후 경영환경의 변화와 함께 통계적 품질관리, 전사적 품질관리(TQC: Total Quality Control), 경영전략적 차원의 종합적 품질경영(TQM: Total Quality Management) 활동으로 전개되고 있는 것이다.

오늘날 품질관리의 의미는 조직의 모든 업무와 관련하여 조직 내의 모든 구성원이 참여하여(Total), 소비자에 의해 정의된 품질 달성을 통해 고객을 감동시킴으로써(Quality), 장기적이고 지속적으로 기업의 효율성과 경쟁력을 강화시키기 위한 기본적인 경영시스템(Management) 으로 정의할 수 있다.

품질을 중심에 둔 경영에는 품질의 특징, 특질에 기인하는 많은 이점이 있다. 기업경영에 있어서 품질의 중요성을 고찰하면 명확하게 된다. 예를 들어 품질 로스를 생각해보면 품질로스는 내부 로스와 외부 로스로, 혹은 눈에 보이는 로스와 눈에 보이지 않는 로스로 구분할 수 있다. 눈에 보이는 외부로스의 전형은 고객의 불만, 클레임과 연관된 손실이다. 눈에 보이는 내부로스의 전형은 불량, 부적합과 연관된 손실이다.

품질에 연관된 로스에서 유의해야할 측면은 '눈에 보이지 않는 로스'이다. 눈에 보이지 않는 내부 로스로서는 예를 들면 실패재작업에 의한 기회손실이다. 예를 들면 품질에 기인한 문제의 처리에 귀중한 인재를 낭비하고 있고 장래를 위한 활동을 충분히 할 수 없는 손실이다. '눈에 보이지 않는 외부로스'의 전형은 매출감소이다. 고객으로부터 불만, 클레임을 받는 것은 좋지 않다. 고가가 아닌 제품에는 불만이 있어도 침묵하는 것 때문에 큰 불만이 아닌데도 매출이 점점 감소한다는 점에서 품질은 중요하다.

제품 품질에 한정해서 보더라도 협의의 품질은 원가, 납기, 수량, 안전, 환경 등 모든 제품의 특성에 영향을 준다. 이는 원가나 납기의 문제로 보이나 그 근본 원인은 대부분 품질에 있다. 품질이 달성되지 않으니까 원가상승으로 연결되고 품질목표를 달성하기 위해서 재작업이 발생하고 납기를 지연시킨다.

품질의 깊은 의미가 이해된다면 품질경영의 방법론을 채용함으로써 경영에 연결되는 질적 문제를 관리대상으로 하게 된다.

2.5.1. 품질의 유지 및 향상

품질의 유지와 향상을 위해서는 어떤 활동이 필요하다. 이것을 다음 6항목으로 정리해 본다.

① **동기**: 품질의 유지·향상에 대한 구조의 동기, 인센티브, 동인(Driving force)을 말한다.

품질에 임한다고 하는 마음을 갖는 것이 필수적이다. 당연한 말인지는 모르겠지만, 사실 '일이 일어나기' 위해서는 이것이 가장 중요하다.

② **사상**: 품질에 관련된 기본적 사고방식, 개념, 철학을 말한다.

품질에 관한 가치관이 필요하다. 사상, 철학이라고 해도 좋다. 예를 들면 '품질제일', '고객지향' 등과 같은 기본적인 사고방식이다. 이러한 사상이나 가치관이 확립됨에 의해 다양한 새로운 방법론의 개발의 방향성이 나타난다.

③ **기술**: 품질을 확보하기 위해서 필요한 해당분야의 고유기술, 재현 가능한 방법론, 지식을 말한다. 품질을 확보하기 위해서는 "기술"이나 "지식"이 필요하다. 예를 들면, 질이 좋은 일을 하는 방법, 원리·원칙을 명확히 할 필요가 있다.

④ **관리(매니지먼트)**: 기술을 활용하는 관리체제, 시스템, 프로세스, 절차, 인프라 등을 말한다.

기술, 지식을 업무절차에 넣어서 실제로 그러한 기술, 지식을 활용할 수 있도록 해야 한다. 실시방법을 절차화하고 책임·권한을 명확히 해서 시스템을 구축하고 장치를 만들 필요가 있다. 이러한 것을 관리(매니지먼트)라고 한다.

⑤ **사람**: 의욕, 지식, 기능을 가진 사람이 있어야 한다. 결정된 체제대로 실시 가능

한 '사람'을 확보해야 한다. 기술이 확립되고 절차화하고 있어도 기능이 부족한 사람이 있거나 필요한 지식을 가지고 있지 않은 사람이 있거나 하려는 의욕이 없는 사람이 있으면 품질은 확보하기 어렵다.

⑥ **추진**: 운동론이다. 앞서 기술한 것을 추진하기 위한 추진론, 운동론, 이벤트, 축제 등이 필요하다. 일을 추진하기 위해서는 타성을 이기는 에너지와 기운이 필요하기 때문이다.

이 중에서 가장 직접적으로 품질에 공헌하는 요건 두 가지를 고르면, 하나는 제품의 고유 '기술'이다. 자동차를 만들어 판매하고 싶다면, 주요한 재료인 철의 성질에 관한 깊은 지식이 필요하고, 내연기관에 관련된 기술지식을 보유하여야 한다. 또 고객·시장 니즈의 구조(어떠한 고객층·시장세분화에서 어떠한 니즈를 가지고, 그러한 니즈가 좌우되는가)를 이해하지 않으면 적절한 제품을 기획할 수 없다.

다른 하나는 이러한 기술을 조직에 활용하기 위한 '매니지먼트' 시스템이다. 모처럼 높은 기술을 가지고 있더라도, 그것이 특정 개인만의 것이라면, 조직전체로서 공유할 수 없고, 조직으로서 보유하고 있다 하더라도 적절히 활용할 수 있는 체제를 구축하지 않으면 그 지식·기술은 눈에 보이지 않는다. 매니지먼트란 그러한 의미에서 고유기술을 활용해서 목적을 달성하는 기술이라 할 수 있다.

2.5.2. 고유기술과 관리기술의 활용

고유기술은 제품의 제공에 필요한, 제품에 고유한 기술이다. 고유기술에는 제품의 설계에 관련된 지식·기술, 실현·제공에 관련된 지식·기술, 평가에 관련된 지식·기술 등이 있다.

관리기술에는 고유기술을 지원하고, 일을 효과적이고 효율적으로 실시할 수 있도록 해서, 다양한 운영상의 문제를 해결해 가기 위한 유효한 기술이다. 조직운영의 방법, 품질관리, 원가관리 등의 체제, QFD(품질기능전개), 통계적 수법 등의 기법은 관리기술의 예이다.

고유기술은 '제품에 고유한 기술', 관리기술은 '고유기술을 활용하기 위한 기술'이라고 할 수 있다.

품질의 유지와 향상을 위한 6가지 요건과 대응해 보면, 고유기술은 '기술', 관리기술은 넓은 범위에서 보면 나머지 5가지 요건 전부로 볼 수 있고, 좁은 범위에서 보면 '사상', '관리(매니지먼트)', '사람'으로 볼 수 있다.

이러한 두 가지 기술 중에 어떤 것이 중요한 것인가? 대단히 어려운 질문이나, 예상대로 고유기술이라고 대답하지 않는 사람은 없을 것이다. 예를 들면, 그것은 관리시스템의 레벨이라는 것은 거기에 내재화되어 있는 고유기술의 레벨이상으로는 되지 않는다고 판단할 수 있다. 어떠한 훌륭한 시스템을 구축하더라도, 그 시스템의 피가 되고 살이 되는 제품의 고유기술·지식이 빈약한 상태에서는 고객에게 만족을 줄 수 있는 제품을 지속적으로 제공할 수 없기 때문이다.

그러나 관리기술의 중요성을 망각해서는 안 된다. 고유기술을 활용하기 위한 기술이라 급소는 아니나. '원리적으로 좋은 결과를 가지기 위한 기술'이라고 말할 수 있다. 고유기술이 확립되어 있어도, 그 기술에 의해 평상시 품질이 좋은 제품을 재현할 수 있다고 단정할 수는 없다. 성공할 수 있는 방법을 지속적으로 재현하지 못하면, 지속적인 성공을 할 수 없다. 실패한 것도 본질적으로 같은 원인의 기술적 실패를 하지 않기 위해서는 업무시스템의 설계가 필요하다. 관리기술에 의해 실현될 수 있도록 조직운영이 필요하다.

실제로 고유기술의 레벨 향상을 위해서 관리기술은 유효한 도구가 된다. 기존에도 무의식적으로 관리기술을 이용해서 고유기술의 향상을 하고 있는 활동도 있다.

그러나 관리기술을 체계적으로 배우고, 정리된 지식체계를 활용한다면, 보다 광범위하게 효율적으로 수준을 향상시킬 수 있다. 전문분야와 연관된 지식만 향상시키는 것보다도, 관리기술을 활용해가면서 고유기술을 심화시켜나간다면 보다 좋은 제품을 제공할 수 있을 것이다. 이것이 매니지먼트의 비법이다.

2.5.3. 품질경영시스템(QMS)

품질경영을 운영하기 위해서는 이를 위한 시스템이 필요하다. 이것을 QMS라고 부른다. QMS는 품질에 연관된 일상의 활동을 유기적으로 관련시켜, 총괄적으로 운영관리하는 체제이다. QMS는 품질에 대한 방침 및 목표를 정하고, 그 목표를 달성하기 위한 매니지먼트이고, 프로세스와 자원(사람, 물건, 돈, 정보)이 된다. QMS를 기본으로 해서 여러 사람·부문이 협력해서, 경영목표를 달성하기 위해서 프로세스의 질과 자원의 질 관리 등을 한다.

QMS 구축의 목적은 고객가치 제공이다. 이 목적을 달성하기 위해서 제품의 고유지식과 기술과 함께, 이러한 지식·기술을 활용하는 시스템이라 하고, 절차나 그 절차에 따라 일하는 사람이나 활용하는 설비, 기계류 등의 자원이 필요하다. 절차는 목적달성에 필요한 합리적 지식·기술을 누가 언제까지 어떠한 형태로 적용하는 가를 규정하고, 목적 달성에 필요한 합리적 수단을 조직적으로 활용하는 기반이 된다.

경영자원으로서 사람은 중요하고, 그 질을 향상시키기 위해 어느 정도 능력을 가져야만 할 것인지 고찰한 다음, 교육·훈련, 인재개발, 의욕고취를 위한 장치를 만든다. 고유기술을 충분히 활용하기 위해서는 많은 사람들이 목적에 따라 상호 역할을 인식해서 협력해 나갈 수 있는 체제가 필요하며, 그러한 의미에서도 QMS는 큰 역할을 하게 된다. 여태까지 경험에서는 실패, 재작업의 90% 이상은 고유기술과 상관없이 QMS의 낮은 성숙도 수준이 요인으로 나타나고 있다. 결국 현재의 기술수준을 향상시키지 않더라도 QMS의 개선으로 품질향상을 실현할 수 있다.

고객가치제공에 의한 경쟁우위의 관점으로부터 조직이 가져야 할 능력을 명확히 해서, 이러한 능력을 내재화하는 QMS의 요소를 명확하게 해야 한다. 국제표준 1SO9000시리즈의 지침에 따라, QMS가 설계, 구축, 운영될 수 있지만 그의 설계, 구축에 맞춰서 가져야 할 능력, 바람직한 모습이라고 하는 관점에서 중요한 요소를 명확화하고 그것을 중점적으로 관리하는 것이 대단이 중요하다.

QMS를 구축·운영을 위해 다음과 같은 절차의 활용이 필요하다.4)

① 고객 및 기타 이해관계자의 니즈, 이와 병행해서 기대를 명확히 한다.

조직의 경영환경은 끊임없이 변한다. 조직에는 고객, 종업원, 주주, 경제, 규제(법률), 사회, 노동시장, 협력회사, 경쟁사 등 여러 이해관계자로부터 여러 압력을 받고 있다. 그러나 이러한 것들이 항상 변해가고 있다.

② 조직의 품질방침 및 품질목표를 설정한다.

고객 및 기타 이해관계자의 니즈 / 기대를 파악할 수 있다면, 어떻게 품질매니지먼트를 전개해야만 하는지, 전략을 고려하지 않으면 안된다.

③ 품질목표의 달성에 필요한 프로세스, 책임을 명확하게 한다.

품질방침에서부터 생각할 수 있다. 품질목표를 조직전체로서 구현화하기 위해서는 어떠한 프로세스가 필요한 것인지를 고려하고, 아래의 각 프로세스는 누가 할 것인지 책임·권한의 역할을 명확히 한다.

④ 프로세스를 분석하고, 필요한 자원 등을 명확히 해서 제공한다.

필요하고 결정되어진 프로세스를 분석한다. 여기서 중요한 것은 프로세스의 입력물과 산출물을 명확히 한다. 이러한 프로세스에 필요로 하는 자원, 관리를 명확히 해서, 제공하도록 한다.

⑤ 각 프로세스의 연결을 명확히 한다.

프로세스 및 그 속에 있는 활동의 연결을 명확하게 한다. 사람, 설비, 재료, 정

4) 한국표준품질선진화포럼 (2013). *지속적 성공을 위한 질경영시스템 구축 실행 가이드(ISO 9004: 2009를 기반으로)*. 서울, 대한민국: 한국표준품질선진화포럼.

보, 절차 등을 명확히 함과 동시에 이러한 연결을 분석한다. 프로세스의 연결을 가시화해서 접근한다.

⑥ **각 프로세스의 유효성(효율 포함)의 측정 방법, 판단기준을 명확히 한다.**
프로세스의 산출물이 기대하고 있는 대로 나오는지, 아닌지를 측정하기 위해, 적절한 측정/감시방법을 명확히 한다. 필요하다면, 판단기준도 명확히 해서 실행에 옮긴다.

⑦ **부적함을 예방하고, 그 원인을 제거하기 위한 수단을 결정한다.**
⑤ ⑥을 분석하는 작업 중에서 장래 "악영향을 줄" 가능성이 있는 것, 혹은 기존에 악영향을 받고 있는 것을 추출해서, 수정, 시정조치, 예방조치 등의 대응을 한다.

⑧ **일상관리와 지속적 개선을 위한 프로세스를 확립하고, 적용한다.**

①~⑦을 실시하기 위해서 절차를 확립하고, 정기적으로 실시하는 시스템을 고려한다. 조직의 전 사원에게 이 프로세스의 중요성을 설명하고, 조직의 제품품질 향상, 효율개선을 위해 일치 협력해서 실행한다는 것을 약속을 받고, 지속적인 실행을 실천해 간다.

2.5.4. 지속적 성공을 위한 품질경영접근법[5)]

첫째, 고객지향을 두고 이해관계자의 니즈를 고려한다는 관점에서 출발해야 한다. QMS모델을 운용하는 목적은 고객 및 기타 이해관계자에 대한 균형을 가진 가치제공에 두어야 한다.

둘째, QMS를 운용하는데 있어 조직이 가지고 있는 자원·능력을 효율적으로 이용을 한다는 관점을 가져야 한다. 조직이 가지고 있는 광의의 경영자원을 지속적 성공, 즉 우수한 가치제공이라고 하는 목적달성을 위해 효과적으로 활용하는 것이다. 자신의 조직이 어느 정도 능력, 어느 정도 자원을 가지고 있는지 알고, 이것을 활용하기 위해서 어떠한 프로세스를 어떻게 운용해야 할 것인지를 이해한 상태에서 QMS를 설계, 구축, 운용하는 것이 중요하다. 이 과정에서 어느 정도 능력, 자원이 필요한가도 인식해서 그 수준을 향상한다.

세 번째, QMS을 운용한 결과로서, 지속적인 고객만족이라고 하는 목적이 달성되어지는, 시스템의 운용이라는 점에서 종합적인 퍼포먼스의 향상이 실현되어지는 것에

5) 한국표준품질선진화포럼 (2013). *지속적 성공을 위한 질경영시스템 구축 실행 가이드(ISO 9004: 2009를 기반으로)*. 서울, 대한민국: 한국표준품질선진화포럼.

유의할 필요가 있다. 다시 말하면, 목적지향의 사고·행동이 필요하다. QMS모델의 운용은 수단이고, 이 수단을 목적화하는 것이 아니라 시스템을 운용한 결과로서 얻어지는 성과를 파악해서 목표달성을 합리적으로 달성될 수 있도록 시스템을 개선, 혁신해 나가야 한다.

넷째, QMS모델의 운용에 의해 지속적인 성공에 필요로 하는 조직능력의 유지, 개선, 혁신을 할 필요가 있다. QMS모델이 지향하는 것은 지속적인 성공이다. 이를 위해 변화에 대응하고, 지속적인 성공이 계속될 수 있도록 조직이 가진 능력, 바람직한 모습을 평소에 인식하고, 이러한 능력의 유지, 개선, 혁신을 위한 QMS 요소를 유지하고 충실히 해야 한다.

2.5.5. 품질경영의 8가지 원칙(ISO 9000)[6]

품질경영을 실시하는 수단으로 국제표준화기구(ISO)에서는 ISO9000을 통해 품질경영 8가지 원칙을 제시하고 있다.

① 고객 중심: 현재 및 미래의 고객요구를 이해하고, 고객요구사항을 충족시키며 고객의 기대를 능가하도록 노력한다. (내부고객 및 외부고객 모두를 포함)
② 리더십: 리더는 조직의 목적과 방향의 일관성을 확립하고, 구성원이 목표달성에 전적으로 참여하는 내부 환경을 조성, 유지한다.
③ 전원 참여: 모든 계층의 사람들이 참여하도록 한다.
④ 프로세스 접근방법: 관련된 자원 및 활동이 하나의 프로세스로 관리되도록 한다.
⑤ 경영에 대한 시스템 접근방법: 상호 연계된 프로세스를 하나의 시스템으로 파악하고 이해, 관리한다.
⑥ 지속적 개선: 조직의 총체적인 성과에 대한 지속적 개선을 조직의 영구적 목표로 삼는다.
⑦ 의사결정에 대한 사실적 접근방법: Data 및 정보의 분석에 근거하여 효과적 의사결정을 한다.
⑧ 상호유익한 공급자 관계: 조직 및 공급업체는 상호이익이 되는 관계로 설정되고 유지한다.

6) ISO 9000: 2005 품질경영시스템-기본과 용어. 제네바, 스위스: ISO

3 글로벌 오퍼레이션

오늘날은 제품이나 서비스의 생산, 판매뿐만 아니라 구매, 연구개발, 인사관리 등 기업의 모든 활동이 국경을 초월하여 글로벌 환경에서 이루어지고 있다. 다시 말하면 한 기업의 운영이 세계 여러 나라에서 동시에 펼쳐지고 있다. 굴지의 세계기업들 뿐만 아니라 우리나라 기업들도 원재료 구입이나 생산, 판매거점을 해외에 두고 글로벌 경영을 하고 있으며 이는 수송, 통신, 정보통신의 발달로 세계는 하나의 시장을 이루고 있는 것이다.

기업은 생산과 판매의 거점을 세계무대로 이동시키고 경영활동의 모든 면에서 국제적 분업을 꾀하고 있으며 이를 통해 경쟁력을 향상하고자 한다.

글로벌 경영의 생산운영방식도 글로벌 시장의 다양한 소비자 요구사항을 반영하기 위해 다양한 공급자와 공급자의 연계, 다양한 소비자와의 연계를 포함하는 복잡한 공급체인으로 유기적으로 연결되어 있다. 따라서 글로벌 생산운영에서는 어디에서 원료나 자재를 구입해서 어디에서 생산해서 공급하는 것이 공급사슬 전체의 비용을 감소시키고, 소비자에게 보다 개선된 가치를 제공해 줄 것인가에 대한 글로벌 생산전략과 실행이 중요하다.

3.1. 글로벌 생산전략과 실행

생산전략에 대한 본격적인 연구는 1970년대 후반부터 시작했다고 하나, 마케팅전략, 재무전략과 더불어 중요한 기업전략의 하나가 되었다. 글로벌화의 진전은 공장단위의 효율성 추구에서 벗어나 전체 공급체인의 최적화 관점에서 생산전략을 수립하고 실행하도록 하고 있다.

생산전략은 기업의 전사적인 목표를 반영해야 하며, 생산부문의 전략사업단위가 경쟁우위를 달성하고 시장에서 승리하도록 하는 제조수준의 전략이 되어야 한다.

일반적으로 생산전략의 수립은 기업의 중·장기적인 목표와 경영전략을 달성하기 위하여 수립되는 마케팅 전략 하에서 경쟁우위 요소를 규명하고, 이를 생산부문에 반영할 수 있도록 수립한다.

자사가 시장에서 고객에게 제품 및 서비스를 통해 최상의 가치를 제공해 주기위해 경쟁사 대비 무엇을 우위로 가져가야 할지를 정의한 후, 자사가 글로벌 환경 하에서 어디서 원자재를 사서, 어디서 만들고 공급하는 것이 가장 유리한지 최적안을 결정하는 Make-Buy 전략을 수립하고, 거기에 맞는 생산능력, 생산규모, 생산시기, 생산지 등에 대한 의사 결정하여, 생산시스템 설계하고, 각 부문의 구조를 설계하고 실행해야 하는 것이다.

기업의 목표 및 경영전략	마케팅 전략	경쟁우위요소 규명	생산전략	
			구조(Structure)	하부구조(Infrastructure)
•성장 •생존 •원가 우위 •차별화 •비차별화 •집중화 •재무적 지표	•제품 및 시장 세분화 •표적시장 선정 •Range/Mix/ •volume •상품 수명 주기 •표준화 vs 고객화 •신상품 •선도자 vs 주적자	• 가격 • 규격, 품질' • 스피드 • 납기 • 수요 증가 • Corlor Range • 제품 Range • 디자인 • 브랜드 이미지 • 기술적 지원 • A/S	•네트워크 설계 -Make or Buy -Capacity 설계 -Size/timing/ lacation •Layput & Flow설계 •생산시스템 설계	•지원 지능 정의 •생산 계획 및 통제 •품질 보증 및 통제 •재고 계획 및 통제 •인력 자원 관리 •사무 프로세스 •작업 설계 •조직 구조

▌그림 9-7 ▌ 기업 경영전략의 진전

현재의 기업은 전통적인 방식대로 개발, 제조, 유통, 판매를 모두 다 하지 않는 경우가 대부분이다. 이는 특히 자동차나 IT제품과 같이 제품의 복잡성과 더불어 각 부품의 기술 완성도가 높은 경우에 더욱 두드러지게 나타난다. 기업이 글로벌 환경에서 생존하거나 유지·발전하기 위해서 기업 자신이 잘할 수 있는 분야에 선택과 집중하여 핵심역량을 강화하고, 다른 분야는 전문회사와 네트워크를 만들어 협력해 나가는 생산전략을 실행하는 것이다. 제품의 생산과 유통 그리고 판매에서 각각 핵심과정을 분리하여 외주를 주는 주문자상표부착방식(OEM: Original Equipment Manufacturing)과 제조업자개발생산방식(ODM: Original Development Manufacturing)을 주로 활용한다.

OEM이 자기 상표가 아니라 주문자가 요구하는 상표명으로 부품이나 완제품을 생산하는 단순 하청생산 방식이라면 ODM은 주문자의 요구에 따라 제조업자가 주도적으로 제품을 생산한다. OEM 수출은 상품 값을 제대로 받지 못할 뿐만 아니라 주문자, 즉 상표권자의 하청생산기지 이상의 기능을 할 수 없게 되는 단점이 있는 반면, ODM은 공급가에 개발비를 추가할 수 있어 OEM보다 부가가치가 높다. 또 부품가격의 하락에 의한 원가절감 효과도 볼 수 있다.

우리나라도 1980년대부터 대기업을 중심으로 본격적인 해외공장 진출이 시작되어 이에 따라 협력회사도 동반 해외 진출하여 해외공장에서 수직적 협력 생산체계를 갖추어 운영하고 있다. 해외공장 진출지역은 초기에는 제품을 판매하는 지역, 즉 유럽,

미국 등 선진국 중심으로 진출하였으나, 최근에는 가장 코스트가 싸고 품질도 뒷받침되는 국가에서 생산거점을 운영하면서 세계시장에 공급하는 추세이다. 그동안 중국지역에 해외공장이 많이 진출을 하였으나, 최근에는 베트남, 인도네시아 등 인건비가 상대적으로 싼 동남아 지역으로 이동하고 있다. 그러나 많은 경우에 우리는 시행착오를 겪어 왔다. 성공적인 해외공장 진출을 위해서는 많은 사전 준비가 필요하다.

3.2. 해외공장의 운영

해외공장의 운영 형태는 직접 투자, 간접 투자, 조인트벤처(Joint-venture) 등 다양하지만, 일반적으로 [그림 9-8]과 같은 해외공장 운영 라이프 사이클로 설명할 수 있다.

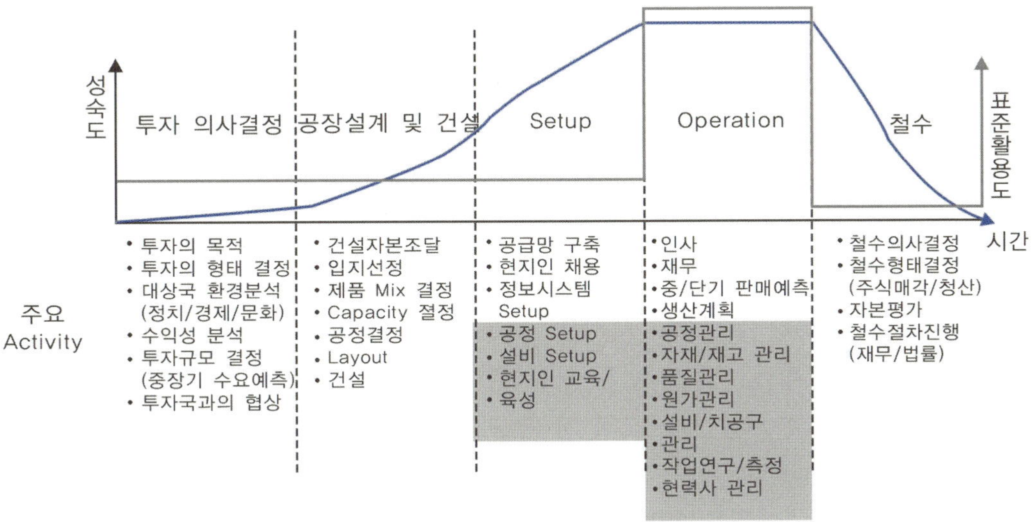

그림 9-8 해외공장운영의 라이프사이클

해외공장 진출에 대해서는 투자 의사결정이 실행되어 공장설계 및 건설이 추진되어 셋업(Set-up), 운영(Operation)하게 되겠지만, 철수에 대한 준비도 해야 한다. 해외공장이 성공적으로 운영되어 지속적으로 발전한다면 그 이상 바랄 것이 없지만, 현실적으로 해외공장의 경쟁력 하락으로 더 이상 운영하기 어려운 경우가 발생하기도 한다. 예를 들어 코스트 경쟁력의 문제로 중국에서 베트남으로 이동하거나 아예 철수하는 경우도 발생한다. 해외공장에서 철수하게 될 경우를 대비해 해당 국가의 제약조건이나 노사 문제로 인한 리스크 등 사전에 철수까지를 고려한 시나리오가 준비되어야 한다. 일반적인 해외공장 운영의 라이프사이클은 [그림 9-8]과 같다.

각 단계별로 주요한 사항들은 신중하게 검토하고 결정되어야 하며 이러한 단계를 [그림 9-9]에서와 같이 진출, 안정, 발전, 성숙기로 구분하여 특징을 살펴본다.

	진출기	안정기	발전기	성숙기
해외공장 이미지	공장건설, 설비 Set-up FSE 판견, 현지인 교육 공장의 단순 가동	자체 개선활동 조업 안정 낭비 없는 공장	총체적 합리화 활동 생산의 현지화 달성 제품 품질의 유지	본사와 Collaboration (의존도 감소) 다품종 유연 생산
해외공장의 Coverage	R&D 물류 생산 판매	R&D 물류 생산 판매	R&D 물류 생산 판매	R&D 물류 생산 판매
주요 과제	-현지문화 이해 -생산라인 안정화	-현지인 자주관리 인력육성 -낭비제거	-부가가치 창출 (현지형 디자인, 문화적 needs) -Localization 확대	-현지형 완결형 경영 -Global 생산System 구축

▌그림 9-9 ▌ 해외공장운영 단계별 특징

글로벌 생산거점전략에 따라 해외공장 진출단계인 해외공장운영의 초기에는 해외공장의 역할 범위가 생산중심에서 조달, 물류, 판매, 나아가서 현지의 고객니즈에 맞는 상품개발이 가능하도록 R&D의 일부 기능을 갖도록 점차 확대하여 궁극적으로는 현지완결형 생산체제를 이루어 법인의 자생력을 확보할 수 있도록 운영할 필요가 있다. 해외공장 진출국가의 전기, 도로 사정 등 인프라를 고려하여 생산 품목, 현지 조달자재 범위, 제조공정 범위 등을 의사 결정하여 공장 건설 및 설비를 셋업하고, 현지 생산을 위한 현지인 교육을 통해 조기에 생산라인을 안정화시켜야만 한다. 특히 초기 생산에서는 생산품목을 단순화하여 자국에서 안정된 제품을 런칭하면서 점차 확대해 나가는 것이 필요하다.

생산 활동이 어느 정도 안정이 되면 현지인 스스로 자주 관리할 수 있는 인력을 육성하여 자국 공장의 품질이나 생산성 수준에 근접하도록 생산현장의 낭비를 감소시키는 활동이 필요하다.

현지인의 숙련이 향상됨에 따라 지역화(Localization) 확대를 꾀하는 발전기에는 부품조달측면에서는 현지 외주업체를 개발해서 부품을 현지에서 생산·공급받을 수 있는 현지 조달비율을 점차 높이고, 제조측면에서는 생산공정 및 라인 수를 확대하고 상품기획, 제품개발의 현지화를 확대해 나가는 생산운영활동이 필요하다.

지역화에 성공하면 본사 의존도를 낮추고, 본사와의 협업(collaboration)체계의 구축을 통해 현지완결형 경영을 할 수 있는 성숙기 체제를 확립해야 한다. 생산의 품목을 다양화하고 복잡한 기능이 많은 고품질의 제품도 안정적으로 생산할 수 있는 체제를 갖추어 글로벌 네트워킹을 통해 공동생산, 상호공급이 가능한 생산시스템이 구축되어야 한다.

해외공장에서 생산운영을 한다는 것은 단순한 기술이전으로만 해결되는 것은 아니고, 기본적으로 해당 국가의 언어·관습·문화를 이해하고 자국의 기술과 잘 결합하여 운영하는 것이 무엇보다 중요하다.

3.3. 글로벌 경영 책임

위에서 살펴본 바와 같이 생산 운영활동에 대한 글로벌 경영은 교통기술의 발달이나 정보기술의 발달에 따라 가능하게 된 것이겠지만, 이러한 환경의 변화는 세계의 제품 및 서비스 무역의 글로벌화, 조달 및 투자지역의 비지역화, 공공서비스에 대한 규제 철폐, 소비자의 환경보호에 대한 공적인 요구, 테러리즘·전염병·자연적인 재앙 등에 대한 국제적인 연대책임을 요구하고 있다.[7)]

궁극적으로는 기업의 이익 실현을 위해 글로벌 경영을 추구하지만, 그에 따른 책임 또한 상당해졌다는 것이다. 국제적으로는 상호 책임에 대한 신뢰의 도구로서 적합성 평가라는 틀을 활용하고 있다.

적합성평가는 제품, 프로세스, 시스템, 사람이나 기관에 대해서 요구된 사항이 만족되어 있는지를 실증하는 것이지만,[8)] 그 요구되는 사항은 갈수록 엄격해지고 글로벌화되어 이제는 어디에서도 피할 수 없는 기준이 되어가고 있다.

기업의 경영에서 가장 중요한 것은 사회의 신뢰이다. 그것도 글로벌 사회의 신뢰이다. 고객에게 진정한 가치를 제공하였을 때 얻을 수 있는 신뢰는 제품의 기능에 대해서는 특정할 수 없지만, 그 운영 방식에 대해서는 세계 공통의 기준이 마련되고 있고 그것을 반드시 지킴으로써 획득할 수 있는 것이다. 국제표준이라는 이름으로 그 기준이 마련되고 있다. 국제표준에 대한 적합요구는 WTO/TBT에 의한 것이지만, 이미 하나의 시장을 구성하고 있는 글로벌 사회에서는 피할 수 없는 기준으로 제품에 대한 표준은 물론 경영시스템에 대한 표준도 제정되어 보급되고 있다.

---

7) 이은숙 (2009). 국내 적합성평가제도의 모델에 관한 연구-ISO/IEC 17000시리즈를 중심으로. 박사학위논문. 서울, 대한민국: 명지대학교 대학원

8) 이은숙 (2009). 국내 적합성평가제도의 모델에 관한 연구-ISO/IEC 17000시리즈를 중심으로. 박사학위논문. 서울, 대한민국: 명지대학교 대학원

최초의 경영시스템 표준은 품질경영시스템 이라는 ISO 9000 시리즈로 시작했지만, 이젠 환경경영, 리스크 매니지먼트, 식품안전경영, 정보보안경영, 심지어는 기업의 사회적 책임에 대한 경영시스템의 실행도 세계시장은 요구하고 있다.[9)]

글로벌 경영 시대에는 제품을 잘 만들어 시장에 공급하는 것은 당연한 일이고 거기에 사회적 책임을 다해야 사회의 신뢰를 얻을 수 있는 것이다. 사회적 책임경영은 모든 조직이 실행해야 하는 것이겠지만, 특히 기업에서는 제품개발 혹은 기능향상을 위한 R&D 보다도 더 중요한 매니지먼트의 하나가 되고 있다.

글로벌 기업 경영뿐 아니라 조직이라면 누구나 국제 경영시스템 표준에 대해 인식하고 구축하고 실행함으로써 경영의 효율은 물론 국제 사회의 신뢰까지 얻을 수 있다.

기업의 업종이나 규모에 관계없이 제공하는 제품 및 서비스의 품질 향상은 영원한 과제이다. 기업은 변화하는 사업 환경의 치열한 경쟁 환경에서 기업 가치와 브랜드 파워를 전략적으로 강화하고 새로운 비즈니스 기회를 쟁취하기 위해서는 더욱 더 정교하고 다양해지는 고객의 요구와 기대를 고객 요구사항으로 파악해서 이를 만족시켜야 한다.

또 기업 내외의 환경 변화가 심해 불확정 요소가 많은 현대 사회에서는 리스크 관리가 조직의 운영 관리에 효과적인 비즈니스 도구의 하나가 된다. 다양한 위협에 노출된 기업이 이에 대응하는 것은 기업 조직의 생존, 비용 절감과 비즈니스 프로세스의 단순화 측면에서뿐만 아니라 사회적 책임의 측면에서도 중요하고 또한 기업 조직의 신뢰성과 브랜드 경쟁 우위의 확보에도 도움이 된다.

기업의 환경·에너지 문제에 대한 올바른 대처는 지속 가능한 발전을 뒷받침하고 기여하는 중요한 역할을 담당한다. 또한 이에 대한 이해 관계자의 요청은 해마다 높아져 이 문제를 외면하고는 기업 운영을 할 수 없는 상황이 되어 가고 있다. 환경 리스크에 대응하고 환경 성능의 향상 노력은 기업이 지속 가능한 발전을 하는 데 필수적인 비즈니스 도구의 하나이다. 여기에 글로벌화가 진전될수록 지속 가능한 발전을 위한 세계의 노력은 기업과 그 이해관계자에게 사회적으로 책임 있는 행동을 할 것을 요구하고 있고 사회적으로 책임 있는 행동에 의한 이익에 대해 더욱 강하게 인식해 가고 있다. 긴 안목으로 보면 모든 조직의 활동은 세계 생태계의 건전성에 의존하고 있기 때문에 조직은 다양한 이해관계자에 의해 어느 때보다 엄격한 감시 하에 놓여있는 것이다. 기업의 사회적 책임은 건전한 생태계, 사회적 평등과 조직지배구조에 대한 인식의 필요성이 고조되고 있음을 반영하는 것이다.

---

9) 정택진, 정재익, 이은숙, 류길홍, 송준일 (2009). *사회적 책임, 글로벌스탠더드로 실행하라.* 서울, 대한민국: 한울

이러한 매니지먼트의 요소들을 국제사회에서는 공통으로 협업해 시스템으로 구축하고 각국의 기업이 대응할 수 있도록 표준을 제시하고 있다. 이러한 국제 기준들은 생산운영관리뿐 아니라 기업의 전반적인 경영에 적용되고 활용되어야 한다. <표 9-2>에 기업 생산 및 운영에 필요한 경영시스템 표준을 제시한다.

표 9-2 주요 경영시스템 표준

국제 표준		목 표
품질경영시스템	ISO9001	조직의 제품이나 서비스의 품질 보장뿐만 아니라 고객 만족의 향상을 목표로 하고 있다.
환경경영시스템	ISO14001	사회 경제적 요구와 균형을 취하면서 환경 보전 및 오염 예방을 지원하는 것을 목표로 하고 있다.
식품안전경영시스템	ISO22000	가공공정이나 생산상황에 주목하여 수행HACCP의 원칙에 따라 식품 안전의 유지 향상을 목표로 하고 있다.
정보보안경영시스템	ISO/IEC27001	조직의 정보·자산을 안전하게 보호하고 보안을 유지하는 것을 목표로 하고 있다.
BCMS(비즈니스 연속성관리 시스템)	ISO22301	조직의 비즈니스 연속성을 위협하는 잠재적 위협과 그 위협이 현실이 되었을 경우 발생하는 사태에 대한 대응을 효율적으로 하는 포괄적인 관리 프로세스이다. 조직의 대응력 및 복구 능력을 높이는 것을 목표로 하고 있다.
도로교통안전관리시스템	ISO39001	조직이 도로교통 사고 관련 사망자와 중상자를 없도록 하는 것을 목표로 하고 있다.
에너지경영시스템	ISO50001	조직이 효율적인 에너지 관리를 실시하기 위한 다양한 활동을 경영시스템에 통합하는 것을 목표로 하고 있다.
안전보건경영시스템	OHSAS18001	조직이 산업안전보건 위험을 관리하고 성능을 개선하는 것을 목표로 하고 있다.
SR(사회적 책임)	ISO26000	ISO26000은 경영시스템 표준은 아니다. 이 지침은 조직이 지속가능한 발전에 기여하도록 돕는 것을 의도하고 있다. 설명책임, 투명성, 윤리적 행동, 이해관계자 존중, 법규 존중, 국제행동규범 존중, 인권 존중의 기본 원칙 하에서 지배구조, 인권, 노동관행, 환경, 소비자, 공정운영, 지역사회 등 7가지 핵심 주제를 다루고 있다.

연습문제

01 생산운영관리의 개념을 설명하시오.

02 생산운영관리 활동의 본질을 고객의 입장과 제조자의 입장에서 설명하시오.

03 생산관리활동의 이슈사항에 대해 토론하시오.

04 통제란 무엇인가?

05 생산계획 수립과정을 설명하시오.

06 구매품을 분류하고 구매기법에 대해 설명하시오.

07 자재보관 원칙에 대해 설명하시오.

08 재고정책을 수립할 때 가장 중요하게 고려해야하는 사항은 무엇인가?

09 품질을 유지 향상하기 위한 활동을 설명하시오.

10 고유기술과 관리기술의 차이점을 설명하시오.

11 품질경영 8원칙을 설명하시오.

12 글로벌 경영책임에 대해 의견을 말하시오.

제 10 장 마케팅활동

요 약

고객은 기업이 행하는 모든 마케팅활동의 초점이라 할 수 있다. 따라서 기업은 고객의 다양한 욕구를 충족시키고 나아가 장기적인 이윤추구를 위해서는 마케팅활동 수행이 중요하다.

이러한 마케팅활동의 첫 과정은 마케팅 전략을 수립하기 위해 필요한 자사(Company)환경, 소비자(Customer)환경, 경쟁자(Competitor) 환경 등 3C에 관한 마케팅 환경상황을 다각도로 검토·분석하여 어디에 문제점이 있고, 어떻게 해결해 나갈 수 있는가를 파악하여 마케팅 목표를 설정하는 것에서부터 시작된다.

다음으로 시장을 소비자 수요의 이질성에 따라 일반시장을 여러 개의 시장으로 세분화(Segmentation)하여, 이러한 세분시장 중 유사한 소비 성향을 가진 소비자를 구별하고 그들에게 집중적으로 공략하는 표적시장(Targeting)을 선정하고, 선정된 시장에 대해 제품을 포지셔닝(Positioning)하는 활동이다. 즉, 세분화된 표적시장에 자사의 제품이 소비자들에 의해 어떻게 지각되고 있는가를 파악하여, 소비자들의 마음 속에 자사제품이 좀더 바람직한 위치로 자리매김할 수 있도록 하기 위한 제품효익을 개발하고 커뮤니케이션하는 활동이 필요하게 된다.

또한 기업이 마케팅 목표에 따라 설정한 표적시장에 대해 마케팅 활동을 집중시키기 위해서는 제품이나 서비스(product), 판매장소(place), 가격(price), 판매촉진(promotion) 등 4P's로 불리는 마케팅믹스 개발이 필요하다.

마지막으로 마케팅활동을 조정하고, 통제하는 것이다. 마케팅목표가 설정되고, 상황분석에 이어 표적시장의 선정 및 마케팅믹스의 결정에 이르는 과정이 합리적으로 달성될 수 있도록 마케팅 활동을 계획·조정 및 통제하는 과정을 말한다.

본 장에서는 마케팅 활동에 대해 다루고 있다. 마케팅의 정의 및 중요성에서부터 시작하여 구체적인 마케팅관리 과정과 마케팅 정보시스템 및 마케팅전략 등 총체적인 마케팅활동에 대해 자세히 설명하고자 한다.

• 주저자: 이광근교수, 경동대학교 경영학과, Tel: 033-639-0348, E-mail: kankun@k1.ac.kr

제 10 장 마케팅활동

1 마케팅 활동의 개요

1.1. 마케팅의 개념

마케팅이란 처음에는 재화의 사회적 이전을 의미하는 유통을 지칭하는 말로 사용되어오다가 오늘날에는 개별기업 활동의 중요성이 증가함에 따라, 이에 대한 시장에서의 기업활동을 이르는 말로 사용하게 되었다. 전자의 마케팅 활동을 거시적 마케팅(macro marketing), 후자를 미시적 마케팅(micro marketing)이라 표현한다.

먼저, 거시적 마케팅이란 제품이 생산자로부터 소비자에게 이르게 하는 유통기관과 그 기능을 사회적 관점에서 분석·검토하는 마케팅활동으로서, 운송·보관·금융·하역·위험부담 등의 활동이 여기에 해당되며, 이러한 모든 마케팅활동은 생산자와 소비자 및 중간상들에 의해 수행된다. 또한 미시적 마케팅이란 개별기업이 기업목표를 달성하기 위한 마케팅활동으로서, 여기에는 마케팅조사·제품계획·판매예측·마케팅 계획 등 제품생산이 이루어지기 전에 수행되는 선행적 마케팅과 제품·가격·촉진·유통 등 생산이 이루어지거나 생산을 전제로 하여 수행되는 후행적 마케팅이 있다.

한편, 마케팅에 대한 공식적인 정의는 1960년대 미국마케팅협회(American Marketing Association, 이하, AMA)에 의해 제시되었다. AMA에 따르면, "마케팅이란 생산자로부터 소비자 또는 사용자에게 재화와 용역의 흐름을 통제하는 기업활동의 수행"이라고 정의하였다. 그 후, 1985년 AMA는 "마케팅이란 개인적이거나 조직적인 목표를 충족시키기 위한 교환을 창출하기 위해 아이디어, 제품, 그리고 서비스의 개념정립, 가격결정, 촉진, 그리고 유통을 계획하고 집행하는 과정이다"라고 정의하였으며, 이어 2004년에는, "마케팅은 고객을 위해 가치를 창조하고, 커뮤니케이션하고, 전달하며, 다른 한편으로는 조직과 이해관계자에게 이익이 되도록 고객관계를 관리하는 조직의 기능과 관계되는 일련의 과정이다."라고 정의하였다. 또한 2007년에는 미국의 마케팅 환경의 변화를 고려하여 "마케팅은 고객, 클라이언트, 파트너, 나아가 사회 전반에 걸쳐 가치 있는 것을 만들며 알리고 전달하고 교환하기 위한 활동, 일련의 제도 및 과정이다"라고 개정하였으며, 이번에 개정된 정의가 오늘날 가장 널리 사용되고 있다.

한편, 한국마케팅학회((korean Marketing Association, 이하, KMA)는 "마케팅은 조직이나 개인이 자신의 목적을 달성시키는 교환을 창출하고 유지할 수 있도록 시장을 정의하고 관리하는 과정이다."라고 정의하였다.

또한 마케팅의 대가 필립 코틀러(Philip Kotler)는 "마케팅은 기업이 고객을 위해 가치를 창출하고 강한 고객관계를 구축함으로써 그 대가로 고객들로부터 상응하는 가치를 얻는 과정이며, 교환과정을 통하여 필요와 욕구를 충족시키는 인간활동이다."라고 정의하였다(그림 10-1).

이상의 정의들을 종합해 볼 때 마케팅이란 교환행위를 지속적으로 관리하여 고객의 만족을 실현시키고 이를 통해 기업의 이익을 창조하기 위해 제품, 유통경로, 촉진, 가격결정 등의 경영활동을 수행함으로써 새로운 수요를 창조하고 보다 높은 생활수준을 지향하며 나아가 국민경제발전에 기여하려는 시스템적인 기업활동이라고 볼 수 있다.

마케팅의 정의	
미국마케팅 학회 (AMA)	1960년: •마케팅은 제품과 서비스를 생산자로부터 소비자 또는 사용자 에게 흐르도록 하는 이업활동의 수행 1985년: •마케팅은 개인과 조직의 목적을 충족시켜주는 교환을 가져오기 위해 아이디어, 제품 및 서비스에 대한 발상, 가격결정, 촉진, 그리고 유통을 계획하고 실행하는 과정이다. 2004년: •마케팅은 고객을 위해 가치를 창조하고, 커뮤니케이션하고, 전달하여, 다른 한편으로는 조직과 이해 관계자에게 이익이 되도록 고객관계를 관리하는 조직의 기능과 관계되는 일련의 과정 2007년: •마케팅은 고객, 클라이언트, 파트너, 나아가 사회 전반에 걸쳐 가치있는 것을 만들며 알리고 전달하고 교환하기 위한 활동, 일련의 제도 및 과정
한국마케팅 학회 (KMA)	•마케팅은 조직이나 개인의 자신의 목적을 달성시키는 교환을 창출하고 유지할 수 있도록 시장을 정의하고 관리하는 과정이다.
필립코틀러 (Philip Kotler)	기업이 고객을 위해 가치를 창출하고 강한 고객관계를 구축함으로써 그 대가로 •고객들로부터 상용한 가치를 얻는 과정이다. 마케팅은 교환과정을 통하여 필요와 욕구를 충족시키려는 인간화동이다.

▌그림 10-1 ▌ 마케팅의 정의

1.2. 마케팅의 중요성

과거 소품종 대량생산 체계에서 오늘날 다품종 소량 생산체제로 전환됨에 따라 기업은 치열한 경쟁환경 속에서 살아남기 위해서는 시장에서 요구하는 소비자의 요구에 적합한 제품과 서비스를 제공해야한다. 만일 이러한 제품과 서비스를 제공하지 못하게 되면 기업의 영속적인 존속은 보장할 수 없다. 이처럼 기업의 마케팅 활동은 기업의 지속적인 사업유지의 근본적 기능이라 할 수 있다. 특히, 소비자의 소득증가로 인한 여유자금의 확대, 여유시간의 증가, 가치관의 변화에 따른 수요 변동이 극심해지고 기술혁신에 의한 기업간 경쟁은 물론, 글로벌화에 의한 제품 수명주기의 단축화와 같은 경영환경 속에서 자사 고객의 지속적 유지 및 관리를 위한 마케팅에 대한 중요성이 강조되고 있다.

2 마케팅 시스템

2.1. 마케팅의 기능

마케팅 수단으로써 미국 미시간 주립대학의 제롬 맥카시 교수는 1960년 마케팅 믹스라고 불리는 4P's를 주장하였다. 마케팅 믹스(Marketing Mix)란 일정한 환경적 조건과 일정한 시점 내에서 여러 가지 형태의 마케팅 수단들을 경영자가 적절하게 결합 내지 조화해서 사용하는 전략을 의미한다. 즉 기업이 그들의 타깃(Target) 고객층을 만족시키기 위해서는 제품(Product), 가격(Pricing), 장소(Place), 촉진(Promotion)의 4가지로 나뉘는 마케팅 전략을 적절하게 섞어서 사용한다고 주장하였다.

먼저, 제품(Product)이란 단순히 제품이나 서비스를 생산하는 것 이외에 그 제품이 줄 수 있는 종합적인 혜택(Benefit)을 통틀어서 이르는 것이다. 디자인, 브랜드, 상징, 보증, 상품 이미지 등을 폭넓게 포함하고 그것을 관리하는 전략을 말한다. 가격(Pricing)은 기업이 특정 물품의 가치(Value)를 가장 객관적이며 수치화된 지표로 나타내는 전략이다. Skimming(가격을 높게 잡는 고가화 전략), Penetrating(가격을 낮게 잡는 침투전략), EDLP(Every Day Low Price), Competitive Pricing(경쟁사와의 관계를 이용하는 가격 전략) 등이 있다. Place(장소)는 기업이 특정 물품의 판매를 촉진하기 위해서 활용하는 공간의 단순한 배치를 넘어서, 고객과의 접촉을 이루어지게 하는 전체적인 유통경로의 관리를 포함하는 공급사슬 관리이다. 마지막으로 Promotion(촉진)

은 기업이 마케팅 목표 달성을 위하여 사용하는 광고, 인적판매, 판매촉진, PR, 직접 마케팅 등의 수단으로 대중들의 원활한 의사소통을 기반으로 구매를 이끌어내는 유인 기법을 말한다.

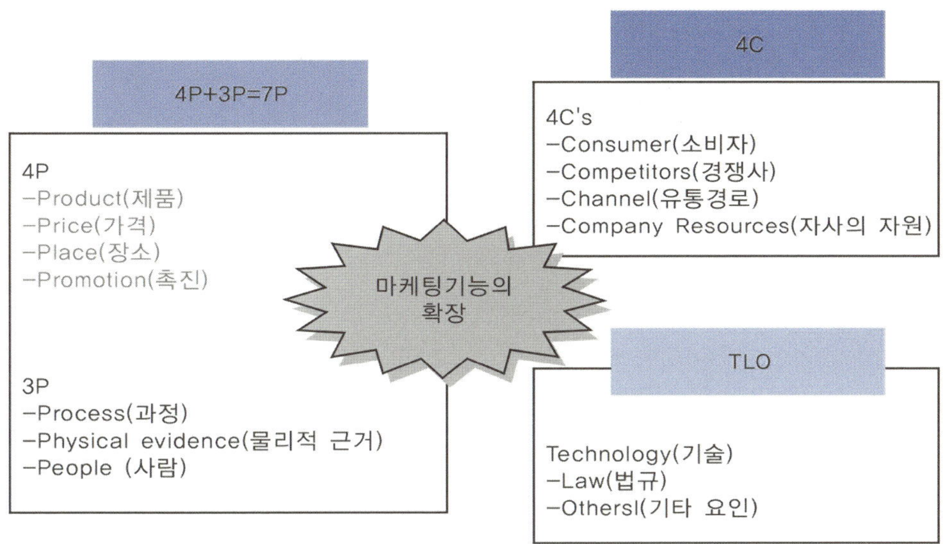

▌그림 10-2 ▌ 마케팅 기능의 확장

이러한 마케팅믹스는 마케팅 수단으로써 널리 사용되어지고 있으며 마케팅믹스가 적합한가 아닌가의 기준은 시장수요이기 때문에 결과적으로 마케팅은 소비자(Consumer)에 대하여 마케팅 믹스를 구축하는 것이라 할 수 있다.

한편, 마케팅 활동은 자사 내에서만 이루어지는 것이 아니라 동일한 시장에 대하여 반드시 경쟁사(Competitors)에 대해서도 예측해야하며 또한 유통구조(Channel)의 변동은 판매경로의 선정에 중대한 영향을 미친다. 나아가 마케팅활동을 전개하는데 있어서 자사의 경영자원(Company Resources)의 질적인 면과 양적인 면의 크기도 충분히 고려되어야 한다. 여기서의 경영자원은 인적능력, 자금, 기술력, 설비력, 기업 이미지 등을 의미한다. 이러한 관점에서 보면 마케팅 믹스인 4P's는 앞서 제시한 소비자(Consumer), 경쟁사(Competitors), 유통구조(Channel), 자사의 경영자원(Company Resources) 등 4C's를 전제로 하여 충분히 고려하여 결정되어야 한다. 아울러, 오늘날에는 기술(Technology)이 결정적인 의미를 가지며, 또한 관련 법규(Law)도 커다란 영향을 미친다. 이 밖에(Others), 환율의 변동이나 개발도상국 문제를 포함한 국제경제의 동향도 고려해야 하기 때문에 결과적으로 마케팅 활동 모델을 요인별로 요약하면 「4P's·4C's·TLO」로 표현할 수 있다(그림 10-2).

최근에는 마케팅 4P에 3P를 보완하여 만들어낸 7P로 마케팅 기능이 확장되어 널리 쓰이고 있다. 추가된 3P란 People, Physical evidence, Process를 의미한다. 여기서 People이란 사람을 의미하며 고객, 종업원, 경영진 등을 의미하는 것이며, Physical evidence란 물리적 증거를 의미하는 매장의 배치나 서비스 등 서비스적 요소를 의미하며, Process란 서비스가 수행되는 과정의 흐름을 의미한다.

2.2. 마케팅관리과정

마케팅관리란 기업과 경영환경과의 사이에 조화를 유지하면서 판매에 관련되는 광범위한 제문제를 처리하고 경영성과를 올릴 것을 그 목적으로 하며, 마케팅 관리도구의 선정과 그들 상호간의 조정을 시도하는 경영관리의 한 영역이다. 나아가 마케팅 관리과정이란 기업이 생산·판매하는 제품이 소비자 수용에 합치되고, 또한 이러한 제품들이 가장 적절한 경로를 통해서 적절한 가격으로 적절한 소비자들에게 판매함으로써 기업의 마케팅 목표가 합리적으로 달성될 수 있도록 마케팅 활동을 계획·조정 및 통제하는 과정을 말한다. 구체적으로는, 마케팅 환경과 시장조사를 통해 소비자에 대한 분석한 결과를 토대로 표적고객선정과 제품포지셔닝으로 구성되는 마케팅전략을 구성하여 제품계획·가격결정·광고·판매원관리·판매촉진·경로선정 등과 같은 마케팅 믹스에 관한 계획을 수립하여 이를 수행하고 통제하는 과정을 말한다. 다음의 [그림10-3]은 이러한 마케팅 관리과정을 나타내고 있다.

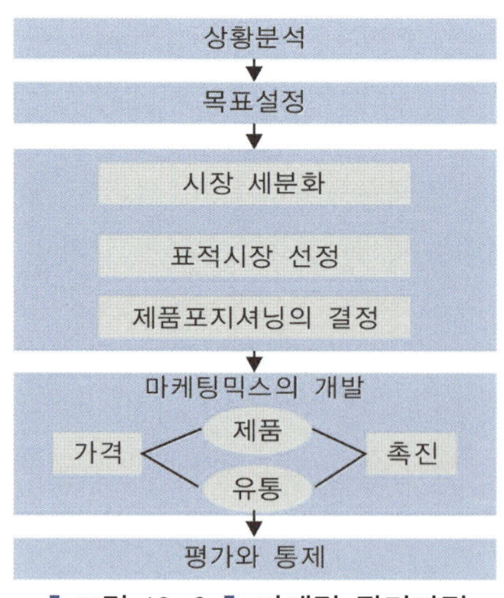

그림 10-3 마케팅 관리과정

2.2.1. 상황분석

마케팅 관리의 첫 과정은 마케팅 전략을 수립하기 위해 필요한 제반 사항들, 즉 자사(Company) 환경, 소비자(Customer) 환경, 경쟁자(Competitor) 환경 등 3C에 관한 마케팅 환경상황을 다각도로 검토·분석하여 어디에 문제점이 있고, 어떻게 해결해 나갈 수 있는가를 파악하는 일이다(표 10-1).

표 10-1 3C 분석 포인트

3C	분석항목(예)
자 사 (Company)	•우리의 사업목표는 무엇인가? •우리의 강점과 약점은 무엇인가? •자사의 매출액, 시장점유율, 수익률은 어느 정도인가? •자사의 기술력과 조직력은 보유하고 있는가?
경쟁자 (Competitor)	•경쟁자의 강점과 약점은 무엇인가? •경쟁자의 전략은 무엇인가? •자사에게 위협이 될 만한 업체는 있는가? •고객은 경쟁자들을 어떻게 생각하는가?
소비자 (Customer)	•우리의 현재와 미래의 고객은 누구인가? •고객이 요구하는 니즈는 무엇인가? •구매 결정요인은 무엇인가? •주 고객은 누구이며, 주 고객의 특성과 속성은 무엇인가?

2.2.1.1. 자사(Company)분석

마케팅 환경분석에 있어 가장 먼저 이루어져야 할 부분은 바로 자사에 대한 분석이다. 일반적으로 자사분석은 마케팅 전략수립과 관련하여 기업의 내면을 분석하는 강점(Strength)과 약점(Weakness)에 대한 분석과 외적환경을 분석하는 기회(Opportunity)와 위협(Threat) 분석 등 SWOT분석을 통해 이루어진다. 다시 말해서 기업의 내적 환경 분석을 통해 강점과 약점을 파악하고, 누가 자사의 경쟁자인지 어떤 브랜드가 자사와 경쟁 브랜드인지를 알아내는 것이다. 또한 자사의 히트제품과 실패한 제품은 무엇이며, 대상 제품이 속해 있는 시장의 최근 몇 년간의 전체 규모, 자사의 매출액과 시장점유율 및 수익성의 추이는 어떠한가? 자사의 핵심역량을 창출할 수 있는 기술력과 조직력은 무엇이며, 제품의 라이프사이클은 현재 어디에 있는가를 파악하여 제품의 어떤 요인이 시장에서 판매와 성공을 가져올 수 있는지를 예측하고 우리가 공략해야 할 시장이 어디며, 무엇이 중요한지를 파악해야 한다.

아울러, 시장 환경을 둘러싼 정치적(Political), 경제적(Economic), 사회적(Social), 기술적(Technological)요인에 대한 PEST 분석을 통해 마케팅 환경에서 일어나고 있는 전체 그림을 파악하여 마케팅 동향에 대한 인식력을 높여야 한다. 이와 같은 네 가지 정보를 분석함으로써 기업이 가지고 있는 강점은 살리거나 발전시키고, 약점은 고치거나 줄이고, 기회 요인은 적극 활용하며, 위협은 방지하는 전략을 찾아 수립할 수 있다.

2.2.1.2. 소비자(Customer) 분석

소비자 분석은 고객의 특성, 니즈, 행동특성, 기호 등 소비자 전반에 걸친 분석을 통해 우리가 앞으로 주 타깃으로 설정할 제품의 소비층이 어떤 계층이며, 그 계층은 어떤 소비 행동을 하는지, 소비 행동을 하기까지 의사결정 과정은 어떤 형태이며, 그러한 소비 행동에 영향을 미치는 요소는 무엇인가 등을 파악해 내는 작업이다.

소비자를 알기 위해서는 제품과 관련된 소비자의 욕구와 지리적, 인구통계적, 사회경제적, 심리학적(라이프스타일) 특성을 분석하여 고객 세분화에 따른 세분 시장 및 시장의 움직임을 예측해야 한다. 또한 자사 제품과 관련된 구매 준거와 구매 행태, 변화 과정, 주사용 제품과 선택 이유, 불만 이유, 실현되지 못한 고객 욕구의 발견, 향후 구매 의향과 권유 정도, 이용 환경 등 소비자 행태에 대해 분석해야 한다.

2.2.1.3. 경쟁자(Competitor) 분석

동일한 산업 내에는 현재 산업 내에서 경쟁하고 있는 기존기업과의 경쟁과 새로이 진출하려는 잠재적 경쟁자 등 기업 간의 경쟁은 필연적으로 존재한다. 경쟁자에 대해 분석하기 위해서는 우선적으로 다음과 같은 요인에 대한 분석이 필요하다.

첫째, 경쟁구도에 대해 분석한다. 어떤 제품에서 경쟁이 이루어지고 있으며, 어떤 구도로 경쟁이 벌어지고 있는지를 분석한다. 예를 들면 경쟁 제품들을 몇 개의 카테고리로 나누어 현재 경쟁이 어떤 양상으로 벌어지고 있는지, 차후에는 어떻게 변할 것인지, 앞으로 경쟁 상대가 될 가능성은 없는지 등, 잠재적 경쟁자까지 분석해야 한다.

둘째, 제품별 강점과 약점에 대해 분석한다. 경쟁사 제품별로 강점과 약점을 비교해 보면 경쟁사 제품 가운데 자사 제품을 어떻게 위치시켜야 하는지를 판단할 수 있으며 상대적으로 자사 제품이 경쟁사 제품에 비해 강점이 무엇이고, 약점이 무엇인지를 한눈에 파악할 수 있다.

셋째, 경쟁사의 제품에 대해 분석한다. 경쟁사 제품에는 자사 제품과 직접적인 경쟁관계에 있는 제품뿐만 아니라 같은 제품군에 속해 있지는 않지만 자사 제품과 같은 편익을 공유하는 다른 제품군의 제품도 포함해서 분석한다.

넷째, 제품 포지셔닝에 대해 분석한다. 제품포지셔닝이란 소비자의 머릿속에 제품이 차지하고 있는 위치를 말한다. 경쟁사 제품들이 소비자들에게 어떤 위치를 차지하고 있는지에 대한 파악을 통해 그들과 대응해서 자사 제품이 상대적으로 유리한 위치를 차지할 수 있을 것인가를 판단하는 데 중요하다.

다섯째, 시장 점유율에 대해 분석한다. 시장 점유율에 따라 전략이 달라질 수 있다. 예를 들면 시장 점유율이 지배적이라면 시장 자체를 키우는 전략을 선택해야 제품 판매를 늘릴 수 있고, 반대로 시장 점유율이 작다면 시장을 키우기보다는 시장 점유율을 높이는 전략을 수립해야 한다.

2.2.2. 목표설정

이상과 같이 기업을 둘러싼 경영환경에 대한 자사(Company) 환경, 소비자(Customer) 환경, 경쟁자(Competitor) 환경 등 3C분석을 통해 마케팅 목표가 설정된다. 일반적으로 마케팅 목표는 경영목표의 하위목표로 설정되며 생산된 제품과 제품이 판매되는 시장 간의 균형을 유지하는 것과, 어떤 제품을 어떤 시장에 팔 것인가와 관계가 있다. 구체적으로는 기존 시장에 기존 제품을 판매할 것인가, 신규 시장에 기존 제품을 판매할 것인가, 기존 시장에 신제품을 판매할 것인가, 신규 시장에 신제품을 판매할 것인가를 결정하여 목표를 설정한다.

또한 마케팅 목표는 마케팅 계획기간의 제품별, 세분 시장별 매출액, 매출대비 총수익, 시장점유율 등으로 표현되는데 이 경우, 국내 시장에서 향후 3년간 실질 기준으로 매년 10% 매출 증가, 세계 시장에서 5년 이내에 실질 기준으로 매출 30% 증가, 북미 시장에서 향후 2년간 제품의 시장 점유율 10%에서 15%로 증가와 같이 마케팅 목표를 계량화할 수 있어야 하며, 달성 가능한 목표로 설정되어야 한다. 아울러, 마케팅 계획을 추진하면서 실제 성과와 비교해 측정할 수 있는 형태로 정의되어야 한다.

2.2.3. 시장세분화(Segmentation)

시장세분화란 소비자 수요의 이질성에 따라 일반시장을 여러 개의 세분시장으로 분할하는 것을 말한다. 세분화의 목적은 이들 시장에 적합한 제품을 개발하고, 그런 제품을 전제로 하는 차별적 마케팅을 하거나 혹은 하나의 표적시장만을 집중적으로 공략하는 마케팅을 하려는 데 있다.

기업의 입장에서는 하나의 제품으로 전체 시장을 공략할 수 있다면 가장 효율적이지만, 고객의 입장에서는 자신만의 차별화된 제품을 갖는 것이 가장 바람직하며 기업으로서도 효과적이다. 하지만, 어떠한 기업도 각 개인에 맞는 차별화된 제품을 생산할 수 없기 때문에, 효율과 효과의 차이를 메우기 위해 시장을 세분화한다. 즉, 마케팅

전략상 동일한 마케팅 믹스가 통용될 수 있는 시장들로 전체 시장을 세분화하여 제품을 생산하고 마케팅하는 전략이 시장세분화라고 할 수 있다. 구체적인 세분화의 기준과 효과적인 시장세분화의 조건은 다음과 같다.

2.2.3.1. 세분화의 기준이 되는 변수

① **구매 행동 변수**: 사용량(대량사용자, 보통사용자, 소량사용자 등으로 구분한다), 브랜드 충성도

② **인구통계적 변수**: 가장 많이 사용되는 기본적인 변수이다. 연령, 성별, 지역, 소득 수준, 학력, 가족 수 등

③ **심리적 변수**: 사회계층, 개성, 라이프스타일

④ **행동적 변수**: 누가, 언제, 어디서, 무엇을, 어떻게 사용하는가를 말한다.

⑤ **추구편익 변수**: 기능적인 효익(제품의 속성이나 기능에서 얻는 효익), 심리적인 효익(제품 이미지, 자기만족, 신분의 표시 등과 같이 심리적인 측면을 나타내는 것)

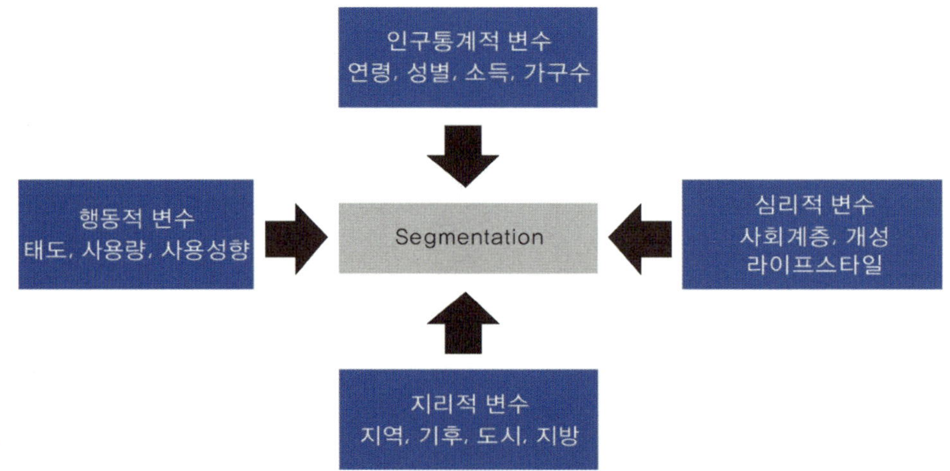

▌그림 10-4 ▌ 세분화 기준이 되는 변수

2.2.3.2. 효과적인 시장세분화의 조건

① **측정가능성**: 각 세분시장의 규모와 구매력과 같은 세분시장의 틀은 구체적으로 측정 가능한 것이어야 한다.

② **시장규모**: 각 세분시장은 기업이 개별적인 마케팅프로그램을 실행할 수 있을 정도로 충분한 규모를 지니고 있어야 한다.

③ **접근가능성**: 소비자에게 접근할 기회가 없다면 세분시장으로서의 가치를 상실하

게 된다.

④ **차별적 반응:** 각 세분시장은 마케팅믹스인 4P에 대해 서로 다른 차별적 반응을 보여야 한다.

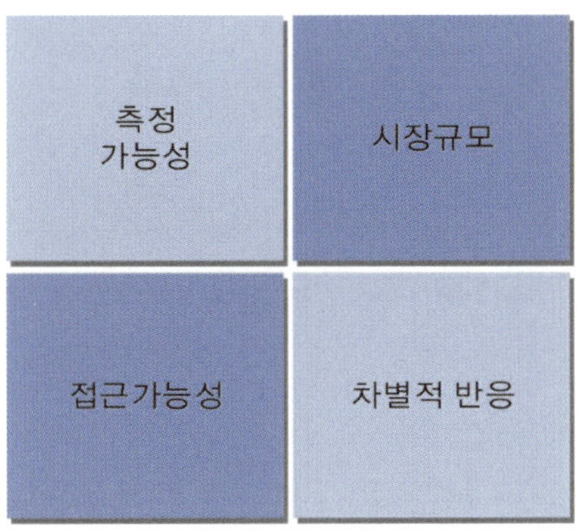

▌그림 10-5 ▌ 시장 세분화의 조건

2.2.4. 표적시장(Targeting)선정

이러한 세분시장 중 유사한 소비 성향을 가진 소비자를 구별하고 그들에게 집중적으로 공략하는 시장이 바로 표적시장이다. 기업은 시장을 세분화한 뒤, 세분시장별로 차별화된 제품을 만들 수도 있고 단 하나의 세분시장만을 집중적으로 공략할 수도 있다. 또한 표적시장전략은 세분화된 시장에서 선택과 집중을 통해 효율적이라고 판단되는 표적시장을 결정하고 마케팅 노력을 집중하는 전략으로 표적시장이 분리되지 않은 전체 시장이 될 수도 있고 여러 개의 세분시장이 될 수도 있다. 아울러 여러 세분시장 가운데 단 하나의 세분시장만이 표적시장이 될 수도 있다. 구체적인 표적시장 전략은 [그림 10-6]과 같다.

2.2.4.1. 차별화 전략

다양한 소비자 니즈에 대응하여 각 세분시장별 마케팅 전략을 수립하여 시장을 공략하는 전략이다. 세부시장별로 마케팅 전략을 수립하기 때문에 기업의 자원과 비용이 많이 소요되며 집중적이지 못해 효율성이 떨어질 수 있다. 하지만 시장 지배력이 높은 자동차 기업과 같은 대기업에서 다양한 고객층에 각기 다른 시장으로 세분화하여 표적시장에 맞는 최적의 마케팅 활동을 전개하기 위하여 사용된다.

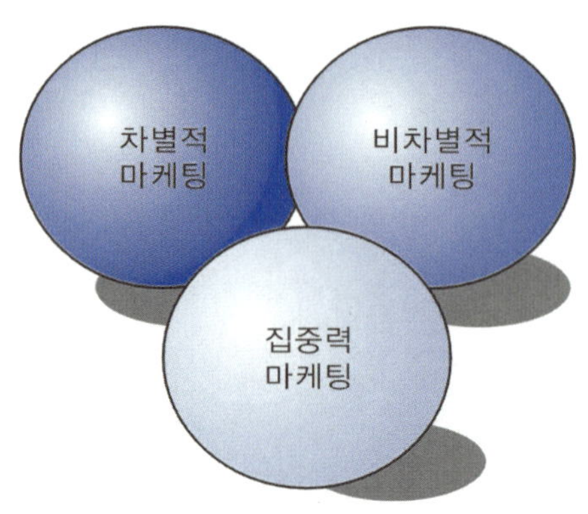

▌그림 10-6▐ 표적시장 전략

2.2.4.2. 비차별화 전략

시장이 동질성이나 이질성이 미미한 경우 세분시장의 차이를 무시하고 공통점에 중점을 두고 단일 제품, 단일 마케팅 전략으로 프로그램을 구성하여 전체 시장을 공략하는 전략이다. 이 경우, 기업은 대량생산, 대량유통, 대량광고와 같이 규모의 경제성을 활용하여 마케팅 비용을 최소화할 수 있으며, 이는 주로 제품의 도입 시기에 적용한다. 이 시기에는 소비자의 니즈가 세분화되어 있지 않기 때문에 시장을 세분화하지 않고 단일 제품으로 전체 시장을 공략한다. 단점으로는 제품의 수명주기가 진화하면서 극심한 가격경쟁과 고객의 다양한 불만족을 초래할 수 있기 때문에 지속적으로 고객기호를 살펴보고 환경을 관찰해야 한다.

2.2.4.3. 집중화 전략

세분화된 시장 가운데 1개의 시장을 선택하여 집중화하는 전략이다. 기업의 자원이나 능력이 한정되어 있을 때 하나의 세분시장을 공략하는 것으로 틈새시장 전략이라고도 할 수 있다.

단일화 시장에 집중 공략하기 때문에 기업은 소비자에 대해 매우 잘 알고 있어야 하며, 이 시장에서 경쟁적 우위를 잃게 되면 기업은 높은 위험부담을 갖게 된다. 남성만을 위한 피부관리숍이나 여성만을 위한 헬스클럽을 예로 들 수 있다.

2.2.5. 제품 포지셔닝(Positioning)의 결정

포지션이란 제품이 소비자들에 의해 지각되고 있는 모습을 말하며, 제품포지셔닝이란 소비자들의 마음속에 자사제품의 바람직한 위치를 형성하기 위하여 제품효익을 개발하고 커뮤니케이션하는 활동을 말한다. 제품을 포지셔닝하기 위해서는 제품의 특징·제품효익·사용계기·사용자 범주 등이 근거로 이용되며, 다음과 같이 5단계의 과정을 거쳐 개발된다.

① 소비자 분석으로 소비자 욕구와 기존제품에 대한 불만족 원인을 파악한다.
② 경쟁자 확인으로 제품의 경쟁 상대를 파악한다. 이때 표적시장을 어떻게 설정하느냐에 따라 경쟁자가 달라진다.
③ 경쟁제품의 포지션 분석으로 경쟁제품이 소비자들에게 어떻게 인식되고 평가받는지 파악한다.
④ 자사제품의 포지션 개발로 경쟁제품에 비해 소비자 욕구를 더 잘 충족시킬 수 있는 자사제품의 포지션을 결정한다.
⑤ 포지셔닝의 확인 및 재포지셔닝으로 포지셔닝 전략이 실행된 후 자사제품이 목표한 위치에 포지셔닝되었는지 확인한다. 이때 매출성과로도 전략효과를 알 수 있으나 전문적인 조사를 통해 소비자와 시장에 관한 분석을 해야 한다. 또한 시간이 경과함에 따라 경쟁환경과 소비자 욕구가 변화하였을 경우에는 목표 포지션을 재설정하여 재포지셔닝한다.
⑥ 포지셔닝 전략의 유형
   ㉠ 제품속성·유익에 의한 포지셔닝: 자사의 제품이 경쟁제품과 비교하여 다른 차별적 속성과 특징을 가져 다른 유익을 제공한다고 고객에게 인식시키는 전략
   ㉡ 사용상황에 의한 포지셔닝: 적절한 사용상황 묘사 또는 제시를 통해 고객에게 인식시키는 전략
   ㉢ 제품사용자에 의한 포지셔닝: 제품이 특정한 고객들에게 적절하다고 포지셔닝하는 전략
   ㉣ 경쟁사에 의한 포지셔닝: 고객의 지각 속에 자리 잡고 있는 경쟁사 제품과 명시적 혹은 묵시적으로 비교함으로써 자사제품의 상대적 혜택을 강조하는 전략
   ㉤ 니치(틈새) 시장에 대한 포지셔닝: 기존 제품이 충족시키지 못하는 틈새시장의 기회를 찾아 고객에게 포지셔닝하는 전략
   ㉥ 제품군에 의한 포지셔닝: 특정 제품군에 대한 고객의 우호적 태도를 이용하여 자사의 제품을 그 제품군과 동일한 것으로 포지셔닝하는 전략

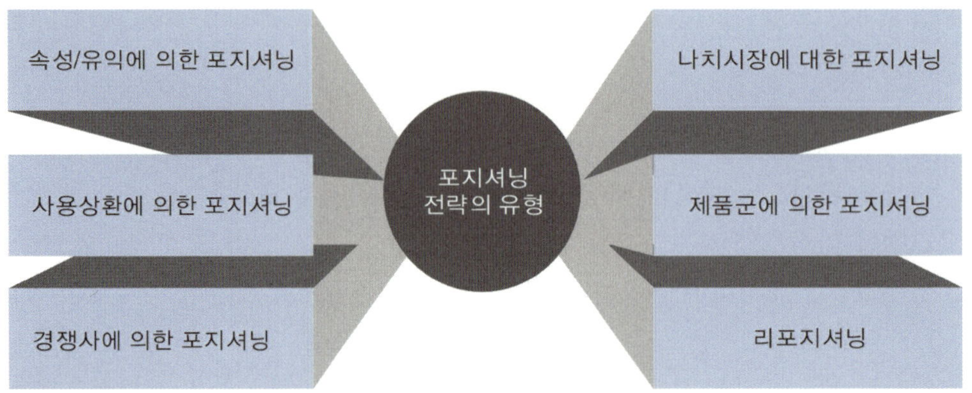

▌그림 10-7 ▌ 포지셔닝 전략의 유형

2.3. 마케팅믹스의 개발

마케팅믹스는 기업이 마케팅 목표에 따라 설정한 시장표적에 마케팅 활동을 집중시키기 위해 사용하는 모든 투입변수 등을 해당기업의 환경과 상황에 맞게 마케팅 효과가 최대화되도록 배합하는 전략이다. 마케팅 믹스의 요소는 상품이나 서비스(product), 판매장소(place), 가격(price), 판매촉진의 형태(promotion) 등으로 4P's라고 한다(그림 10-8).

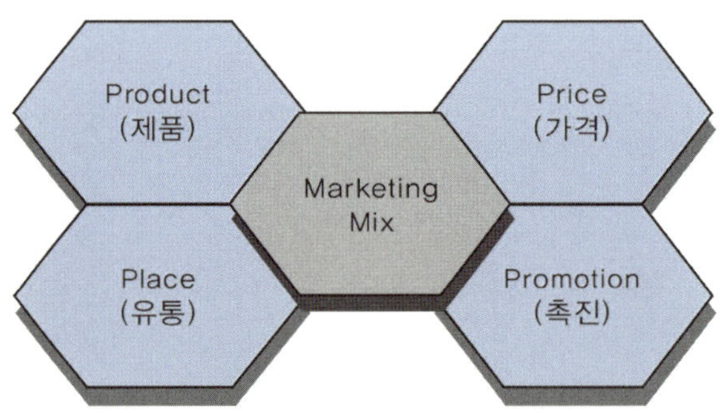

▌그림 10-8 ▌ 마케팅 믹스

마케팅믹스의 구성요소는 이외에도 제품계획, 판매경로, 광고, 수송보관, 포장, 디스플레이 등이 있다. 마케팅의 효과를 높이기 위해서는 이러한 모든 요소들을 마케팅 목표에 결합시키고 그 목표에 입각하여 각 부문의 기능을 유기적으로 결합하여 동원하면서 전체적인 마케팅 활동을 실시해야 한다. 마케팅믹스는 우선 제품믹스, 프로모션 믹스, 판매경로 믹스 등 하부 믹스를 먼저 형성하고 이들 하부 믹스들을 통합, 구성하여 가장 효율적인 마케팅믹스를 실현하게 된다. 실제로 이러한 믹스는 기업의 종류, 상태에 따라 전략적으로 변경되며 시장표적에 따라 달리 형성된다.

2.4. 평가와 통제

마케팅 관리과정의 마지막 단계는 마케팅활동을 조정하고, 통제하는 것이다. 마케팅목표가 설정되고, 상황분석에 이어 표적시장의 선정 및 마케팅믹스의 결정에 이르는 과정을 실행하려면 기업은 이러한 마케팅활동의 흐름을 조정하고 통제할 수 있어야 한다. 즉, 통제는 달성하려고 하는 목표의 설정과 무엇이 이루어졌고, 왜 그러한 결과가 일어났는가에 대한 성과측정과 성과평가에 대한 차이 분석, 이와 관련하여 무엇을 시정조치 해야 하는가에 대한 세 과정의 의미를 내포하고 있기 때문이다.

여기에는 첫째로 마케팅계획을 수행할 수 있는 마케팅조직의 설계문제가 포함된다. 마케팅조직에 있어서는 마케팅 담당자들의 직무를 편성하는 문제와 마케팅활동의 조정을 위한 재무, 제조, 기술개발, 구매 부서와의 원활한 협조문제등을 주로 고려해야 한다. 왜냐하면 기업의 모든 활동이 궁극적으로는 구성원들에 의해 이루어지며 마케팅 부서의 노력뿐 아니라 타부서들과의 원활한 협조관계에 따른 시너지 효과를 얼마나 창출해 낼 수 있는가의 여부에 따라 마케팅활동의 성패가 영향을 받기 때문이다.

둘째로 마케팅활동의 수행결과 마케팅 목표가 얼마나 달성되었는가를 평가할 수 있는 통제절차에 관한 문제이다. 통제과정의 원활한 수행은 기업의 마케팅활동을 보다 효율적으로 조정해 주며, 성과를 평가하고 이를 피드백 함으로써 보다 환경에 적합한 마케팅계획의 재편성을 가능하게 해준다. 더욱이 현대 기업의 마케팅환경은 급격히 변화하고 있으므로 각 기업은 적절한 통제활동을 통해 마케팅 효율성을 주기적으로 재평가해야 한다.

2.5. 마케팅관리의 유의점

이상에서 살펴본 내용을 토대로 기업이 마케팅활동을 전개함에 있어 마케팅 관리를 좀더 효율적·효과적으로 하기 위해서는, 우선적으로 마케팅활동의 통합이 이루어져야 한다. 구체적으로는 주요 마케팅 수단인 4P's의 통합을 의미하는 마케팅 믹스의 통합과 기업 내의 조직적 통합을 의미하는 전사적 차원에서의 마케팅 통합이 중요하다.

또한 마케팅관리의 단위는 1년 단위의 단기적 관점과 함께 3~5년 내지 10년 단위의 중장기적 관점도 고려되어야 한다. 즉, 경영환경의 변화는 단기적 관점에서의 마케팅활동이 아무리 효율적이라 하더라도 지속적으로 기업활동을 유지해 나가기에는 충분하지 않은 경우가 많다. 따라서 중장기적 관점에서의 중장기 목표달성을 위한 구체적인 방향도 포함되어야 한다.

마지막으로, 사회적·환경적 관점을 고려하여 마케팅 관리가 이루어져야 한다. 기업의 성과측정의 중요지표의 하나가 바로 이윤추구이기 때문에 이윤의 크기가 다음 분기의 경영자원을 결정하여 기업내외의 성과배분의 기준이 된다. 따라서 이윤을 추구하기 위한 목표로 기업활동이 수행되는데 이 경우, 사회와 환경에 미치는 영향을 무시하고 이윤만을 추구하게 되면 소비자들로부터 부정적인 시각을 갖게 하여 기업의 사회적 존속이 위험에 처하게 된다. 따라서 오늘날에는 마케팅에 대한 사회적·환경적 영향을 고려한 사회적 마케팅(Social Marketing)과 환경마케팅(Ecological Marketing)이 강조되고 있다. 전 세계적으로 환경보전이 주목되어지고 있는 오늘날에는 환경적 관점을 고려하지 않은 기업은 장기적인 존속을 기대할 수 없기 때문이다.

3 마케팅정보 시스템

우리는 이제까지 마케팅의 기본개념 및 마케팅관리에 대해 알아보았다. 여기서는 마케팅의 중요한 원천이라 할 수 있는 마케팅정보에 대해 알아보고 마케터의 의사결정에 필요한 마케팅정보를 관리하고 조정하는 역할을 하는 마케팅정보 시스템에 대해 알아보자.

3.1. 마케팅정보 시스템의 개념

기업경영에 있어서 정보는 모든 부문에서 중요하지만 마케팅에 있어서 정보의 중요성은 특히 중요하다. 또한 경영자원의 측면에서 인적자원, 물적자원과 더불어 정보적 자원의 중요성이 강조되고 있다. 따라서 정보기술의 발전과 함께 이러한 경향은 더욱 심화되고 있다. 마케팅 활동에 관한 정보를 체계적으로 수집·분석하고 축적하여 필요한 정보를 필요할 때 필요한 의사결정자에게 제공하며, 그것의 순서 또는 방법을 체계화 하는 것이 바로 마케팅정보 시스템(Marketing Information System)이라고 한다(그림 10-9).

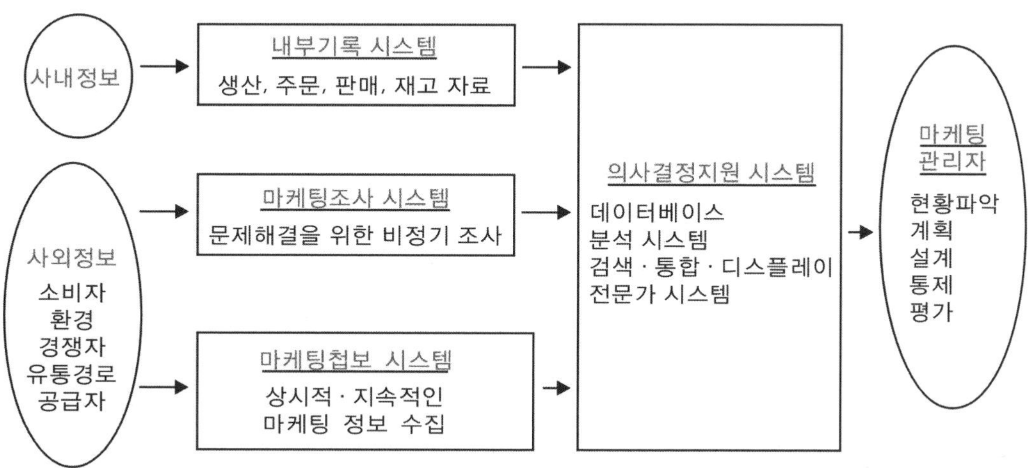

▮ 그림 10-9 ▮ 마케팅 정보시스템

3.2. 사내정보와 사외정보

이러한 마케팅 활동에 필요한 정보는 정보가 발생되는 장소에 따라 다음에서 구분한 부문에 의해 수집된다.

첫째, 영업부문에서 발생하는 정보이다. 내부정보 가운데 가장 기본적인 것은 영업부문으로 영업일지, 판매기록, 고객정보, 경쟁기업정보 등 영업활동에 따라 정보가 수집되고 발생하기도 한다. 따라서 우선적으로는 활동기록을 정확히 저장하고 분류하여 이용가능한 형태로 만드는 것이 중요하다.

둘째, 경리부문에서 발생하는 정보이다. 고객과의 매출액, 외상대금 등의 거래를 통해 얻어진 정보는 마케팅 정보시스템으로 입력되어야 할 중요한 정보이다.

셋째, 물류부문에서 발생하는 정보이다. 제품별 재고상황 정보, 배송정보 및 이에 대한 시간적 정보의 흐름은 제품별, 고객별 수요를 예측하는 주요한 지표가 된다. 이러한 정보는 매출관리, 시장점유율 관리, 가격반응, 광고를 포함한 촉진활동을 통한 매출효과 등을 파악하여 최적의 마케팅 의사결정을 위한 정보로 지원하는 것이 목적이다.

넷째, 마케팅 조사부문에서 발생하는 정보이며, 이 정보는 사내보다는 주로 사외에서 발생하는 정보이다. 즉, 마케팅조사는 마케팅 의사결정에 필요한 정보를 체계적이고 과학적으로 수집·분석되어진다. 이와 같은 방법으로 각 부문에서 수집된 정보는 마케팅 의사결정에 유용한 정보원천이 된다.

3.3. 마케팅조사

마케팅조사는 정보의 수집을 통해 소비자와 기업을 커뮤니케이션할 수 있게 도와주는 기능을 수행하는 것이다. 마케팅 조사는 이러한 기능을 수행하기 위해 필요한 정보가 무엇인지 파악하고, 그 정보의 수집과 과정을 통제하며, 수집한 자료를 분석해 그 결과를 기업의 마케팅 전략에 반영하는 과정이다. 즉, 마케터의 의사결정 문제를 규명하고 이러한 의사결정에 필요한 정보를 구체화하며, 체계적이고 과학적인 방법에 의하여 자료를 수집·분석함으로써 마케터의 의사결정에 도움이 되도록 지원하는 것을 말한다.

마케팅 조사의 대상영역으로는 시장분석, 제품조사, 소비자조사 등 3개의 광범위한 분야를 포함한다. 시장분석은 시장에 관한 정보를 산출하며, 제품조사는 제품의 특성과 제품에 대한 욕구에 관한 정보를 산출한다. 소비자조사는 소비자의 욕구와 동기에 관한 정보를 산출한다. 이밖에도 경쟁사에 대한 조사, 마케팅 관련 법규나 기술 및 기타 경기동향, 환율동향과 같은 조사도 이루어지는데 이는 4C's(Consumer, Competitors, Channel, Company Resources) 와 TLO(Technology, Law, Others)로서 마케팅 의사결정에 중요한 영향을 미치기 때문이다.

또한 목적별로 제품결정을 위한 조사, 가격결정을 위한 조사, 유통경로결정을 위한 조사, 인적판매를 위한 조사, 판매촉진을 위한 조사, 광고나 홍보를 위한 조사 등으로 구성된다.

<표 10-2>는 미국의 599개 기업에 의해 수행되고 있는 마케팅 조사대상 영역을 보여준다. 표에서 제시하고 있는 바와 같이, 조사의 대부분은 자체조사에 이루어지며, 촉진조사의 경우에는 자체조사 이외에 외부의 전문기관에 의해 이루어지는 경우도 높은 비중을 차지하고 있음을 알 수 있다. 전반적으로 촉진조사 및 유통조사를 실시하는 기업의 비율이 상대적으로 낮은 반면, 시장 잠재력조사, 시장 점유율조사 등과 같은 판매예측에 관한 조사들의 수행비율이 높은 것으로 나타났다.

먼저, 문제인식단계는 마케팅조사의 전체적인 방향을 설정하는 단계로서, 기업의 마케팅활동 결과 발생한 문제점 해결과 새로운 기회발견을 위한 가장 중요한 단계이다.

조사설계단계는 기업이 의뢰한 마케팅조사를 진행하고 통제하기 위한 설계과정이다. 조사설계는 조사프로젝트를 효율적으로 수행하는 데 초점을 두어야 한다.

표 10-2 마케팅 조사의 대상 영역

	조사비율(%)	자체조사	외부용역
제품조사분야			
경쟁상품조사	87	81	6
신상품 수용도 및 잠재력조사	76	70	6
기존제품조사	80	74	6
포장조사	65	56	9
시장테스트 및 제품조사	59	50	9
가격조사	83	81	2
촉진조사			
광고효과 조사	76	47	29
매체조사	68	36	32
쿠폰, 샘플 등 촉진활동 조사	58	52	6
광고문안조사	61	36	25
유통조사			
유통채널조사	71	70	1
공장 및 창고 입지조사	68	64	4
판매예측			
시장잠재력 조사	97	92	5
시장 점유율 조사	97	91	6
시장특성 조사	99	93	6
판매분석	92	90	2
단기수요예측	89	87	2
장기수요예측	87	83	4
산업동향분석	91	88	3

자료원: Tull, Donald S., and Hawkins, Del I. (1980). *Marketing Research: Measurement and Method* (2nd ed.). New York: Macmilian Publishing Co.

3.4. 마케팅조사 과정

마케팅조사는 기업의 의사결정에 유용한 정보를 제공하기 위해 실시된다. 조사결과는 기업의 성패에 대단히 중요한 영향을 미치기 때문에 조사를 실시하기에 앞서 여러 가지 발생 가능한 요인들을 고려하여 마케팅조사 실시의 여부를 결정하게 된다. 마케팅조사를 실시하기로 결정하였다면 마케팅조사가 진행되는데, 그 절차는 문제인식→조사설계→자료수집→자료의 통계분석 및 해석→조사보고서 작성 및 제시 등의 과정으로 이루어진다(그림 10-10).

자료수집단계는 마케팅의사결정에 필요한 자료를 수집하는 단계로서, 자료는 1차자료(primary data)와 2차자료(secondary data)로 구분되어진다. 1차자료는 당면한 조사목적을 위하여 조사자가 직접 수집한 자료를 말하며, 2차자료는 다른 목적을 위해 이미 수집된 자료를 말한다. 조사자는 가능하다면 2차 자료를 먼저 수집하고자 하는 경향이 있는데, 이는 2차 자료가 1차 자료보다 비용이 저렴하고 신속하게 수집될 수 있기 때문이다.

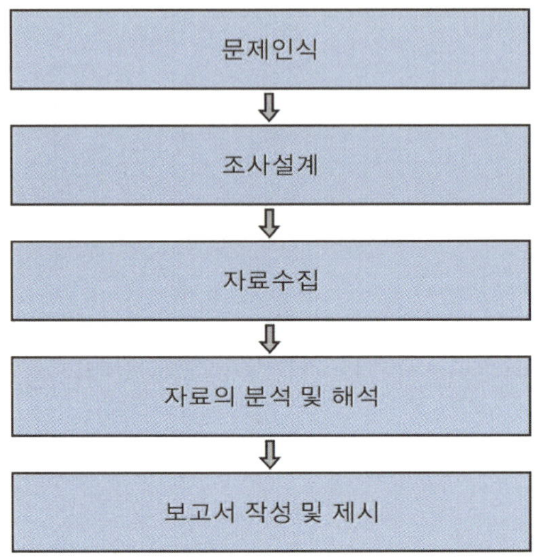

▌그림 10-10 ▌ 마케팅 조사 과정

자료의 분석 및 해석단계는 자료수집 후 편집과 코딩작업이 끝나면 통계적인 분석을 실시하고 분석결과에 대해 의미 있는 해석을 하는 단계를 말한다.

마지막 단계인 조사보고서 작성 및 제시단계는 수집된 자료에 대한 통계적인 분석과 분석결과에 대한 의미 있는 해석을 한 결과를 보고서로 작성하여 조사의뢰자에게 최종적으로 제시하여야 하는 단계를 말한다.

3.5. 마케팅조사 방법

1차자료를 수집하기 위한 방법에는 조사 대상자에게 사전에 설계된 설문지에 의해 설문조사를 실시하여 회수된 설문내용을 분석하여 정보를 얻는 방법으로 면접, 전화, 우편, 인터넷을 이용하여 조사자와 조사대상간에 의사소통을 통해 자료를 수집하는 방법이 있다. 또한 정보에 따라 직접 관찰하여 얻어지는 정보가 올바를 것이라고 판단되는 경우나 관찰하지 않으면 정확한 정보가 얻기 어려운 경우도 있다. 이 경우, 조사자가 직접 관찰하거나 기계를 이용하여 자료를 수집하는 관찰법이 있다. 대표적으로 제품의 사용현황, 점포내부의 구매행동, 재고상황 등이 여기에 해당된다.

또한 조사를 위해 사전에 조사 또는 관찰할 내용을 구체적으로 설정하는 구조화 조사와 구체적으로 설정하지 않고 이루어지는 비구조화 조사가 있으며, 의사소통을 통해 자료를 수집하는 구조화 조사의 대표적인 예는 설문조사이며, 비구조화 조사의 예로는 심층면접조사를 들 수 있다.

아울러, 사전에 관찰할 내용과 측정항목을 정해 놓고 해당 사항의 발생빈도와 상태만을 관찰하는 구조화 관찰과 관찰대상과 관련된 일체의 현상을 모두 기록하거나 특이한 현상만을 관찰하는 비구조화 관찰법이 있다(표 10-3).

마케팅조사의 경우, 현장에서는 면접 설문조사가 지배적이나 각 조사기법마다 독특한 목적, 수단, 방법, 기간, 비용, 난이도, 조사상황과의 적합성 등 매우 다양한 특성이 있으므로 조사상황에 적합한 조사기법을 선택하는 것이 중요하다.

표 10-3 의사소통 수단과 구조화 여부에 따른 조사기법

구조화 여부 / 의사 소통 수단	구조화 (설문지, 관찰기록지 이용)	비구조화 (설문지, 관찰기록지 이용하지 않음)
이용하는 수단 면접(personal) 전화(telephone) 우편(mail) 인터넷(internet)	설문조사 면접 설문조사 전화 설문조사 우편 설문조사 인터넷 설문조사	심층조사, 의견조사 개임심층면접, 초점집단 면접 전화 인터뷰 우편 의견조사 인터넷 의견조사
이용하지 않음 (관찰조사)	구조화 관찰	비구조화 관찰

3.5.1. 의사소통에 의해 자료를 수집하는 마케팅 조사기법

3.5.1.1. 면접법(Interview)

① **대인 면접법**: 우편이나 전화가 가지는 문제점 때문에 조사자 또는 훈련된 전문면접원이 소비자를 직접 방문하여 만나서 준비한 설문내용에 대해 묻고 응답을 기록하는 방식으로 대부분은 폐쇄형(객관식) 문항으로 되어 있고 약간의 개방형(주관식) 응답으로 구성되어 있다. 마케팅 조사현장에서 개인 면접조사라고 하면 대개의 경우 설문을 이용한 개인 면접조사를 말하며 수집해야 할 정보만을 집약하여 표준화한 조사도구로서 마케팅 조사에서 가장 많이 이용되고 있다.

② **집단 면접법**: 다수의 조사대상자를 일정장소에 모이게 한 후에 전체 집단에게 설문지를 배포하여, 질문, 응답, 수거의 형태로 이루어지는 조사방법으로 개인 면접보다 시간과 비용을 줄일 수 있다는 장점이 있으나 조사대상자를 같은 시간장

소에 모이게 하기 어려움과 집단사고에 의한 왜곡된 응답이 있을 수 있다는 단점이 있다.

③ **설문이 없는 면접법**: 조사를 통해 조사 대상자의 의견을 듣는 경우, 여러 가지 심리적 갈등으로 인해 올바른 정보를 얻기 어려운 경우, 형식에 구애됨 없이 자유롭게 질문 응답하는 방식으로 탐색조사, 심리적 상태 및 심층조사를 위해 사용되는 심층면접 조사기법을 말한다.

㉠ 심층면접법: 이 조사법은 조사자와 응답자간의 1대1 대면접촉에 의해 질문과 응답이 이루어지는 방법으로 질문항목이 미리 정해져 있지 않으며 응답자의 응답에 따라 질문이 변경될 수 있다. 심층면접법은 비계량적인 분석방법으로 특정 행동에 대한 보다 깊이 있는 의견과 심리상태를 심층분석하는 조사기법으로 주로 비이성적, 감정적, 정서적 문제에 대해 조사가 이루어진다. 구체적으로는 일반적인 설문조사가 밝혀내기 어려운 소비자의 잠재적 욕구 및 동기를 파악하는데 적합한 조사기법이다. 이처럼 심층면접법은 정성적 조사방법으로 이루어지는 반면, 조사현장에서 면접조사를 한다고 말하는 것은 대부분 정량적 조사인 설문을 이용한 개인 면접조사임을 알아두어야 한다.

㉡ 표적집단면접법: 일반적으로 6 ~ 12명의 소수의 면접 대상자들을 한 장소에 모이게 한 후 면접진행자가 정형화된 설문지 없이 진행하는 비구조화된 소집단 면접조사기법으로 자연스러운 분위기에서 사회자가 제시하는 조사목적과 관련된 토론을 통해 자료를 수집하는 조사방법을 말한다. 이 조사의 목적은 응답자들 간의 자연스러운 대화과정에서 조사목적과 관련된 유용한 정보를 얻거나 공식적인 설문조사에서 기대하지 못하는 결과를 발견하기 위하여 이루어진다.

3.5.1.2. 전화조사

① **전화면접조사**: 전화면접조사는 면접원이 조사 대상자에게 전화를 걸고, 미리 준비한 설문지에 따라 질문해 응답을 받으면 그 내용을 질문지에 기록하는 방식으로 이루어진다. 사전에 미리 준비한 설문지에 따라 모든 조사 대상자에게 동일한 내용을 질문한다는 점에서 서베이(Survey)의 일종이다.

대부분 간단한 설문지를 이용(5~10문항)하여 신속하게 조사가 이루어지기 때문에 매우 경제적이다. 대부분 10분 이내에 짧은 내용에 대한 조사만을 실시하여 개인면접을 위해 만나기 힘든 조사대상자에 대한 조사에 용이하지만 짧은 설문만이 가능하고 시각자료를 활용할 수 없다는 단점을 가지고 있다.

또한 과거에는 주로 야간에 가정으로 전화를 거는 방식이 이용되었으나 최근 바쁜 직장 생활과 여가 활동으로 조사 대상자를 접촉하는 것이 점점 힘들어지고 있다. 아울러 휴대폰이 확산되면서 젊은 층 등 특정 집단의 경우 집 전화를 받지 않는 경향이 느는 등 그 효용성이 갈수록 떨어지고 있다. 이를 보완하기 위한 방안으로 최근에는 휴대폰 전화 조사가 활발히 이루어지고 있다. 또한 컴퓨터의 발전에 따라 면접원이 직접 전화를 걸어 조사를 하지 않고, 컴퓨터가 자동으로 전화를 걸어 미리 입력된 음성 데이터를 통해 응답자로부터 설문을 받는 ARS(Automatic Response System) 전화 조사가 많이 이용되고 있다.

② **자동전화ARS(Automatic Response System)조사**: 자동전화ARS(Automatic Response System)조사는 자동송신장치를 활용하여 일관된 내용의 여론조사를 실시하여 응답을 받고 추적할 수 있는 기계적 조사로 조사면접원 없이 자동으로 녹음된 조사질문에 대해 응답자가 전화기 버튼으로 응답을 하는 방식으로 진행하는 조사방법이다. 별도의 면접원이 필요 없기 때문에 일반 여론조사나 광고인지도 조사와 같이 거의 모든 사람이 응답자가 될 수 있는 간단한 조사에는 매우 경제적으로 이용되고 있다.

그러나 ARS조사는 대체적인 여론의 경향성을 파악하기 위해 참조하는 자료로서 유용할 수 있어도 일부 샘플을 가지고 전체 국민 및 소비자 여론을 추정 및 추론하는 조사기법으로는 근본적인 한계가 있다. 구체적으로는 면접원 없이 녹음된 질문에 응답자 스스로 답을 하게 되면서 응답자료의 신뢰성을 검증할 방법이 없다는 것과 샘플의 대표성에 관한 문제로 특정집단의 사람이나 특정여론이 과다 대표되거나 과소 대표될 경우, 소위 응답결과에 편차(bias)가 발생하게 되고, 이 자료들은 표본추출이 잘 된 조사에 비해 전체 여론을 왜곡할 가능성이 커지게 되는 문제점을 가지고 있다.

3.5.1.3. 우편 조사

우편 조사(Mail Survey)는 설문지를 조사 대상자에게 우송하고, 조사 대상자가 직접 설문지를 작성해 반송하게 하는 방법을 말한다. 일반적으로 우표를 붙인 회신용 봉투를 동봉해서 응답자가 완성한 설문지를 편리하고 부담 없이 다시 보낼 수 있도록 한다. 우편 조사에는 편지에 설문지를 넣어 보내서 응답자가 설문지를 작성해 반송하게 하는 직접 우편 조사 외에 잡지나 신문 등에 우편엽서를 삽입해 응답자가 작성해 보내도록 유도하는 우편 조사가 주로 이용된다. 그 밖에 상품 포장 안에 넣어 구매자에게 전달하거나, 매장 카운터에 진열해 관심 있는 소비자들에게 전달하는 방식을 취할 수도 있다. 다른 조사방법에 비해 면접원을 동원할 필요가 없으며 적절한 비용으로 광범한 지역에 산재한 응답자와 접촉할 수 있다는 장점이 있다. 하지만 면접조사에서와 같은 깊이 있는 조사연구가 불가능하며, 회수율이 낮고 질문에 답한 사람이 누군지 알 수 없어 왜곡된 자료에 근거하여 분석이 이루어질 수 있다는 단점이 있다.

3.5.1.4. 인터넷 조사

컴퓨터를 이용한 조사기법의 일종으로 인터넷을 이용해서 직접 1차자료를 만들어 내기 위한 조사방법이다. 인터넷 조사의 매력은 신속성과 저렴성 외에 전화 조사 또는 대면 면접보다 훨씬 더 다양한 설문을 이용할 수 있다는 점이다. 예를 들어 광고의 동화상을 보여주면서 그 반응을 측정할 수 있고, 상품 포장이나 라벨, 상품 사진 등 각양각색의 화면을 보여주면서 응답을 받을 수 있기 때문이다.

① 전자우편 조사: 설문지를 텍스트 파일 형식으로 작성하여, 확보된 e-메일 주소록의 대상자들에게 전자우편으로 보내어 응답자 자신이 기입한 후에 다시 전자우편으로 수신하는 자료수집 방법으로 시간과 비용절감 효과와 다양한 형태의 조사가 가능하지만 인터넷 사용자가 누구냐에 따라 표본의 대표성을 담보하기 어렵고, 스팸메일로 처리되어 거절되거나 삭제되어 응답률이 낮다는 단점이 지적된다.

② 무작위 웹사이트 조사: 자기회사 또는 조사전문 사이트에 접속한 방문객들이 사이트에 마련된 질문지에 답변하는 방법으로, 현재의 고객들 또는 해당 제품이나 서비스에 대해 관심을 가지고 있는 사람들의 의견을 얻는데 적합한 조사방법이다.
조사에 응답하고 그에 상응하는 대가를 누적하여 응답자의 계좌로 송금해 주는 방식을 취하는 경우도 있다. 그러나 응답자 통제가 어려워 자격이 안되는 사람이 응답할 가능성이 있다는 단점을 가지고 있다.

③ 패널 웹사이트 조사: 고정패널 또는 옴니버스패널을 구성하여 조사하는 방식과 동일하나 단지 의사소통의 수단으로 전자메일을 이용한다는 점에만 차이가 있다. 해당 조사항목을 클릭하고 정해진 패스워드를 입력하게 함으로써 상당한 수준으로 응답자를 통제할 수 있으나 완전한 통제가 되는 것은 아니다.

④ 인터넷 표적집단 면접: 채팅을 통해 특정 주제와 질문에 대해 토의하는 방식으로 개방식으로 하는 경우 많은 사람들이 참여할 수 있으며 폐쇄식으로 하는 경우는 일정한 자격요건을 갖춘 사람 또는 사전에 약속한 사람만이 참여 가능한 면접법이다. 얼굴을 보지 않고 하기 때문에 일반 표적집단 면접보다 의견을 솔직하게 표현할 수 있다는 장점이 있으며, 일반 또는 표적집단 면접에 비해 시간과 비용

도 크게 줄일 수 있다.

표 10-4 인터넷 조사의 장·단점

장 점	단 점
• 표본수가 많아져도 추가되는 비용이 적음 • 원격지, 특수층, 전문가에 대한 접근이 용이함 • 양방향 커뮤니케이션이 가능함 • 설문의 빠른 회수와 실시간 분석이 가능함 • 24시간 조사를 수행할 수 있음 • 다양한 멀티미디어 기술을 활용할 수 있음	• 인터넷 사용자도 표본이 편중됨 • 조사에 능동적으로 응하는 사람만 조사가 가능하여 대표성이 상실될 수 있음 • 응답자를 정확하게 통제, 확인할 수 없음. 별도의 수단을 강구해야 함 • 설문조사 시스템 설치와 관리를 위한 투자가 필요함 • 허락 없이 SPAM 메일을 보내는 경우 프라이버시를 침해할 가능성이 있음

3.6. 관찰법

실제 현상에서 나타난 사실을 객관적으로 기록하여 자료를 얻는 방식으로 시간이 많이 소요되며, 겉으로 드러나지 않는 심리적 특성(소비자 욕구, 동기 등), 태도, 의견과 사생활을 침해할 수 있는 현상은 관찰할 수 없다. 또한 관찰자의 관점이나 해석에 따라 달라질 수 있다.

3.6.1. 공개적 관찰과 비공개적 관찰

공개적 관찰은 피관찰자에게 관찰된다는 사실을 사전에 알려주고 관찰하는 경우, 피관찰자들이 지켜보고 있다는 사실을 의식함으로써 그들의 전형적인 것과 다르게 행동하는 호손현상이 나타날 수 있다.

하지만 비공개적 관찰의 경우는 관찰자만 볼 수 있는 one-way mirror를 이용하여 관찰하기 때문에 피관찰자들이 관찰되고 있음을 알지 못하므로 자연스럽게 현상을 관찰할 수 있으나, 몰래 관찰 등으로 인해 윤리적인 문제가 야기될 수 있다.

3.6.2. 참여관찰과 비참여관찰

참여관찰은 관찰자가 피관찰자 사이에 들어가서 직접 관찰하는 방법이며, 비참여관찰은 피관찰자와 분리되어 외부에서 관찰하는 방법이다. 이 경우 관찰자가 노출되게 되면 피관찰자가 평소와는 다른 행동을 보일 수 있다.

3.6.3. 구조화관찰과 비구조화관찰

구조화관찰은 사전에 관찰할 내용과 관찰기록 방식을 정해 놓고 관찰하는 경우를 말하며, 비구조화관찰은 일어나는 현상 모두를 관찰하고 사후적으로 특별한 현상이 나타나고 있는지를 분석하는 방법이다.

3.6.4. 현장관찰과 실험실관찰

현장관찰은 실제 현장에서 관찰하는 방법으로 보다 자연스러운 관찰이 가능하지만 관찰현상이 오랫동안 일어나지 않은 경우 많은 시간이 걸리게 된다.

실험실관찰은 피관찰자를 일정한 장소에 모아 놓고 관찰함으로써 시간 절약은 가능하나 부자연스러운 현상이 나타날 수 있다.

3.6.5. 인간관찰과 기계관찰

인간관찰은 관찰자가 직접 시각, 청각, 후각, 촉각, 미각 등 오관을 통해 관찰하고 기록하는 방식과 다양한 기계장비를 이용하여 관찰하는 방식을 말하며, 기계관찰은 인간이 관찰하기 어려운 매우 미세한 변화나 시간적으로 발생빈도가 매우 적거나 관찰조건이 열악한 경우에 사용하는 기법이다.

3.6.6. 현재(직접) 관찰과 과거(흔적)관찰

현재관찰은 현상이 일어나는 시점에서 관찰하는 방식이며, 과거관찰은 사후에 관찰하는 방식으로 현상이 일어난 양상을 추억할 수 있는 흔적을 통해 관찰하는 기법이다.

3.7. 다양한 상업적 마케팅 조사기법

3.7.1. 소비자 패널 조사기법

고정된 일정 수의 표본가구나 개인을 선정하여 반복적으로 조사에 활용하는 방법으로 일정기간 동안 구체적인 간격을 두고 정보를 제공하는데 동의한 응답자들에게 일정기간 동안 패널 약정을 맺고 현금이나 선물 등 일정한 보상 제공을 통해 이루어지는 조사방법이다. 횡단조사보다 신뢰성이 있으며 상대적으로 많은 정보를 얻을 수 있다.

3.7.2. 옴니버스 조사

많은 정보를 반복적으로 조사하는 단점을 보완하기 위하여 하나의 조사에 여러 고객들이 함께 참여하는 대규모 표본조사 방법이다. 반복적인 조사가 필요 없으며 질문항목을 예약하고 질문개수별로 조사비용을 부담하는 조사방법이다. 보통 10문항을 넘지 않는 것이 일반적이다.

3.7.3. 신디케이트 조사

시장조사 전문기관이나 전문회사에서 다양한 제품에 대한 동향, 고객반응, 경쟁사에 대한 정보, 온라인 설문조사 등을 통해 마케팅 의사결정에 필요한 자료를 수집하고 정리하여 필요한 기업에 정보를 원하는 회사에 판매하기 위한 조사기법이다. 보통 연간계약으로 판매하는 것이 일반적이며 정보 수용자의 요구와 관계없이 조사회사에서 기획하여 조사를 하는 것이므로 2차자료의 성격을 지닌다. 조사비용을 여러 구매자가 분담한다는 의미에서 신디케이트 조사라 부른다.

3.7.4. 갱서베이(gang survey)

응답자들을 일정한 장소나 정해진 시간에 동시에 모아서 집단으로 자료를 수집하는 방법이다. 1회당 응답자 수는 30~50명이 적당하며 1시간 정도가 소요되는 조사를 시행할 수 있다. 주로 신제품 컨셉테스트, 시제품 테스트, 광고물 테스트 등에 이용된다.

3.7.5. 가정 유치 조사(HUT, Home Use Test)

HUT(Home Use Test) 또는 가정유치 조사는 면접원이 조사 대상자의 가정을 직접 방문해 제품을 유치하고 이를 사용하게 한 후 면접을 통해 설문을 받는 조사 방법이다. 조사 대상자를 직접 찾아가서 면접원이 구조화된 설문지를 가지고 조사를 실시한다는 점에서 대인면접 설문 조사와 유사하지만, 조사 대상자가 제품을 직접 일정 기간 이상 사용하게 한 후 응답을 받는다는 점에서 차이를 보인다. 또한 제품을 사용한 후 테스트를 한다는 점에서 제품 테스트를 조사 내용으로 하는 갱서베이(gang survey)와 유사하지만, HUT는 제품을 실제 사용하는 가정에서 제품 사용이 이루어진다는 점에서 가정 이외의 장소에서 제품 사용이 이루어지는 갱서베이(gang survey)와 차이를 보인다.

4 마케팅전략

마케팅 전략은 마케팅정보를 바탕으로 마케팅 목표를 달성하기 위해 마케팅에 관한 방향을 결정하거나 마케팅 목표를 실현하기 위한 방법 내지는 수단이라고 할 수 있다. 기업을 둘러싼 급격한 시장 환경의 변화는 각 기업들로 하여금 보다 창의적이고 동태적 적응의 필요성을 요구하게 되었으며, 이에 따라 보다 장기적 관점에서 기업이 지향하는 목표시장을 설정하고 이에 따른 전략적 수단 내지 방법을 모색하게 되었다. 즉, 마케팅 전략은 기업이 노리는 소비층, 즉 시장 표적을 선정하고 선정된 표적시장에 가장 효율적으로 도달할 수 있도록 각 마케팅 요소를 믹스하는 것이다. 구체적인 전략으로는 제품전략, 가격전략, 경로전략, 촉진전략으로 나눌 수 있다.

4.1. 제품전략

코틀러에 의하면 제품이란 "고객의 만족을 이끌어 낼 것으로 기대되는 물리적·서비스적·심벌적인 특성의 집합체"이다. 경제적 수준이 낮은 사회에서는 제품의 물리적 특성 내지는 서비스적 특성이 제품의 가치를 결정하는 것으로 보여진다. 하지만 소득수준이 증가함에 따라 상징적 특성, 즉, 제품의 브랜드, 이미지, 디자인 등에 제품의 가치를 두게 된다.

개별적인 제품은 제품품목별로 구분되지만 여러 가지 제품이 용도, 사용자, 유통경로 등에서 집합이 이루어지게 되면 하나의 제품계열(product line)과 제품품목(product item)이 형성된다. 제품계열은 기능·고객·유통경로·가격범위 등이 유사한 제품품목의 집단(예: TV계열·세탁기 계열)이고, 제품품목은 규격·가격·외양 및 기타 속성이 다른 하나하나의 제품단위로 제품계열 내의 단위를 말한다.

나아가 이러한 제품의 총체를 제품믹스라고 부른다. 제품믹스는 보통 폭(width)·깊이(depth)·길이(length)·일관성(consistency) 등 4차원에서 평가되는데, 제품믹스의 폭은 서로 다른 제품계열의 수이며, 제품믹스의 깊이는 각 제품계열 내의 제품품목의 수를 말한다. 이에 비해 제품믹스의 길이란 각 제품계열이 포괄하는 품목의 평균수를 말한다. 제품믹스의 일관성이란 다양한 제품계열들이 최종용도·생산시설·유통경로·기타 측면에서 얼마나 밀접하게 관련되어 있는가 하는 정도를 말한다.

이러한 제품믹스를 바탕으로 제품전략으로서 중요한 것은 제품차별화 전략이다. 이 전략은 자사제품의 우위점을 부각시켜 경쟁제품보다 뛰어난 점을 소구하여 시장에서 경쟁하는 전략이다. 이 경우, 자사기업의 우위점이 제품의 실질적인 우위점이든 심리적 또는 상징적인 것은 문제가 되지 않는다.

한편, 제품전략을 기능적 측면에서 살펴보면, 신제품개발, 제품개선, 새로운 용도개발, 제품의 폐기 등이 여기에 해당되며, 제품의 품질과 성능과 같은 실질적 부분에 대한 개발, 개선과 더불어 포장, 브랜드 등도 중요하다. 즉, 화장품이나 주류, 잡화, 과자 등과 같은 제품은 포장의 품질이 자사제품의 우위점을 부각시키는 중요한 요인으로 작용한다.

또한 브랜드는 제품의 상징적인 특성을 나타내는 중요한 요인이다. 일반적으로 브랜드는 유통 전문 업체가 스스로 독자적인 상품을 기획하여 생산만 제조업체인 메이커에 의뢰하는 개별적 브랜드(Private Brand)와 전국적인 규모로 판매되고 있는 제조업체 중심의 제조업체 브랜드(National Brand)로 분류된다. 아울러, 자사제품의 전체 제품에 동일하게 사용되는 상표를 단일상표라고 부르고, 제품별로 다른 상표를 부착하는 것을 개별상표라고 부른다. 개별상표는 품질이나 등급이 다른 제품에 각기 다른 상표를 부착하게 됨으로써 선택을 용이하게 한다. 이에 대해 본질적으로 동일한 상품에 대해 두 개 이상의 상이한 상표를 설정하여 별도의 품목으로 차별화하여 개별적으로 상표를 부착하는 경우도 있는데 이를 복수상표라고 한다.

4.2. 가격전략

가격은 제품의 품질을 나타내는 상징적인 역할을 하는 경쟁상의 중요한 수단으로서 구매자의 구매력과 중요한 관계가 있다. 가격설정에 있어서는 비용, 수요특성, 경쟁관계 등과 함께 법적인 규제도 고려되어진다.

4.2.1. 비용기준

비용을 기준으로 하는 가격설정은 원가부가방식을 의미한다. 즉, 제품원가에 관리비와 판매비를 부가하여 출하가격으로 설정하고 여기에 유통비를 더하여 소비자 가격을 설정한다. 제조원가는 정상조업도, 표준조업도를 상정하여 계정한다.

4.2.2. 수요기준

수요의 특성을 반영한 가격설정에 따라 여러 가지 형태로 구분된다.

① **명성가격**: 사치품의 경우, 고품질의 이미지를 강조하기 위하여 고가격설정. 가방이나 시계 등 주로 사치품에 적용되는 경우의 가격이다. 가격이 높으면 품질이

좋다고 판단되는 경향이 있기 때문에 가격이 높게 책정된다.

② **단수가격**: 가격의 끝자리 수를 9, 5, 3 등으로 표기하여 소비자의 심리적 반응이 호의적인 것에 주목하여 설정하는 가격. 가격을 '29,900원'과 같이 끝수를 9로 맞추어, 소비자에게 가격이 내렸다는 느낌을 주는 가격을 말한다.

③ **습관가격**: 특정의 상품에 대해서 소비자들이 습관적으로 인정하고 있는 가격이다. 즉, 구매빈도가 높은 소비재는 구매자가 가격에 대해 학습되어 습관적 수준으로 확립되어 있기 때문에 이것을 크게 벗어나는 가격설정은 바람직하지 않다. 자동판매기의 음료 가격 등이 여기에 해당한다.

④ **심리 가격**: 특정의 상품에 대해 일정한 가격의 범위 이내이면, 소비자들이 가격의 높고 낮음에 별로 신경 쓰지 않고 구입하는 가격대를 말한다.

⑤ **묶음 가격**: 여러 개의 상품을 하나로 묶어 상품화하고 여기에 부여한 가격이다. 1가지의 상품들을 묶으면 순수묶음이라 하고, 2가지 이상의 상품들을 묶으면 혼합묶음이라 한다. 상품뿐만 아니라 서비스에도 적용할 수 있다.

4.2.3. 경쟁기준

경쟁기업의 가격과 비교하여 이와 동등하게 설정하는 시가주의, 경쟁기업보다 비싼 고가격주의 및 경쟁기업보다 낮게 설정하는 시가 이하가 있다.

가격설정에 있어 유일하게 단일설정 방식은 존재하지 않으며 이러한 세 가지의 기준을 고려하고 또한 법적규제를 고려하여 결정되어진다. 이 경우, 목표로 하는 세분화된 시장과 그곳에 제공되는 제품품질의 이미지와 관련된 마케팅 믹스전략이 결정되고 가격전략도 이에 따라 결정된다. 또한 가격정책은 품목별 개별가격 결정 이외에 제품계열에 따른 가격결정, 차별적 가격정책 등도 중요한 고려요인이 된다.

4.3. 유통경로전략

유통경로 시스템을 구성하는 각 경로 구성원들은 상호의존성을 갖고 있으며, 그 의존도는 각 구성원들이 수행하는 기능의 범위와 정도에 따라 달라지기 때문에 때로는 협조적이고 대립적 관계를 유지하기도 한다. 또한 유통경로가 결정되면 사회적으로 관성이 생기게 되어 진입과 퇴출이 자유롭지 않은 측면도 있다. 아울러 선도적 기업의 계열화 전략은 경쟁타사에 지대한 영향을 미친다. 나아가 유통경로 결정에 있어 유통경로에 참여하는 구성원에 대한 결정은 제품개념 및 그 위상을 효과적으로 최종 고객에게 전달해 줄 경로구성원의 유형과 수 그리고 조직패턴을 선택하는 것으로 유통경로의 중요 결정요인은 다음과 같다.

4.3.1. 유통경로의 장단점의 결정

4.3.1.1. 직접판매와 간접판매

직접판매는 제조업자가 총판·도매상 등의 중간 유통망을 거치지 않고 소매업자나 소비자에게 직접 판매하는 방식을 말한다. 이 판매방식은 제품표준화의 정도가 낮거나 지역적 분포범위가 좁지만 구매 시 서비스 기대수준이 높은 경우에 유리한 판매방식이다. 반면, 제품표준화의 정도가 높고 지역적 분포범위가 넓은 경우에는 제조업자가 중간도매상을 이용하여 판매하는 간접판매 방식이 유리하다.

또한 자사의 판매상품의 특성(표준화와 고객화의 정도, 제품기술 및 구성의 복잡성, 판매의 난이도 등), 가격구조 및 이익률 기반의 원가경쟁력, 목표시장 혹은 고객의 특성(가격 과 성능, 서비스 지원 등에 대한 구매탄력성 등), 경쟁환경(경쟁사의 판매방식 등) 등의 다양한 영향요인을 기반으로 하여 자사의 판매방식을 결정해야 한다(표10-5).

표 10-5 직접판매와 간접판매의 결정요소

의사결정요소		수준	직접판매방식	간접판매방식
제품의 표준화	기술의 표준화	높음	−	+
		낮음	+	−
	사용환경의 표준화	높음	−	+
		낮음	+	−
영업의 난이도	자사의 고객(시장) 접근성	높음	+	−
		낮음	−	+
	자사의 고객(시장) 영향력	높음	+	−
		낮음	−	+
목표시장범위	지역적 분포범위	높음	−	+
		낮음	+	−
	기업규모의 범위	높음	−	+
		낮음	+	−
서비스 기대수준	기술지원	높음	+	−
		낮음	−	+
	서비스지원	높음	+	−
		낮음	−	+

아울러, 기업에게 있어 직접판매와 간접판매의 경우 선택에 따른 장·단점에 대해서도 면밀한 분석과 깊은 이해가 필요하다. 직접 판매방식의 경우 강력한 시장지배력과 고객장악력을 담보할 수 있지만, 상대적으로 관리할 수 있는 시장의 범위가 매우 제한적일 수밖에 없다. 간접판매 방식의 경우도 광범위한 시장관리의 이점이 있는 반면, 시장과 고객에 대한 영향력과 시장가격통제 등에서는 취약점이 있을 수밖에 없다. 직접판매와 간접판매방식에 대한 장·단점을 정리하면 다음의 (표 10-6)과 같다.

표 10-6 직접판매방식과 간접판매방식의 장·단점

구 분	직접판매방식	간접판매방식
장 점	•고객과의 직접적이고 깊이 있는 관계구축 •시장 가격의 강력한 통제와 일관된 제품 및 가격정책 가능 •시장변화 및 경쟁사에 대한 신속한 대응 •동일한 수준의 고객 서비스 품질제고	•직접판매비용 감소 •창고비용 및 물류비용 감소 •지역별 판매경험과 고객정보 확보 •유통재고로 인한 신속한 납품
단 점	•높은 판매비용 발생 •고객과의 갈등 및 문제해결의 비효율성	•시장가격의 통제권 약화 •고객과의 직접적인 관계구축의 어려움 •시장변화에 대한 신속한 대응의 어려움 •재고비용 발생 •유통 인프라 구축을 위한 투자비용발생

4.3.1.2. 지역적 분포밀도의 결정

일정지역 내에 거래점을 배치하는 것에 대한 결정으로 지역적으로 넓게 거래점을 모집하는 정책을 개방적 경로정책이라 하며 점포규모, 입지특성, 점주의 능력 등의 기준에 의해 거래처를 선택하는 것을 선택적 경로정책이라 한다. 이를 기준으로 기업에게 적합한 경로를 결정해야 한다.

4.3.1.3. 배타성 정도의 결정

유통경로 구성원에게 경쟁타사의 제품을 취급하게 할 것인가 아닌가에 대한 결정으로 자사제품만을 취급하게 하는 배타적(전속적)경로정책인 계열화에 의한 유통경로를 이용할 것인가, 아니면 경쟁타사의 제품도 병행하여 판매할 것인가를 결정해야 한다.

4.4. 촉진전략

촉진전략이란 수요의 자극과 창조를 의미하는 것으로 인적판매, 광고, 판매촉진, 홍보 등의 형태로 이루어진다.

먼저 인적판매란 판매원이 구매 예상고객에게 직접적인 판매활동을 통해 고객을 창조하는 것을 의미하며 추가적으로 배송, 회수, 정보의 제공과 수집이 이루어진다.

광고는 유료 매체를 통해 광고주가 자사나 상품에 관한 정보를 예상 구매고객에게 전달함으로서 수요를 자극하거나 환기시키는 전략이다.

판매촉진은 비정상적이거나 한시적으로 수요를 자극하거나 환기시키기 위한 전략으로 대부분의 경우, 인적판매나 광고의 수단이 된다.

홍보는 기업이 자사제품의 판매를 촉진시키기 위해 쓸 수 있는 마케팅 수단으로 신문이나 잡지, TV, 라디오 등의 매체를 통해 제품, 서비스, 기업 등을 뉴스나 논설의 형태로 다루게 함으로써 이것들에 대한 수요를 자극하는 것을 말한다. 또 광고와는 달이 홍보의 비용은 스폰서가 부담하지 않는다고 하기 때문에 만일 기업이 재미있는 이야기 거리를 개발하고 이것을 주요 뉴스 매체에서 다루게 된다면 기업은 비용을 거의 안들이고 수억 원 어치의 광고를 한 것과 똑같은 효과를 얻을 수도 있다.

이처럼 촉진전략에는 여러 형태로 이루어지기 때문에 이러한 수단을 어떤 형태로 구성해 나가는가가 중요한 과제가 된다. 촉진수단의 적절한 조합을 촉진믹스라고 한다.

또한 촉진전략으로서는 광고를 중심으로 시장에 정보를 폭넓게 전달하여 구매자에게 판매전에 자사제품에 대한 수요를 환기시킴으로서 자사제품을 시장으로 끌어들이는 전략(Pull)과 인적판매와 같이 자사제품을 경로의 각 단계를 시장으로 밀치는 (Push)전략이 있다.

Push 전략은 메이커가 시장의 주도권을 쥐고 동질적인 욕구를 가진 대중들에게 동일한 품종의 제품을 대량생산하여 출하하는 생산자 중심의 마케팅 기법이다. 즉, 제조업체는 도매상에게, 도매상은 소매상에게, 소매상은 최종소비자에게 적극적으로 판매하는 밀어붙이기 전략이다. 따라서 제조업체가 이 전략을 쓰면 자연 인적판매와 중간상을 대상으로 하는 중간상 촉진의 비중이 커진다.

이러한 Push 전략은 수요가 공급을 초과하던 시절에는 소비자들이 다른 선택의 여지가 없었던 Mass마케팅 시대이므로 표준화와 규격화에 의해서 대량으로 생산된 상품을 고압적 마케팅에 의해서 소비자에게 강매하는 것이 그 기본 방식이었다. 즉 소비자의 욕구는 무시한 채 기업의 내부적인 관점에서 생산 가능한 제품을 생산하여 소비자가 원하지 않는다 해도 강압적, 고압적으로 구매하도록 주로 광고를 통하여 행하는 마케팅 활동을 말한다.

한편, Pull 전략은 제조업체가 최종소비자들을 상대로 적극적인 촉진활동을 통해 이들로 하여금 자사제품을 찾게 함으로써, 중간상인들로 하여금 자발적으로 자사제품을 취급하게 하는 전략이다. 따라서 제조업체가 이 전략을 쓰면 광고와 최종소비자를 대상으로 하는 소비자 촉진의 비중이 커지게 된다.

이처럼 기업이 마케팅 전략의 기본방향을 밀기전략(Push)으로 하느냐 끌기전략(Pull)으로 하느냐에 따라 촉진믹스가 크게 달라진다. 어떤 촉진전략을 취할 것인가는 제품특성, 시장특성, 경쟁특성 및 마케팅 주체의 경영자원 등의 요인이 크게 영향을 미친다. 하지만 오늘날과 같은 공급 초과의 시장상황에서 소비자가 선택권을 쥐게 되었고, 이에 따라 기업들은 다양화된 고객의 욕구에 부응하는 여러 품종의 차별화된 제품을 시장에 내놓고 고객들을 유인하는 소비자 중심의 Pull 마케팅 전략을 추구하고 있다.

연습문제

01 마케팅의 개념과 중요성에 대해 설명하시오.

02 마케팅 활동 모델을 요인별로 요약한 「4P's·4C's·TLO」에 대해 설명하시오.

03 마케팅 관리과정에 대해 설명하시오.

04 시장세분화란 무엇이며, 세분화의 기준이 되는 변수와 효과적인 시장 세분화의 조건에 대해 설명하시오.

05 표적시장의 의미 및 구체적인 표적시장 전략에 대해 설명하시오.

06 마케팅 믹스(Marketing Mix)에 대해 구체적으로 설명하시오.

07 마케팅 조사과정 및 조사방법에 대해 설명하시오.

제 11 장 인적자원관리

요약

인적자원관리(HRM)는 조직의 목적을 달성하기 위하여 인적자원을 획득하고 개발하고 평가하는 제반활동을 말한다. 즉 사람을 선발하여 교육하기 전에 우선 어느 업무에 어떤 자격을 지닌 사람이 얼마나 필요한지를 알아내는 일이다. 이를 위해 조직의 전략과 목표 달성에 필요한 직무를 분석하고 설계하는 일이 선행되어야 한다. 선발과 교육 이후에는 성과목표를 정하고 이것의 달성정도를 확인해야 하며, 성과에 따라 적절한 보상을 해야 한다. 이상의 절차를 얼마나 체계적으로 갖추고 효과적으로 시행하느냐에 따라 구성원의 직무능력과 업무성과, 조직에 대한 충성도 등이 결정된다.

기업이 설정한 성과목표를 달성하려면 미래의 인력 수요를 판단하고, 신규인력 충원 여부를 결정해야 한다. 이처럼 미래의 인적자원 수요를 파악해 그에 맞는 전략을 수립하는 일을 인적자원계획이라 한다. 인적자원관리 담당자는 각 직무별로 요구되는 기능과 소양을 알아야 누구에게 그 일을 맡길지 결정할 수 있다. 직무분석은 조직이 요구하는 직무의 내용이나 요건을 정리하고 분석하는 과정을 말한다.

인적자원관리 담당자는 각 직무별로 요구되는 기능과 소양을 알아야 누구에게 그 일을 맡길지 결정할 수 있다. 직무분석은 조직이 요구하는 직무의 내용이나 요건을 정리하고 분석하는 과정을 말한다. 인사고과란 조직 내의 여러 직무에 종사하고 있는 종업원의 현재적·잠재력 유용성을 체계적으로 평가하려는 제도이다. 인사고과를 통해 공정한 임금관리, 인사이동, 교육훈련의 기초자료를 제공할 수 있다. 또한 인사고과는 종업원의 직무수행능력의 개선·발전에도 이용할 수 있다.

인적자원관리의 주요 관리활동은 확보관리, 개발관리, 보상관리, 유지관리로 구성된다.

보상은 임금과 복리후생을 포함하는 것으로, 인적자원 제공자에게 자원의 이용대가로 지불하는 경제적 보상을 말한다. 임금과 복리후생으로 구분된다. 보상관리의 목표는 조직이 지급하고자 하는 보상범위 내에서 종업원의 만족을 극대화하는데 있다.

인간관계관리는 조직구성원들이 상호이해와 신뢰의 바탕 위에서 일체감을 형성하고, 열의를 가지고 기업의 유지·발전에 기여하도록 하는 관리활동을 말한다.

인간관계관리는 테일러의 과학적 관리법에 대한 비판과 호손실험 등을 통해 성립하였다. 호손실험에 따르면 작업능률을 좌우하는 데는 근로조건이나 작업환경 등의 물리적 조건보다, 종업원이 자신의 직무, 동료, 상사 및 회사 전체에 대하여 갖는 태도와 감정 등의 심리적 요소가 중요하다.

• 주저자: 박철주교수, 삼육대학교 경영학과, Tel: 02-3399-1557, E-mail: cjpark@syu.ac.kr.

제 11 장 | 인적자원관리

1 인적자원관리

1.1. 인적자원관리의 의의와 절차

인적자원관리(Human Resource Management: HRM)는 조직의 목적을 달성하기 위하여 인적자원을 획득하고 개발하고 평가하는 제반활동을 말한다.

인적자원관리의 절차를 도식화하면 [그림 11-1]과 같다.[1] 사람을 선발하여 교육하기 전에 우선 어느 업무에 어떤 자격을 지닌 사람이 얼마나 필요한지를 알아내는 일이다. 이를 위해 조직의 전략과 목표 달성에 필요한 직무를 분석하고 설계하는 일이 선행되어야 한다. 선발과 교육 이후에는 성과목표를 정하고 이것의 달성정도를 확인해야 하며, 성과에 따라 적절한 보상을 해야 한다. 이상의 절차를 얼마나 체계적으로 갖추고 효과적으로 시행하느냐에 따라 구성원의 직무능력과 업무성과, 조직에 대한 충성도 등이 결정된다.

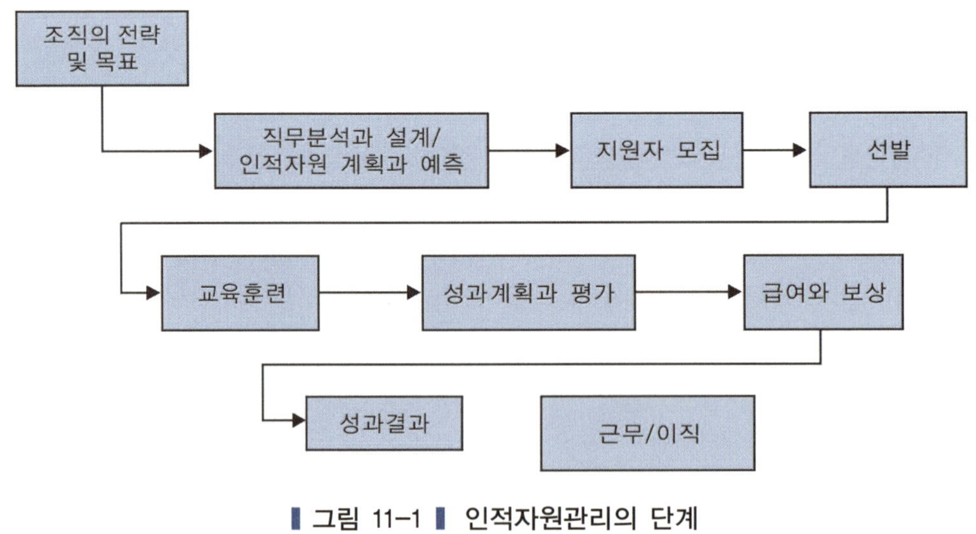

그림 11-1 | 인적자원관리의 단계

1) 노승종, 오세경, 이승창 (2009). *경영학의 이해*(제4판). 서울: 한경사

1.2. 직무분석, 직무평가, 직무설계

기업이 설정한 성과목표를 달성하려면 미래의 인력 수요를 판단하고, 신규인력 충원 여부를 결정해야 한다. 이처럼 미래의 인적자원 수요를 파악해 그에 맞는 전략을 수립하는 일을 인적자원계획이라 한다.

1.2.1. 직무분석

인적자원관리 담당자는 각 직무별로 요구되는 기능과 소양을 알아야 누구에게 그 일을 맡길지 결정할 수 있다. 직무분석(job analysis)은 조직이 요구하는 직무의 내용이나 요건을 정리하고 분석하는 과정을 말한다.

직무분석을 행하는 목적은 첫째, 인사관리가 일관성 있고 공정하게 수행될 수 있도록 직무에 관한 객관적 자료를 제공하는 것이다. 둘째, 조직의 합리화를 위한 기초 작업으로 권한과 책임의 한계를 명확하게 하고, 합리적 채용·배치·이동의 기준을 제공하며, 업무개선의 기초자료를 제공한다. 셋째, 종업원의 교육훈련과 임금결정의 기초자료로 활용된다.

직무분석의 절차는 다음 절차를 따른다.

① **배경정보의 수집**: 이 단계는 직무분석의 예비단계로서 조직도나 업무분담 내역 등의 정보를 수집하며 기존의 직무기술서나 직무명세서를 확보한다.

② **분석대상 직위의 결정**: 조직의 모든 직무를 대상으로 분석하게 되면 효율성이 떨어지기 때문에 분석하고자 하는 직무의 대표적인 분석대상 직위를 선정하여 이를 분석하게 된다.

③ **직무정보의 수집**: 결정된 분석대상 직위에서 분석에 필요한 정보를 수집한다.

④ **직무정보의 분석**: 실제로 직무분석이 이루어지는 단계이며, 직무를 수행하는 데 필요한 지식과 능력, 숙련도, 책임 등 직무상의 모든 요건을 분석한다.

⑤ **직무기술서의 작성**: 직무분석의 결과를 기초로 직무기술서를 작성한다.

⑥ **직무명세서의 작성**: 직무기술서를 기초로 직무명세서를 작성한다.

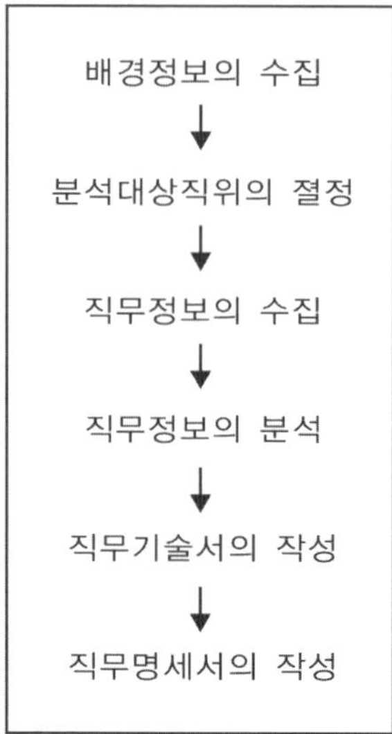

▌그림 11-2 ▌ 직무분석의 절차

직무분석에 필요한 정보를 획득하는 방법에는 면접법, 관찰법, 질문지법, 진술서 작성법 등이 있다.

① **면접법**: 면접법은 직무분석자가 감독자나 종업원과의 면접을 통하여 직무를 분석하는 방법이다.
② **관찰법**: 관찰법은 직무분석자가 직무수행자를 직접 관찰함으로써 직무를 분석하는 방법이다.
③ **질문지법**: 질문지법은 직무의 내용과 요건을 파악할 수 있는 표준화된 질문서를 작성하여, 해당 직무를 수행하는 종업원에게 스스로 기입하도록 함으로써 직무를 분석하는 방법이다.
④ **진술서 작성법**: 일지에 종업원들이 일상적으로 수행하는 업무의 내용을 기재하게 한 후, 그 기재내용을 보고 직무분석에 필요한 정보와 자료를 수집하는 방법이다.

1.2.2. 직무기술서와 직무명세서

직무에 대한 정보를 수집하여 분석한 후 인적자원관리의 자료로 활용하기 위해서는 이를 문서화하여 일목요연하게 정리해야 한다. 이러한 목적으로 작성되는 것이 직무기술서와 직무명세서이다.

① **직무기술서**: 직무기술서(job description)는 직무분석을 통하여 얻은 직무에 관한 자료와 정보를 직무의 특성에 중점을 두고 정리하여 기록한 문서이다. 직무기술서의 구성요소는 직무표식(직무명, 직무번호, 소속부서명 등), 직무개요(다른 직무와 구별될 수 있는 직무수행의 목적이나 내용의 약술), 직무내용, 직무요건(직무의 수행에 필요한 책임, 전문지식, 정신적, 신체적 요건 등) 등을 포함한다.

② **직무명세서**: 직무명세서(job specification)는 직무기술서의 내용을 기초로 직무요건만을 분리하여 구체적으로 작성한 문서이다. 직무요건 중에서 특히 성공적인 직무수행을 위하여 필요한 인적 여건에 높은 비중을 두고 정리하는 문서이다. 직무명세서의 구성요소는 직무표식, 직무개요, 인적요건(성별, 연령, 신장과 체중, 성격, 지능, 지식, 기술과 경험의 정도, 교육수준과 이해력 수준, 기타 인적요건) 등을 포함한다.

1.3. 직무평가

직무평가(job evaluation)는 각 직무의 가치를 결정하는 것이다. 직무분석의 결과로 작성된 직무기술서와 직무명세서를 기초로 기업 내의 각종 직무의 중요성, 직무수행상의 곤란도, 위험도 등을 평가함으로써 직무간의 상대적 가치를 체계적으로 결정하는 과정이다.

직무평가는 직무급 임금제도의 기초로 활용된다. 동일한 가치를 가진 직무에 대하여는 동일한 임금을 적용하고, 가치가 높게 평가되는 직무에 대하여 더욱 많은 임금을 제공하게 된다.

직무평가의 절차는 다음과 같다.

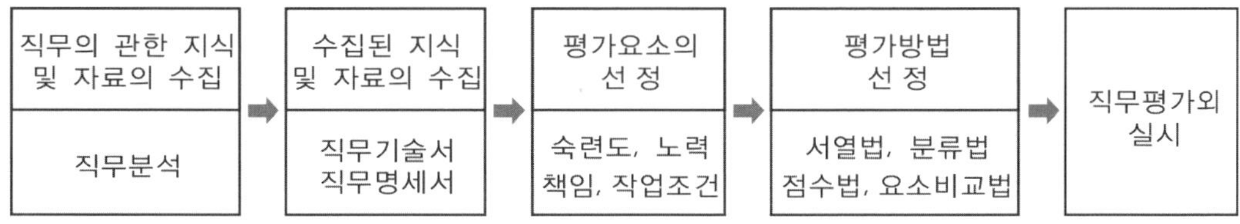

그림 11-3 **직무평가의 절차**

직무평가의 방법에는 다음과 같은 방법을 이용한다.

① **서열법**: 서열법은 기업 내의 각 직무를 상대적인 숙련, 노력, 책임, 작업조건 등의 요소를 기준으로 종합적으로 판단하여, 전체적으로 순위를 매기는 방법이다.

이 방법은 과학적인 방법은 아니며, 직무간의 차이가 명확하거나 평가자가 모든 직무를 잘 알고 있을 경우에만 적용이 가능하다.

② **분류법**: 분류법은 분류할 직무의 등급을 사전에 결정해 놓고, 각 직무를 적절히 판정하여 해당 등급에 기입하는 방법이다.

③ **점수법**: 점수법은 직무를 평가요소별로 분해하여 그 중요성에 따라 일정한 가중치를 배정한 후, 평가요소별 점수를 합산하여 각 직무의 가치를 평가하는 방법이다.

④ **요소비교법**: 요소비교법은 조직에서 핵심이 되는 기준직무를 선정하고, 직무를 평가요소별로 분해하여, 점수 대신 임률로 기준직무를 평가한 후, 다른 직무를 기준직무와 비교하여 각각의 임률을 결정하는 방법이다.

1.4. 직무설계

직무설계(job design)는 조직의 성과목표를 달성하는 동시에, 직무를 수행하는 개인에게 의미와 만족감을 부여하기 위하여 필요한 직무의 내용·기능·관계를 적극적으로 설계하는 활동이다. 현대적인 직무설계의 접근방법은 다음과 같다.

① **직무순환**: 직무순환(job rotation)은 종업원을 현재까지 담당했던 직무와는 성격이 다른 직무로 이동시키는 것으로, 수평적 인사이동인 전환배치적 성격을 띠고 있다. 이는 종업원이 권태감을 갖지 않고, 보다 넓은 식견을 제공하여 자신의 적성에 맞는 직무를 발견하게 하고, 그 직무와 관련된 기능과 지식을 증대시키기 위하여 수행되고 있다.

② **직무확대**: 직무확대(job enrichment)는 종업원이 담당하고 있는 직무를 보다 다양하게 함으로써 반복적인 직무수행에서 느끼는 권태감이나 단조로움을 낮추고자 하는 것을 말한다.

③ **직무충실화**: 직무충실화(job enrichment)는 허쯔버그(Herzberg)의 2요인 이론에 기초한 방법으로서, 직무가 동기부여의 요인으로 작용하기 위해서는 직무내용 그 자체가 종업원에게 도전감, 성취감, 안정감, 책임, 발전 및 성장에 대한 기회를 제공할 수 있도록 재구성되어야 한다는 입장이다.

④ **직무특성이론**: 직무특성이론(job characteristic theory)은 직무충실화에 기초하여 이론적으로 더욱 정제하고 그에 따른 실천전략을 제시한 이론이다. 종업원의 개인차를 고려하여 직무특성과 성과변수 사이의 관계를 정교하게 제시하고, 각 직무특성 차원을 명확히 하여 실행개념까지 도입한 실질적인 직무설계방법이다.

⑤ **사회-기술시스템**: 사회-기술시스템(socio-technical system)은 직무와 관련된 인간시스템과 기술시스템을 적절히 조화시키고자 하는 방법이다. 사회-기술시스템은 단순반복적인 작업을 자율적 작업집단으로 만드는 데 관심이 있다. 다른 직무설계가 조직 내의 미시적 입장을 강조한 반면, 이 방법은 외부환경과 문화·가치관, 개별·집단·조직에 요구되는 역할을 강조하는 거시적 방법이다.

⑥ **직무공학**: 직무공학(job engineering)은 시간분석이나 동작분석과 인간과 기계의 상호작용을 통해 직무의 효율성을 높이고자 하는 방법이다.

2 인사고과

인사고과(merit rating)란 조직 내의 여러 직무에 종사하고 있는 종업원의 현재적·잠재력 유용성을 체계적으로 평가하려는 제도이다.[2] 인사고과를 통해 공정한 임금관리, 인사이동, 교육훈련의 기초자료를 제공할 수 있다. 또한 인사고과는 종업원의 직무수행능력의 개선·발전에도 이용할 수 있다.

2.1. 인사고과의 실시

2.1.1. 인사고과과정

조직의 목적에 기여할 수 있는 정보를 제공하기 위하여 인사고과는 정확하고 신뢰할 수 있는 자료를 제공하여야 한다. 인사고과의 자료가 정확하고 신뢰할 수 있느냐 하는 것은 체계적인 과정을 거침으로써 가능해진다. 이 체계적인 고과과정의 기초가 되는 것이 다음의 6단계이다.

① 각 직무나 직위의 업적표준과 그 고과기준의 설정
② 고과의 시기, 고과횟수, 그리고 고과자에 대한 고과방침의 결정
③ 고과자에 의한 종업원의 업적에 관한 자료의 수집
④ 고과자에 의한 종업원의 업적고과
⑤ 고과결과에 관하여 종업원과 토의
⑥ 의사결정, 그리고 고과의 정리

2) 오종석, 김종관 (2012). *인적자원관리* (제2판). 서울: 탑북스

2.1.2. 고과기준의 설정

고과의 기준으로 작업의 질, 작업량, 작업의 비용 등이 중심이어야 한다. 그러나 인사고과가 가지고 있는 문제점의 하나가 업적을 고과하지 않고 사람을 고과한다는 것이다. 유요한 고과기준은 다음과 같은 특성을 가지고 있어야 한다.

① **신뢰성**: 누가 고과하여도 똑같은 결과를 가져올 수 있어야 한다.
② **상호관련성**: 종업원의 실제 업적의 고과에 상호관련성이 있어야 한다.
③ **식별성**: 종업원의 능력의 차이를 정확히 식별할 수 있는 기준이어야 한다.
④ **실용성**: 기준은 측정 가능한 것이어야 하고, 자료수집이 효율적이어야 한다.

2.1.3. 인사고과의 방법

인사고과를 하는 방법에는 고과 담당자에 따라 다음과 같다.

① 자기고과는 능력개발을 목적으로 하며, 개인이 가진 결함의 파악과 개선에 효과가 있기 때문에 주로 상위자에 의한 고과에 보충적으로 사용된다.
② 상위자에 의한 고과는 상위자가 하위자를 비교적 잘 알고 있다는 장점이 있으나 고과가 주관적이 되기 쉽다.
③ 동료에 의한 고과는 상사보다는 동료가 더 정확히 평가할 수 있다는 생각에서 착안한 고과이지만, 동료들은 친구로서 혹은 경쟁자로서 편파적일 수 있다.
④ 하위자에 의한 고과는 상위자가 '무엇을' 할 것인가의 문제보다는 '어떻게' 할 것인가의 문제를 해결해 주는 방법이다.
⑤ 인사관리자나 전문가에 의한 고과는 객관성을 유지하기 위해 고과전문가에게 맡기는 것이다.
⑥ 다면적 고과는 앞의 방법을 두 개 이상 합하여 사용하는 방법이다. 이는 고과자의 주관과 편견을 감소시키기 위해 사용한다.

2.2. 인사고과의 방법

2.2.1. 개별적 고과방법

개별적 고과방법은 종업원 한 사람을 평가하기 위하여 사용하는 방법들이다.

① **평정척도 고과법**: 가장 일반적인 방법으로서, 평정척도 고과법은 종업원을 평가하기 위한 평가요소를 선정하여 놓고, 평가요소별 등급을 정한 다음, 각 종업원이

그 평가요소에 포함되어 있는 능력을 어느 정도 보유하고 있는가를 검토함으로써 각 평가요소의 척도상에 우열을 표시하는 방법이다.

② **강제선택법:** 평가자가 직무별로 설계된 평가양식에 포함되어 있는 4개의 서술문 중 평가자의 행위와 가장 적합한 서술문 1개와 가장 적합하지 않은 서술문 1개를 강제적으로 선택하여, 평가결과는 항목 문항별 지수를 합하여 구하며, 점수가 높으면 높은 업적을 의미한다.

③ **에세이 평가법:** 평가자로 하여금 평소에 종업원의 직무관련행동에서 나타나는 강점과 약점을 기술하도록 하는 방법이다. 피고과자의 일련의 행동을 이해하는 데 도움을 주는 자료이며, 다른 고과방법과 병행하면 높은 효율을 높일 수 있다.

④ **특정사건기술법:** 종업원 행동에서 나타난 특정사건을 발견, 구분, 기록하는 방법이다. 특정사건이란 직무수행에서 나타난 이례적인 성공이나 실패를 한 행동을 의미한다. 따라서 직무수행을 뛰어나게 효율적 또는 비효율적으로 행했을 때 나타난 종업원 행동을 말한다.

⑤ **행동평가척도법(BARS):** 이 고과법에서는 행동평가의 척도로서 앞의 특정사건기술법에서 본 특정사건을 <표 11-1>에서 보는 나타낸 것처럼 기대행동의 척도로서 사용하고 있다. 고과자는 고과의 척도들을 읽고 적절한 곳에 평가하면 된다.

표 11-1 행동평가척도법

7	항상 근무시간 이전에 출근하여 필요한 모든 장비들을 점검하고, 점호시간 전에 이전 근무조의 활동 및 새로운 업무에 대해 체크한다.
6	대개 일찍 출근하여 모든 장비를 점검하고, 이전 근무조의 활동을 체크한다.
5	일찍 출근하여 필요장비를 점검한다.
4	정시에 출근하여 모든 필요장비를 점검한다.
3	점호 이전에 완전하게 장비를 점검하지 못한다.
2	점호에 늦으며, 수서해야 할 장비에 대한 점검을 하지 못하며, 집이나 창고에 가는 등 추가적인 준비활동이 필요하다.
1	업무기간 대부분 늦었으며, 장비를 체크하지도 못하고, 가지고 있지도 않다.

⑥ **행동관찰척도법(BOS):** 레이삼과 그의 동료들이 인사고과의 한 방법으로 '행동관찰척도법(behavioral observation scale: BOS)'을 개발하였다. 앞의 BARS법과 마찬가지로 이 BOS에서도 직무관련행동을 명백히 하려고 특정사건기술법을 사용하고 있다. 양자의 차이는 BARS에서는 고과기간동안 피고과자가 어떤 행동을 보이는가에 주목하는 대신, BOS에서는 어떤 특정행동이 얼마나 자주 관찰되는가를 측정하는데 있다.

2.2.2. 집단적 고과방법

개별적 고과방법은 종업원 한 사람을 평가하기 위하여 사용하는 방법들이다. 반면 집단적 고과방법은 다른 사람 또는 복수의 사람들의 업적과 비교하면서 고과한다.

① **서열법**: 서열법은 순위법이라고 하는데, 가장 간단한 방법으로, 피고과자의 서열을 매기는 방법이다. 따라서 "피고자 A는 B보다 우수하며, B는 C보다 우수하다."는 것과 같이 피고과자간의 상대적 비교에 의해 평가한다.

② **일조비교법**: 한 번에 두 사람을 한 조로 하여 누가 더 잘하는지를 비교 고과하는 방법이다. 피고과자가 2명 이상인 경우는 C = N(N - 1) / 2 횟수만큼 비교하면 피고과자 전원의 차이를 결정할 수 있다.

③ **강제할당법**: 강제할당법은 평가결과가 정규분포에 가까울수록 타당성이 있다는 전제하에 전체를 몇 가지 평가등급으로 나누고, 각 등급의 고과대상자를 정규분포에 가깝도록 할당하는 방법이다. 고과대상자의 수가 많을 때 서열법의 대안으로 흔히 쓰인다. 강제할당법을 사용하면 중심화경향, 관대화경향, 가혹화경향 등의 제거가 가능하다.

2.2.3. 현대적 고과법

① **목표에 의한 관리법**: 최근 들어 통제적 목적의 고과보다는 비통제적 목적의 고과가, 그리고 평가중심적 기법보다는 참가중심적·미래지향적·계획수단적 기법이 요구됨에 따라 목표에 의한 관리법이 고과기법으로 등장하였다.

② **인적평정센터법**: 고과대상자를 며칠간 따로 합숙시키면서 각종 의사결정게임과 토의를 하게하고, 동시에 심리검사를 실시하여 여러 명의 고과자와 심리전문가들에 의해 복수평정절차를 진행시키는 방법이다.

③ **행위기준 고과법**: 평정척도 고과법의 결점을 시정하기 위하여 평정척도 고과법과 중요사건서술법을 결합한 방법이다. 종업원에게 구체적인 상황을 나타내는 항목을 제시하고, 항목별 성과를 측정할 수 있는 척도를 설정한 후, 이러한 항목에 대한 종업원의 행위를 기준으로 성과를 평가한다.

④ **인적자원회계**: 인적자원회계는 인간을 기업의 재산으로 취급하여 가치를 평가하는 방법이다. 리커트는 종업원을 모집·선발·훈련하는 데 투자된 금액을 대차대조표에 '인적자원의 가치'에 관한 계정을 마련하여 계상해야 한다고 주장하였다.

⑤ **다면평가**: 다면평가는 종업원의 성과를 자신을 비롯하여 상사, 부하, 동료 심지어 공급자나 고객 등 다양한 원천에 의해서 평가하는 방법이다. 다면평가는 상사평

가의 주관적 오류를 최소화시키면서 집단성과 평가와 성과에 대한 피드백을 추구하는 평가기법이다.

2.3. 인사고과의 오류와 개선방향

2.3.1. 고과자에 의한 오류

인사고과 방법이 아무리 신뢰할 수 있고 타당성이 높은 것일지라도 고과자가 자기의 주관성을 개입시키면 인사고과 결과에 오류가 발생한다.[3)]

① **중심화, 관대화, 가혹화 경향:** 중심화는 고과자가 평가방법을 잘 이해하지 못하거나, 낮게 평가하면 대립이 발생할 것을 우려하는 경우 평균치에 집중하여 평가하는 경향을 말한다. 관대화는 평가자 자신에 대한 인정을 얻기 위해 피평가자를 인정하는 것이 필요할 때 관대하게 평가하는 것을 말한다. 가혹화는 피평가자가 평가자 자신의 고유 가치를 나타내지 못한다고 느낄 때 가혹하게 평가하는 것을 말한다.

② **논리적 오류:** 논리적 오류는 평가요소 간에 논리적 상관관계가 있는 경우, 어떤 한 요소가 우수하면 다른 요소도 우수하다고 속단하는 경향을 말한다.

③ **대비오류:** 대비오류란 종업원을 평가할 때 자신이 지닌 특성과 비교하여 평가하는 오류를 말한다.

④ **규칙적 오류:** 규칙적 오류는 항상오류(constant errors)라고도 하는데, 고과자의 고과목적에 따라 후한 평정을 하거나 그 반대로 평가하는 경우를 말한다.

2.3.2. 인사고과상의 오류방지방법

관대화 경향과 가혹화 경향 방지방법에는 첫째, 강제할당법을 사용한다. 둘째, 평가요소에 대한 정의를 명확히 한다. 셋째, 평가자에게 평가 전에 주의 깊은 평가를 하도록 훈련을 시킨다.

중심화경향 방지방법에는 첫째, 강제할당법을 사용한다. 둘째, 평가의 단계를 기수로 하지 않고, 우수로 한다. 셋째, 중앙부분의 척도눈금을 더욱 세분화하여 중앙부분에도 분산이 있게 한다. 넷째, 부하와의 일상의 접촉을 늘리고 면접의 기회를 가져 개별적으로 부하를 관찰·이해하게 한다. 다섯째, 평가자에게 평가요소의 정의와 평가방

3) 정순진 (2010). *경영학연습*. 서울: 법문사

법 등을 충분히 설명한다.

논리적 오류 방지방법에는 첫째, 추상적인 요소나 중복되는 요소에 의하여 평가하지 말고 객관적으로 관찰 가능한 사실을 평가하게 한다. 둘째, 요소에 대한 정의와 설명을 충분히 하고 유사한 요소는 그 차이점을 명확히 한다. 셋째, 평가자는 인사고과의 운용기준을 반드시 지킨다. 넷째, 유사한 평가요소에 대해서는 가능한 충분한 시간을 갖고 평가를 한다.

후광효과 방지방법에는 첫째, 여러 평가자들이 같은 사람을 독립적으로 평가하게 하여 평가자들 간의 후광효과를 상쇄시킨다. 둘째, 종업원들이 서로 평가하게 한다. 셋째, 평가자가 어느 한 사람의 전체 항목에 대한 평가를 하지 않고, 한 가지 특성에 대하여 모든 종업원들을 전부 평가한다.

대비오류 방지방법에는 첫째, 자신의 평가기준을 고집하는 자기류의 평가를 삼간다. 둘째, 자기신고법이나 자기평가법 등을 도입하여 부하가 기입한 자료를 참고로 자기 자신의 평가편차를 파악하고 그 요인을 조정한다.

근접오류 방지방법에는 첫째, 고과표의 설계 시에 유사한 요소를 가능한 간격을 두어 배열한다. 둘째, 시간적 근접오차를 방지하기 위해 평가요소를 하나씩 배열하고 이것으로 전원을 평가한다. 셋째, 요소의 배열 순서를 따르지 말고 확신할 수 있는 요소부터 평가한다.

3 인적자원관리의 관리활동

인적자원관리의 주요 관리활동은 확보관리, 개발관리, 보상관리, 유지관리로 구성된다.4)

3.1. 인력계획의 수립

인력계획은 현재 및 장래의 각 시점에서 기업이 필요로 하는 인력의 종류와 수를 사전에 예측·결정하고, 이에 대한 사내·외의 공급인력을 계획하는 것이다.

내부인력공급계획은 조직 내부로부터의 충원을 말하며 승진·재배치 등에 의한다. 외부인력 공급계획은 인력수요예측과 내부인력공급계획을 바탕으로 순부족 인력을

4) 박성환, 이준우 (2012). *역량중심 인적자원관리.* 서울: 법문사

조직 외부로부터 충원하는 것으로 모집·선발에 의한다.

3.1.1. 모집관리

모집관리(recruitment)는 기업이 필요로 하는 사람들이 적극적으로 지원하도록 정보를 제공하고, 동기화하는 활동이다. 모집은 사내모집과 사외모집으로 나눌 수 있다. 사내모집원은 기능목록이나 인력배치표를 통해 해당 직위에 적합한 인물을 찾아내는 방법과 공개모집방법이 있다.

3.1.2. 선발관리

신입사원의 대표적인 선발도구로 시험과 면접이 있다.

시험은 대상자에 따라 집단시험과 개별시험으로 나눌 수 있다. 해답방식에 따라 필기, 실기, 구술시험으로 나눌 수 있다. 심리검사는 지능검사, 적성검사, 성취도검사, 흥미검사, 성격검사 등이 있다.

면접은 정형적 면접(구조적 면접, 지시적 면접)과 비지시적 면접, 스트레스면접, 패널면접(위원회 면접), 집단면접 등으로 나눌 수 있다.

정형적 면접은 직무명세서를 기초로 하여 미리 질문의 내용목록을 준비해 두고 이에 따라 면접자가 순서에 따라 질문해 나가며 이것에 벗어나는 질문은 하지 않는 방법이다.

비지시적 면접은 피면접자인 응모자에게 최대한 의사표시의 자유를 주고 그 가운데서 응모자에 관한 정보를 얻는 방법이다. 즉, 면접자가 일반적이고 광범위한 질문을 하면, 이에 대해 응모자가 생각나는 대로 거리낌 없이 자신을 표현하게 하는 방법이다.

스트레스 면접은 면접자가 매우 공격적으로 피면접자를 무시할 때 나타나는 피면접자의 스트레스 하에서의 감정의 안정성과 조절에 대한 인내도 등을 관찰하는 방법이다.

패널면접법은 다수의 면접자가 하나의 피면접자를 면접하여 평가하는 방법이다. 이 방법은 면접자가 다수이고 면접이 끝나면 그 피면접자에 대해 서로의 의견을 교환하기 때문에, 피면접자에 대한 보다 광범위한 조사를 할 수 있다.

집단면접은 각 집단단위별로 특정 문제에 따라 자유롭게 토론할 수 있는 기회를 부여하고, 토론과정에서 개별적으로 적격여부를 심사하여 판정하는 방법이다. 이 방법은 동시에 다수의 피면접자인 응모자를 평가할 수 있으므로 시간의 절약이 가능하고, 다수의 우열 비교를 통하여 리더십이 있는 인재를 발견할 수 있는 장점을 가지고 있다.

3.1.3. 선발도구의 신뢰성과 타당성

신뢰성(reliability)이란 시험결과의 일관성, 즉 어떤 시험을 동일한 환경에서 동일한 사람이 몇 번 보았을 때, 그 결과가 일치하는 정도를 말한다.

① 시험-재시험법: 동일인에게 동일한 내용의 시험을 서로 다른 시기에 실시하여, 결과를 측정하는 방법이다.
② 대체형식법: 동일인에게 유사한 형태의 시험을 실시하여, 두 형태 간의 상관관계를 살펴보는 방법이다.
③ 양분법: 시험내용이나 문제를 반으로 나누어 각각 검사한 다음, 양자의 결과를 비교하는 방법이다.

타당성(validity)은 시험이 측정하고자 하는 내용 또는 대상을 정확히 검정하는 정도를 말한다. 시험성적과 어떤 기준치(직무성과의 달성도)를 비교하는 기준관련 타당성이 대표적이다.

① 동시타당성(concurrent validity): 현직 종업원의 시험성적과 직무성과를 비교하여 선발도구의 타당성을 검사한다.
② 예측타당성(predictive validity): 선발시험에 합격한 사람들의 시험성적과 입사 후의 직무성과를 비교하여 타당성을 검사한다.
③ 내용타당성(content validity): 요구하는 내용을 시험이 얼마나 잘 나타내는가를 검토하는 것으로, 통계적 상관계수가 아닌 논리적 판단으로 검사한다.
④ 구성타당성(construct validity): 시험의 이론적 구성과 가정을 측정하는 정도를 말한다.

3.1.4. 배치활동

배치활동이란 선발된 종업원에게 일정한 직무를 담당하게 하는 것을 말한다. 사람과 직무를 연결하는 행위이다. 아무리 유능한 종업원이 선발되었다 하더라고 배치가 잘못되면 기대한 만큼 직무성과를 기대할 수 없다. 따라서 선발된 인재를 가장 적합한 직무에 배치한다는 것이 적재적소의 원칙이다.

배치가 적재적소원칙에 입각하여 이루어지면 적정배치라고 한다. 적정배치는 종업으로 하여금 첫째, 자기의 능력을 최대한으로 발휘할 수 있게 하며, 둘째, 보다 의욕적으로 직무에 매진하게 하며, 셋째, 고능률·고임금의 이상을 실현하게 한다.

3.2. 인사이동관리

인사이동관리는 종업원의 성격, 능력, 근무상태 등을 재평가하여 기업 내의 위치를 변동시키는 것이다.

인사이동의 기능은 첫째, 후계자를 양성하여 각 기능·각 계층의 적격자를 계속적으로 공급한다. 둘째, 적재적소배치의 실현으로 종업원의 효과적 활용을 도모하게 한다. 셋째, 또한 종업원에게 새로운 일의 기회를 제공하여 능력발전을 도모하고 승진의욕 자극으로 사기를 고양시킬 수 있다. 넷째, 동일 직위에의 고정적 정착으로 인한 타성을 제거할 수 있다.

인사이동의 형태는 전환, 승진, 강등, 이직이 있다.

전환은 종업원을 현재의 직무와 동등한 다른 직무로, 수평적으로 이동시키는 것으로 의무나 책임이 증가되지는 않지만 직무의 성격은 변화하는 것이다. 승진과 강등은 수직적 이동에 해당한다.

승진은 조직에서 구성원의 직무서열 또는 자격서열이 상승하는 것으로 승진과 함께 보수·권한·책임의 확대가 수반된다. 한편 보다 편리한 작업시간·작업장소·작업조건을 갖춘 직무로의 이동도 일종의 승진이다. 승진정책 수립 시에는 연공주의와 능력주의를 잘 조화시켜 공정성·객관성·합리성을 확보할 수 있도록 해야 한다.

이직은 종업원이 자신이 소속한 조직으로부터 이탈하는 것을 말하며, 자발적 이직과 비자발적 이직으로 나눌 수 있다. 이직의 원인은 조직이탈욕구와 조직이탈가능성이다.

이직의 원인에 대한 연구는 두 가지가 있다. 첫째, 퇴직면접은 면접자가 체크목록을 가지고 퇴직하고자 하는 종업원과 직접 상담하는 방법이다. 퇴직원인만을 알아내는 것이 아니라, 이직원인이 회사의 적절한 조처에 의해 구제될 수 있는 것이라면 이직을 방지하는 방법을 찾을 수 있다. 둘째, 퇴직 후 질문지를 통한 방법은 종업원이 퇴직한 후 일정 기간이 경과한 다음, 이들을 대상으로 퇴직사유를 질문지를 통해 질문하여, 익명으로 답변을 구하는 방법이다.

3.3. 교육훈련관리

교육훈련은 종업원의 행동·지식·동기를 변화시키는 체계적 과정이다. 교육훈련의 기능에는 첫째, 교육훈련을 통해 인재를 육성하고 기술을 축적하게 된다. 둘째, 의사소통의 원활화로 서로 화합하고, 협력하는 조직풍토를 확립할 수 있다. 셋째, 종업원들의 자기개발욕구 충족 및 능력개발로 성취동기를 육성할 수 있다.

교육훈련방법에는 두 가지 방법이 있다. 첫째, 직장 내 교육훈련(OJT: on the job training)은 직속상사가 구체적인 직무를 수행하는 과정에서 직접 실무 또는 기능에 관하여 훈련시키는 방법이다. 둘째, 직장 외 교육훈련(off JT: off the job training): 직장에서의 실무 또는 작업을 떠나서 교육훈련을 담당하는 전문가의 책임 하에 집단적으로 교육을 실시하는 방법이다.

3.4. 경력개발

경력이란 한 개인이 일생을 두고 일과 관련하여 얻게 되는 경험 및 활동에서 지각된 일련의 태도와 행위라고 한다. 경력개발(career development)은 기업의 목표와 개인의 욕구가 합치될 수 있도록 개인의 경력을 계획적·장기적으로 개발하는 것이다. 잘 설계된 경력개발프로그램은 다음과 같은 유용성을 가지고 있다. 첫째, 종업원의 재능을 증진시키고, 그 재능을 활용하게 한다. 둘째, 유능한 종업원을 계속 머물게 한다. 셋째, 종업원의 실망을 줄인다. 넷째, 조직에 대한 호의를 증대시킨다.

3.4.1. 경력개발이론

경력개발이론에는 다음과 같은 이론들을 이용하고 있다.

① Erickson의 인생단계이론: 이 이론은 인간의 인생순환기를 단계별로 나누어 발달과정을 설명하는 것으로, 인생의 단계를 <표 11-2>에 나타난 것처럼 총 8개로 나누어 설명하였다. 에릭슨의 관점들은 이슈를 규정하여 개인의 경력선택에 영향을 미칠 수 있다. 조직은 종업원들이 이런 도전을 해결할 수 있는 장소로 적절한 방법을 제공할 것이다.

② Levinson의 경력단계이론: 이 이론은 개인의 경력이나 직업은 개인의 성격에 의해 선택된다는 것으로 6가지 성격유형(현실적, 탐구적, 예술적, 사회적, 모험적, 보수적)에 따른 경력선택과정을 제시하였다. 레빈슨의 이론은 인간의 생애를 크게 분류하고, 이를 각각 안정기와 변화기로 정의하여 경력개발을 실시하기 위한 유용한 방법을 제공하고 있다.

③ 디센조와 로빈슨의 경력단계이론: 이 이론은 직업과 관계없이 일반 성인에서 전형적으로 볼 수 있는 다섯 개의 경력단계(탐색단계, 확립단계, 중간경력단계, 후기경력단계, 쇠퇴단계)로 경력진행을 설명하고 있다.

표 11-2 Erickson의 인생발달이론

	개발단계	연령 범위
1	믿음과 의문	유아기
2	자율과 부끄러움	1-3
3	자발성과 죄의식	4-5
4	근면과 열등	6-11
5	주체성과 역할 갈등	사춘기와 성인기
6	친교와 고립	젊은 성인
7	생성과 정체	중간 성인
8	자기통합과 실망	성숙기

3.5. 훈련평가의 내용과 방법

훈련평가의 이유는 첫째, 훈련이 종료되면 그 결과를 평가하여 사후 훈련을 효과적으로 설계하는 데 참고하게 된다. 둘째, 훈련을 평가하는 구체적인 이유는 훈련의 합목적성(교육훈련 타당성), 학습효과(전이학습 타당성), 관리문제(조직 내 타당성), 그리고 조직성과(조직간 타당성)에 대한 것을 들 수 있다. 평가에 사용될 수 있는 교육훈련 결과는 정서적, 인지적, 업무기술, 그리고 성과결과에 의해 평가될 수 있다.

4 보상관리

보상(compensation)은 임금과 복리후생을 포함하는 것으로, 인적자원 제공자에게 자원의 이용대가로 지불하는 경제적 보상을 말한다. 임금과 복리후생으로 구분된다. 보상관리의 목표는 조직이 지급하고자 하는 보상범위 내에서 종업원의 만족을 극대화하는데 있다.

4.1. 임금관리

근로자 입장에서 임금은 생계를 유지하는 소득의 원천이며, 사회적 신분과 위신을 나타내기 때문에 높은 임금지급을 요구한다. 한편 기업 입장은 제품의 원가를 구성하는 비용(노무비)이므로 낮은 임금을 지급하기를 원한다. 이와 같이 근로자와 기업이 서로 상반된 이해관계를 보이기 때문에 종업원의 욕구를 충족시키면서 기업의 이익을 보장할 수 있는 합리적 임금관리가 필요하다.

임금관리의 방침에는 다음과 같다.

① **근로자의 최저생계비 보장:** 근로자의 생활의 안정보장으로 노동의 재생산과 노동력의 질이 개선될 수 있어야 한다.
② **대외적 및 대내적 균형유지:** 임금은 기업이 필요로 하는 인력을 외부에서 조달할 수 있도록, 그리고 현재의 인력이 대외적인 임금격차로 인하여 외부로 유출되지 않도록 하는 기능을 수행해야 한다.
③ 기업의 지불능력 내에서 지급해야 한다.
④ 임금제도의 결정과 운영에 있어 노사관계의 원활화를 도모해야 한다.
⑤ 다른 인사관리제도와 상호 보완적으로 운용되어야 한다.

4.2. 임금체계의 관리

임금체계의 관리는 종업원 각자에게 임금총액을 공정하게 배분하는 데 초점을 두고 있다. 임금형태는 종업원의 작업의욕 향상과 직접적으로 관련된다.

① **임금수준:** 대외적 공정성의 판단기준으로, 전체 종업원의 임금의 크기(금액)를 말한다.
② **임금체계:** 조직적 공정성의 판단기준으로, 임금의 구성형태, 개별 종업원의 임금격차를 결정하는 기준을 말한다.
③ **임금형태:** 개인적 공정성의 판단기준으로, 임금의 산정방법 또는 임금의 지급방법을 말한다.

4.2.1. 임금수준의 관리

임금수준은 기업 전체의 임금의 평균수준을 말한다. 즉, 임금수준은 일정 기간 동안에 한 기업 내의 종업원에게 지급되는 평균임금액을 말한다.

임금수준은 생계비, 기업의 지불능력, 사회일반의 임금수준, 최저임금제도, 노동력의 수급상태 및 노사관계 등을 고려하여 결정한다. 이 중 기업의 지불능력은 상한선의 역할을, 종업원의 생계비와 최저임금은 하한선의 역할을 하게 된다.

임금수준의 조정은 물가변동, 연공, 인사고과의 결과에 따라 임금수준을 조정한다. 승급, 베이스업, 절충형 등이 있다.

① **승급**: 미리 정해진 임금기준선을 따라서 연령이나 능력의 향상에 따라 기본급을 증액시키는 것으로, 기본급의 서열은 변하지 않으며 급내승급과 승격승급으로 나눌 수 있다.

- 급내승급: 직무와 직능의 질은 변하지 않지만 같은 일에 대한 기능이나 능력이 향상되는 것을 이유로 실시하는 것으로, 동일 직급 내의 임금수준 변화이다. 일반적으로 연 1회 이상 실시되며 연공에 따른다.
- 승격승급(= 승진): 직무나 직능의 질이 향상된 것을 이유로 행해지는 것으로, 사회적 지위의 향상을 수반하고 승진과 관련되어 실시된다.

② **베이스 업(base up)**: 연령, 능력 등의 관점에서 동일 조건에 있는 종업원에 대한 임금의 증액이다.

③ **승급과 베이스업을 병행하는 경우**: 임금증가분 = 승급분 + 베이스업분이다. 이 때 승급은 연공급적 요소를, 베이스업은 물가보상의 생활급적 요소와 생산성 향상에 대한 성과급적 요소를 포함하고 있다.

4.2.2. 임금체계의 관리

임금체계는 개별임금을 결정하는 기준 또는 개별임금 간의 격차를 결정하는 기준이다. 다시 말하면 기본급이 어떠한 원리로 지급되는가 하는 것으로 연봉급, 직무급, 직능급, 자격급, 성과급 등이 있다.

임금체계의 관리는 종업원 각자에게 임금총액을 배분하되 개인 간의 임금격차를 공정하게 설정함으로써 구성원을 만족시키고, 동기유발 시키는 데 초점을 두고 있다.

임금체계의 종류에는 5가지가 있다.

① **연공급**: 연공급은 개인의 학력, 연령, 근속연수 등의 인적 요소를 기준으로 임금수준을 결정하는 임금체계이다. 일반적으로 낮은 초임에서 출발하여 연령이나 근속연수에 따라 정기승급이 이루어진다.

② **직무급**: 직무급은 직무평가에 의하여 각 직무의 상대적 가치를 평가하고, 이에 따라 등급화된 직무등급에 의거하여 임금수준을 결정하는 임금체계이다.

③ **직능급**: 직능급은 인적 요소기준의 연공급과 직무요소기준의 직무급을 절충한 임금체계이다. 직능급은 사람의 능력에 따라 차별적으로 임금을 지급하는 방식이다. 즉 모든 종업원은 동일한 임금수준에서 출발하지만, 자신이 습득한 기술, 지식, 능력이 증가함에 따라 임금 또한 상승하게 된다.

④ **성과급**: 성과급은 성과나 능률을 기준으로 임금이 결정된다. 기준임률은 연공·능

력·직무 중 하나 또는 이들의 조합으로 정해진다. 성과급 체계에서 실적의 계량화가 어려운 경우, 지난기의 인사고과의 결과에 의해 승급을 시키거나 상여제도를 통하여 반영하기도 한다.

⑤ **자격급**: 자격급은 기업 내의 종업원의 자격취득기준을 정해 놓고, 그 자격취득에 따라 임금지급의 차이를 두는 제도이다.

4.2.3. 임금형태의 관리

임금형태란 종업원에 대한 임금의 산정방법 또는 임금의 지급방법을 말한다. 시간급제, 성과급제, 추가급제, 특수임금제 등이 있다.

① **시간급제**: 시간제급은 수행한 작업의 양이나 질과 관계없이, 단순히 근로시간을 기준으로 임금을 산정하여 지불하는 방법이다.

② **성과급제, 도급제**: 성과급제는 노동의 성과를 측정하여 그 결과에 따라 임금을 산정·지급하는 방법이다.

③ **추가급제**: 추가급제는 시간급제와 성과급제를 절충하여 보다 합리적인 임금형태를 마련하기 위한 방법이다. 일정률의 추가급을 지급함으로써 근로자의 수입안정과 능률증진이라는 두 가지 목적을 동시에 달성하고자 하는 방법이다.

④ **집단자극제(집단임금제)**: 집단자극제는 작업자별로 임금을 산정·지급하는 개인 임금제도에 대립되는 개념으로, 일정한 근로자 집단별로 임금을 산출하여 지급하는 제도이다.

⑤ **순응임금제**: 순응임금제는 생계비지수, 판매가격, 이익 등의 여러 조건이 변할 때 그에 순응하여 임률을 자동적으로 변동·조정되도록 하는 제도이다.

⑥ **이익분배제**: 이익분배제란 종업원에게 미리 정해진 기본적 보상 이외에, 각 영업기간마다 결산이익의 일부를 부가적으로 지급하는 방법이다.

⑦ **성과배분제**: 성과배분제란 집단구성원이 상호간의 협력을 통하여 기업의 목표달성에 기여하도록 하기 위해 기업경영의 성과를 근로자, 경영자 등의 이해관계집단 사이에 배분하는 제도이다.

⑧ **경영자 및 전문직 특별보상프로그램**: 최고경영자(CEO)에게 급여 이외에 지급되는 보상프로그램으로 주식옵션, 퇴직이연보상 등이 있다. 전문직 보상프로그램으로는 자동차이용, 주차시설, 세금면제서비스 등이 있다.

⑨ **연봉제**: 연봉제는 근속연수와 나이에 관계없이 전년도의 능력, 실적 또는 공헌도를 평가하고 이를 기준으로 계약에 의해 연간 임금수준을 결정하는 능력중시형

의 임금지급체계이다.

4.3. 복리후생 관리

복리후생이란 종업원 및 그의 가족의 생활수준 향상을 위하여 시행하는 임금 이외의 간접적인 급부 전부를 말한다. 법정 복리후생으로는 의료보험, 연금보험, 재해보험, 고용보험 등이 있다. 법정 외의 복리후생으로는 주택시설제공, 진료시설제공, 문화시설제공 등이 있다.

5 인적자원의 관계 및 유지관리

5.1. 인간관계 관리

인간관계관리(human relations management)는 조직구성원들이 상호이해와 신뢰의 바탕 위에서 일체감을 형성하고, 열의를 가지고 기업의 유지·발전에 기여하도록 하는 관리활동을 말한다.

인간관계관리는 테일러의 과학적 관리법에 대한 비판과 호손실험(Howthorne studies) 등을 통해 성립하였다. 호손실험에 따르면 작업능률을 좌우하는 데는 근로조건이나 작업환경 등의 물리적 조건보다, 종업원이 자신의 직무, 동료, 상사 및 회사 전체에 대하여 갖는 태도와 감정 등의 심리적 요소가 중요하다.

5.2. 인간관계관리제도

5.2.1. 사기조사: 태도조사

사기조사는 기업 내의 인간관계를 개선하기 위하여 종업원의 사기, 즉 근무의욕의 상황을 파악하는 것이다. 이를 통해 종업원의 사기 또는 작업의욕을 저해하는 요인과 불평불만의 원인, 나아가서는 기업의 불건전성에 대한 원인을 규명하고, 동시에 그 원인을 제거할 수 있는 대책을 수립하기 위한 기초자료를 얻을 수 있다.

사기조사의 방법은 다음과 같다. 첫째, 태도조사는 직무, 상사, 작업팀 등 조직생활의 여러 국면에 대한 종업원의 심리적·감정적 상태를 직접적으로 측정하는 방법으로 면접법, 질문서법, 제안법, 실험연구법, 직접관찰법 등의 기법이 주로 사용된다.

둘째, 통계조사는 노동이동률, 생산성과 품질, 결근율·지각률, 고충·불평의 빈도 등 근무와 관련된 기록을 분석하여 간접적으로 측정하는 방법이다.

5.2.2. 제안제도

제안제도는 종업원으로 하여금 기업의 운영이나 직무수행에 필요한 여러 가지 개선안을 제시하도록 하여, 우수 제안에 대해서는 적절한 보상을 하는 제도이다.

5.2.3. 고충처리제도

고충처리제도는 고충을 그대로 방치할 경우, 노동생산성이 저하될 염려가 있을 뿐 아니라 분쟁이 야기되기 쉽기 때문에 이를 진지하게 받아들여 합리적으로 해결하고자 하는 제도이다.

고충처리제도는 협동이나 생산성에 악영향을 미치는 불평이나 불만족을 극소화시킨다. 감독자로 하여금 종업원의 소구권을 인식하게 함으로써 권력과 권위에 편승하기 쉬운 타락과 임의성을 피하도록 노력하게 한다.

고충처리방법은 두 가지이다. 첫째, 개인적 고충은 종업원과 감독자간의 의견교환, 관계 상사나 인사부의 중재, 최고 간부에의 제의 등에 의하여 해결한다. 둘째, 집단적 고충은 노사협의회 또는 단체교섭 → 제3자의 중재(상임 또는 임시중재자, 중재위원회) → 노동위원회 또는 민사재판의 순서로 처리된다.

5.2.4. 브레인스토밍

많은 사람들이 모여 회의를 열어 아이디어 연쇄반응을 일으켜 각자 자유롭게 아이디어를 내놓도록 하는 자유연상법의 전형적인 방법이다. 자유롭게 내놓은 아이디어들을 결합·연결시킴으로써 실행 가능한 새로운 아이디어나 착상을 얻는 방법이다.

Osborn에 따르면, 브레인스토밍을 효율적으로 진행하기 위한 원칙은 첫째, 다른 사람이 낸 아이디어를 절대로 비판해서는 안된다. 둘째, 자유로운 분위기에서 어떤 아이디어라도 거리낌 없이 발표하도록 한다. 셋째, 아이디어의 질보다는 양에 치중한다. 넷째, 다른 사람의 아이디어를 개선하거나 결합하는 것을 환영해야 한다.

5.2.5. 종업원지주제도

이익분배제도의 일종으로, 종업원으로 하여금 자사 주식을 소유하게 하는 것이다.

경영참가에 대한 의식을 높임은 물론, 안정된 주주를 확보하여 경영 합리화를 기하는 제도이다.

5.3. 노사관계관리

5.3.1. 노사관계관리의 의의와 발전과정

노사관계는 사용자와 노동조합 간에 노동조건에 결정이라는 대립적 경쟁관계를 기초로 한 사회관계를 나타낸다. 즉 노사의 대립적 관계를 사용자 측의 태도나 특정 제도(단체교섭, 경영협의회, 노사위원회 등)로 조정·완화시키고, 나아가서는 협력관계를 형성하기 위하여 행하여지는 일련의 활동이다.[5)]

노사관계는 대개 전제적 노사관계, 온정적 노사관계, 근대적 노사관계, 민주적 노사관계 등으로 발전해왔다.

① **전제적 노사관계**: 사용자가 임금, 작업시간 등의 근로조건을 일방적·전제적으로 결정하며, 노동자는 조직화되어 있지 않고, 사용자의 결정에 복종하는 단계이다. 따라서 생산성 제고에 실패하였고, 근로자의 저항을 야기하였다.

② **온정적 노사관계**: 생산성 저하의 문제를 해결하고, 노동자의 노동조합 형성운동을 저지하기 위하여, 가부장적 온정주의에 입각한 복리후생시설을 마련해 주는 단계이다.

③ **근대적 노사관계(완화적 노사관계)**: 자본과 경영의 분리에 따라 경영자단체와 노동조합이 형성·발전되는 단계이다. 이 단계에서는 경영자가 노동조합을 인정하고, 종업원의 복리증진과 의사소통을 통한 노사관계의 긴장완화를 추구하며 자본의 일방적 지배는 어느 정도 제한하지만, 노동의 조직력이 자본과 대등한 지위까지는 이르지 못하였다.

④ **민주적 노사관계**: 자본주의가 고도로 발전함에 따라 산업별 노동조합이 발전하게 되고 전문경영자가 책임자로서 전면적으로 등장하는 단계이다. 이때는 노동조합과 전문경영자가 대등한 입장에서 임금, 작업조건 등을 공동으로 결정한다.

5.3.2. 노동조합

임금, 근로시간 등의 근로조건이나 작업조건에 대하여 경영자 측과 교섭함으로써

---

5) 박성환, 이준우 (2012). *역량중심 인적자원관리*. 서울: 법문사

근로자들의 경제적·사회적 지위를 유지·개선하기 위하여 만들어진 근로자들의 단체이다.

노동조합의 기능은 다음과 같다. 첫째, 경제적 기능을 가진다. 조합원 전체의 노동력을 가능한 한 좋은 조건으로 판매하기 위하여 수행하는 기능, 즉 노동시장의 통제 기능이다. 둘째, 공제적 기능을 가진다. 조합원들의 생활을 안정시키기 위하여 수행하는 상호 부조하는 활동이다. 셋째, 정치적 기능을 가진다. 노동조합이 국가나 사회단체를 대상으로, 노동관계법이나 세법의 제정 및 개정, 노동시간의 단축 추진, 사회보험이나 사회보장의 실시 등을 요구하고 주장하는 기능이다.

노동조합의 형태는 다음과 같다.

① **직업별 노동조합**: 동일직종 또는 동일직업에 종사하는 임금노동자들이 조직하는 노동조합으로 기계공조합, 인쇄공조합, 방직공조합 등을 예로 들 수 있다. 직업별 노동조합은 역사적으로 가장 오래된 조합으로, 생산이 숙련공의 기능에 크게 의존하던 시기에 숙련노동자가 노동시장을 배타적으로 독점하기 위한 조직으로 등장하였다.

② **산업별 노동조합**: 직종의 여하를 막론하고 동일산업에 종사하는 근로자가 조직하는 노동조합이다. 현대노동조합의 대표적 유형이다.

③ **일반노동조합**: 직종이나 산업에 관계없이 모든 노동자에 의하여 조직되는 단일노동조합이다. 동일지역에 위치하고 있는 중소기업을 중심으로 조직되는 경우가 많다.

④ **기업별 노동조합**: 동일기업에 종사하는 노동자들에 의하여 조직되는 노동조합이다. 앞의 세 가지가 기업을 초월한 횡단조직인데 반하여, 기업별 노동조합은 개별기업을 존립기반으로 하기 때문에 노동시장에 대한 지배력이나 조직으로서의 역량이 취약하다.

5.3.3. 노사협력제도

① **단체교섭**: 단체교섭은 노동조합이 단체교섭권과 단체행동권(즉, 쟁의권)을 배경으로 하여, 사용자와 노동력의 거래조건을 일괄하여 결정하는 과정을 말한다.

② **단체협약**: 단체협약은 단체교섭에 의하여 노사 간에 의견일치를 본 사항이다. 단체협약은 법률에 저촉되지 않는 한 취업규칙이나 개별근로계약에 우선하여 적용된다. 대표적인 단체교섭사항은 임금과 근로조건이다. 기업의 관리 및 운영에 관한 사항이나 기타 근로자의 대우에 관한 사항 등 당사자 간에 객관적인 타결점

이 나올 수 있는 모든 상황이 단체교섭의 대상이 될 수 있다.

③ **노동쟁의**: 노동쟁의는 임금, 근로조건 등에 관한 노사 간의 주장의 불일치로 인한 분쟁상태를 말한다. 쟁의행위는 노동관계 당사자인 노사가 자신들의 주장을 관철시키기 위하여 하는 행위로 정상적인 직무의 운영을 저해하는 것이다.

노동조합의 쟁의행위로 파업, 태업, 불매동맹, 시위, 준법투쟁, 직장검거, 작업방해, 공장관활 등이 있다. 사용자 측의 쟁의행위로는 직장폐쇄와 사용자 보이콧이 있다.

노사 간의 실력행사인 쟁의행위는 당사자들의 경제적 손실은 물론 국민경제에 손해를 끼치고 국민생활에도 영향을 주게 된다. 그러므로 노동쟁의를 신속·공정하게 해결하거나, 쟁의행위까지 확대되는 것을 방지하기 위해 조정활동이 필요하다.

① **알선**: 노동위원회가 지명한 알선위원이 공익사업이 아닌 사업에 한해서, 관계당사자의 쌍방 또는 일방의 요청에 의하여 분쟁의 해결을 알선하는 것이다.

② **조정**: 행정관청의 알선에 의해 분쟁이 해결되지 않는 경우에, 관계대상자의 쌍방 또는 일방의 요청이나 노동위원회의 직권에 의해 노동위원회에서 실시하는 것으로, 조정안을 작성하고 이를 당사자에게 제시하여 수락을 권고하는 방법이다.

③ **중재**: 관계 당사자 쌍방이 함께 중재를 신청한 경우, 관계당사자의 일방이 단체협약에 의하여 중재를 신청한 경우, 공익사업에 있어서 행정관청의 요구에 의하거나 노동위원회의 직권으로 중재에 회부한다는 결정을 한 경우 등에 실시하는 방법이다.

당사자는 중재결과를 반드시 따라야 한다.

당사자가 지방노동위원회의 중재결정을 위법 또는 월권이라고 생각하는 경우에는 중앙노동위원회에 재심을 신청할 수 있다. 중앙노동위원회의 중재결정도 위법 또는 월권이라고 생각하는 경우에는 행정소송을 제기할 수 있다.

④ **긴급조정**: 쟁의행위가 공익사업에 관한 것이나, 그 규모가 크거나 또는 그 성격이 특별한 것으로서, 현저히 국민경제를 해치거나 국민의 일상생활을 위태롭게 할 위험이 현존하는 때에 노동부장관이 긴급조정을 결정할 수 있다.

당사자는 긴급조정의 결정이 공표된 즉시 쟁의행위를 중지하여야 하고, 중앙노동위원회는 조정을 개시하여야 하며, 조정성립의 가망이 없을 때는 중재에 회부할 것인지의 여부를 결정한다.

단체교섭을 통해 단체협약이 체결된 후, 협약 이행과정에서 노사 양자의 마찰이 생길 경우 고정처리제도와 중재제도를 통해 협약관리를 하게 된다.

5.3.4. 경영참가제도

경영참가제도는 독일에서 주로 사용하는 제도로서 노동조합 또는 근로자가 의사결정이 권한과 책임을 갖고 경영에 공동으로 참여할 수 있도록 하는 제도이다. 가장 대표적인 형태가 노사협의회이다.

노사협의회(또는 경영협의회, 노사위원회)는 단체교섭의 대상이 되는 임금·근로조건 이외의 문제에 대하여 협의하는 노사 쌍방의 대표자로 구성된 합동기구이다.

단체교섭과 노사협의회의 차이는 첫째, 노사협의회의 근로자 측 대표는 노조에 속한 조합원뿐 아니라, 비조합원도 포함한 모든 종업원의 대표이다. 둘째, 단체교섭의 주요 대상이 되는 임금을 비롯한 근로조건에 관해서는 노사 간의 이해관계가 대립되는 경우가 대부분이나, 노사협의의 대상이 되는 문제들(작업계획 및 방법, 생산성향상, 기술개선, 경영합리화 방안 등)은 노사 간의 이익이 공통되는 것으로, 기업의 번영뿐 아니라 종업원의 생활향상의 근원이 도니다고 할 수 있다. 셋째, 단체교섭의 배경에는 쟁의권이 있지만, 노사협의는 평화적 처리를 전제로 한다.

경영참가제도의 문제점은 다음과 같다. 첫째, 경영권 침해의 문제, 즉 권한과 의무의 배분문제이다. 둘째, 조합 약체화의 문제, 즉 경영참가를 단체교섭과 어떻게 양립시킬 것인가 하는 문제가 있다. 셋째, 근로자의 경영참가능력의 문제 및 근로자 대표의 교육·훈련비용의 문제가 있다. 마지막으로, 노동귀족 형성의 문제, 즉 경영에 참가하는 근로자 대표가 조합원의식과 근로자 권익보호 자세를 계속 유지할 수 있는가의 여부의 제도이다.

연습문제

01 직무기술서와 직무명세서에는 어떤 항목들이 포함하는지 설명하시오.

02 직무분석의 절차에 대해서 설명하시오.

03 인사고과의 기준에는 어떤 것들이 있는지 설명하시오.

04 인사이동의 기능에는 어떤 것들이 있는지 설명하시오.

05 경력개발이론 중에 Erickson의 인생단계이론에 대해서 설명하시오.

06 노사관계의 발전과정에 대해서 설명하시오.

제 12 장　자금조달 및 활용

요 약

자금조달과 활용은 기업을 운용하기 위한 기업경영에 있어서 핏줄과 동맥의 역할이다. 자금조달의 원천이 되는 기업형태의 3요소는 출자, 경영, 지배관계이다. 이들 3요소가 기업의 형태와 기업의 구조를 결정하는 결정적 요소가 된다. 출자(出資)는 설립 및 창업할 기업에 대하여 자금조달을 담당하는 부분이고, 경영(經營)은 설립 및 창업한 기업에 대한 운영과 관리를 책임지는 부분이며, 지배(支配)는 경영진의 임면권과 자본운영에 대한 감독과 통제권에 관한 부분이다.

이러한 기업의 형태에 대하여 기업자금조달은 기업의 혈액을 공급하는 것과 같은 중요한 업무이다. 자금의 역할과 의미는 기업경영활동의 과정으로서 상대 기업과 거래선에 대하여 지급하는 최종적인 수단이다. 협의적 자금의 의미는 자금의 대표적인 지급수단인 현금과 당좌예금 등으로 말할 수 있다. 기업이 성장할수록 성장단계에서는 소요자금의 추가부담 등으로 자기자본이 부족한 경우가 빈번하게 발생하게 된다.

우리나라 상법 제 451조에 나타난 자본의 개념을 살펴보면 자본은 사원 출자에 의하여 구성된 일정한 금액으로서 발행주식의 액면총액으로 한다고 되어 있다. 따라서 발행주식의 총수를 액면가로 곱하여 산출한 금액이 자본으로 나타나게 된다. 기업의 자본금은 총자산의 대한 주주의 지분으로 정의되며, 자기자본은 납입자본금(paid-in-capital), 자본잉여금(capital surplus), 이익잉여금(earned surplus) 등 세 가지를 합친 것을 의미한다. 기업 입장에서는 자본의 부족한 문제를 해결하기 위해서는 타인자본을 조달하여야 한다. 이와 같이 타인자본을 조달하는 것이 자금조달과 활용의 핵심이다. 이러한 자금조달에 대한 개념은 개인의 주주와 벤처캐피탈 투자와 금융권 차입을 넘어서, 최종적인 기업의 인수합병과 매매의 단계로 발전되어 진다. 기업 인수합병(M&A)은 합병(merger)과 인수(acquisition)가 합성된 의미로 기업이 경영지배권 변경으로 해석하기보다는 경영지배권에 영향을 가져오는 일체의 경영행위를 의미한다. 좁은 의미로는 기업 간의 인수합병을 뜻하며, 넓은 의미로는 회사분할과 기술제휴, 공동마케팅 등 전략적 제휴까지 확대된 개념이다. 기업의 매매는 민법에서 재산권과 금전을 서로 교환할 것을 내용으로 하는 계약이다. 매매는 양 당사자가 지게 되는 의무가 서로 대가관계에 있으므로 쌍무계약이며, 일방 당사자가 지는 의무가 원인이 되어 상대방도 의무를 지는 유상계약이다. 매매는 매매성립에는 특별한 방식을 요구하지 않는 불요식계약이며, 재산권과 금전을 이전하는 채권계약이다.

• 주저자: 서근하 겸임교수, 경남정보대 경영정보과, Tel: 010-5589-3436, E-mail: seogh@daum.net

제 12 장 ▮ 자금조달 및 활용

1 자금의 이해

기업자금의 일반으로서 자금의 의미는 기업의 혈액과 같은 중요한 요소이다. 자금의 협의적 의미는 기업경영활동의 과정으로서 상대 거래선에게 대하여 최종적인 지급수단으로 정의할 수 있다. 협의적의 의미에서 자금의 대표적인 지급수단으로는 현금과 당좌예금 등으로 말할 수 있다. 이에 반하여 광의적 의미의 자금은 현금과 당좌예금 그리고 순운전자본을 포함하여 의미한다. 순운전자본은 유동자산에서 유동부채를 감한 것으로서, 유동자산 중에서 현금화하기 어려운 항목의 자금은 제외시키고 있다. 자금에 대한 전체적인 유입과 지출에 대한 개념은, 다음의 기업형태별 기업자금의 수요결정과 조달유형과 같이 구분할 수 있다.

1.1. 기업 자금 일반

1.1.1. 자금의 이해

자금은 자본의 화폐(currency in circulation)만을 가리키는 넓은 의미의 자본(capital or net worth)보다는 좁은 의미로 보아야 한다. 하지만 실무현장에서는 자금과 자본을 혼용하여 사용하는 경우가 많은 편이다.

1.1.2. 자금조달의 발전 및 이해

자금조달에 관한 이론은 기업의 가치를 최대화하기 위한 해당기업의 자본에 소용되는 비용을 최소화함으로서 해당기업의 최적의 자본구조를 도출하기 위한 연구를 중심으로 발전하여 왔다. 이에 대한 핵심적 연구가 자본구조(capital structure)에 관한 연구로 장기적 자금과 단기적 자금에 관한 연구로 구분되어 진다. 장기적 자금은 타인자본으로 구분되어지는 장기차입금과 사채가 있고, 자기자본으로는 우선주, 보통주, 자본잉여금, 이익잉여금 등이 있다. 단기적 자금은 외상매입금과 단기 부채로 살펴볼 수 있다.

자금조달에 관한 핵심적인 연구는 다음과 같다. Miller(1977)[1]는 기업의 부채이용에서 최적자본구조가 도출된다는 가설을 검증하였다. 부채이용에 다른 절세효과와 더불어 파산비용을 함께 살펴보았다. 연구결과 절세효과는 부채를 증가시키기도 하지만, 과도한 부채를 이용하면 오히려 파산가능성의 증가와 더불어 기업의 가치가 하락함으로 부채이용에서 최적자본구조가 발생하는 것으로 개념을 도출하였다. 전효찬(2003)[2]은 우리나라 기업의 자본조달과 재무구조에 관한 연구에서, 법인세와 개인소득세를 함께 고찰하면 기업의 부채사용은 감소할 것이라고 밝혔다. 이와 같이 기업의 부채이용에 사용되는 원리는 파산비용이론(bankruptcy cost theory)의 상충관계(trade-off)를 토대로 하여 절세효과와 파산비용 사이의 최적의 균등점을 찾아내었다. 부채의 증가는 절세효과가 있지만 최적의 균등점을 넘으면 파산가능성이 높아지는 것으로 나타났다.

기존의 시장신호이론(market signaling)은 최초의 연구대상지는 노동시장 분야에서 시작되었다. 시장신호이론은 자금의 사용처 입장에서 정보량이 풍부한 쪽에서 정보량이 부족한 쪽에 자신의 능력 또는 자신의 상품가치나 품질을 확신시킬 수 있는 수단이 필요하다고 보았다. 노동시장에서는 정보량을 이용함으로써 정보의 격차로 야기되는 시장 왜곡 현상, '역선택'을 피할 수 있게 되는 것이다. 고용주는 구직 당사자에 비해 구직자에 관한 정보가 절대적으로 부족하다. 따라서 일자리를 놓치고 싶지 않은 사람은 어떤 수단을 써서라도 자신의 능력 곧 생산성의 상대 우위를 입증하는 '신호'를 고용주에 전달하여야, 채용 가능성이 높아진다. 예를 들자면, 해당직장에서 학력을 중요하게 본다면, 해당직장의 고졸 학력자들이 야간·방송통신·사이버 대학 과정에 다닌 것을 신호화하여 정보를 보낸다고 한다면, 이러한 현상은 학력의 신호효과를 노리는 것으로 풀이할 수 있다.

대부분 상장사들은 회사의 수익을 자본이득으로 처리하여 주식의 가치를 높이는 대신, 고액의 세금을 감수하면서까지 주주들에게 높은 배당금을 지불하는 쪽을 택한다. 상장사가 노리는 바는, 주식시장에서 투자자를 더 끌어 모아 자사 주가를 상승시키는데 있다. 이때 배당금의 정보의 역할은 상장사에 비해 정보가 부족한 투자자들에게 보내는 신호라는 것으로 해석이 가능하여진다.

Ross(2002)[3]는 기존의 시장신호이론을 발전시켜 자금조달을 살펴보았다. 기업의 경

1) Miller, E. (1977). Risk, uncertainty, and divergence of opinion. *Journal of Finance,* 32, 1151-1168.

2) 전효찬 (2003). The analysis on Korean companies financing decision and capital structure. 연세대학교 박사학위논문

3) Ross, S. (2002). Multiple Principals, Multiple Signals: A Signaling Approach to Principal-Agent

영자가 일반투자자에게 비하여, 자신이 가진 해당기업의 우월한 정보를 토대로, 기업의 자본조달 정책을 해당기업의 미래성과에 대하여, 일반투자자에 전달하는 신호로서 신호이론(signaling approach)을 발전시켰다. 즉 정보의 비대칭성(information symmetry)을 활용하여 신호이론을 자금조달 분야로 발전시키는 기여를 하였다.

Myers & Majluf(1984)[4]는 경영자와 투자 간에 발생하는 정보불균형 현상으로 이론으로 발전시켜, 자본조달 순위이론(pecking order theory)을 제시하였다. 단기적으로 일정한 수익성을 가진 기업은 투자자를 유치하여 부채수준을 올리려고 할 것이고, 장기적으로 성장성이 높은 기업은 비용절감차원에서 부채수준을 낮추려고 할 것이다. 이와 같이 기업은 외부자본 보다는 내부자본이 선호되고, 외부자본 중에서도 증자에 의한 자본조달보다는 간접적인 부채를 선호하게 된다. 기업입장에서는 간접적인 부채를 이용할 수 없을 경우에만, 자기자본을 조달하게 된다. 즉 자본조달순위는 유보이익, 부채, 우선주 및 보통주 순으로 조달하게 된다는 것이 자본조달순위이론이다.

1.1.3. 자금조달의 수요와 결정

자금조달에 대한 수요판단은 매출에 의한 수요예측과 현금흐름표에 의한 수요예측 2가지로 구분하여 살펴볼 수가 있다.

1.1.3.1. 매출에 의한 수요예측

기업의 장기성 소요자금의 정확한 수요예측은 매우 어렵다. 전통적인 방법은 예산편성에 따른 예측방법과 자본회전기간 분석과 재무제표의 구조적 특성을 이용하여 예측하게 된다. 기업의 단기소요자금 예측을 위한 현금예산 추정방법이 운영되며, 현금예산 추정은 매출액의 예측에서 시작된다.

① **매출액백분율법 예측**: 대차대조표의 항목을 매출액에 대한 백분율로 표시하는 방법이다. 대차대조표의 매출액의 변화에 따른 각 항목의 변화를 추정함으로서, 해당기업의 소요자금을 예측하는 방법이다. 대차대조표에서 매출이 증가하게 되면 자산항목에서는 현금, 외상매출금, 재고자산이 증가하게 되고, 부채항목에서는 외상매입금, 미지급금이 변동하게 된다. 이러한 분석을 통하여 내부로 얻어지는 유보이익을 감안하게 되면, 외부의 소요자금을 산출하게 된다. 이에 대한 전제조

Relations. *Policy Studies Journal,* 33(3), 363-376.

4) Myers, S. C.,& Majluf N. S. (1984). Equity financing in a Myers–Majluf framework with private benefits of control. *Journal of Corporate Finance,* 11(5), 915- 945.

건으로는 해당기업의 매출액이 예측되고, 매출액 변화에 연동하는 항목이, 계속 매출액과 동일한 비율로 변화한다는 가정이 적합하여야 한다. 매출액백분율법에 의한 소요자금의 산출공식은 다음과 같다.

소요자금(EFN) = 자산의 증가 − 부채의 증가 − 유보이익의 증가

$$= \frac{A}{TR_1}(\triangle TR) - \frac{B}{TR_1}(\triangle TR) - m \cdot TR_2(1-d)$$

TR_1: 매출액
TR_2: 예상매출액
$\triangle TR$:매출액증가분
A: 매출액변동에 따라 변하는 자산
B: 매출액변동에 따라 변하는 부채
m: 매출액이익률
d: 배당율

② **회귀분석에 의한 예측**: 회귀분석방법을 도입하여 매출액과 소요자금에 대한 상관계수를 추정하여 소요자금을 예측하는 방법이다. 종속변수(Y)가 소요자금이며, 독립변수(X)가 매출액이다. 회귀계수에 의하여 미래 소요자금 추정이 가능하게 되는 방식이다. 일차방정식에 의한 단순회귀방정식을 설정하게 되면, Y = a + bX 개념이 도출되고, 이 공식에 의하여 a, b를 구하면 아래와 같은 방정식이 성사되게 된다. 본 이론이 발전하게 되면 종속변수인 소요자금에 영향을 미치는 독립변수는 매출액 한가지이 변수로만 보기 어렵게 된다. 따라서 다중회귀분석을 통하여 매출액 이외의 다른 독립변수를 개발하여 추정모형을 더욱 정교화하여야 필요성이 추가로 제기하게 된다. 회귀분석에 의한 소요자금 예측 공식은 다음과 같다.

$$b = \frac{\sum X \cdot \sum Y - n\sum X \cdot Y}{(\sum X)^2 - n\sum X^2}, \quad a = \overline{Y} - b \cdot \overline{X}$$

n는 연수

③ **회전기간 예측**: 회전기간 예측은 제품 또는 서비스 상품의 1회전기간 동안의 소요자금 규모를 추정하는 산출방식이다. 1회전 기간이라는 의미는 제품 또는 서비스 상품의 생산준비 단계부터 매출실현으로 현금이 회수가 될 수 있는 기간을 1회전 기간이라고 정의되어진다. 회전기간 중 소요자금의 추정은 시설자금과 운전자금으로 구분되어 진다. 시설자금은 시설기간과 투자수익을 토대로 산출하

되, 투자자금별 회수기간과 규모 등을 가감하여 예측하게 된다. 운전자금은 회전기간 중에 생산, 매출확충, 재고유지 등을 위하여 추가되는 추가소요자금, 기업의 고정비 등이 추가되어 진다.

1.1.4. 자금조달의 절차와 방법

기업이 성장할수록, 성장단계에서는 소요자금의 추가부담 등으로 자기자본이 부족한 경우가 빈번하게 발생하게 된다. 기업에서는 자본의 부족한 문제를 해결하기 위하여 타인자본을 조달하여야 한다. 자금조달 절차는 3가지 과정을 거치게 된다. 첫째, 자금계획의 수립이다. 기업은 자금계획을 효율적으로 수립하고, 수립된 계획이 범위 내에서 자금을 조달하여야 한다. 자금의 운영은 설비자금과 운전자금으로 구분하며, 이들 자금에 대한 일정, 금액, 용도별 자금조달 계획을 수립하여야 한다. 둘째, 예측된 자금조달 방법의 구상이다. 자금조달의 방법은 자본증자, 사채발행, 은행차입 등의 방법으로 추진하여야 한다. 이때 필요자금과 조달된 자금에서는 수요와 조달에서 차이가 발생하지 않도록 하여야 한다. 셋째, 안정적 운전자금의 확보이다. 운전자금은 영업활동을 통하여 해당기업의 생산과 매출증가 활동에 기여가 되어야 한다. 원자재 조달로부터 매출이 이루어져 현금화가 이루어지는 1회전 기간 동안의 소요자금은 반드시 안정적으로 공급되어야 한다. 넷째, 금융비용을 줄이면 장기 안정적 자금의 이용이다. 기업은 차입을 억제하여야 하지만, 부득이 차입할 경우에는 상환기간이 길고, 금리부담이 작은 안정적 자금을 이용하여야 한다.

1.1.4.1. 주식발행을 통한 자본조달

주식발행을 통한 자본조달은 직접금융의 대표적인 수단이다. 주식은 해당기업의 자산에 대한 분할적 소유권(지분권)을 가지는 증권으로서, 증권시장을 통하여 거래가 이루어진다. 자기자본에는 주식의 발행액을 자본금계정으로 처리가 되며, 자본금액은 발행주식의 액면에 대하여 발행주식을 곱한 자본금액이다. 증자에 의한 자기자본의 증가와 감자에 의한 자기자본의 감소에 의하여 계정이 변경된다.

1.1.4.2. 부채를 통한 자본조달

간접금융은 금융기관이 예금증서, 보험증서, 저축채권 등의 간접증권을 발행하여 기업의 자금을 조달하여 주는 방식이다. 간접금융에서 부채를 통한 자본조달에는 회사채 방행을 통한 자본조달과 금융기관 대출을 이용한 자본조달이 두 가지가 있다. 사채발행시에는 사채발행액이 자기자본이 일정금액을 넘지 못하도록 법정으로 규정되어 있고, 사채발행을 할 경우에는 발행회사가 직접처분하는 직접발행과 증권회사와 종합금융회사 등이 인수업자에게 위탁 처분하는 간접발행으로 하는 방식으로 되어 있다. 대출을 할 경우, 대출은 원리금을 전제로 자금을 빌려준 것으로, 간접금융시장이 전형적인 금융수단이 되고 있다.

사용목적에 따라 기업대출, 소비자대출 및 증권관계대출 등으로 대출금의 사용기간에 따라 1년 이상의 장기대출과 1년 이내의 단기대출로 구분하고 있다.

◎ 단기금융의 구분
- ㉮ 외상매입금에 의한 금융
- ㉯ 미지급비용(accrued expenses) 및 선수수익(defend income)
- ㉰ 외상매출금 금융과 팩토링 금융
  - 외상매출금을 담보로 자금을 차입하거나, 외상매출금을 매각하여 자금조달
- ㉱ 금융기관으로부터의 단기자금 조달
  - 어음대출
  - 상업어음할인
  - 지급보증
  - 당좌대출
  - 무역금융

1.1.4.3. 자산운영을 통한 자금조달

자산운영을 통한 자금조달은, 기업이 전략적 경영을 위하여 해당기업의 불요불급한 자산을 포함하여, 해당기업 보유자산중에서 일부 또는 전부를 매각하는 방식으로, 해당기업의 자금을 조달하는 방식이 된다.

1.2. 기업의 형태와 특성

기업의 형태는 기업을 창업과 경영을 하기 위하여, 어떠한 기업의 형태와 규모의 수준을 유지할 것인가를 고려하게 만드는 부분이다. 기업형태에 대한 정의는 기업의 종류로서, 기업이 생산경제를 가동할 때에 활용되는 생산수단의 소유와 경영, 그리고 지배에 관한 구조적 관계를 나타내는 형상이다. 이에 따라서 기업형태의 3요소는 출자, 경영, 지배관계의 표현으로서, 이들 3요소가 기업의 형태와 기업의 구조를 결정하는 결정적 요소가 된다.

출자(出資)는 설립 및 창업할 기업에 대하여 자금조달을 담당하는 부분이며, 경영(經營)은 설립 및 창업한 기업에 대한 운영과 관리를 책임지는 부분이며, 지배(支配)

는 경영진의 임면권과 자본운영에 대한 감독과 통제권에 관한 부분이다. 이들 3요소에 의하여 기업의 형태가 정해지게 된다.

1.2.1. 기업의 형태

기업의 형태는 분류기준에 의하여 다양한 형태가 나타나게 되며, 분류기준은 규모, 업종, 출자성격, 법률, 소유방식 등으로 구분할 수 있다.

첫째, 규모에 의한 분류는 자본금, 종업원, 매출액등을 기준으로 소기업, 중기업, 대기업으로 구분하게 된다.

둘째, 업종에 의한 분류는 광업, 공업, 상업, 금융업, 통신업, 도소매업, 서비스업 등 업종 대분류로 나누어지고, 공업의 경우 세분류로 구분하면 섬유산업, 철강산업, 전자산업, 중화학공업과 경공업 등으로 구분된다. 이와 같이 업종 세분류는 하위 업종으로 업부 세세분류까지 구분할 수 있다.

셋째, 출자성격의 의한 분류는 출자자의 신분적 성격에 따른 구분으로서, 출자자의 특성에 따라서 사기업, 공기업, 공사공동기업 등으로 구분되어 진다.

넷째, 법률에 따른 분류는 기업이 설립될 때, 어떤 법률에 의하여 준용되어졌는가를 기준으로 구분하는 방식이다. 상법에 의한 구분은 합명회사, 합자회사, 유한회사, 주식회사이며 민법 및 특별법에 의한 구분에는 조합(민법상 조합, 익명조합, 협동조합), 특수회사, 공사 등이 있다.

다섯째, 소유방식에 따른 분류는 기업을 소유하고 지배하는 방식으로 구분하는 것으로, 개인기업과 공동기업으로 나누어진다. 공동기업은 인적공동기업(소수공동기업), 자본적 공동기업(다수공동기업)으로 더욱 세분화된다.

1.2.2. 기업의 특성

기업의 구조적 특징은 그 자신이 어떠한 기업형태를 갖추고 있는가에 따라 달라진다.

① **기업목적:** 영리목적, 사회복지와 공익, 국가재정수익
② **기업규모:** 중소기업, 대기업(300명 이상정도)
③ **소유관계:** 개인, 집단, 정부
④ **참가관계:** 출자자의 경영참가여부
⑤ **제품시장관계:** 도매, 소매
⑥ **위험과 책임의 정도:** 유한, 무한책임 등

기업형태란 출자(자기자본이나 출자자 자본형태)와 경영, 지배의 관계로부터 본 경제적 형태와 이를 기초로 하여 법률에 규정되어 있는 법률적 형태로 구별할 수 있다. 즉 기업을 소유체제에 따라 구분하면

① 사기업(개인기업-출자자가 개인, 공동기업-두 사람이상이 공동출자(소수공동기업-인적결합, 다수공동기업-자본결합)
  • 출자자의 수 뿐 만 아니라 인적결합(출자자의 친밀여부)의 강약여부가 중요)

② 공기업

③ 공사공동기업으로 경제적 형태를 나눌 수 있으며 상법에 따라 상인, 익명조합, 합명회사, 합자회사, 유한회사, 주식회사 등으로 그리고 민법상의 조합을 인정하여 법률적 형태로 구분할 수 있다. 합명회사 합자회사 유한회사는 50인 이하의 규모를 의미하고 이를 소수 공동기업이라고 하고, 주식회사나 협동조합은 50인 이상의 구성이며 이를 다수 공동기업이라고 한다.

경제적 형태를 기초로 법률적 형태를 규정하고 있기 때문에 반드시 두 형태가 일치하는 것은 아니다. 즉 법률적으로는 회사기업이면서 경제적으로는 개인기업이라 할 수 있는 1인 소유 주식회사의 경우와 경제적으로는 공동기업이면서 법률적으로는 개인기업에 속하는 익명조합을 들 수 있다. 이러한 기업이 특성에 따른 구분은 다음의 [그림 12-1]과 같다.

① 사기업
  ㉮ 개인기업
  ㉯ 공동기업

- 소수공동기업
  ⓐ 합명회사
  ⓑ 합자회사
  ⓒ 유한회사
- 다수공동기업
  ⓓ 주식회사
  ⓔ 협동조합: 생산자 협동조합, 소비자협동조합, 신용조합(수협, 신협, 새마을금고)

② 공기업 및 공사공동기업
- 공기업
- 공사공동기업

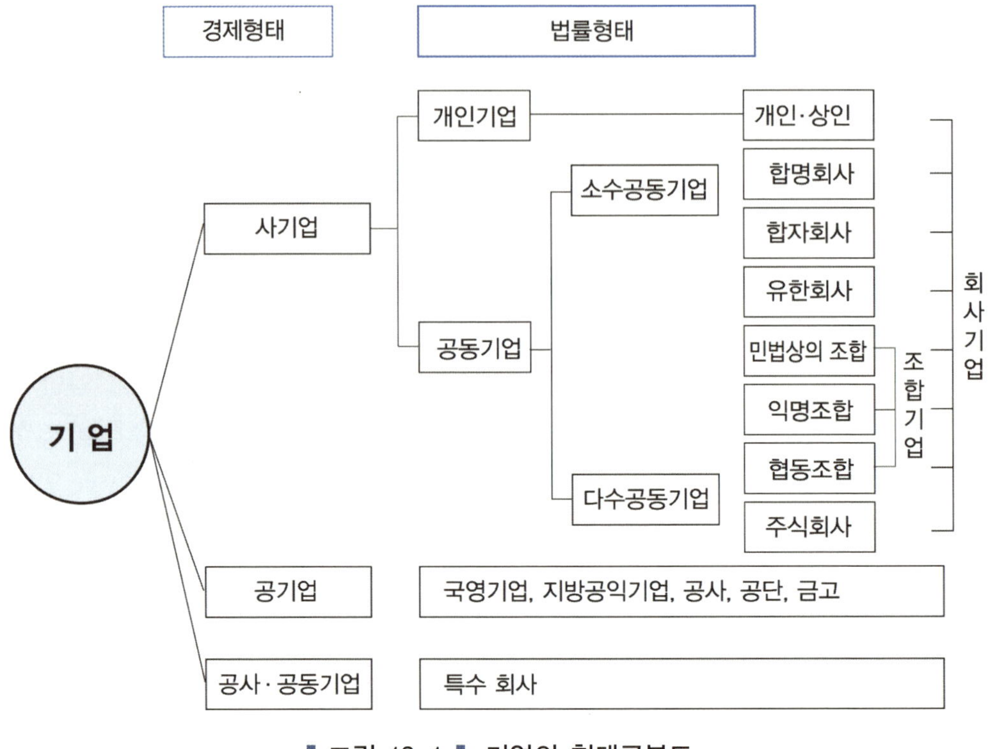

▌그림 12-1 ▌ 기업의 형태구분도

2 자본관리 및 운영전략

2.1. 자본의 개념

우리나라 상법 제451조에 나타난 자본의 개념을 살펴보면, 자본은 사원 출자에 의하여 구성된 일정한 금액으로서 발행주식의 액면총액으로 한다고 되어있다. 따라서 발행주식의 총수를 액면가로 곱하여 산출한 금액이 자본으로 나타나게 된다. 기업의 자본금은 총자산의 대한 주주의 지분으로 정의되며, 자기자본은 납입자본금(paid-in-capital), 자본잉여금(capital surplus), 이익잉여금(earned surplus) 세 가지를 합친 것을 의미한다.

2.1.1. 자본금 규모와 개념

자본금은 기업의 운영 시 혈액과 같은 역할을 한다. 자본금은 해당기업에 납입되는 자금으로서 총자산에 대한 주주의 지분이 된다. 기업의 자본금의 구분은 실제 납입된 납입자본금(paid in capital)과 정관과 등기부등본에 기재된 수권자본금(authorized capital)으로 구성된다.

기업의 자본을 이해하는 바람직한 방향은 회계적인 측면에서 주주의 지분이라는 것보다, 자본이 회사경영에 미치는 경제적, 경영적 의미로 보아야 할 것이다. 따라서 자본이 개념은 회사, 주주, 회사채권자의 입장에서는 각각 다른 의미를 가지고 있다. 주식회사의 경우는 회사의 재산만이 회사채무의 상환재원으로 사용할 수 있다. 주식회사의 자본은 상환재원의 기준으로 사용되고 있는 것이다. 주주의 입장에서 자본은 주주의 출자액의 규모로 정의되며, 기업채무의 책임한계를 의미한다. 주주는 보유주식을 통하여 기업을 경제적으로 소유하고 지배하게 되므로, 회사에 대한 주주의 권리의 크기는 주식 소유를 통한 개별 주주의 출자가 해당기업의 자본에서 차지하는 비율에 의하여 결정되게 된다. 회사채권자의 입장에서는 자본은 회사신용도의 공시적인 기능을 하게 된다. 따라서 주식회사는 주식의 인수가액을 한도로 책임을 가지게 됨으로, 회사채권자에게 담보가 되는 것은 회사의 재산인 자본금이 되게 된다. 또한 결산기에는 자본을 기준으로 해당회사의 이익과 손실이 판명되므로, 자본을 기준으로 수익성 현황과 전망을 알 수 있게 된다.

자본금의 규모를 설정할 경우는 자본금은 2가지 측면으로 볼 수 있다. 실제적으로 기업의 자본금으로 납입된 경우는 납입자본금이라고 하고, 정관과 등기부등본에 나타난 경우는 수권자본금(authorized capital)이라고 한다. 이러한 자본금은 회계적 의미를 넘어서 경제적, 경영적 의미로 이해하여야 한다. 기업의 부채를 상환하여야 할 경우는 상환재원으로 이해하여야 하며, 생산재원으로 사용하고자 할 경우는 제품과 서비스를 생산하는 투입요소가 되며 기업의 안정성과 성장성 그리고 지속성의 결정척도가 된다.

2.1.2. 자본 조달과 운영전략

기업의 자본조달은 기업의 입장에서 살펴보면 자기자본과 타인자본 두 가지로 분류할 수 있다. 자기자본금은 자본금과 이익잉여금과 자본잉여금이 되며, 장단기 부채는 타인자본으로 분류된다. 나아가서 금융입장에서 살펴보면, 직접금융과 간접금융 그리고 해외금융으로 나누어 구분할 수 있다. 직접금융은 기업이 직접 자금조달을 위하여 증권을 발행하고 공급자에게 매각하여 기업의 자금을 조달하는 금융방식이다. 간접금융은 금융중개기관이 개입하여 증권발행과 매각을 한 금액을 기업이 사용할 수 있게 하는 방식이다. 간접금융은 직접금융보다 상대적으로 거래비용과 정보탐색비용의 절감이 가능한 효과가 나타난다. 이러한 금융의 자본조달 방식은 다음의 [그림 12-2]와 같다.

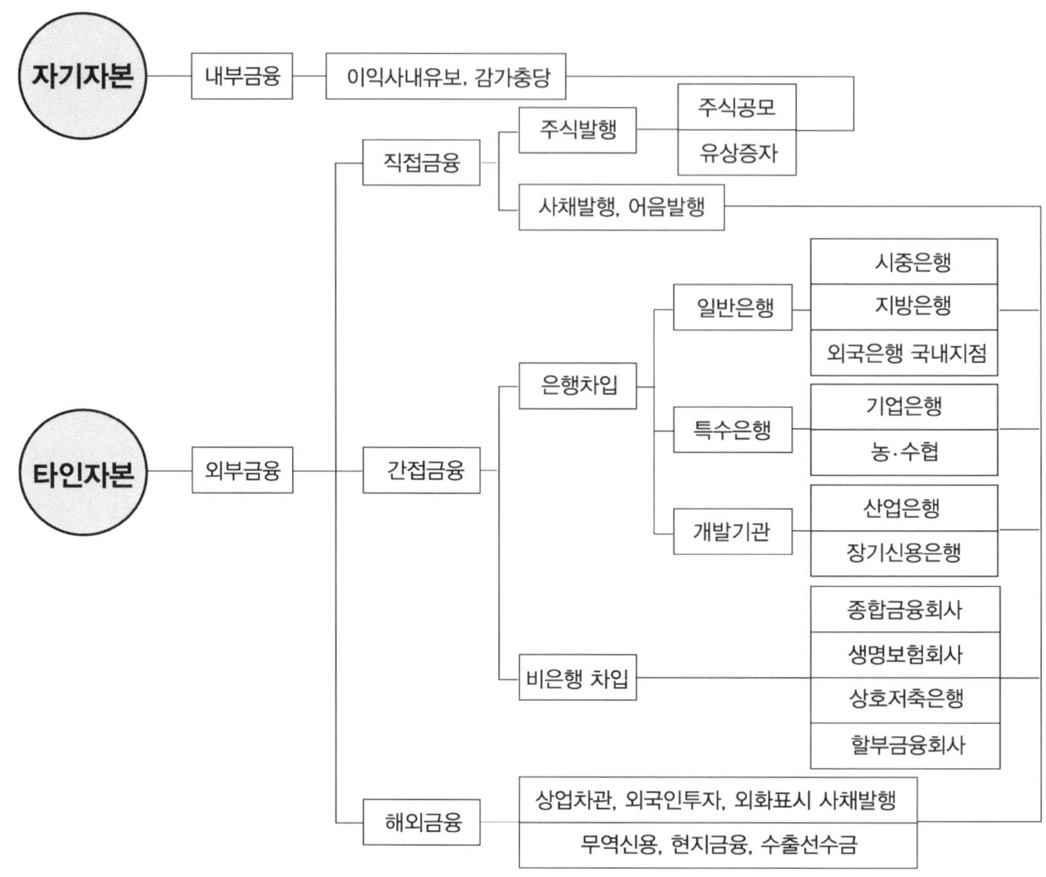

▌그림 12-2 ▌ 자본조달방식 구분과 흐름도

2.2. 타인자본

2.2.1. 채권발행을 통한 자본조달

채권발행을 통한 자본조달은 직접금융(direct financing)으로 구분된다. 기업이 자금의 최종수요자가 됨과 동시에, 직접 자금공급의 최종공급자에게서 금융기관을 대행하지 않고, 직접 자금조달을 하는 방식이다. 이 방식은 기업이 직접 증권을 발행하여 최종공급자에게 증권을 매도하게 된다. 자본조달 방식에서 주식발행방식은 신주의 시장가치는 투자에서 여유자금을 공제한 계산방식이 적용된다. 이는 투자기회에만 국한된 정보 불균형을 발생시킴으로서 주식발행을 방해하지는 않으나, 주식발행의 결정에 있어서 주식발행이 사전에 공개되지 않으면, 주가를 하락시키는 문제점을 갖고 있다. 채권발행방식은 발행 당사자가 일정기간 후, 만기도래시에 정해진 액면금액과 해당기간 동안에 일정한 이자를 지급하는 방식이 된다. 채권발행방식은 주식발행과 더불어 증권시장에서 장기자금으로 분류되지만, 기업지배권에는 영향이 없다. 하지만 전환사채인 경우 자기자본으로 전환될 수 있도록 조건부발행을 한 채권으로 분류되어진다. 사채발행은 직접발행과 간접발행으로 구분된다. 직접발행은 기업이 발행회사가 되어서 직접처분하는 방식이며, 간접발행은 증권회사와 종합금융회사 등 인수업자에게 위탁처분하는 방식이다. 하지만 관리기관에서는 해당기업의 사채발행액이 자기자본의 일정한도를 넘지 못하도록 법정되어 있다.

2.2.2. 차입을 통한 자본조달

차입을 통한 자본조달은 간접금융(indirect financing)으로 정의되어진다. 간접금융은 자금공급자와 자금수요자 사이에 금융중개기관(은행, 보험 등)이 개재(介在)하여 자금이 중개되는 방식이다. 단기금융(short-term financing)은 대출기일로부터 1년 이내상환을 목적으로 대차대조표의 대변에서 유동부채로 명기되는 단기기업대출을 포함한 단기금융 자금이다. 이때 대차대조표의 차변에는 현금, 예금, 재고자산 및 미수금 등의 유동자산을 얻기 위함이며, 1년 이내에 현금화가 가능한 자금이다. 따라서 단기금융은 상품, 원재료의 매입 및 가공 등의 대가지급을 연기하는 자금으로 신용으로 발생하는 경우가 많다.

장기금융(long-term financing)은 해당기업에서 1년 이상 이용이 가능한 자금을 뜻한다. 장기금융의 조달방식은 해당기업의 실질적인 재산을 증가시키는 방식과 회계상으로만 증가시키는 방식으로 구분된다. 전자의 경우는 채권을 발행하여 회사가 적극적의 해당기업의 자본을 증가시키는 방식이다. 후자의 경우는 회계 상의 자본금만 증가시키는 방식으로 전환사채의 전환에 의한 신주발행과 신주인수권부사채권자의 청구에 의한 조건부채권발행이 있다. 금융기관은 은행권 차입과 비은행권 차입으로 구분되며, 비은행차입은 상호저축은행, 보험회사, 할부금융 등이 있다.

2.3. 자기자본

외환위기 이후 우리나라 기업의 재무상태는 부채비율은 점차적으로 줄이고, 자기자본 비율은 점차적으로 상향하는 방향으로 움직이고 있다. 이러한 변화의 핵심은 기업의 자본화추이를 건전경영 형태로 바꾸면서, 차입금 의존도를 낮추는 것으로 볼 수 있다. 이러한 기업들이 추구하여야 할 적정규모의 자본조달에 대하여, 자기자본 증가방식에 관심을 두어야 할 것이다.

2.3.1. 벤처캐피탈 투자

벤처캐피탈(venture capital)은 창업 및 성장단계에 있는 모험기업을 지원하는 자금지원제도이다. 해당 모험기업(venture business)이 고도의 기술력과 장래성은 있으나, 경영기반과 신용상태가 약하여 금융제도권으로부터 자금지원이 곤란할 기업을 도와주는 금융지원 방식이다. 모험기업이 설립단계부터 자본참여를 포함한 위험을 포함한 대신, 성장기간 동안에 경영지도와 자금지원을 함께 투자함으로서, 투자기업이 성공할 경우 높은 자본이득을 획득하는 금융투자방식이다. 우리나라에서는 벤처캐피탈회사(기업) 또는 창업투자회사로 널리 지칭되고 있다.

벤처캐피탈이라는 용어는 Jean Witter(1939)가 미국 투자은행가 협회(investment bankers association of america)에서 의장자격으로 행한 연설에서 처음으로 거론되었다. 이후 OECD(1996)는 벤처캐피탈을 주식시장에 미등록된 사업초기의 기업에 투자하는 특수한 형태의 자금으로 정의하고 있다.

벤처캐피탈 재원의 운영은 해당 모험기업의 미래 기술개발과 기업성장을 주도하는 지원자금이 되고, 투자자에게는 투자가치를 높이고, 기업에게는 기술개발 실패에 대한 위험부담을 줄이게 되는 자금공급과 경영지원의 폴리오를 구성하게 되는 효과가 있다. 벤처캐피탈의 자금은 위험을 부담하지만 높은 자본이득을 얻고자 하는 모험자본이다. 이러한 벤처캐피탈의 모집방식은 공모(public equity)와 사모(private placements) 중 사모투자방식(private equity fund, PEF)이다. 사모는 기업공개 전에 비상장기업의 지분을 특정 소수 투자자들이 사적이고 비공개적인 방식을 캐피탈자금을 장기로 조달하여 주는 대신, 채권, 부동산, 부실채권, 기업경영권에 투자하는 방식으로 고수익을 추구하는 자금이다.

2.3.1.1. 외국의 벤처캐피탈

벤처캐피탈의 효시는 스페인여왕 엘리자베스(1492)가 신대륙 발견을 위한 콜럼버스에게 투자한 자본이다. 1968년에 개인투자그룹이 IMB 전신에 해당하는 중소기업 3곳에 투자하였다. 1946년에는 미국 벤처캐피탈협회 즉 ARD(American Research and Development)이 설립되었으며, 이 협회는 1957년에 7만 달러를 투자한 실적이 기록하였다. 미국에서는 1950년대 중반을 기점으로 미국의 대학 등에서 개발된 신기술의 기업화를 지원하는 형태로 태동되었다. 하지만 1969년 벤처캐피탈에 대한 자본이득 세율인상과 1974년 종업원퇴직소득보장법에 의한 연금기금이 벤처캐피탈 투자금지로 침체기를 맞았다. 그러다 다시금 1979년 미국의 자본이득세율의 재인하와 벤처캐피탈의 활성화 조치로 새로운 황금기를 맞게 되었다. 1980년대와 1990년에 국제화가 이루어지면서 벤처캐피탈 산업은 새로운 경제적 여건에 환경변동에 따른 도약의 시대를 구가하고 있다.

2.3.1.2. 국내 벤처캐피탈

국내 벤처캐피탈의 발달은 1974년도에 한국과학기술연구소(현 KAIST)의 연구성과를 기업화하기 위한 목적으로 설립된 한국기술진흥(주)의 설립을 효시로 우리나라의 벤처캐피탈시대가 개막되었다. 1981년에 부품소재산업이 발전을 위하여 특별법에 의하여 한국기술개발(주)가 설립되었다. 1984년에는 “신기술사업금융지원에 관한 법률”의 제정에 의하여, 벤처캐피탈은 투자와 융자업무이외에도 신기술사업투자조합의 운용 및 관리, 리스, 팩터링, 할인어음 등의 금융업무 취급하면서 성장하게 되었다. 이러한 국내 벤처캐피탈에 관한 특성은 경기개발연구원(2014)[5]에서 실시한 우리나라 벤처캐피탈의 지원현황과 미래 발전사항을 살펴보면 다음과 같은 시사점이 제기되었다.

① 벤처캐피탈 현황 및 활성화 방안: 벤처캐피탈은 엔젤투자자와 함께 창업 및 벤처기업의 가장 중요한 자금 공급원으로서, 신산업 육성, 청년 일자리 창출 등 창조경제 구현에 기여하는 역할을 담당한다. 2012년 우리나라 GDP 대비 벤처캐피탈 투자 비중은 0.054%로, 이스라엘 0.36%, 미국 0.17%, 헝가리 0.066%, 일본 0.026% 등 선진외국과 비교해볼 때, 아시아 국가 중 비교적 높은 편에 속한다. 국내 벤처캐피탈 신규투자액은 2013년 1조 3,845억 원이고, 2002 ~ 2013년 동안 국내 신규투자액의 연평균증가율은 7.61%(투자잔액 4조 4,673억 원)를 기록하였다. 피투자기업수가 2002년 786개에서 2013년 755개로 감소하는 상황에서 피투자기업당 벤처캐피탈 투자액은 2002년 약 8억 원에서 2013년 약 18억 원으로 약 2배 이상 증가하기도 했다. 우리나라 특성을 이해하기 용이하게 미국과 비교하면 다음과 같다. 미국은 주로 민간 부문에서 벤처캐피탈 투자가 이루어지지만, 국내 벤처캐피탈 투자는 정부 주도 하에 창업 후기 기업에 집중되는 경향이 있다. 즉, 미국의 경우 2013년 기준으로 개인과 민간 펀드가 전체 벤처캐피탈 출자의 약 93%를 차지하고 있다. 나머지의 대부분도 금융기관이나 일반투자자가 차지하고 있지만, 우리나라는 정부투자기관인 KVF의 투자비중이 2013년 총 신규투자액 중 약 50%를 차지하고 있다. 이렇게 정부출자자 비중이 큰 조합의 투자비중도 꾸준히 높은 편에 속한다. 또한, 창업 초기 기업에 대한 국내 벤처캐피탈 투자비중은 미국과 유럽에 비해 낮은 편이다. 2013년을 기준으로 우리나라 벤처

5) 경기개발연구원 (2014). 우리나라 벤처캐피탈의 지원현황과 미래 발전사항. 수원: 경기개발연구원

캐피탈 투자액 비중은 초기 27%, 중기 24%, 후기 50%로, 초기 투자비중이 미국(37%)과 유럽 42.9%에 비해 크게 낮은 수준을 나타내는 특성을 보이고 있다.

② **바이오산업에 투자 저조, ICT 산업에는 집중 투자:** 국내 벤처캐피탈은 바이오산업에 대한 투자가 선진국에 비해 크게 낮은 편이다. 2012년 바이오산업에 대한 국내 벤처캐피탈 투자액 1,052억 원은 총 투자액의 8.5%로, 2011년 7.4%에 비해 투자비중이 증가했다. 하지만 선진외국과 비교할 때, 미국 38.7%와 유럽 23.6%에 비해 낮은 수준이다. 하지만 우리나라의 ICT산업에 대한 벤처캐피탈 투자비중(금액기준)은 큰 편이다. 미국 42.9%, 유럽 37.2에 대비하여 우리나라는 52.7%로, 국내 벤처캐피탈은 ICT산업에 집중적으로 투자하고 있는 양상을 보인다. 국내 벤처캐피탈의 기타산업에 대한 투자액 비중이 높은 이유는 전기/기계/장비산업(전체 비중 19.7%)이 포함되어 있기 때문이다.

③ **벤처생태계 활성화 방안:** 우리나라의 벤처생태계를 구축하고 활성화하기 위한 방향을 경기개발연구원(2014)의 개선방향 제시를 살펴보면 같다. 첫째, 코스닥에 기업공개(IPO)를 하기 전에 투자를 회수할 중간회수시장을 활성화해야 한다. 2013년 기준으로 M&A를 통한 투자 회수 비중이 미국은 82.1%지만, 우리나라는 0.3%에 불과하다. 중소기업전용주식시장(KONEX)을 통해 회수기반 강화 및 M&A 투자펀드 조성 확대, 인수자금에 대한 세제 지원 등을 검토해 활성화에 날개를 달아야 할 것이다. 둘째, 민간 중심의 벤처캐피탈 투자시스템 구축 방안을 모색할 필요가 있다. 민간 모태펀드 결성 추진, 민간투자자에 세제혜택 부여, 대기업 출자를 통한 M&A 투자매칭펀드 조성 등 민간 중심의 벤처창업투자 시스템의 구축이 요구가 된다. 셋째, 나라 지역별 특성화별로 구분하여, 지역 균형 발전 차원에서 벤처투자가 촉진되어야 합니다. 16개 광역시별, 특화산업별 첨단제품과 기술 개발 관련 벤처기업에 대한 투자 활성화가 필요하다.

2.3.2. 투자조합

조합이란 2인 이상이 상호금전 및 그 밖의 재산, 노무, 신용 등 재산적 가치가 있는 부문을 출자하여, 공동사업을 경영하기로 약정함으로써 성립된 인적 단체이다. 대표적인 우리나라의 투자조합은 창업투자조합과 신기술사업투자조합이 있다. 투자조합의 설립근거는 중소기업창업지원법, 벤처기업육성에 관한 특별조치법, 여신전문금융업법 및 산업발전법을 근거로 하고 있다. 중소기업창업지원법이 정한 투자조합의 결성요건은 출자금 총액을 30억 원 이상(출자금을 분할하여 납입하는 경우는 최초 납입액은 10억 원)으로 하고, 유한책임조합원의 수는 49인 이하가 되도록 되어있다. 구성된 창업투자조합은 중소기업청에 등록하게 되어있으며, 5년 이상 일정기간 동안 운영하여 수익실현이 가능하게 되어있다. 수익실현 후에는 조합원에게 성과를 배분하는가 하면, 목적달성이 안된 경우는 해산도 가능하게 되어 있다.

투자조합은 정부와 중소기업 창업투자회사 및 일반투자자들이 공동으로 출자하는 투자클럽(계의 일종)을 만들어, 일정 기간 동안 창업기간에 투자를 해서 그 수익을 나누어 갖는 제도이다. 이 제도는 중소기업의 활발한 창업을 뒷받침하기 위해 도입된 것이기 때문에 조합의 투자대상은 설립된 지 3년 이내인 창업기업으로 한정되어 있다. 수익과 성장이 아울러 기대되는 창업기업에 투자해서 기업에는 창업대금을 지원해주고, 투자자들에게는 높은 수익을 배당해 주자는 일거양득의 효과를 겨냥하여 도입된 제도이다. 투자조합은 일단 결성이 되면 7~10년간 존속하게 되며, 이 기간이 만료되면 해산을 해서 조합재산을 구좌수(1개 구좌 1,000만 원 이상)에 비례해서 배분해주는 방식이다. 수익은 7년간 원금의 3.5배(창업투자회사 제시수준) 등을 보장하고 있다.

사모펀드(PEF, Private Equity Fund)와 창업투자조합의 비교하면, 투자조합(개인투자조합)과 사모펀드는 비슷한 펀드라고 할 수 있다. 둘 다 사모방식(비공개로 투자자들을 모집)으로 모집을 하고 49인 이하 구성이다. 개인투자조합의 경우 한 구좌 당 100만원 단위로 설정이 가능하지만, 사모펀드의 경우에는 최소투자한도가 10억 이상이다. 투자조합과 사모펀드의 법적인 구분은 운용심사역, 업무집행조합원의 자격에 대한 부분이 있다. 공모펀드와 사모펀드의 차이점은 모집방식도 있지만 투자방식에도 차이가 있다. 공모펀드의 경우에는 펀드규모의 10% 이상을 한 주식에 투자할 수 없지만, 사모펀드는 이러한 제한도 없을뿐더러 투자대상의 제한도 없다.

2.3.3. 모태조합

모태조합(fund of funds)은 창업초기 단계의 모험기업에게 직접적으로 투자하지 않고, 투자조합에게 투자하여 투자조합으로 하여금 모험기업들에게 재투자하도록 조직 결성된 간접투자조합이다. 모태조합은 펀드에 재투자해 위험을 분산하고 투자 기회를 극대화한 펀드 상품이다. 법률상으로는 '재간접투자기구'로 이해하면 된다. 모태조하의 투장대상은 다른 펀드들을 투자대상으로 한다. 전문가들에 의해 실적이 뛰어난 펀드위주로 투자되기 때문에 안정성과 수익률을 함께 기대할 수 있다. 모태조합이 장점으로는 해외의 특정 지역이나 섹터펀드와 헤지펀드 등에 대하여 투자가 가능하다. 이러한 특징으로 모태조합은 일반투자자가 접근하기 힘든 펀드도 분산투자가 가능하다. 모태조합(Fund-of-Funds)은 기업에 직접 투자하기보다는 개별펀드(투자조합)에 출자하여 직접적인 투자위험을 감소시키면서 수익을 목적으로 운영하는 펀드로, 펀드를 위한 펀드(fund of funds)의 개념으로 운영된다. 모태조합은 투자가가 내부에 전문조직을 갖출 필요가 없는 장점을 활용하여. 우수한 운용사를 선별하고, 이들에 대한 접근이 보다 용이하기 때문에 높은 수익률을 기대할 수 있다.

우리나라는 2004년 "벤처기업육성에 관한 특별조치법"에 의 하여 모태조합의 설립근거를 마련되었다. 2005년 중소기업청은 모태조합 설립을 위하여, 중소기업청 자체에서 기존에 설립하였던 벤처캐피탈사이었던, 다산벤처주식회사의 기능과 인력을 흡수하여, 모태조합 투자관리 전문기관으로 한국벤처투자주식회사를 설립한 것이 시초이었다. 다산벤처주식회사는 모태조합으로서 '중소기업진흥 및 산업기반기금(중산기금)' 6000억 원, 정부재정 4000억 원 총 1조 원 규모의 펀드가 조성되어, 총 1조원의 출자재원으로 2005년부터 2035년까지 30년간 운영될 계획으로 추진하였다. 이처럼 모태조합은 창업초기기업에 집중 투자하는 창업투자조합을 우대하는 조합으로서 탄생되었으며, 국내에서는 중소기업청이 설립한 한국벤처투자주식회사로 명칭이 변경되어 운영 중이다.

모체조합의 설립 및 운영초기에 문체부(2009)[6]에 작성된 문체부의 모태펀드 투자활성화 방안을 살펴보면 해당연구는 결론적으로 다음의 같은 모태펀드 제도 및 운영 중장기 개선 방안을 제시하였다.

① 모태 조합의 중간평가 조기수행 및 연례 투자성과 실사 수행
- 평가 결과에 따른 관리수수료 차등화

② 중점지원펀드의 모태투자 상향조정
- 애니메이션, 드라마, 공연 등 중점지원펀드의 경우 현행 최대 40% 모태출자비중을 60%로 상향조정하고 장르 의무투자비율을 80%로 상향조정

③ OSMU 신규펀드 결성
- 문화산업외 유관기업이 SPC출자자(30% 이상 지분율)로 참여하는 프로젝트에 투자, 의무투자 50%, 모태출자비중 60%

④ 초기기업지원펀드 신규결성
- 창업 후 2년 이내의 문화콘텐츠산업기업의 프로젝트에 투자, 모태출자비중 80%
- 의무투자비중 60%

6) 문체부 (2009). 모태펀드 활성화방안. 서울: 문체부

⑤ 상생형펀드 신규결성
- 장르 내 선도업체와 영세업체(예: 3년간 매출평균 3억 원 이하)의 공동프로젝트에 대한 투자, 모태출자비중 40%, 의무출자비율 50%

⑥ 프로젝트 최소투자비율 조정
- 현행 20%에서 30%로 상향조정

⑦ 최소투자집행률 상향 조정
- 총결성액의 100% 이상으로 상향 조정(투자기간 내)

2.3.4. 엔젤

엔젤투자란 개인들이 돈을 모아 창업하는 벤처기업에 필요한 자금을 대고, 주식으로 그 대가를 받는 투자형태를 말한다. 통상 다수가 자금을 모아 투자하는 투자클럽의 형태를 가지며, 기업을 창업하는 사람들 입장에서는 천사(angel)같은 투자라고 해서 붙여진 이름이다. 이렇게 투자하는 사람을 '엔젤 투자자'라고 하며, 시초는 1920년대에 미국 브로드웨이에서 공연무산에 처한 극장에 자금을 지원하여, 공연을 성공적으로 마칠 수 있도록 후원한 자들을 천사라고 부른데서 유래되었다.

우리나라의 사례를 보면, 일본 소프트뱅크의 손정의 회장이 국내 소셜커머스 기업 "쿠팡"에 1조 1,000억 원을 투자하였으며, 미국의 골드만삭스는 400억 원의 자금을 "배달의 민족"이라는 외식업계 배달전문 어플리케이션 업체인 우아한 형제들에게 엔젤 투자하였다. 이러한 엔젤과 벤처캐피탈의 차이점은 다음의 <표 12-1>과 같다.

표 12-1 벤처캐피탈과 엔젤의 차이점 분석

비교관점	벤처캐피탈	엔 젤
투자단계	성장단계: 창업후 주식공개까지 가는 과정	성장초기단계: 사업구상부터 회사창업 등 초기단계
투자동기	금융 투자적 관계, 고수익성	친분과 인연중시, 고수익성
지원항목	자금지원 위주의 지원	전문적 노하우, 자금지원
투자재원	투자자를 모집하여 펀드조성	개인자산을 투자하여 운영
자격요건	일정한 법적 자격	자격요건 없음
투자수익	상대적 비교에서는 작음	상대적으로 큼
거리제한	거리제한 없음	근거리 선호함

엔젤의 유형은 영역별 분류와 특성별 분류, 자금별 분류와 단계별 분류로 다음과 같이 구분되어 진다.

① **영역별 분류**: 영역별 분류에서 리드엔젤(lead angel)은 자금지원에서 주도적 역할을 한다. 경영적인 측면에서도 비상근이사 등으로 경영에 참가하여 풍부한 자금과 경험을 바탕으로 투자기업의 성공가능성을 높이는 역할을 한다. 서포트엔젤(support angel)은 변호사, 회계사, 컨설턴트 등 전문가로서 해당 벤처 및 투자기업에 대하여 거래처와 인재를 소개하는 역할을 담당한다. 통상 서포트 엔젤들은 지원대가로 현금보다는 벤처기업의 주식을 받게 되는 엔젤이다.

② **특성별 분류**: 특성별 분류에서는 경영자출신 엔젤(corporate angel)은 기업의 경영자 출신으로서 벤처기업에 경영에 직접 참여하거나, 경영지도를 하는 엔젤이다. 기업가엔젤(entrepreneurial angel)은 성공한 기업가들이 사업의 다각화와 사업의 시너지효과를 얻기 위해 투자하는 전문분야 투자엔젤이다. 취미형엔젤(enthusiast angel)은 투자를 취미로 하며, 경영에는 큰 관심이 없는 소액투자로 여러 회사에 나누어 투자하는 엔젤이다.

③ **자금별 분류**: 자금별 분류에서 러브머니(love money)는 벤처기업과 밀접한 관계에 있는 친구, 친척들로부터, 사업초기의 자기자본 충당을 도와주는 자금이다. 엔젤 캐피탈(angel capital)은 투자자들이 아이디어만 있고, 제품생산이 되지 않는 벤처기업을 도와주는 자금이다. 엔젤 펀드(angel fund)는 개인들이 법인이나, 클럽을 결성하여 조직적으로 투자결정과 경영지원을 하는 자금이다.

④ **단계별 분류**: 단계별 분류는 처녀엔젤, 잠재적 엔젤, 부(富)추구형 엔젤, 기업가형 엔젤, 소득추구형 엔젤, 대기업 엔젤 등으로 분류되어진다. 처녀엔젤(virgin angel)은 투자경험이 없는 처 투자대상자를 찾는 초기 사업참가형 엔젤이다. 잠재적엔젤(latent angel)은 잠재적으로 은둔되어 있는 엔젤로서 통상 투자경험은 있으나, 거래관계가 최근 3년간 투자가 없는 부유층의 엔젤이다. 부(富)추구형 엔젤은(wealth maximizing angel)은 벤처사업에 투자경험이 많으며, 자본이득을 추구하는 엔젤이다. 기업가형 엔젤(entrepreneur angel) 부유하고 기업가형태를 가지는, 많은 사업을 지원하는 모험적인 투자자들의 엔젤이다. 소득추구형 엔젤(income seeking angel)은 소득과 일자리를 동시에 추구하는 엔젤이다. 대기업 엔젤(corporate angel)은 정기적으로 법인기업이 대규모 엔젤형태의 투자를 하는 엔젤을 뜻한다.

2.3.5. 개인투자조합

개인투자조합은 벤처기업과 창업자에게 투자할 목적으로 개인들이 출자하여 결성하는 조합을 뜻한다. 개인투자조합의 구성은 업무를 집행하는 업무집행조합원 1인과 그 외의 조합원으로 구성된다. 조합원 수는 49인 이하로 구성되며, 출자총액은 2억 원 이상이 되며, 투자주체는 해당조합이 된다. 조합결성 총회 개최와 더불어 조합원들의 출자금 납입이 완료되면, 관할 지방 중소기업청에 신고를 완료함으로 개인투자조합 결성이 마무리된다.

2.3.5.1. 결성요건과 등록

- 출자금 총액이 2억 원 이상이 될 것
- 출자 1구좌 금액이 100만 원 이상일 것
- 조합원수가 49인 이하 일 것
- 업무집행조합원의 출자지분이 출자금 총액의 100분의 5 이상일 것
- 존속기간이 5년 이상일 것

2.3.5.2. 개인투자조합의 해산 및 등록취소

- 존속기간의 만료
- 조합원의 전원 탈퇴 등
- 중소기업청장의 개인투자조합의 등록취소 해당사유
  - 거짓이나 부정한 방법으로 등록한 경우
  - 유사수신행위의 규제에 관한 법률을 위반하여 조합원을 모집한 경우
  - 업무집행조합원이 금융거래등 상거래를 할 때, 정당한 사유 없이 약정기일의 3개월 이상 지난 채무가 1천만 원을 초과한 경우
  - 업무집행조합원이 자금차입, 지급보증 또는 담보제공 금지의무를 위반한 행위
  - 개인투자조합이 출자금액, 조합원 수 및 존속기간을 포함한 등록요건에 맞지 아니한 경우

2.3.5.3. 조세에 대한 특례

개인이나 개인투자조합이 벤처기업에 투자할 경우 조세에 관한 법률에 의하여, 소득세, 법인세, 취득세, 재산세 및 등록세 등을 감면 받을 수 있다. 이 경우 다음의 서류를 구비하여 지방중소기업청장에게 승인을 받아야 한다. 조세감면을 위한 투자대상은 창업 후 7년 이내인 벤처기업 및 벤처기업으로 전환한지 7년 이내인 기업에 대한 투자에 한하고 있다.

- 조합의 사업계획서
- 조합원 명부(조합원 개인별 출자금액 포함)

• 업무집행조합원의 이력서
• 결성총회에서 승인된 조합이 운영규정(총회의사록 포함)
• 금융기관에 실명으로 예금한 금액이 1천만 원 이상임을 증명하는 서류 등

2.3.6. 기업공개

기업공개(IPO: initial public offering)란 기업이 일반인을 대상으로 신주를 발행하거나, 이미 발행된 주식을 매도함으로서 주식을 분산시키고 재무내용을 공시하기 위한, 일정 규모의 기업이 상장절차 등을 밟기 위해 행하는 외부 투자자들에 대한 첫 주식 공매를 말한다. 법률적인 의미로 기업공개란 상장을 목적으로 50인 이상의 여러 사람들을 대상으로 주식을 파는 행위를 말한다. 대주주 개인이나 가족들이 가지고 있던 주식을 일반인들에게 널리 팔아 분산을 시키고 기업경영을 공개하는 것이다.

즉, 증권거래법과 기타 법규에 의거하여 주식회사가 발행한 주식을 일반투자자에게 균일한 조건으로 공모하거나, 이미 발행되어 대주주가 소유하고 있는 주식의 일부를 매출하여 주식을 분산시키고 재무내용을 공시함으로써 주식회사의 체제를 갖추는 것을 말한다.

2.3.6.1. 기업공개와 상장·등록

기업공개(initial public offering)는 두 가지 개념으로 구분되어 진다. 첫째, 넓은 의미의 기업공개는 증권거래법과 증권관계법규에 의하여 기존의 소수인의 주주로 구성된 폐쇄기업(closed company)이 신주를 발행하거나, 혹은 기존의 대주주 등이 소요하고 있는 주식을 매출함으로써 기업의 전반적인 경영내용을 공개(disclosure)하는 것이다. 둘째, 좁은 의미로 기업공개는 해당 법인의 주식을 한국거래소가 개설하는 유가증권시장 또는 코스닥시장, 협회중개시장 등에서 주식을 거래할 수 있도록 하는 일련의 절차를 말한다.

공모한 주식에는 시장성과 유통성이 확보되어야만 일반투자자들의 참여를 이끌어 낼 수 있는데, 이러한 환금성을 보장하기 위해서는 매매 거래가 활발하여야 하므로 증권거래소 상장이라는 수단을 이용하게 된다.

즉, 원칙적으로 기업공개와 상장은 같은 개념은 아니고 기업의 공개를 원활히 하기 위해서 상장이라는 수단을 사용하게 되는 것이다. 상장의 방법으로는 코스닥시장에서의 직상장, 금융감독위원회의 직권상장 등 다른 방법도 있을 수 있다.

기업공개에 관한 법률의 발전은 1962년 증권거래법의 제정을 시작으로 하여, 자본시장 육성에 관한 법률(1968년 제정, 1997년 폐지) 및 기업공개촉진법(1972년 제정,

1987년 폐지) 등으로 발전되어 왔다. 우리나라에서 기업공개와 상장은 1999년 8월 이전까지는 사실상 동일한 의미로 사용되었기에, 상장요건과 공개요건이 까다로웠다. 코스닥 등록 또는 거래소 상장요건을 갖춘 기업에게만 기업공개와 신주공모가 가능하였다. 그러나 1999년 8월에 법령 개정으로 기업공개와 상장이 전격적으로 분리되게 되었다. 공개와 상장의 분리란 기업공개에 대한 심사업무는 금융감독원에서 담당하고, 거래소상장이나 코스닥등록의 심사는 증권업협회에서 담당하는 이원 체제를 말한다. 기업공개와 상장을 분리해 심사하는 제도를 실질상장심사제도를 도입하여, 상장·등록요건을 갖추지 못한 기업이라도 기업공개를 통해 쉽게 필요한 자금을 조달할 수 있게 되었다.

2.3.6.2. 상장신청 및 절차

상장신청 및 절차는 예비상장심사와 유가증권신고서 제출과 공모절차를 거치게 된다. 이를 통하여 해당기업의 사업성 가치산정을 통한 최종공모가 결정이 이루어지면, 사업설명서 제출을 통하여 청약, 배정 및 납입을 거쳐서 신규상장이 이루어지게 된다.

① 예비상장심사청구서

- 최근 3년간 사업연도 재무제표와 당해사업연도의 반기재무제표
- 최근 3년간 사업연도의 재무제표에 대한 감사보고서와 당해 사업연도의 반기재무제표에 대한 감사인의 검토보고서
- 상장하고자하는 법인의 경우 직전사업연도의 사업보고서 2부
- 벤처기업에 해당하는 법인의 경우 벤처기업확인서 2부
- 발행된 주권의 권종별 견양 각 2매 또는 명의개서 대행기간(증권예탁원 등)이 주권발행에 관한 증명문서 2부
- 법인등기부등본 2부
- 정관 2부
- 최근 사업연도 말 현재 주주명부 및 실질주주명부
- 상장동의에 관한 이사회 의사록 2부
- 상장주선인의 의무이행에 관한 각서 2부
- 계열 등 특수관계 부존재확인서 2부
- 주거래은행 의견서 2부
- 이해관계자의 투자현황 확인서 2부
- 명의개서대행계약서 사본 2부
- 기타거래소가 상장심사에 필요하다고 인정하는 서류

② **유가증권신고서 제출:** 한국거래소로부터 상정적격통지를 받은 신청인은 예비상장심사결과 사본 등을 첨부하여 유가증권신고서를 금융감독위원회에 제출한다. 신고서는 수리한 날로부터 15일이 경고하면 그 효력이 발생한다.

- 모집, 매출의 개요 제출: 모집, 매출의 요령, 자금이 사용목적, 인수기관의 당행유가중권에 대한 의견, 상장여부, 분석기완의 평가의견 및 유가증권 분석내역, 기타 투자자 보호를 위하여 필요한 사항
- 발행인에 관한 사항 제출: 회사의 개황, 사업의 내용, 재무에 관한 사항, 감시인의 감사의견, 지배구조 및 관계회사의 거래, 주식에 간한 사항, 임원 및 직원에 관한 사항, 이해관계자와의 거래내용, 재무제표 부속명세서, 기타 투자자보호를 위하여 필요한 사항 등

2.3.6.3. 미국·일본의 기업공개

미국의 경우 기업공개는 기업이 주식을 최초로 공모하는 것을 의미하며 발행기업과 주간사 금융기관은 시장의 소화 능력 등을 감안, 공모가를 책정한다. 대부분 미국장외시장(NASDAQ; National Association of Se- curities Dealers Automated Quotations)에서 상장되어 거래되고 있고, NYSE (뉴욕증권거래소) 등의 증권거래소에 상장하기 위해서는 별도의 상장절차를 거쳐야 한다. NASDAQ 시장은 1971년 2월에 개설된 미국증권업 협회가 전산망에 의하여 전국적으로 통합한 시장이다. 처음에는 장외거래딜러의 호가전달시스템 수준이었지만, 현재는 매매체결시스템, 매매정보전달시스템, 시장감시시스템 등을 뉴욕증권거래소 수준으로 발전하였다.

일본의 장외시장의 경우 세 가지로 구분되어 진다. 첫째유형은 직접고객을 상대로 장외거래를 하는 증권회사이다. 둘째 유형은 특정한 종목에 대하여 시장조성을 하는 미국의 나스닥시장을 벤치마킹한 마켓메이커이다. 셋째 유형은 증권회사간 장외거래를 중개하는 ㈜자스닥(JASDAQ; Japanese Securities Dealers Automated Quotation)이다. 기업공개란 증권거래소에 상장하거나 증권업협회에 등록함을 의미하며 상장 또는 등록요건을 충족하기 위해서는 공모를 실시하는 것이 일반적이다. 일본 주식시장의 매매방법은 위탁매매와 자기매매가 있으며, 매매가격의 제한은 증권업협회가 발표한 기준가격의 일정범위 내로 정하고 있다. 매매단위는 1단위 주식주의 정배수로 하고 있다.

2.3.6.4. 공모절차

공모절차는 기업설명회(IR; Investor Relations) 개최를 통하여, 수요예측 및 공모가

격 결정, 공모희망가 제시 및 수요예측(Book Building) 그리고 최종 공모가 결정의 순으로 이루어진다.

2.3.7. 수요예측 및 공모가격 결정방법

① **본질가치 산정:** 상장기업의 본질가치 산정은 기업의 자산가치에 수익가치를 1.5배 곱한 금액을 합하여 이를 2.5로 나눈 값으로 한다. 본질가치의 산출산식은 다음과 같다.

$$\bullet\ \text{본질가치} = \frac{(\text{자산가치} \times 1) + (\text{수익가치} \times 1.5)}{2.5}$$

② **자산가치의 산정:** 자산가치는 분석기준일 현재 기업의 순자산액으로 기업이 순자산을 발행주식 총수로 나눈 값이 된다. 즉 기업이 순자산가치는 기업이 장부상 총자산거액에서 기업이 부채총액을 차감한 금액이다. 이를 회계적 가치라고 할 수 있다.

$$\bullet\ \text{자산가치} = \frac{(\text{분석기준일 현재})\ \text{순자산}}{\text{분석기준일 현재 발행주식 총수}}$$

• 순자산 = 최근 사업연도 B/S상의 자본총계 − 차감항목 + 가산항목 − 차감항목

순자산은 사업연도의 직전사업연도말의 대차대조표상의 자본 총계에서 다음 각 호의 금액을 가감하여 산정한다.

㉠ 실질가치가 없는 무형자산 및 회수가능성이 없는 채권은 차감한다.

㉡ 투자주식 중 취득원가로 평가하는 시장성 없는 주식이 순자산가액이 취득원가보다 낮은 경우에는 순자산가액과 취득원가와의 차이를 차감한다.

㉢ 퇴직급여충당금이 잔액이 기업회계기준 제27조의 규정에 의거, 계상하여야 할 금액보다 적을 때는 그 차감액을 차감한다.

㉣ 전환군조정계정과 신주인수권조정계정에 상당하는 전황권대가 또는 신주인수권 대가의 금액은 차감한다. 다만, 최근 사업연도 말 이후부터 분석기준일 현재까지 전환권 또는 신주인수권을 행사한 경우에는 분석기준일 현재의 금액으로 차감액을 계산한다.

㉤ 자기주식은 가산한다.

ⓑ 최근 사업연도 말 이후부터 분석기준일 현재까지 발생한 유상증자, 전환사채의 전환권행사 및 신주인수권부사채의 신주인수권 행사에 의하여 증가한 자본금을 가산한다.

ⓢ 최근 사업연도 말 이후부터 분석기준일 현재까지 발생한 자산재평가 적립금, 주식발행 초과금 등 자본잉여금을 가산한다.

ⓞ 최근 사업연도 말 이후부터 분석기준일 현재까지 발생한 전기 오류수정손실 등을 차감한다.

③ **수익가치의 산정**: 수익가치는 해당기업의 미래수익을 위험도를 반영한 할인율을 계산한 필요수익율로서 할인하여 얻어진 자본환원가치 또는 현재가치이다. 수익가치의 산출은 발행회사의 장래 수익력을 현재 같이 계산하며, 향후 2개년의 사업연도 추정재무제표를 기준하여 각 사업연도의 1주당 추정이익을 가중평균을 한다. 제1차 사업연도와 제2차 사업연도의 구성비는 60%와 40%를 반영한다. 이때 제2차 사업연도 주당추정이익이 제1차 사업연도의 주당 추정이익보다 작을 때는 단순평균가액으로 산출한다.

$$\bullet\ 수익가치 = \frac{주당\ 추정이익}{자본\ 환원률}$$

* 자본환원율: 시중은행 1년 만기 정기예금 이자율의 1.5배 또는 요구 수익률

$$\bullet\ 수당추정이익 = \frac{(추정법인세차가전\ 계속사업이익 + 유상증자\ 추정이익 - 법인세\ 등 - 우선주\ 배당조정액)}{사업연도말\ 발행주식수}$$

* 자본환원율: 시중은행 1년 만기 정기예금 이자율의 1.5배 또는 요구 수익률

㉠ 추정경상이익: 제1차 사업연도와 제2차 사업연도에 공모예정금액이 경상이익에 기여하는 바를 감안하여 산정

㉡ 유상증자 추정이익 = 유상증자금액에 시중은행 1년 만기 정기예금 최고이율 (사업연도 개시일로부터 납입일까지 경과일수 / 365)

㉢ 1차년도 추정이익 ≤ 2차년도 추정이익: 3 : 2이 가중산술평가가액

㉣ 1차년도 추정이익 > 2차년도 추정이익: 1 : 1의 단순평균가액

㉤ 자본환원율은 국민은행, 우리은행, 외환은행, 신한은행의 1년 만기 정기예금 최저이율의 평균치의 1.5배를 적용한다.

$$\text{• 수익가치} = \frac{\dfrac{\text{1차년도 당기순이익} \times 0.6 + \text{2차년도 당기순이익} \times 0.4}{\text{발행주식수}}}{\text{자본환원율}}$$

* 추정년도 가중치를 반영한 수익가치 산정방식

④ **상대가치의 산정:** 상대가치에 의한 평가방법은 평가대상 기업과 업종이 유사한 주권상장법인의 주가를 기준으로 주식의 가치를 비교한 후에 가액을 산정하려는 실증적인 기업이다. 즉, 유사한 기업의 거래관련배수를 산출하여 이를 대상기업 또는 사업의 영업결과와 비교함으로써 대상기업이 가치를 평가하는 방법이다.

$$\text{• 유사회사 비교가치} = \text{유사회사 주가} \times \frac{\dfrac{\text{발행회사 주당경상이익}}{\text{유사회사주당경상이익}} + \dfrac{\text{발행회사 주당순자산}}{\text{유사회사주당순자산}}}{2}$$

$$\text{• 주당 경상이익} = \frac{\dfrac{\text{최근사업연도 경상이익}}{\text{발행주식의 총수}} + \dfrac{\text{전전사업연도 경상이익}}{\text{발행주식총수}}}{2}$$

⑤ **사업성 가치산정:** 사업성 가치산정은 해당기업이 사업에 대한 향후 성장성, 유사업종의 본질가치 대비 발행가 할증율을 고려한 가치를 말한다. 사업성 가치산출 방법은 다음의 3가지 방법 중에 2가지 이상의 방법으로 산정한 비율의 단순평균을 본질가치에 할증하여 산정한다.

㉠ 발행회사가 속한 산업과 업종의 시장규모 및 성장가능성과 외국의 사례 등을 감안하여 합리적으로 산정한 발행회사의 향후 성장률

㉡ 최근 1년 이내 신규로 상장 또는 등록한 회사 중 발행회사와 동일 또는 유사한 업종의 법인이 공모 시에 적용한 공모희망가액 및 확정공모가격을 본질가치와 대비한 할증율이 평균

㉢ 기타 객관적이고 합리적인 자료에 근거하여 산출한 비율

3 자산관리 운영전략

3.1. 기업의 인수 합병

기업이 인수합병(M&A)은 합병(merger)과 인수(acquisition)가 합성된 의미로, 기업이 경영지배권 변경으로 해석하기보다는, 경영지배권에 영향을 가져오는 일체의 경영행위를 의미한다. 좁은 의미로는 기업 간의 인수합병을 뜻하며, 넓은 의미로는 회사분할과 기술제휴, 공동마케팅 등 전략적 제휴까지 확대된 개념이다.

3.1.1. 인수합병 실무운영

기업인수에는 주식인수와 자산인수가 있으며, 결합형태에 따라서 수평적, 수직적, 혼합적 인수합병이 있다. 거래의사에 따라서는 우호적, 적대적 인수합병으로 구분되고, 대가지불방법에 따라서는 현금, 주식, LBO(Leveraged buyout)로 나눌 수 있다. 결합주체에 따라서는 내국기업 간, 내국기업이 외국에 대한, 외국기업의 내국기업에 대한 인수합병으로 구분해 볼 수가 있다.

3.1.1.1. 인수합병 형태의 분류

① 기업인수

㉠ **주식인수**: 기업인수에 가장 일반적인 방식으로, 인수기업이나 그 지배주주가 인수대상기업의 지배주주로부터 직거래를 통해 주식을 취득하거나, 불특정 다수의 주주에게서 공개매수를 통하여 인수 대상기업의 의결권 주식을 취득하고 기업을 지배하는 방식

㉡ **자산인수**: 인수기업과 피인수기업의 경영진간에 영업권 양도 및 양수계약을 통하여 피인수기업의 주요한 자산의 전부 또는 일부를 인수하여 지배권을 함께 가지는 방식

② 기업합병

㉠ **법률적 기업합병**: 두 개의 기업이 합병하면서 새로운 기업이 설립되는 신설합병과 피합병기업의 자산, 부채, 자본이 합병기업으로 완전히 이전되는 흡수합병이 있다.

㉡ **경제적 기업합병**: 수평적 합병은 산업구조나 업종의 같은 단계(예: 전자부품 가공업)의 기업 간의 합병이며, 수직적 합병은 같은 업종에 속하지만 다른

단계의 기업을 합병하는 것을 뜻한다. 다각적 합병은 같은 산업에 속하지 않는 다른 업종의 회사를 합병하여 기업의 시너지 효과 등을 추구하는 경우를 뜻한다.

③ 기업분할(sell–offs, demerger): 기업분할은 한회사의 영업을 둘 이상으로 분리하여, 독립된 자본으로 회사를 신설하거나 다른 회사와 합병시키는 행위이다. 기업분할방식에는 여섯 가지의 형태로 나타난다. 분리설립(spin off), 지분매각(stock-sale), 지분공개(equity crave-out), 제한주식(class stock), 완전분할(split-up), 분할설립(split-off) 등이 있다.

3.1.2. 세법상의 과세

기업 간 합병이 성사되게 되면, 합병법인과 피 합병법인 및 그 주주에게 여러 형태의 조세부담문제가 발생하게 되는데 이를 요약하면 다음과 같다.

3.1.2.1. 내국법인이 합병으로 해산한 경우

① 청산소득금액 = 피합병법인의 주주 등이 합병법인으로부터 받은 합병대가의 총합계액 - 합병등기일 현재의 자기자본 총액

② 의제배당금액 = 피합병법인의 각 주주가 받은 합병대가 - 피합병법인 주식의 취득가액

3.1.2.2. 합병법인과 합병법인 주주의 과세문제

① 합병차익 = 피합병법인으로부터 승계한 순자산가액 - 합병대가로 지급한 금액

* 기업이 인수합병 등에 관한 회계준칙에 의 하면, 합병차익을 “부의 영업권”으로 계상하며 이를 무형자산의 차감항목으로 표시하고 회계준칙이 정하는 기간에 환입하도록 함

3.2. 매각

3.2.1. 매각의 의의와 정의

매매는 민법에서 재산권과 금전을 서로 교환할 것을 내용으로 하는 계약이다. 매매는 양 당사자가 지게 되는 의무가 서로 대가관계에 있으므로 쌍무계약이며, 일방 당사자가 지는 의무가 원인이 되어 상대방도 의무를 지는 유상계약이다. 매매는 매매성립에는 특별한 방식을 요구하지 않는 불요식계약이며, 재산권과 금전을 이전하는 채권계약이다. 매각구조에 따른 특징을 살펴보면, 다음의 <표 12-2>와 같이 요약할 수 있다.

3.2.2. 우선협상방식

기업을 매도할 때 단일 투자자에게만 독점적인 협상권을 주는 우선 협상대상자 선정 매각방식을 말한다. 협상자를 단수로 정하여 빠른 협상 결과를 얻으려는 데 목적이 있다. 하지만 이 방식은 협상기간을 늦출 수 있고, 협상과정에서 매각 대상기업이 가치만 떨어지는 부작용이 많은 사례로 지목된다. 우선협상은 대체로 협상할 조건은 많은데, 협상주도권을 인수희망자가 독점하면서 오히려 매각대상 기업의 입장에서는 협상력이 떨어지고, 매각기업은 손해를 보게 되는 것이다

표 12-2 매각구조와 특징

구분	기본개념	장점	단점
합병	• 피 합병회사의 법적실체가 소멸되고, 두 회사가 하나의 법인으로 통합됨	• 합병을 통한 시너지 효과기대 • 피 합병법인의 영업동질성 유지	• 일시적 거액 인수자금 부담 • 합병 후 추가 구조조정의 필요성 존재
주식인수	• 출자지분을 취득함으로서 경영권 취득 • 기업의 기존권리의무관계 및 법적 실체가 잔존	• 기존 주주 주가상승으로 평가차익 가능 • 양도차익에 대한 취득세, 등록세 비과세	• 불확실한 채무 및 우발상황에 대한 책임전가 • 매수자가 원하지 않는 자산, 부채, 계약관계 이전
영업양도	• 영업의 동일성은 유지하되, 사업부문과 관계된 자산과 부채만을 포괄적으로 인수 • 양도인에게 겸업금지 업무가 발생하여 기존 인적조직 승계	• 매수자입장에서는 선별적인 사업의 부분 취득 가능함 • 불확실성 채무 및 우발채무 이전되지 않음	• 영업의 전부 또는 일부 양도시 주주 총회의 승인 • 양도차익에 대한 법인세 과세
자산인수	• 계약을 통해 특정자산과 부채만을 매입 • 기존 근로자에 대한 의무가 없으므로 신규채용형식으로 일부만 채용가능	• 불확실한 채무 및 우발채무 비전가 • 선택적 취득이므로, 초괄적 이전에 따른 비자발적 의무승계가 최소화	• 양도인에게 겸업금지업무가 발생하지 않음 • 특정자산만 취득함으로 인하여 사업성 유지에 문제가 발생할 가능성 높음

연습문제

01 시장신호이론(market signaling)에 대하여 설명하시오.

02 매출에 의한 수요예측과 현금흐름표에 의한 수요예측을 구분하여 설명하시오.

03 자금조달 절차의 3가지 과정을 설명하시오.

04 기업의 형태와 기업의 구조를 결정하는 3가지 요소를 설명하시오.

05 기업의 자본금은 무엇인가와 자본조달에 대하여 설명하시오.

06 기업들이 추구하여야 할 적정규모의 자본조달과 자기자본 증가방식에 대하여 설명하시오.

07 기업의 인수합병(M&A)과 매각에 대하여 설명하시오.

제 13 장 정보화와 지식경영

요약

정보화 사회는 시대에 따라 정보의 양과 가치가 점점 커지는 사회로, 지구 전체의 정보교환이 이루어지며 멀티미디어 정보가 발달한다, 시기적으로 정보 통신과 과학기술들의 발전으로 정보는 생산되고, 저장되어, 유통이 더 활발해 진다. 기업들은 혁신활동을 위한 오픈소스활용이 중요하다. '오픈 이노베이션'의 시대, 외부의 기술·지식 공유, 특허 개방을 통해 새로운 수익을 내고 있는 국내기업들이 늘고 있다. 기업이 외부 아이디어와 기술을 활용하는 개방형 혁신을 하고 있는 것이다. 이는 이노베이션-정보화시대에 외부 기술 지식-활용이 가능케 한다.

지식창출을 디자인하라. 새로운 지식을 창출하는 방법은 사회화 → 표출화 → 연결화 → 체득화(주관적 정신적/육체적으로 체화된 지식)를 공유, 승화한다. 지식경영은 행동론적 접근과 시스템적 접근이 있으며 여기에 융합된 새로운 접근이 있다. 이는 개인화(Personalization) 전략과 성문화(Codification) 전략이라고도 하는데 효과적인 회사일수록 이 두 가지 전략 중에서 한 가지 전략에 초점을 맞추고 나머지 전략은 지원 역할을 하는 것으로 나타났으나, 두 가지가 융합된 행동 지식경영이 대두하게 될 것이다. 과거 정보화는 우리의 경제생활에 엄청난 변화를 가져왔지만 글로벌화의 근원적 요인이면서, 언제 폭발할지 모르는 화산과도 같은 시대로 진입했다. 지속적인 통신기술의 발달로 인한 정보혁명이 지속되는 한 다양한 세계화는 불가피했으며, 기존 산업들은 정부 기관들이나 투자자들이 안정된 지원으로 혁신된 정보창출과 지식경영이 창출되었다. 그러나 포스트 뉴노멀시대에는 글로벌 금융의 변동성 주기가 많아짐에 따라, 변동 흐름에 따라 기술의 혁신도 변동되고 드론, 무인자동차, 기타 웨어러블 디바이스 등 새로운 수익원으로 평가되는 ICT 응용기기 분야에서도 적극적인 행보를 보이고 있다.

그러나 혁신 정보화가 새로운 수익원은 계속해서 창출되고 변화할 것이기 때문이다. 초일류 기업은 두 종류가 교체시기에 있다. 기존 챔피언 기업들과 창조 혁신 기업들로 나뉜다. 새로운 가치 창조가 퍼스트 무버가 되고 있다. 지역 간, 국가 간, 신흥국들 간, 선진국들 간, 자국 내 지역 간의 다양한 경쟁으로 나타나게 된다.

• 주저자: 서대성교수, 성결대학교 경영학과, Tel: 031-467-8413, E-mail: dais3@sungkyul.ac.kr

제 13 장 정보화와 지식경영

지식은 혁신의 경쟁력이다. 치열한 경쟁사회 속에서 지식은 개인과 조직, 그리고 국가의 역량을 좌우한다. 지식경제와 지식경영이 경제와 경영의 핵심화두가 된지도 오래이다.

과학기술 속의 정보화, 지식서비스 내의 지적 자산 등은 지식의 창출과 과정, 그리고 산출로서 지식경영과 맥락을 같이하는 개념들이다. 미국, 영국 등 세계상위 선진국들은 국가전략 아젠다의 주제와 분석에 있어서도 여전히 강점을 보이며 글로벌 지식으로 확대하고 있다.

1 목 적

1.1. 지식의 융합

2030년까지 지식융합이 제품의 생산성과 기술의 독립성을 융합시키면서 인류 전체가 하나의 분산되고 상호 연결된 신경처럼 융합될 것이다.

학자들이 전망하고, 융합기술이 인류사회에 새로운 4차 혁명 시대를 열어 줄 것을 기대하고 있다.

앞으로 융합지식과 융합기술은 인간의 본질을 재발견하고 미래사회의 미래를 새롭게 고안하기 위해 발전하는 과정이며 이 모든 분야들이 연계될 때, 가장 공고히 하고 확실한 향해 도구가 될 것이기 때문이다.

1.2. 지식정보와 경영시스템

정의를 살펴보면 다음과 같다. 즉 정보란 무언가 또는 누군가에 대해 제공한 사실들이고, 지식이란 우리가 개별적으로 우리의 삶 과정에서 유용한 경험들과 교육의 바탕을 통해 획득한 것들이다.

또한 경영 정보 시스템(Management Information Systems; MIS)은 기업 내 시스템의 다루는 견지에서 경영의 목표인 이익창출과 기업발전을 위해 관련 하위 시스템을 효과적이며 효율적으로 운용하도록 지원하는 시스템이다. 경영 정보 시스템은 빅데이터의 자료들도 저장하고, 새로운 정보를 만듦으로써 기업이나 기관 내에서 필요한 지식생성과 축적으로 이를 활용한다. 바로 융합적 컴퓨터 정보시스템이다. 보이지 않는 지식을 실상으로 드러나게 하기 위해서 이러한 지식융합에서의 그 원천을 제공하고 형성하는 데이터 정보들을 연결하는 기능을 맡는 것을 MIS로 일컫는다.

1.3. 정보화

우리는 데이터와 사실들을 자신이 알고 있는 것을 적용하거나 지식을 통해 수집된 원시 데이터들이며, 더 완벽한 결론은 개인과 개별관찰을 통해서 얻어진다.

- 더 많은 정보, 신념, 경험: 숫자, 단어, 이미지, 일반 데이터로 표시된다.
- 지식과 같은 다른 요인 요소, 소리나 시각으로 구성되어 개인적인 경험을 포함한다. 쉽게 공유할 수 있는 모든 사람이 접근하거나 접할 수 있다. 그러나 우리에게 이용 가능한 정보는 엄청난 양에 달하기 때문이다.

1.3.1. 정보화 시대란

- 정보란? 그 시대의 사람들이 살아가면서 얻게 되는 것들이다. 일반적인 뉴스, 다른 나라의 상황, 오늘의 날씨의 변화, 어떤 지역과 환경에 따라 패션들이 유행할 것인지, 경기장의 운동선수의 건강상태, 프로필 등을 쉽게 알 수 있게 한다.
- 정보화 사회는 시대에 따라 정보의 양과 가치가 점점 커지는 사회로, 지구 전체의 정보교환이 이루어지며 멀티미디어 정보가 발달한다.
- 시기적으로 정보 통신과 과학기술들의 발전으로 정보는 생산되고, 저장되어, 유통이 더 활발해진다.
- 앞으로 농업, 공업 종사자의 수보다 정보통신산업(지역경제경영정보, 증권정보, 부동산정보, 검색엔진, 포털 사이트 등을 제공하는 산업들) 종사자의 수가 많아진다.
  - 최상의 정보화시대 구조화란, 최고의 가치핵심(허브)을 모든 이들에게 정보로 제공하며, 이를 혁신된 기술로 발전해 나가게 해야 한다. 최상의 정보조차도 모든 사람들과 공유하고 소통되는 경제경영지식과 시스템을 갖춰야 한다.

1.3.2. 정보와 지식의 차이

정보지식은 지식과 같은 다른 요인 요소, 소리나 시각으로 구성되어 개인적인 경험을 포함하며, 쉽게 공유할 수 있는 모든 사람이 접근하거나 접한 것을 일컫는다.

• 차이점의 규명(Differences Recap)

표 13-1 지식과 정보의 차이점 이해

지식 (Knowledge)	정보 (Information)
• 우리가 무엇을 적용하거나 사용하면 그것은 지식이 된다(It becomes knowledge once we apply it or use it). • 학문이 더 깊이가 있는 결론(A more profound conclusion) • 지식은 자신과 개인적(Knowledge is personal and individual) • 개인적인 경험을 포함한다(Involves a personal experience). • 지식은 정보, 신념, 경험과 같은 다른 요소로부터 구성되어진다(Knowledge is made up from other factors, such as: information, belief, experiences). • 공유할 수 있지만 다르게 인식될 수 있다(Can be shared but might be perceived differently).	• 우리가 알고 있는 데이터와 사실이 있다(Data and facts that we know are there). • 미가공 데이터는 관찰을 통해 수집된다(The raw data collected through observations). • 일반 데이터가 숫자, 단어, 이미지와 소리로 표현된다(General data expressed by numbers, words, images and sounds). • 모든 사람이 훨씬 더 쉽게 이해하고 공유할 수 있다(Can be shared, much more easily understood by everyone). • 제공되는 정보(Provided information)

1.3.3. IT의 지식정보 이전

• 정보화에 따른 대이동: 세계는 정보화가 진화함에 따라 지식정보가 다른 분야로 이전한다.

- 사례: 전기 자동차를 비롯한 전 분야의 ICT화의 가속화는 빠르게 확장되고 있다. 미래 휴대폰을 만드는 MC사업부 디자이너들은 물론 TV, 에어컨, 냉장고 등 생활가전제품 디자이너들까지 자동차 안을 꾸미기위해 인력을 이동시켜가는 속도가 빨라지고 있다. LG전자의 경우, 자동차 전장부품을 차세대 성장 동력으로 삼고 있다. 현재 기업의 미래를 책임질 자동차 VC사업부로 옮겨간 디자이너들은 휴대폰 사업부보다 기회가 많고 비전이 많다고 전망하며 특히 신설되지 얼마 되지 않아 새로운 시도를 할 수 있기에 새로운 창출을 꾀하고 있다. 휴대폰에서 자동차부품 디자인으로의 이동은 자동차의 ICT화가 가속화되고 있기 때문이다.

◎ 정보 구축 단계

1 Designing (지식정보력고안)

2 Objectives (정보력연계목적)

3 Strategy (정보력연계전략)

4 Structure (정보력연계구조)

5 Size (정보력규모)

6 Compensation (정보력상쇄)

▌그림 13-1▐ 정보 구축 단계

1.4. 지식경제와 경영정보

지식경제경영(KME; Knowledge Management & Economics)이란 기업 내 구성원들이 잠재하고 있는 다양한 지식과 자료를 경영-공유하고 활용해 새로운 가치를 창출하는 일련의 정보학습과정을 말한다. 특히 지식경영이 원활하게 이뤄지고 경제지식을 확보하기 위해서는 정보인프라(지식경영이 원활하게 이뤄지고 경제지식을 확보하기 위해 인프라를 구축하는 것)를 잘 구축하는 것이 매우 중요한데, 이를 실행하는 범위가 지식경영정보시스템의 경제이다.

1.4.1. 데이터중심의 시장(data-driven market)

① 정보시장은 커뮤니티조성→데이터주도경제→인프라→데이터이용가능성, 호환성으로 이루어진다. 여기서 커뮤니티조성을 하고 데이터 주도경제를 이룩하기 위해서 정보인프라를 통해 생산된 데이터이용가능성과 호환성을 거래하는 장소이다.

② 빅데이터 시대의 도래 이전에 이미 대중들은 19세기 '국가에 관한 학문'(State 국가+istics, Statistics 통계학)이라는 통계학을 발전시키며 국가와 사회에 관한 정보 수집을 요구했으며, 이렇게 새롭게 열린 지식을 통해 공중보건, 교육, 복지 등 여러 영역에서 국가의 개입과 개혁을 촉구했다. 빅데이터(Big Data)시대의 도래라 불리는 이러한 지식의 생산, 저장, 유통규모의 급격한 성장과 더불어 또 다른 중요한 변화의 하나는 지식에 대한 접근의 민주화라고 불릴만한 현상이다. 다시 말하자면 지식이 생산, 저장, 유통되어 급격하게 대규모로 성장하여 또 다른 중요한 지식으로 접근하는 시대가 된다.

③ 그리고 현재 빅데이터 시대에는 개방 정부를 위한 정보의 공개에 대한 열망에 부여한 공공 데이터베이스의 발전이나 네이버나 위키피디아와 같이 대중이 참여할 수 있는 개방 지식 생태계에 대한 대중의 요구가 중요한 역할을 하고 있다. 흔히 단순히 일반대중의 소비형태, 정치선호나 취미를 수집해서 이를 감시와 광고와 같이 정치적인, 상업적인 목적을 가지고 폐쇄적으로 이용하려는 정부나 기업은 빅데이터의 등장과 발달에 큰 역할을 하고 있다고 지적한다.

하지만 이들 조차 '빅' 데이터를 수집하기 위해서는 개방 인터넷생태계의 존재와 발전에 의존할 수밖에 없다. 다시 말해서 빅데이터 시대의 역동적 지식창출에 다양하고 개방된 지식의 창출과 유통에 대한 특허의 개방과 대중의 요구가 기본적이며, 이들의 요구를 실현시켜줄 투명하고 개방적인 사회적, 정치적, 그리고 문화적 제도에 대한 지원과 창출이 무엇보다 요구되는 사회이기 때문이다.

④ 한국은 일반적으로 인터넷 최강국임을 내세우고 미래 전략을 전개한다. ICT기술과 인프라스트럭처의 설치에 대해서는 사실이다. 그러나 앞으로 지식과 정보혁명으로의 도약을 위해서 그 기초가 되는 지식의 생산과 유통에 대한 혁신적인 생각들의 중요성을 인식해야 하고 대비해야 선도할 수 있을 것이다. 일례로 애플의 성공은 잘 디자인된 하드웨어와 소프트웨어에 있다. 이는 컴퓨터의 파워력을 글로컬(세계지역)에게 부여할 수 있도록, 이를 통해 창의적인 지식창출과 공유를 요구했던 사용자의 열망을 실현시켰다.

⑤ 데이터 중심의 시장(data-driven market)은 빅데이터 시대의 역동적 지식창출이 다양하고 개방된 지식의 창출과 유통에 대한 특허의 개방과 대중의 요구가 거래되는 시장이다.

이 시장은 수리적인 체계이나 통계학을 통해 빅 데이터를 분석-이해하고 소비자의 행동, 미래 트렌드를 전망하는 직업에 대한 수요가 증가하고 있으나 이를 바탕으로 한 기술을 가진 전문가는 여전히 상대적으로 역부족이다. 그러나 과거에 빅데이터가 나타낸 근거자료가 미래를 정확히 일러주지만 않는다. 그럼에도 불구하고 유럽은 데이터주도 경제실현을 위한 움직임이 본격화해 왔다.

⑥ EU(유럽연합)은 EC와 민간부문 빅데이터에 25억 유로를 지출하고 있다. 이는 EC(유럽연합 집행부)가 빅데이터에 막대한 투자를 하고 있는 이유는 IT를 비롯한 데이터시장에서 유럽이 미국과의 경쟁에서 뒤처져 왔고 이를 극복해야 한다는 위기감에서도 그 이유를 찾을 수 있다. EC는 유럽의 디지털 경제가 미국에 비해 데이터나 기술혁명을 수용하는 데 있어 이미 늦었고 산업역량도 부족하다고 자체 평가한다. 또 기술진보를 구체적인 사업상의 기회로 전환할 수 있는 데이터전문가도 부족하며, 대규모 데이터 셋업과 인프라에 충분히 액세스하지 못하게 하는 특허와 같은 합법적 환경의 복잡함이 스타트업 기업(창업자)나 중소기업에게는 진입요소의 장벽이 되어 왔고 혁신을 어렵게 진행해왔다.

⑦ 실제 스타트업 기업은 미국 실리콘밸리에서 생겨난 용어로서, 신생 벤처기업을 말하며 혁신적 기술과 아이디어를 보유한 설립된 신생 창업 기업이자 자체적인 비즈니스모델을 가지고 있는 프로젝트성 기업들이 생겨났다.

⑧ 이는 현 시장에서의 성과가 보여주고 있으며 이에 대한 조사 결과나 실제 기업수로도 미국에 비해 유럽에서 성공했다고 대표할 수 있는 데이터기업들이 소수에 불과하였다. 이는 빅데이터 매출액 상위 20개 기업의 빅데이터 매출 순위로 나열해 보면, 이들 중 PWC와 Deloitte만이 유럽(영국)에서 설립된 기업이기 때문이다.

㉠ 공공 데이터인프라(World Class Public Data Infrastructure): 정부가 세계적인 수준의 공공 지식재산권 보호 지원 등 기업이 글로벌 성장을 위한 지원 인프라를 구축한다. EC는 시너지효과에 따른 이익으로 중소기업, 연구기관, 대학과의 융합 및 공공부문의 효율성 향상을 위해서 회원국들이 각 지역 데이터센터와 인프라 간의 교류를 통해 네트워크로 연결된 데이터처리 구축을 지원하도록 하고 있다. 또한 GEANT 네트워크를 강화하여 비회원국가이나 개발도상국과 교류를 위한 다각도의 투자하고 있다.

㉡ E-인프라와 고성능 컴퓨팅: 기업과 대학이 슈퍼 컴퓨팅설비 및 서비스에 액세스가 가능하도록 세계 최고 수준의 고성능컴퓨팅(HPC)과 인프라로 PRACE (Partnership for Advanced Computing in Europe)를 통해 제공한다. E-인프라는 디지털기반 기술(하드웨어와 소프트웨어), 자원(데이터, 서비스, 디지털 도서관), 통신(프로토콜, 접속권한, 네트워크)을 지원하며, 이에 필요한 인적자원 및 조직 구조 등 요소들의 결합하고 상호작용을 한다. 향후에는 과학, 산업, 사회적인 문제 해결을 위해 고성능 컴퓨팅활용 센터를 구축하고 있다.

㉢ 네트워크/브로드밴드/5G: 현재 계약기반의 PPP 방식으로 추진 중인 5G는 향후 모바일 인터넷시대를 대비한 중요한 부문이며 브로드밴드 인프라에 민간부문투자를 활성화하도록 제도를 수반하고 있다(예를 들면, Connected Continent Package). 또한 5G는 대량의 데이터를 처리할 수 있는 용량을 갖춘 인터넷 백본망 구축을 지원한다.

㉣ IoT(사물 인터넷): 실제 인터넷과 연결된 모든 사물이나 기타 IoT 기술을 통해 수집된 정보 관련하여 이용 가능성, 품질, 상호호환성 문제 등을 해결하기 위해 대규모 프로젝트에 대한 재원을 확보하고 있다. IoT는 모든 사물에 ICT 기능과 센서를 내장하여 사람과 사물, 사물과 사물 간에 정보를 인터넷과 연결하여 교류하고 상호 소통하는 기술이다.

1.4.2. 지식경영정보의 전략적 연계방안

① 기술부문과 산업응용부문 간 정보유통의 단절을 해소할 수 있는 부문 간의 지식정보 연계성도 확대해야 한다. 이를 통해 국가마다 지식정보 자원의 유통 체제의 효과적인 연계가 가능하도록 해야 한다. 그래서 민간·행정·공공·금융기관 간에 필요한 정보를 암호화하여 안전하게 유통한다.

② 공공정보는 협의로 공공기관에서 보유하고 관리하는 정보로 제한할 수도 있고 광의로 공공기관을 통한 정보뿐만 아니라 일반국민에게 도움이 되고 이익이 될

수 있는 모든 정보를 의미하는 공익 정보로 표현할 수도 있다. 애플과 구글 등 플랫폼 주도기업의 성공 사례 등으로 인해 플랫폼 기반의 데이터 공유문화가 확산되면서 공공정보플랫폼 기반의 공유 및 혁신을 통한 공공정보 개방, 활용의 확산이 요구되고 있다.

③ 유럽집행위원회는 2011년 공공정보의 자유로운 활용을 위한 공공정보 개방전략(Open Data Strategy)을 발표했다. 이는 국가기관, 지방자치단체 및 공공기관이 보유·관리하는 데이터(DB, 전자화된 파일)를 민간에서 활용할 수 있도록 개방·제공하는 정책전략이다.

④ 미국의 오바마 정부는 정보의 온라인 공개와 열린 정부에 대한 문화 창출 및 제도화로 구성하여 '투명하고 열린 정부'라는 국정 운영 방침을 발표제시하고(2009년 1월), 이로써 정부가 직접 제공이 가능한 고품질의 공공 정보들을 모든 국민이 쉽게 접근하여 활용이 가능하도록 'data.gov' 사이트를 운영했으며(2009년 5월), 그 다음에는 열린 정부의 마지막 목적으로 정부의 모든 데이터를 컴퓨터판독이 되는 형태로 민간과 기업에 개방하는 내용의 행정조치와 오픈데이터 정책의 확대수립이 이루어졌다(2013년 5월).

1.4.3. 정보화와 기업경영

① 정보화시대의 기업경영은 혁신을 추구한다. 정보 자원이 시장을 지배하게 되고, 정보가 고부가가치로 산출되는 기업, 정보화가 기업경영을 혁신시키고 있다. 최근 기업경영의 중요한 화두는 '지속가능성(Sustainability)'이다. 그러나 높은 성과를 추구하는 것이 기업의 경영활동의 기본이지만, 빠른 정보화 과정에서 발생할 수 있는 여러 가지 사회적 영향을 효과적으로 관리하지 못할 경우 심각한 위기에 봉착할 수 있기 때문이다. 기업들은 이 같은 인식을 바탕으로 지속가능성을 높이기 위한 노력을 꾸준히 펼치고 있다.

② 데이비드 그레이슨(David R. Grayson) 교수는 '지속가능경영은 한마디로 기업이 사회와 맺는 약속이라고 정의하고 있다. 즉 기업과 사회가 처해 있는 사회적, 환경적, 경제적 위험 요인을 사전에 감지해 예방책을 마련하고, 이 과정에서 새로운 사업 기회를 찾아냄으로써 기업과 그 사회가 지속적으로 발전하는데 필요한 일들을 실천하겠다는 약속이 지속가능경영 활동이다.'라고 한다. 글로벌 기업들은 이런 과제를 해결할 수 있는 역량을 갖추고 있다. 세계화와 함께 성장해온 글로벌 기업들은 기술과 자본, 글로벌 네트워크 등을 기초로 전 지구적 문제를 고민하고 해결할 수 있는 핵심 주체이다. 이런 이유로 기후변화, 천연자원 고갈,

인권보호 등 다양한 문제들에 대한 글로벌 기업들의 역할이 요구되고 있으며, 이런 요구들이 기업으로 하여금 지속가능경영을 적극 실천하도록 촉진하는 요소로 작용하고 있다. 많은 사람들이 분쟁 광물과 근로환경 등의 이슈들이 ICT 기업들이 해결해야 할 사회적 이슈라고 보고 있다. 이 때문에 정부와 NGO 등 이해관계자들의 기대가 지속적으로 증가하고 있다. '지속가능경영'은 새로운 비즈니스 기준으로 정착되었다.

③ 정보화가 '패러다임 쉬프트(Paradigm Shift)'를 창출한다. 이는 사회가 기업을 바라보는 시각이 근본적으로 변화하고 있기 때문이며, 앞으로도 지속적으로 변화할 것이다. 유럽 전역의 CEO 중 약 90%가 기업이 단순히 돈을 버는 것 뿐만 아니라 급속한 정보화로 인해 사회적 가치도 함께 추구된다. 이와 같은 현재와 미래의 비즈니스 리더들의 생각의 변화가 곧 지속가능경영에 중요시 된다.

표 13-2 유럽의 혁신 프로그램

• 유럽의 혁신프로그램 (마리슬로도브스카퀴리사업: MARIE SKŁODOWSKA-CURIE ACTIONS)

	개인연구자지원	주관기관지원	주관기관지원	연구지원기관지원
	IF Individual Fellowships	ITN Innovative Training Networks	RISE Research and Innovation Staff Exchange	COFUND Co-funding of regional, national and international programmes
목적	EU역내 및 해외에서 연구활동을 수행할 수 있는 우수연구자	유럽 내 혁신연구 및 박사과정 지원연구자 혁신기술 개발	다양한 국적 및 부문의 학술/비학술기관 간 교류촉진연구혁신의 국제활동 도모	연구혁신분야의 우수 인력개발을 장려하기 위해 지역, 국가 혹은 국제프로그램 지원
지원가능 연구자	경력연구자(국적무관)	신진연구자(국적무관)	참여기관의 연구혁신 부문 관련 직원	박사학위과정의 신진 연구자 및 펠로우십 프로그램에 참여하는 경력연구자
지원가능 기관	대학, 연구소, 중소기업을 포함한기업체 및 비학술기관	최소 3개 이상의 참여기관: 대학, 연구소, 중소기업을 포함한 기업체 및 비학술기관	최소 3개 이상의 참여기관: 대학, 연구소, 중소기업을 포함한 기업체 및 비학술기관	대학, 연구소, 중소기업을 포함한 기업체 및 비학술기관
지원방법	개별연구자가 주관기관을 통해 제출 선정된 연구자는 최대 2년까지 지원(Global Fellowship의 경우, 복귀 후 1년간 추가 지원)	선정된 그룹은 연구자 생활비, 연구비, 교육 및 네트워크관련 비용 등을 최대 4년간 지원	1~12개월 동안 개별 연구자교류를 통한 공동연구혁신과 제수행 파견 후 복귀한직원은 학습결과를 보고해야 함	과제가 선정되면, 박사학위 및 펠로우십 프로그램을 운영하는 기관에 연구자 지원비용에 해당하는 일정한 예산 지원

자료: ec.europa.eu/msca.

1.4.4. 혁신력과 지식허브센터

① 세계는 자유로운 분위기속에서 벤처기업들이 생존하고 기업들이 혁신된다. 기존 산업은 대기업 중심의 R&D로 산출된 제품을 기업 내에서만 혁신되어 왔으나, 포스트 정보화시대로 도래이후 벤처기업, 창업, 중소기업, 대기업, 글로벌 기업 등이 오픈 혁신력으로 지식허브를 창출할 수 있다. 글로벌 거대기업도 외부에서 기술을 아웃소싱하고 있는 환경이다.

㉠ INDIVIDUAL FELLOWSHIPS(IF): 연구경력 확대를 희망하는 연구자의 해외 연구 지원을 통해, 연구자들이 새로운 지식과 기술을 습득하고 네트워크를 확대함으로써, 연구경력을 발전시킬 수 있는 기회를 제공한다. Individual Fellowship(IF) 프로그램은 European Fellowship(EF)과 Global Fellowship(GF)을 통해 우수 연구자 교류를 지원한다.

㉡ 분야와 경계를 넘나드는 지식의 공유(Knowledge Sharing Across Sectors and Borders): 유럽에서 교육부문과 비교육부문간의 교류협력은 혁신을 위한 강력한 촉매제의 역할을 한다. 본 사업(RISE)은 두 부문 간의 인력교류를 통해 상호활동을 가능하게 하며, 부문에 상관 없이 전 세계를 대상으로 한 인력교류 활동을 지원한다. 이러한 교류는 연구자들로 하여금 과학적 우수성과 국가 간 및/혹은 부문 간에 일어나는 상황에의 경험을 연계시켜 줄 수 있는 경력을 발전시켜서, 궁극적으로는 유럽의 지식 경제에 이바지하게 한다.

㉢ 지평 확대(Broadening Horizons): CO-FUNDING OF REGIONAL, NATIONAL AND INTERNATIONAL PROGRAMMES(COFUND) 국가 간 교류는 연구자를 위한 새로운 지평을 제공한다. COFUND 사업은 신규, 혹은 기존의 지역 간, 국가 간, 범국가 간 연구관련 교육 및 경력 개발 관련 사업을 추가적으로 지원한다. 이러한 추가 예산지원은 연구자들의 지역 간, 연구부문 간 이동이 용이하도록 도와준다.

② **신 미국혁신전략**: 미국 정부는 세계에서 가장 혁신적인 경제와 국가 지위 유지와 당면한 국가적 과제 해결을 목표로 하는 '신 미국혁신전략(New Strategy for American Innovation)'을 발표(2015.10.21.) 2009년 처음 발표된 1차 '미국혁신전략(A Strategy for American Innovation: Driving Towards Sustainable Growth and Quality Jobs)', 2011년 발표된 2차 '미국혁신전략(A Strategy for American Innovation: Securing Our Economic Growth and Prosperity)'에 3차 전략은 크게 1R&D 투자 및 장기적 경제 성장의 토대 마련, 29대 전략 분야 집중투자를 통한 국가적 우선 과제해결 및 공동 번영창출, 3정부 성과개선 및 민간주도 혁신환경

조성을 위한 정부 혁신 역량 제고에 초점을 두었다.

③ 혁신 강대국 지위 유지에 있어 매우 중요한 9대 전략 분야에 대한 적극적인 투자 강조

④ 9대 전략기회분야(Areas of Strategic Opportunity)

㉠ 첨단 제조업(Advanced Manufacturing): 기업과 국민들에게 보다 많은 경제적 편익을 가져다 줄 수 있는 첨단 제조업 육성. -정부, 산업계, 학계가 연계된 '제조업혁신국가네트워크(NNMI)' 구축을 통해 혁신 가속화 및 제조 기술의 상용화 지원. -오바마 대통령 임기 말까지 주요 지역별 허브 연구기관인 15개의 '제조업혁신연구소(IMI)' 설립(2015년 10월 기준 9개 설립)

㉡ 정밀 의학(Precision Medicine): 환자 개인별 체질, 건강 상태, 질병 이력에 초점을 맞춘 효과적 치료 수단 개발, 유전체 연구, 대규모 의료 데이터 관리 및 분석 등. - 정밀 의학 분야 사업 지원을 위해 2016년 예산안에 2억 1,500만 달러 요청.

㉢ 두뇌 이니셔티브(BRAIN Initiative): 인간의 뇌활동 연구를 통해 각종 뇌신경 질환을 효과적으로 진단, 치료함으로써 사회 경제적 부담 해소 - 두뇌 연구 사업 지원을 위해 2016년 예산안에 3억 달러 이상 예산 반영.

㉣ 첨단 자동차(Advanced Vehicles): 센싱, 컴퓨팅, 데이터 과학 분야의 획기적 발전으로 차량 간 통신과 자율 주행이 가능해짐으로써, 운전자의 실수로 발생하는 차량 사고의 90% 이상을 줄일 수 있을 것으로 기대. - 자율 주행 기술 개발, 공공 도로 시범 운행, 상용화 환경 구축을 위해 2016년에는 2배의 예산 요청.

㉤ 스마트시티(Smart Cities): 주요 지역 및 도시 간 협력 체제를 통한 스마트시티 구축으로 공동의 도시 문제 해결함. 이는 ICT 플랫폼을 기반으로 복수의 이해관계자와 지역협력 기관 간 연계를 통한 공공 문제 대응을 모색하는 도시이다- 2015년 9월, 20개 이상의 도시가 참여하는 1억 6,000만 달러 규모의 새로운 스마트시티 이니셔티브가 발표된 데 이어, 2016년 예산에는 스마트시티 연구 개발을 위해 3,000만 달러 요청.

㉥ 청정에너지 및 에너지 효율 기술(Clean Energy and Energy Efficient Technologies): 청정에너지 기술 개발에 76억 달러를 투자하여 재생가능 에너지원 확보, 이산화탄소 배출 감축, 에너지 안보 환경 개선 기대

※ 오바마 대통령 취임 이후 6년 간 풍력을 이용한 전기 생산량은 3배, 태양열을 이용한 전기 생산량은 20배 이상 증가.

창조경제혁신센터는 다음과 같은 역할을 하고 있습니다.

첫째, 누구나 실패에 대한 두려움 없이 창업을 시도할 수 있도록 정부, 지자체, 지원기업 등이 협업하여 멘토링, 기술, 자금, 판로 등을 지원하는 창업 허브입니다.

둘째, 지역 중소기업의 혁신을 지원하고 지역 특성과 지원기업의 핵심사업에 따라 지역특화사업을 육성 · 지원합니다.

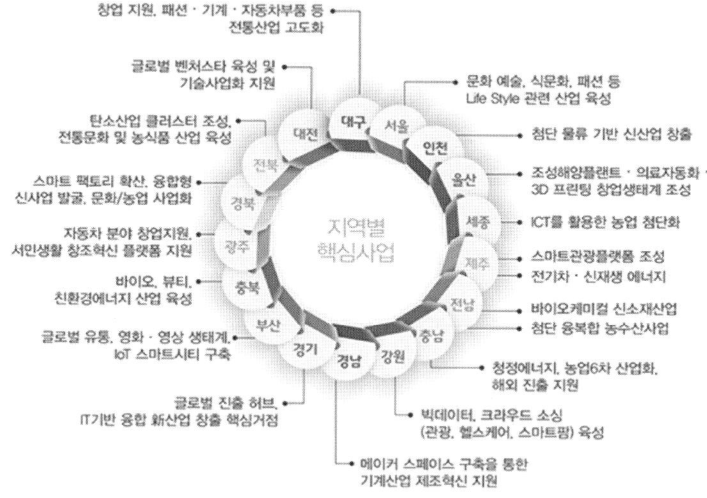

셋째, 지역 내 테크노파크, 창업보육센터, 대학 등과 연계하여 지역의 혁신활동을 지원하고 있으며 청년고용 활성화를 추진합니다.

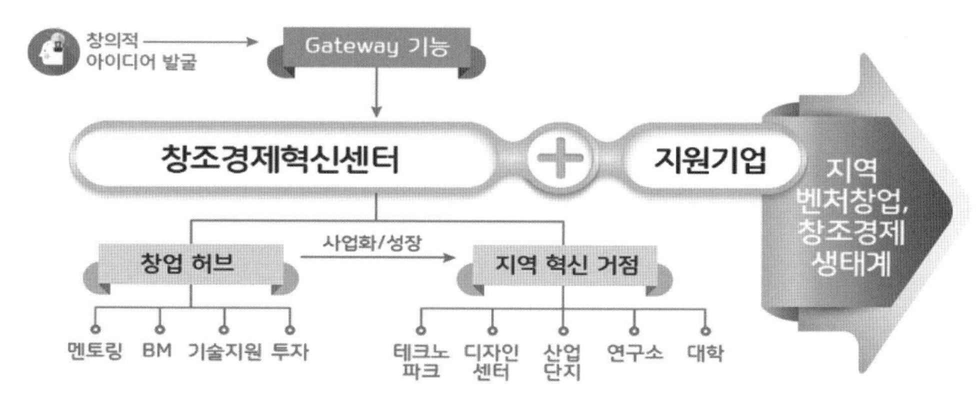

▌그림 13-2▐ 국내 창조경제 혁신센터

㉦ 교육용 기술(Educational Technology): 교육 분야 지출 중 1%에도 미치지 못하는 R&D 투자 여건을 대폭 개선. - 2018년까지 'ConnectED' 이니셔티브를 통해 99%의 학생들이 초고속 인터넷에 접속, 2016년 5,000만 달러를 투입하

여 교육용 기술 개발을 목적으로 하는 '첨단교육연구사업국(ARPA-ED)' 설립.

ⓞ 우주(Space): 민간 부문과의 파트너십 확대를 통해 정부의 우주 개발 비용 절감 및 민간의 기술 개발 역량 제고. - 태양계 너머의 천체 탐사 및 2017년까지 상업용 우주선 개발에 투자(이를 위해 미 항공우주국은 60억 달러 투자 중)

ⓩ 고성능컴퓨팅(New Frontiers in Computing): 미 정부는 2015년 7월 '국가전략컴퓨팅이니셔티브(NSCI)'를 발표, 고성능컴퓨팅을 활용한 공공 서비스 개선, 새로운 과학적 발견 기대, 경제성장 기여.

⑤ 국내 창조경제 혁신센터: 창조경제는 정보기술을 중심으로 한 첨단과학기술을 산업 전반에 접목시켜 일자리를 창출하고 국가 경제를 발전시키는 것을 일컫는다.

⑥ 기존 정보경영에서 미래 지식경영으로 전환: 다양한 기술들이 융합되어 기계와 로봇이 운송과 제조업에 사용되는 새로운 시대에는 기존의 정보경영만으로는 부족하다. 지식산업의 가치사슬로 보면 기초 과학을 바탕으로 육성해야 새로운 기술을 창출할 수 있다. 산업 사슬(Industry value-chain)은 각각의 산업이 고객에게 가치를 주는 기업의 활동(performance)에 따라서 그 산업 활동 간의 밀접하게 연계를 가능케 하는 생산 과정(process)으로써 고객의 욕구(needs)를 충족시키는 전체 산업 과정이다. 이러한 기초 과학은 지식경영으로 연계되며 정보경영을 이룰 수 있기 때문이다. 더 다른 큰 기회가 농업부터 의약을 포함한 최첨단 제조업까지 융합된 분야로 만들려면 지식경영을 통해 정보경영의 활성화도 가능케 된다.

2 지식사회

2.1. 개념

① 지식기반사회라는 용어는 주로 1990년대부터 등장하기 시작했다. 지식기반 사회 (Fundamental Knowledge Society)는 국가나 사회가 지식을 어떻게 활용함으로써 지식의 창출에 바탕을 둔 사회나 또는 사회구조를 말한다. 이는 정보와 지식이 개인·기업·국가의 경쟁력을 좌우하는 핵심요소이자 가치창출의 원천이 되는 사회를 의미한다. 노동·자원·자본이 주된 생산요소였던 산업사회를 넘어, 지식과 정보가 가치창출의 핵심요소로 자리 잡아 인식·가치관·문화가 사회를 지배하고 있다. 피터 드러커는 넥스트 소사이어티에서 미래 사회를 '지식사회

(Knowledge society)' 이라 말한다. 지식이 가장 중요한 핵심자원이 될 것이고, 지식근로자가 노동시장의 지배적 집단이 될 것이다. 지식사회의 세 가지 주요 특징은 첫째, 국경이 없고, 둘째, 상승 이동이 쉬우며, 셋째, 성공뿐 아니라 실패할 가능성도 높다는 점이다. 이런 세 가지 특징이 상승 작용하여 지식사회를 고도의 경쟁 사회로 만들 것이며, 그 점은 조직에도 개인에게도 마찬가지일 것이다. 집합적으로 볼 때 지식근로자들은 새로운 자본가들이다. 이러한 지식근로자들은 스스로를 '종업원'이 아니라 '전문가'로 인식하고 있다. 다시 말해, 지식사회는 상사와 부하의 사회가 아니라 고참자와 신참자로 구성된 사회이다.

② 정보혁명 이후의 지식근로자들은 역할이 중요시되고 있다. 21세기의 영국처럼, 마치 철도가 등장한 뒤 산업 경제의 주도권이 '장사꾼'에서 '기술자' 또는 '엔지니어'로 근본적으로 전환되었다. 1990년대 말 우리가 '정보혁명'이라고 부르고 있는 것은 실질적으로 지식혁명 Knowledge Revolution이다. 일상 업무의 프로세스를 정형화한 것은 기계가 아니다. 이것은 ICT 기술의 발달과 더불어 나타난 다층적 차원의 지식 생산이나 유통에서 나타난 새로운 변혁들이 나타난다. 지난 수세기 동안의 경험을 바탕으로 지식을 적용함으로써 체계적이고 논리적인 분석을 통해 전통적인 작업들을 재조직하였다. 그리고 정보혁명의 핵심에 있는 것은 전자공학이 아니다. 그것은 인지과학(Cognitive science)이다. 이는 사람의 지능과 마음을 알아내기 위해서 인공지능, 신경과학 등 통해 접근하며, 인공적 지적 시스템(artificial intelligent systems)에서 어떻게 정보가 처리되는지를 탐구해 왔다.

③ 이는 이제 막 등장하려고 하는 경제 및 기술에 있어서 주도권을 유지하기 위한 핵심과제는 분명 지식 전문가(Knowledge professional)들의 사회적 지위가 어떻게 평가되는지, 그리고 그들의 가치가 사회적으로 어떻게 수요가 되는지에 달려있다는 것을 의미한다. 지식근로자를 전통적 '피고용자'로 머무르게 하고, 또한 계속 그렇게 취급하는 것은 과거 영국이 기술자들을 장사꾼으로 대접하는 것과 마찬가지인 셈이다. 그 결과는 거의 영국의 예와 비슷하게 나타날 것이다. 그러나 지식전문가는 정보산업에서 무한가치를 창조하는 사람이다.

④ 그러나 오늘날 우리는 어정쩡하게 양다리를 걸치려고 노력하고 있다. 한편으로는 자본이 주요 원천이며 자금의 공급자가 우두머리가 되는 전통적 의식구조를 유지하려 하고, 다른 한편으로는 지식근로자가 기꺼이 피고용자 신분으로 남아있도록 하기 위해 보너스와 스톡옵션을 제공하고 있다. 그렇지만 이런 양다리 걸치기는 설사 그것이 효과를 볼 수 있다 해도, 과거 인터넷 산업이 그랬던 것

처럼 오직 새로운 산업이 증권시장 붐을 탈 때에만 가능하다. 차세대의 주요 산업은 전통적 산업들도 훨씬 더 같은 방식으로 움직인다. 즉 서서히 성장하고, 고통을 겪으며, 온갖 역경 속에서 노력을 다하며 성장할 것이다.

⑤ 새로운 산업들이 의존할 수밖에 없는 지식근로자들을 돈으로만 보상하려고 하면 한계에 부딪칠 것이다. 이러한 기업에 근무하는 핵심적인 지식근로자들은 자신의 노력이 맺은 결실을 금전적으로 보상받는 것을 분명 계속 기대할 것이다.

⑥ 지식에 기초한 이런 새로운 산업들의 성과는 지식근로자로 하여금 매력을 느낄 수 있도록 해주고 동기를 부여함으로써 머무르고 싶은 마음이 들도록 경영하는 조직에 달려 있다. 지식근로자들의 가치관을 만족시켜주고, 사회적으로 인정받을 수 있도록 해주고, 또한 사회적 영향력을 발휘할 수 있도록 해야 한다. 또한 지식근로자들을 부하가 아닌 동료 경영자로, 그리고 피고용자가 아닌 동업자로 인정해 줌으로써 달성되어야만 한다.

2.2. 지식의 인프라(Knowledgement Infrastructure)

① 지식 인프라의 개념은 지식과 인프라의 합성어이다. 이는 정부, 기업과 개인으로 구분되는데, 미래에는 하나의 통합된 IoT 인프라로 모두가 이를 활용하게 될 것이다.

② 지식 인프라의 배경은 지식창출을 용이하게 하거나 그런 방향으로 유도하는 하부구조를 말한다. 좀 더 구체적으로 말하면 지식의 획득·창조·가공·유통을 용이하게 유도함과 아울러 사용자와 공급자간에 서로 공유함으로써 그 지식효과의 체증을 유도하여 경쟁력 강화로 연계시키는 하드웨어·소프트웨어·오가웨어·데이터웨어 및 휴먼웨어, 로봇 등의 IoT 연계구조이다.

③ 우선 인프라는 인프라스트럭쳐(infrastructure)의 줄임말로서, 흔히 SOC로 불리우는 도로, 철도, 항만, 공항, 전력, 댐, 상하수도, 환경처리시설 이외에 정보통신시설 등을 말한다. 이러한 인프라는 생산활동의 간접적인 지원, 투자의 촉진, 경제개발의 촉진, 물가 조절기능, 기술혁신 촉진, 지역격차 해소 등 국가경제발전과 국민 복지를 결정하는 중요한 국가기간시설이다. 대체로 인프라는 특정한 조직이나 시스템이 일정한 목적을 달성하기 위해서는 반드시 필요한 기반시설을 의미하며, 주로 경제성과 경쟁력강화를 강조하는 개념이다. 따라서 조직이나 시스템이 경쟁력을 강화하기 위해 필요한 자원들(resources)이라고 볼 수 있다. 2000년에 발행된 미국 백악관보고서에 의하면 인프라란 상호의존적인 네트워크 및 시스템의 틀(The framework of interdependent networks and systems)로 정의하

고 있다. 한편 지식은 어떤 맥락에 의해 규정되며(context-specific) 그 상황에 의존하는 한 합리적이며, 개인과 조직의 사회작용에 의해 역동적으로 생성되는 것이 대부분이다. 이러한 지식은 초기 창출에는 막대한 규모의 투자 혹은 비용을 필요로 하지만 일단 창출된 지식은 기존의 노동, 자본과는 달리 지식 한 단위 투입에 따른 수확이 오히려 증가하는 수확체증(increasing return)이 있으며, 동시에 축적 또는 결합된 지식은 그 이상의 효과를 발휘하는 외부경제효과를 가지는 특징이 있다.

▌그림 13-3▐ 개인 지식의 인프라

④ 개인 지식인프라의 구성요소: 미래의 정보에 정통한 수준이 되어 본 상태를 유지하기 위해 CEO들은 3요소를 사용하고 있다. 즉, 정보를 제시하며 공공화의 역할을 해줄 대중들, 일반적으로 이를 확대 전파하는 활동들이나 이러한 결과지표들을 확정하며 예측을 포착할 수 있게 해줄 혁신테크놀로지가 요구된다. 이러한 요소들은 CEO의 개인 지식 인프라로 구축되어 발전한다. CEO의 주요 관심이 전략적 판단을 하게 하며 이는 그들의 레이더에 얼마나 오래 동안 감지되느냐에 따라 그 인프라의 구성과 지속성이 유지된다.

2.3. 창조적 환경

① 존 호킨스(John Howkins)는 창조경제를 “창조적 인간, 창조적 산업, 창조적 도시를 기반으로 한 새로운 경제체제로 창조적 행위와 경제적 가치를 결합한 창조적

생산물의 거래"로 정의한다(Creative Economy, 2001).

- 사례: 엘론 머스크, 스티브 잡스, 숀 파커, 마크 주커버그 등은 유에서 유를 재창조하는 융합적 창조를 실현하였고, 이를 통해 기존에는 경제적 가치가 희박하다고 생각하던 것들을 참신한 아이디어로 연결·융합하여 막대한 경제적 가치 등 창조적 경제효과를 가져왔다. 여기에서 개인의 아이디어와 창의성을 강조한다는 점에서 공통점은 있으나, 여전히 창조경제의 개념과 범위 등이 국가마다 다양하게 다루고 있다.

② 영국, EU 등 주요 선진국들은 첨단기술, 문화, 예술 등 각국의 강점분야에 기반을 두고 창조와 혁신을 통해 경제성장 패러다임 전환을 추구한다. IT 융합이 산업 전반, 사회 서비스, 노동시장 등으로 확산되면서 경제·사회가 스마트화되고 있다. UN 등에서 분류하는 창조산업(Creative Industry)은 단기간에 경제적 가치로의 전환이 가능한 개인이나 조직의 창의성 및 오랜 기간을 거쳐 누적된 전통과 문화유산에 기반을 둔 예술 및 문화산업 등을 명명한다.

㉠ 영국의 창조경제에서는 지식재산권이 창조적 행위를 통해 창조산업으로 변화되는 새로운 경제패러다임으로 위상을 가지며, 개인의 창조성, 기술, 재능 등을 기반으로 지식재산을 생성·활용한다. 이를 통해 경제적 가치 및 일자리 창출 잠재성이 있는 산업이 발전하는 신산업의 경제체제로 전환하고 있다.

㉡ 미국의 경우, 오바마 정권이후 새로운 일자리와 창업에 의한 경제 활성화가 창조경제의 핵심이며, 민간을 중심으로 창조경제로의 성공적인 전환을 진행해 왔다. 정부 차원에서 창조경제에 대한 공식적 정의나 산업 범위는 없으나, 다만, 혁신경제의 일환으로 개인의 창조성과 상상력에 투자함으로써 일자리와 신산업 창출이 가능했다.

㉢ 일본은 애니메이션, 콘텐츠, 음식, 패션, 관광 등 문화산업을 창조산업으로 고려하며, 이와 같은 창조산업을 국가 경제 성장을 위한 중요한 성장동력의 일부로 육성 중이다.

㉣ 중국 시진핑 정권은 창조경제의 핵심으로 양화융합, 즉 산업과 IT 융합을 통해 중국만의 창의성, 혁신성을 비롯하여, 과학기술시스템 개선, 국가 혁신 정책, 과학 및 기술혁신 주도 개발 등의 경쟁력 강화를 강조하고 있다. 창조적 지식과 연결되어 있는 산업과 녹색기술 산업을 창조산업의 상징으로 육성하며, 창조지식이 주체가 되는 대학과 연구기관 간 협력, 창조산업 실현을 위한 정부 정책적 지원에 중점을 두고 있다.

③ 국가는 창조적 환경을 조성해가야 하며 시대변화에 따른 수요를 발견하고 이를

상용화, 혁신해야 한다. 상용화 혁신(Commercial Innovations)은 비상품화의 영역까지 포함한 모든 혁신의 개발을 일컬으며 상용화의 정의를 확장함을 의미한다. 그럼 어떻게 창조적 환경을 만들 수 있을까? 혁신이 대두된 발명과 발견의 시대를 보면 천재나 유명한 학자, 전문가 집단의 머리에서 고안되고 계획되어지지 않았다. 엉뚱한 사람들에 의하여 우발적으로 이루어지는 경우가 많았다. 이것은 창조적 환경이다. 창조적 환경은 창업의 규모로 나타난다. 한 국가가 모든 국민이 기업가가 될 수 있게 만들며, 기업가가 자기 자신과 직원에게 지식정보 능력을 키워주고 창조의 분위기로 환경을 만들어가야 한다.

2.4. 혁신활동과 지식경제의 차이

① 기업들은 혁신활동을 위한 오픈 소스활용이 중요하다. '오픈 이노베이션(Open Innovations)'의 시대, 외부의 기술·지식 공유를 통해 새로운 수익을 내고 있는 국내기업들이 늘고 있다. 오픈 이노베이션에 나서는 기업들이 늘고 있다. 오픈 이노베이션은 기업들이 연구개발과 상업화 과정에서 산학연(대학, 기업, 연구소) 등의 특허를 공유하여 외부 기술과 지식을 효율적으로 활용하는 경영전략이다. 실제 중국의 샤오미와 미국의 구글은 신제품을 만드는 과정에서 외부 아이디어를 적극적으로 반영하고 있다. 오픈 이노베이션이 가장 활발하게 이뤄지고 있는 분야는 헬스케어까지 광범위하다.

- 사례: 대한상공회의소는 2016.1. 11일 발표한 '외부 기술·지식 활용실태와 시사점' 여론조사 보고서에서 응답기업의 71.1%는 '변화와 혁신을 위해 경영활동에 외부 기술·지식을 활용할 필요성을 느낀다'고 밝혔다. 이는 선진기업에 비해서 30% 포인트 가량 떨어지는 수치다. 2012년 미국 버클리대학과 독일 프라운하퍼 연구소가 미국·유럽 기업을 대상으로 공동 조사한 결과, 응답기업 중 78%가 외부 아이디어와 기술을 활용하는 개방형 혁신을 하고 있는 것으로 나타났다. 하지만 한국은 외부 기술과 지식을 활용하고 있는 기업은 전체의 절반 수준인 49.2%이었다.

2.5. 경제경영 패러다임의 변화 양상

- 그럼 오픈 이노베이션-정보화시대에 외부 기술 지식-활용이 가능하게 하려면 어떠한 요소가 필요한가? 서로 간의 토론을 통해 이해하고 예측해 보자.

국내 기업 업종별 외부 기술 지식 · 활용 실태

분류	기술활용
전체	49
제약-의료	61
고무종이플라스틱	57
기계-정밀기기	54
자동차-부품	52
식음료	50
전자제품-부품	47
섬유-의류	44
석유-화학	41
철강-금속	30
조선-플랜트	29

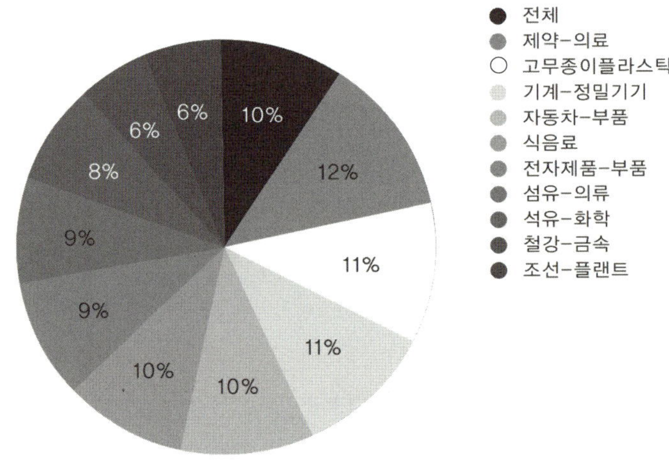

자료: 대한상의(2016)

▌그림 13-4 ▌ 외부기술지식·활용

3 지식문화경영

3.1. 개념

① Philip Kotler(美 Northwestern University)는 상품의 기능을 중시한 '마켓 1.0' 시장에서, 상품의 감성을 중시한 '마켓 2.0' 시장을 넘어, 소비자의 정신과 영혼에

호소하는 가치 중심의 '마켓 3.0' 시장이 도래했다고 언급했다.

② '스타벅스는 커피를 파는 것이 아니라, 문화를 판다'는 기치 아래 전 세계 커피 애호가들이 사랑하는 문화 아이콘으로 성장하였다. 구글은 회사와 세상을 더욱 좋게 만드는 일에 기여하는, 직원들의 재능 있고 열심히 일하는 이들에게 좋은 환경과 문화를 조성해 주었다. 이는 지식 문화경영(Knowledgement Cultural-Management)이다. 기업은 지식을 창출하기 위해서 기업을 경영할 때 문화의 측면을 반영함으로써 독창적 기업문화를 바탕으로, 문화적 매력을 마케팅하는 기업들이 대두되고 있고 소비자 고객들에게 어필되고 있기 때문이다.

3.2. 지식창출이란?

① 지식창출: 새로운 지식을 창출하는 방법은 사회화 → 표출화 → 연결화 → 체득화(주관적 정신적/ 육체적으로 체화된 지식)를 공유, 승화하는데 있다. 개인 및 팀 수준에서 보면, 주로 사회적 상호작용의 결과이다.

② 경제 발전은 20세기 후반 지식정보사회의 등장이라 지칭되는 현상을 가속화하며, 지식의 저장과 유통을 넘어 새로운 미래 지식창출 패러다임을 가져오고 있다. 21세기 글로벌 정보통신 인프라스트럭처의 등장은 지식의 생산과 유통, 그리고 분배와 이용에 커다란 변화를 추동하고 있다. 초연결 정보통신 기술은 이제 인류 역사를 거쳐 생산된 모든 지식을 저장하고, 이들 지식을 만들어낸 문화적, 지리적 공간을 압축해서 모든 이들에게 이러한 지식의 성과를 동시적으로 전달해줄 수 있게 된 것이다. 미래지식창출 패러다임의 전환에 관한 많은 예들이 존재하지만, 흔히 ICT의 발달로 인한 빅데이터 시대의 도래에 대한 전망을 비판적으로 살펴보면 이러한 점이 보다 명확하게 드러날 수 있다. 많은 이들이 빅데이터 시대의 도래로 인해 새로운 지식생산 방식의 도래를 목도하고 있다고 주장한다. 즉 ICT의 급격한 발달로 거대한 양의 정보를 수집, 처리해 사회와 인간의 행동에 새로운 형태의 패턴을 발견하기도 하고, 전혀 예측하지 못했던 새로운 지식을 발견할 수 있다는 것이다.

③ 이는 불확실하고 복잡한 미래 환경에 대응할 수 있는 개방적·융합적이면서도 적실성 있는 정책지식을 창출하고 공급할 수 있는 시스템을 의미한다.

• 지식창출, 공유, 활용의 9가지 핵심요인
1. 경제적 성과나 산업 가치와 연계
2. 기술적이고 조직적인 인프라 구조
3. 표준적이며 탄력적인 지식구조
4. 지식 친화적 문화
5. 명확한 목적과 언어
6. 동기부여 관행의 변화
7. 지식전이를 위한 다양한 채널
8. 최고 경영진의 지원

3.3. 지식창조 프로세스

① 지식이 창조되어 이를 통합하고 분류되는 과정으로써 지금 글로벌화의 가속에 따라 한편으로 기업이 혁신을 위해서 합병과 매수를 통하여 점점 시장을 지배하는 경향이 있는가 하면 다른 인소싱으로는 대기업을 소단위의 독립적이며 효율적인 기업으로 분리하는 경향으로 전환하고 있다.

② 이처럼 상반된 모습은 글로벌화, 정보데이터화에 상응하는 지식경영의 일부전략이다. 우선 글로벌화에 따라 무역 자유화가 서에서 동으로, 아시아에서 구미로 확산되면서 시장의 소통이 커지고 세계적 단일 시장이 형성되면 동종의 상품과 이종의 상품을 생산하는 기업의 통합과 분리가 경쟁력과 시장지배력을 강화시키기 때문이다.

③ 지식창조 프로세스의 각 각의 단계를 설명하면 다음과 같다.

첫째, 사회화(공동화)하는 단계로서 주석필요를 획득, 축적, 전수하는 과정을 의미한다. 조직 내·외부에서 습득된 정보 및 지식을 느끼고 머리에 담아두고(획득과정) 획득한 지식과 정보를 자신의 성격과 관련지어 두며(축적과정), 명시화되지 않은 자신의 아이디어와 이미지를 다른 사람에게 직접 이전하는 프로세스(전수과정)를 거치게 된다. 이 단계는 암묵지를 또다른 암묵지로 변환하게 된다.

둘째, 외재화(표출화)하는 단계로서 암묵지를 표출하는 단계를 의미한다. 자신의 아이디어나 이미지를 문서 등 명시적인 형태로 표현하는 과정이며 내면의 지식이 다른 사람을 위하여 드러나게 된다. 이 단계에서는 암묵지를 형식지로 변환하게 된다.

셋째, 결합화(조합화)하는 과정으로서 형식지식을 수집, 결합하는 단계이다. 조직 내·외부의 형식지식을 수집, 결합하는 단계로서 섭렵하거나 경험한 외부적인 지식에 본인이 이미 표출한 외부적인 지식을 가미하여 조화되게 함으로써 지식과 정보가 공유되고, 새로운 지식창조의 원천을 형성하는 단계이다. 즉, 형식지에서 또 다른 형식지로 변환되는 과정이다.

넷째, 내재화(내면화) 단계로서 새로운 지식이 개인별로 체화되는 과정이다. 새로운 지식을 가지고 행동하고 실천함으로써 지식이 개인에게 체화되는 과정이며 새로운 암묵지 생성이 되는 단계이며, 이미 형성된 형식지가 새로운 암묵지로 변환되는 과정이다. Nonaka(1995)는 이러한 네 가지 과정이 끊임없이 나선형의 과정으로 설명했으나, 현 포스트 뉴노멀시대는 이 구조를 이탈하고 혁신된다는 점이다.

3.4. 행동지식 경영

① 지식경영은 행동론적 접근과 시스템적 접근이 있으며 여기에 융합된 새로운 접근이 있다. 이는 개인화(Personalization) 전략과 성문화(Codification) 전략이라고도 일컫는데 효과적인 회사일수록 이 두 가지 전략 중에서 한 가지 전략에 초점을 맞추고 나머지 전략은 지원 역할을 하는 것으로 나타났으나, 두 가지가 융합된 행동 지식경영(Knowledge Management Behaviors)이 대두하게 될 것이다.

② 미래의 제조업 기술을 바꾼 3D 프린트, 로봇 기술 등이 중국과 같은 저임금의 국가의 제조업이 아닌 최첨단기술을 보유한 국가가 저임금 제조업 강국이 되는 시대가 도래한 것이다. 이는 제조업의 패러다임이 바뀐 것이며, 산업혁명, 정보화 혁명 등이 제조업의 부활을 이끌었던 것처럼, 또 다른 신 제조업의 패러다임으로 국가가 부강해지게 된다. 여기에 셰일가스와 같은 첨단기술로 만들어 내는 낮은 에너지 비용이다. 이 모든 것이 지식경영으로부터 나오게 했다.

③ 융합 행동화전략(Behavioral Convergence and Strategy)은 행동지식 경영은 새로운 경영방식이다. 기존의 코드화된 전략이나 개인화된 전략이 동시에 융합되어 지식을 혁신하는 전략이다.

표 13-3 행동지식의 융합경영 과정

구 분	성문화(Codification) 전략	개인화(Personalization) 전략	융합 행동화전략
추구하는 경제학적 모델	• 재사용경제학(Reuse Economics): 한번 문서화된 지식을 다양한 상황에 반복적으로 활용함으로써 지식의 경제성과 효율성추구	• 전문가경제학(Expert Economics): 개인별로 전문적인 노하우를 독특한 문제상황에 맞추어 활용함으로써 고도의 전략적 문제에 대해 창조적이고 정확한 해결 대안 제공	혁신가 경제학
지식경영 추진전략	• 개인적 지식의 문서화 중시(People-to-Document): 지식을 문서화, 저장, 전파, 공유하고 반복적으로 재활용할 수 있는 전자문서시스템의 개발	• 대인접촉중시(Person-to-Person): 암묵적지식이 공유될 수 있도록 구성원을 연계시키는 네트워크의 개발	협업 중시
정부기술에 대한 관심과 투자	• 필요로 하는 사람이 필요한 시기에 필요한 지식을 필요한 장소에서 적기에 성문화된 지식을 습득할 수 있도록 정보기술 구축에 많은 투자가 이루어짐	• 암묵적 지식의 공유과정과 노하우를 지니고 있는 전문가간의 대화 촉진을 위해 정보기술을 활용	지식경영의 상용화
인적자원채용과 육성전략	• 정보기술을 활용하는 지식의 재활용, 해결대안의 신속한 실행분야 등에서 뛰어난 능력을 보유하고 있는 전공출신 채용 • 컴퓨터를 활용하는 원격교육으로 집단학습을 통한 신입사원 교육	• 문제해결능력과 창의력, 복잡성과 애매성에 대응할 줄 아는 MBA 출신 채용 • 1:1 멘토링을 통해 도제식으로 전문성 전수	Techno-경영자출신
지식노동에 대한 보상과 평가	• 지식공유 시스템에 다양한 정보를 문서화시켰거나 축적한 사람에게 높은 보상부여	• 지식을 다른 사람과 직접 공유할 사람, 가장 많은 도움을 요청받은 사람에게 높은 보상부여	지식경영을 창출하고 상용화한자 높은 보상
대표적 분야	Anderson Consulting, Ernst & Young	McKinsey, Bain, Boston Consulting	셰일가스개발자, 3D개발자, 신제조력개발자

3.5. 문화변화와 니즈의 발견

① 1980년대부터 사용한 글로벌화는 지속적으로 시대의 문화를 변화시키고 이에 따른 새로운 니즈가 창출되면서 글로벌 셀러와 소비자가 급속도로 확장되고 있다.

㉠ 글로벌 셀러(global seller)란?: 인터넷을 이용하여 국경을 넘나들며 수입과 수출을 하는 개인 무역 상인을 뜻하는 신조어

㉡ 지식경영-글로벌 셀러 창업의 발생

• 재고 부담 없는 창업(주문을 받을 후 현지구매, 발주하므로 재고를 쌓아두는 부담 해소)

- 시간과 장소의 제약 없이 노트북 하나로 나이와 상관없이 열정만 있다면 누구든지 가능한 평생 사업 아이템(청년/시니어창업자, 구직자, 주부)
- 온라인에서 판매 중인 제품 위주로 취급하므로 영어, 일어, 컴퓨터 능력이 부족해도 글로벌 셀러 창업 가능
- 전 세계의 모든 제품 취급 가능
- 해외 인기제품 및 신상품 취급이 용이(해외 출시와 동시에 판매가능)
- FTA 등 국제물류의 확대 등에 힘입어 무궁무진한 국제 온라인 시장의 성장성 보장
- 단통법 시행으로 누구나 해외구매대행을 통한 1인 온라인 휴대폰 대리점 오픈 가능
- 국내 제품의 해외 판매, 해외 제품의 국내 판매, 해외 제품의 해외 판매가 가능한 멀티 글로벌 셀러로 성장 가능

② 한 국가의 문화가 형성되려면 융합되고 흡수되는 기간과 공감이 필요하다. 전 국민의 2% 이상이 이용하는 패드(fad, 일시적 유행)처럼 대응하는 것이 아니라, 전 국민의 10% 이상이 호응하는 트렌드(trend, 3 ~ 5년 간의 추세)나, 전 국민 20% 이상이 사용하는 컬처(culture, 20 ~ 30년 간의 문화)로 인식하고 대비하고 구분해야 한다. 난민들의 사회가 한 국가내의 문화로 정착·흡수되기 위해서는 그 만큼 한 세대 간의 인구가 증가하거나 장기간의 시간이 요구된다. 그래서 글로벌 기업은 문화의 변화를 인식하고 이에 대한 글로벌화된 니즈를 발견하고 접근해야 한다.

3.6. 혁신발상의 전환

① 과학 기술의 핵심은 패러다임의 전환을 통한 혁신적 접근방법에 있다. 이처럼 발상의 전환으로 인해 인류 생활을 획기적으로 변화시킨 발명품이 의외로 많다. 혁신발상(Innovation Ideation)은 패러다임의 전환을 통한 혁신적 접근에 의해 아이디어가 인류 생활을 획기적으로 변화를 가져오게 하고 있다.

② 주택의 개념을 뒤집은 사람이 바로 캐리어(Carrier)였다. 그는 집을 차게 하는 방법을 연구하다 1904년 에어컨을 발명했다. 지금 생각해보면 에어컨은 수많은 가전제품 중의 하나일지 몰라도, 그 당시로서는 상당히 충격적인 발상의 전환이었다. 국내의 예로, 삼성전자가 반도체 미세화 기술의 한계를 극복한 신개념 3차원 수직구조 낸드(3D Vertical NAND) 플래시 메모리의 양산을 시작했다. 이 3차원

V-NAND는 단층 구조의 집에서 아파트형 구조로 시장에 출시한 것이다. 발상의 전환이다. 기존제품 중 최대 용량인 128기가비트(Gb) 메모리로, 40년 메모리 개발 역사에서 가장 뛰어난 혁신 기술로 인정받고 있다. 특히 세계 최초 3차원 메모리 반도체의 상용화에 업계의 관심이 집중됐다. 이런 물질적인 발명품과는 달리 새로운 형태의 시장을 구상하여 특허를 낸 사람도 있다. 예전에는 생활에 필요한 물건을 사기 위해서 여러 군데를 돌아다녀야 했다. 먹을 것을 사는 곳과 옷을 사는 곳, 전기 재료를 사는 곳이 다 달랐다. 하지만 지금은 대형 할인마트에 가면 뭐든지 구입할 수 있다. 이처럼 소비 생활을 편리하게 해주는 할인마트 역시 한 개인의 특허였다는 것을 아는 사람은 그리 많지 않다.

③ 1916년 사운더스(Saunders)라는 대학생이 미국 특허청에 슈퍼마켓과 비슷한 모형 의 그림을 특허로 출연시켰다. 거기에는 카운터가 줄지어 늘어서 있고, 사람이 지나 다니는 통로, 물건 진열대 등이 지금의 할인마트와 거의 똑같이 그려져 있었다. 시장조차 제대로 발달하지 않았을 때 그는 이미 물건을 한군데 모아놓고 파는 슈퍼마켓을 꿈꾸었다.

4 지속가능한 지식경영

① 포스트 뉴노멀시대의 정보창출과 지식경영

- 조지 바실리우(George V. Vassiliou)의 주장대로 5000년 전에는 문자가 창조되었고, 500년 전에는 인쇄술이 발명되었고 62년 전에는 시청각 기술과 컴퓨터가 생겨났고, 17년 전부터는 상업적 네트워크의 디지털 시대가 시작되었다. 컴퓨터의 발달로 FAX나 E-Mail은 물론 Internet에 의하여 전 세계의 컴퓨터 사용자 상호간에 Network이 형성되어 가고 있고 이제는 어디에서나 어느 때나 문서, 영상, 이미지를 순간적으로 교환할 수 있고 또 공유할 수 있게 되었으며, 방대한 도서관도 한 장의 CD-ROM에서 이제는 나노칩 속으로 들어갈 수 있게 되었다. 한마디로 시간의 단축과 공간의 압축이 정보화의 효과이다. 이러한 정보혁명에서 (마이크로프로세서의 용량 확대: 1초에 1억4천만 개의 명령을 수행할 수 있다) 휴먼 로봇, E-자동차와 유통과학의 혁명인 드론 등 과거 디지털화와 데이터 압축기술, 복합통신, 컴퓨터와 통신의 동시적 사용 등, 이는 통신기술의 혁명적 발전에서 기인하는 것이었다.

② 과거 1990년대 말은 먼저 경제면에 있어서는 컴퓨터, 하드웨어, 소프트웨어, 통신제품 등의 시장이 폭발적으로 성장했으며 선진국에 있어서는 정보화에 관련된 산업이 GDP의 50-70%를 차지하게 되었다. 앞으로도 정보 관련의 새로운 상품과 서비스가 계속 등장하여 소득과 고용 창출에 크게 기여할 것이다.

③ 그 당시 정보기술의 발달은 편집, 시청각, 마이크로컴퓨터와 소프트웨어, 전화와 통신 네트워크 등 네 가지 분야에서 업종 통합이 이루어지고 있고 기업 합병과 대규모의 조직 개편이 다른 산업에도 파급되었고 이러한 과정에서 거대한 다국적 기업(구글, 페이스북, 샤오미 등)들이 생겨났다.

④ 글로벌 변동성의 주기

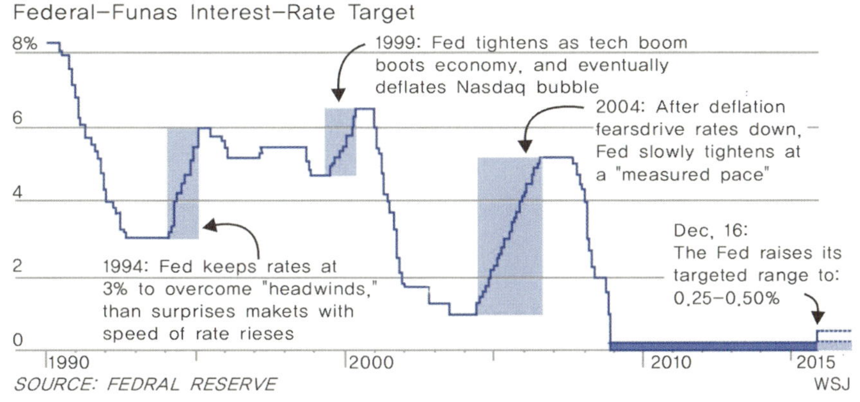

미국 금리 인상 시 주요 신흥국 자본 유출 추정

국가명	자본 유출 규모	국가명	자본 유출 규모
브라질	+2.22	필리핀	+2.10
말레이시아	+3.18	남아프리카공화국	+3.88
러시아	+1.50	헝가리	+3.95
인도네시아	+1.60	터키	+1.67
인도	+1.20	칠레	+1.48
태국	+2.64	한국	+2.39
중국	+0.54	폴란드	+1.90

주: (+)는 미국 금리 인상 시 GDP 대비 자본 유출 규모(%)를 의미함

그림 13-5 ▌ 변동성 주기의 폭

⑤ 기업경영에 있어서도 정보는 결정적인 중요성을 가지고 있다. 기업의 홈페이지가 매우 중요한 역할을 하였다. 회사는 자기 상품에 관한 정보를 전 세계에 전파하여 바이어를 찾았고, 전 세계의 공급자로 부터 구매할 물품에 관한 다양한

정보를 입수하고 해외직접구매가 쉬워졌으며 이로 인해 국내 가격인하까지 영향을 끼쳤다. 그러므로 기업과 개인의 선택지(選擇肢)가 엄청나게 넓어지고 최선의 품질과 가격을 제공하지 않으면 물건을 팔기 어려워졌다. 그야말로 경제위기 속에 무한 경쟁의 시대가 되었다. 통합화, 정보화, 글로벌화의 추세에 기업경영의 방식이 지식과 혁신을 위한 R&D의 인-아웃소싱하는 시대에서 기업생존위기까지 조망해야 한다.

⑥ 과거 정보화는 우리의 경제생활에 엄청난 변화를 가져왔지만 글로벌화의 근원적 요인이면서, 언제 폭발할지 모르는 불화산과도 같은 시대로 진입했다. 지금 우리는 IMF체제하에서 경제적 고난을 겪고 있는 가운데 세계화의 구호를 선진국 다국적 기업들의 경제적 책략으로 이해하려는 경향도 없지 않으나 통신 기술의 발달로 인한 정보혁명이 지속되는 한 다양한 세계화는 불가피했으며, 2008년 미국발 금융위기에 따른 2010년 유럽발(그리스) 위기는 경제가 뉴노멀화되어 왔으며, 2015년 연말에 미국의 금리인상으로 포스트 뉴노멀의 시대가 도래했다.

⑦ 이는 급격한 자본 유출로 인한 신흥국들의 혁신 의지력과 정보화는 감소하게 된다. ICT 산업은 생산, 설비투자, 민간소비, 수출에서 모두 장기적인 감소추세가 보이고 있는데, 포스트 뉴노멀(금리인상)의 추세가 소비와 혁신이 동시에 발생하는 측면이 있다. 이는 오프쇼어링(offshoring)에서 리쇼어링(reshoring: 1980년대 미국의 산업구조 재편 속에 저임금의 중국 등 제3세계로 떠나갔던 공장이 유턴하는 구조)으로 바뀌는 현상도 의미한다. 빠른 변화에 대응하기 위해서는 근거리의 제조기지와 경영 본사가 더 시장에 빠르게 반응할 수 있게 했고, 이는 정보화로 먼 지역의 소통은 가능하지만, 낮과 밤이 다른 시간차는 불편하게 하였다. 규모의 경제(중국생산)에서 범위의 경제(첨단 정보화된 자국생산)로 빠른 제품시장주기의 단절을 극복하고 있다. 여기서 단절은 초기 시장(시장의 약 15%)과 주류 주장(시장의 85%) 사이에 캐즘(Chasm, 단절 또는 균열)'이 생겨서 성장하지 못하는 단계를 의미한다.

- 숙련된 노동력의 활용
- 자국정부의 인센티브 경쟁
- 브랜드 이미지 상승
- 첨단 자동화 사용
- 부문별 시스템 재고안
- 저비용의 에너지(전기) 공급
- 소비와 유통의 국내 확산

• 자국 내 혁신력 증가

⑧ 그러나 모바일 기반의 차세대 제품들을 중심으로 전 세계 ICT 시장이 변화할 조짐을 보이고 있는 상황에서 설비투자가 부진하기 때문이다. 자본의 유출 규모가 가장 적은 중국은 ICT 기업이 계속 부상하고 있다. 한국도 삼성전자와 LG전자의 핵심수익원인 모바일에서 나오고 있다. 여기에 드론, 무인자동차, 기타 웨어러블 디바이스 등 새로운 수익원으로 평가되는 ICT 응용기기 분야에서도 적극적인 행보를 보이고 있다.

⑨ **모바일과 자본의 이동**

㉠ 유가 상승은 달러가치의 하락을 유도하며 금값 상승도 나타난다. 이는 자본의 이동을 더 다양하게 움직이게 하여 각국의 시장변화를 유도한다. 모바일 문화는 이를 더 빠르게 만든다. 이를 수용한다면 그 국가는 성장세를 이끌 수도 있으며 이를 생산하여 판매하는 기업은 시장을 주도하게 된다.

㉡ 두뇌 경쟁, 가장 빠르게 R&D/혁신/아이디어 등의 아웃소싱하고 응용력을 키워야 한다. ICT(일종의 비타민과 유사함) 이외의 분야 바이오 등으로 확대해야 한다. 기업 간 협업을 통해 신산업(E-Car: 무인자동차)을 개발해야 한다.

㉢ 초일류 기업은 두 종류가 교체시기에 있다. 기존 챔피언 기업들과 창조 혁신 기업들로 나뉜다. 새로운 가치 창조가 퍼스트 무버가 되고 있다.

㉣ 기업, 정부, 사회, 문화 의 재설계가 되어야 한다. 소비시장이 구미에서 아시아로 이동하며, 서유럽에서 동유럽-발칸으로 이동하면 혁신과 유통의 자유지역협력이 형성될 것이다.

㉤ 창업은 또 다른 기술 아웃소싱과 아이디어 개발이며 이로써 성장기에 진입하고, 이 시기에 독자적인 기술을 연구개발하거나 M&A, 전략적 제휴가 이루지고 있다.

㉥ 지역 간, 국가 간 인센티브 경쟁이 가속화되고 있다. 신흥국들 간의 조세 경감/인센티브 경쟁은 선진국들 간, 자국 내 지역 간(미 주정부 간, EU역내 간)의 인센티브 경쟁으로 나타나고 있다.

연습문제

01 정보화 사회로 인해서 대학의 교육이 보편화되고 일반 대중에게 강의가 인터넷으로 공개되고 저비용으로 유명대학의 학위를 취득할 수 있는 시기가 도래했다. 모든 이들에게 정보를 제공하고 기술을 혁신시켜 가는 시대에 나타나는 현상은 무엇인가? 정보화 시대의 구조화

02 정보화시대는 전기 자동차가 앞당겨서 대중에게 보편화되어 출시되고 관련 부품과 인프라가 구축되었다. 이로써 대이동이 발생하는데 이는 무엇이 이전하는 것인가? IT 지식정보의 이동

03 지식을 디자인하고 이를 생활 속으로 예술 속으로 내재하게 한다. 이는 사회적 상호작용으로 지식이 고안되고 만들어지기 때문이다. 핀란드의 경우, 이를 위해 대단위 규모로 예술과 기술 디자인으로 융합하고 있다. 무엇을 위해서 이를 융합하게 하는가? 지식창출

04 행동지식 경영은 새로운 경영방식이다. 기존의 코드화된 전략이나 개인화된 전략이 동시에 융합되어 지식을 혁신하는 전략은 무엇인가? 융합 행동화 전략

05 기존 산업들은 정부 기관들이나 투자자들이 안정된 지원으로 혁신된 정보창출과 지식경영이 창출되었다. 그러나 포스트 뉴노멀시대에는 글로벌 금융의 변동성 주기가 많아짐에 따라, 변동 흐름에 따라 기술의 혁신도 변동되고 새로운 수익원으로 평가되는 ICT 응용기기 분야에서도 적극적인 행보를 보이고 있다. 이에 따라서 IT 모바일화가 자본을 이동시키는 이유를 설명하시오.

제 14 장 창업과 벤처경영

요약

외부환경이 불확실할수록 사고의 유연성과 무한경쟁의 글로벌 시장체계에서 경쟁할 수 있는 지식과 기술, 창의적인 아이디어와 기업가의 능력을 갖춘 골드칼라를 요구하고 있으며, 이들의 바람직한 창조경제 동력 중에 하나는 특화된 영역의 기업을 창업하는 것이다.

기업을 창업하는 가장 직접적인 목표는 부를 창출하는 데 있지만, 사회적으로는 신규 고용창출의 효과와 이를 통한 개인적 생활수단 마련, 국가적으로는 경제활동인구를 늘려 실업문제를 해결하는 중요한 방안이다.

최근 전통적인 직장관의 변화로 나만의 회사를 창업하려는 경영자의 꿈을 가진 사람들이 계속 증가하는 추세이고 이러한 창업연령도 갈수록 낮아지고 있다.

본장에서는 이러한 창업에 대한 명확한 방향설정과 확고한 경영마인드에 필요한 체계적인 창업에 대한 기초적인 내용을 기술하고 있다.

청년창업가와 중년의 예비창업가에게 필요한 창업의 기본개념과 창업실무, 창업전략, 분야별 창업경영에 필요한 지식을 포함하고 있으며 마지막으로 창업에 필요한 제도적 환경과 창업자에게 필요한 정부지원 제도에 대한 안내를 포함한다.

• 주저자: 황문영교수, 대전과학기술대학교 물류유통경영과, Tel: 042-580-6209, E-mail: myhwang@dst.ac.kr

제 14 장 창업과 벤처경영

1 창업의 개념

1.1. 창업의 기본

1.1.1. 창업의 정의

창업이란 사업의 기초를 만드는 기업을 설립하는 것을 말한다. 창업가의 아이디어가 자본을 조달하여 제품(goods)이나 서비스(service)로 변환되는, 생산을 하게 되는 기업을 설립하는 것을 말한다. 이런 창업과정에서 필요한 주요소는 창업자, 아이디어, 자본이다. 이 세 가지 요소의 시스템적인 관계가 창업의 목표 달성에 중요한 핵심이 된다. 그리고 고객의 만족이라는 변수는 창업의 지속성을 결정한다.

1.1.2. 창업의 중요성

1.1.2.1. 이윤창출

창업은 기업을 설립하고 유지하는 것이므로 가장 중요한 목표가 바로 이윤을 만들어 내는 것이다. 이러한 이윤은 개인과 사회적으로 모두 필요한 것이다.

1.1.2.2. 자원의 활용

창업은 자원을 활용하여 재화(goods)와 서비스(service)로 부가가치 생산을 하게 한다. 이를 테면 창업을 통해 사업이 추진하는 일들은 지구상의 많은 자원들을 활용하고 그를 통해 부를 만들어 내는 활동을 하는 것이다.

1.1.2.3. 일자리 창출

창업은 일자리를 만들어 내게 된다. 지금처럼 경기가 어려운 상황에서 취업 대신 창업을 선택하게 되면 일자리는 더 많이 제공될 수 있게 된다.

1.1.2.4. 기술발달 촉진

창업은 기술을 활용하게 되는 경우가 많다. 또한 이러한 과정에서 새로운 기술들이 개발되고 결국 창업을 통해 과학 혹은 기술 분야는 더욱 발달될 수밖에 없다.

1.1.2.5. 삶의 질 향상

직업을 갖는다는 의미는 개인의 삶의 질을 높이고 자기 스스로의 자아를 찾아내는 과정인 것이다. 많은 사람들이 일하는 동안 삶의 질에 대한 고민을 지속적으로 하게 된다. 결국 창업이라는 과정을 통해 창업자와 종업원 모두는 각자의 삶의 질을 향상시키는 행위들을 하게 된다.

1.2. 창업아이템의 선정

1.2.1. 개념

창업아이템이란 기업의 산출요소를 규정하며 기업의 목적달성을 위한 수단으로서 최종 목적물인 제품 혹은 서비스를 의미한다. 창업아이템은 물리적 제품, 고객들이 얻게 되는 제품과 서비스로부터의 만족, 즉 가치에 중점을 주고 있다. 그러므로 창업아이템은 고객의 욕구(needs)와 표적시장의 특성을 반영하면서 경쟁자와 다르게 제공하고 접근할 수 있는 차별화 요소를 가지고 있을 때 그 성공은 보장받을 수 있다.

1.2.2. 아이템 선정절차

창업아이템의 선정은 성장가능성이 있어야 하며 현재 뿐만 아니라 미래의 가능성에 더 무게를 두어야 한다. 그것은 곧 성공과 연결될 것이며 창업하는 업종의 유기적 관계를 통해 소비자의 특성에 맞도록 아이템 탐색이 이루어져야 한다. 또한 하나의 아이템 선정보다는 여러 개의 후보군을 선정한 후 평가절차를 거쳐 최종 창업아이템을 선정해야 한다.

1.2.3. 아이템 선정의 기본원칙

① 자신의 적성과 경험, 지식 등이 사업 수행능력에 적합한가?
② 창업아이템이 경쟁자와 비교해 차별성이 있는가? 혹은 지속적 경쟁우위가 있는가?
③ 자금동원 능력이 있는가?
④ 창업아이템에 대한 잠재수요층이 있는가?

⑤ 창업아이템이 성장가능성이 있는가?
⑥ 입지선정의 용이성이 있는가?
⑦ 사업형태(도매업 혹은 소매업) 및 취급 제품과 서비스는 무엇인가?
⑧ 투자비용의 회수는 언제쯤 가능한가?
⑨ 상품조달과 지속적인 공급이 가능한가?
⑩ 창업인가 혹은 창업 절차는 어떠한가?
⑪ 국내외 기술, 특허 관련 분쟁소지는 없는가?

표 14-1 창업아이템 선정 절차

단계	내 용
1단계	창업아이템을 위한 정보수집
2단계	후보아이템 선정, 정밀분석, 아이템 순위결정
3단계	아이템별 타당성(시장성, 수익성, 성장성) 검토
4단계	창업아이템 최종확정
5단계	창업관련 경영수업(교육 및 경영기술 습득)
6단계	구체적 창업 준비(계획서 작성, 자금조달, 회사 설립, 팀 결성 등)

기본원칙에서처럼 창업 아이템 선정 시 크게 다섯 가지 분야의 고려사항이 있을 수 있다. 창업자의 적성과 능력, 상품과 서비스의 시장성, 수익성, 상품성, 위험성을 고려해야만 한다.[1] [2]

1.3. 창업의 절차

전체적인 창업과정은 일반적으로 사업에 관련된 아이디어를 탐색하여 선별하는 착상단계와 사업성을 분석하고 평가하며, 이를 기초로 사업계획서를 작성하고, 기업형태를 결정하는 계획단계를 거쳐 회사를 설립하여 생산·영업을 개시하는 실행단계로 진행된다.

그 중에서 창업절차에 해당되는 착상단계와 계획단계를 구체적으로 분류해 보면 제조업의 경우 공장설립을 위한 입지선정과 공장건축의 과정이 필요하기 때문에 업종이나 사업규모, 창업자의 여건에 따라 다소의 차이는 있지만 기본적으로 제1단계, 업종선정 및 사업 계획수립, 제2단계, 회사설립 및 사업자등록, 제3단계, 공장입지선정

1) 방용성, 주윤황 (2014). *창업경영.* 서울: 학현사
2) 김희철 (2012). *창업경영론.* 서울: 두남출판

및 공장설립(공장 확보), 제4단계 사업개시를 위한 기타 행정절차의 순서로 진행되는데 제조업의 세부적인 창업절차를 도표로 나타내면 <표 14-2>와 같다.

표 14-2 기업창업의 기본절차

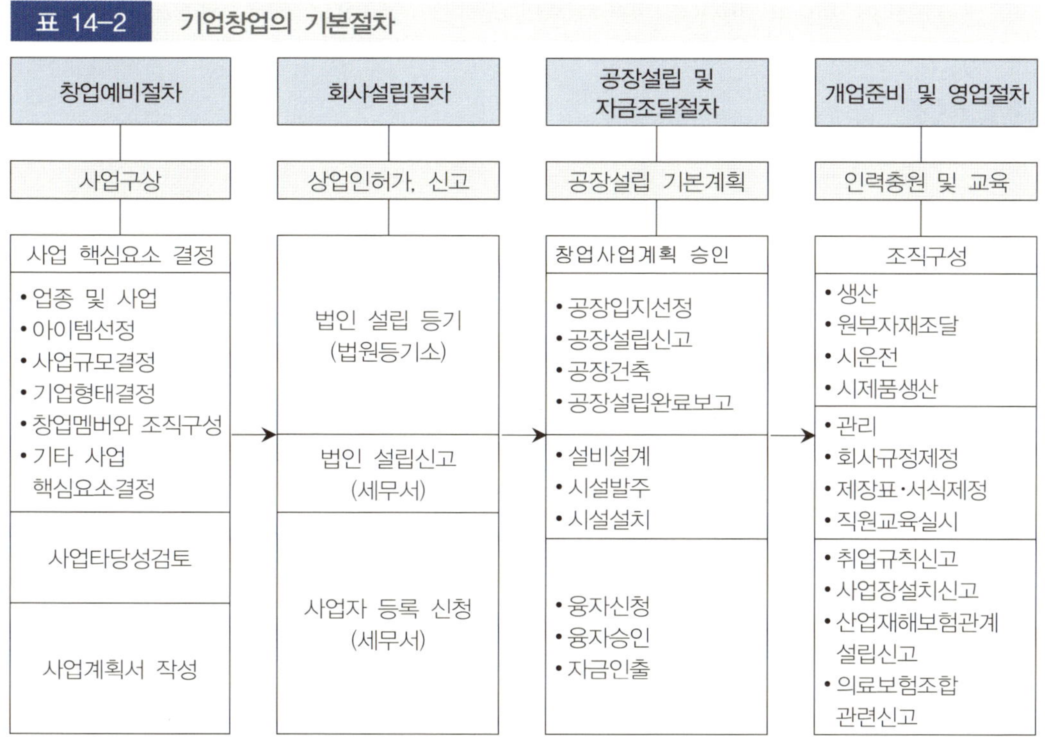

1.3.1. 업종선정

경영능력이 뛰어나고 자금이 아무리 풍부하더라도, 선택한 업종이 사양사업이라면 실패할 확률이 많다. 업종선택, 즉 생산제품의 선정은 제조업의 창업 절차 중 최우선적인 과제로서 사업의 성공여부를 결정적으로 가늠하는 가장 중요한 과정이다.

1.3.2. 사업성 검토

창업할 업종과 품목이 선정되었으면 가장 먼저 사업의 타당성을 검토하여야 한다. 사업성검토과정에서 자신의 독단적 판단에만 의존하는 것은 대단히 위험하기 때문에 당해 업종의 전문가나 창업상담회사를 비롯한 컨설팅기관에 자문을 구하여 냉정하고 객관적으로 판단을 하는 것이 중요하다. 검토결과 사업성이 없거나 불투명한 것으로 판단되면 창업계획을 중단하거나 업종선택을 다시 하도록 하고 결코 무리해서는 안 된다. 사업성 검토를 체계적이고 합리적인 자세로 실시하되 기본적으로 시장성분석,

기술성분석, 경제성분석 등 세 가지 측면이 구체적으로 검토되어야 한다.

1.3.2.1. 시장성분석

시장성분석은 앞으로 생산될 제품이 얼마나 팔릴 수 있는 지를 예측하는 것이다.

표 14-3 시장성분석 내용

범 위	내 용	
전체시장의 동향분석	• 시장변화 추세분석	• 제품의 유통경로
	• 시장의 전체적 규모측정	• 소비자의 구성분포
	• 경쟁제품과 유사품의 특성 및 구조	
제품성 및 경쟁관계분석	• 품질수준 비교 • 경쟁제품과 자사제품의 장·단점 분석 • 경쟁사 현황(재무상태, 영업실적, 가격경쟁력 등)	
자사제품의 수요분석	• 경쟁업체의 시장점유율	• 지역별판매가능성
시장·제품 환경분석	• 시장 및 제품의 환경분석	• 판매전략

1.3.2.2. 기술성분석

제조업을 창업하려는 경우 제품생산기술은 크게 보아 자체개발기술(특허 등), 해외로부터 도입하거나 국내 기존업체로부터 이전된 기술, 또는 본인이나 주변의 동종업계에 종사하며 체득한 기술이 주류를 이루고 있다. 기술성 분석은 이와 같은 기술의 유용성을 검증하고, 제품을 생산하는데 필요한 물적, 기술적 요소를 파악하려는 분석으로서 특히 자체기술의 경우, 기술개발자나 창업자의 주관적 판단만으로는 기술내용을 과대평가할 위험성이 많으므로 외부전문가의 객관적인 자문을 받음으로써 투자의 위험도를 낮추는 것도 필요하다.

1.3.2.3. 경제성분석

제품의 품질이 우수하고 시장이 좋아서 성공적으로 생산 및 판매되더라도 수익이 제대로 창출되지 못하고 또 경제성이 없다면 그 사업은 근본적으로 실익이 없는 것으로 판단해야 한다. 시장성분석과 기술성분석의 결과로 준비된 모든 자료를 토대로 제안된 사업아이디어의 위험과 경제적 가치를 분석하게 된다.

1.3.3. 사업계획의 수립과 추진

위험을 포함한 경제성 분석의 결과, 고려중인 창업아이디어가 매력적인 투자로 밝혀지고 위험에 대한 추가적인 분석이 끝나면, 지체 없이 이를 추진하기 위한 구체적인 계획을 수립해야 한다. 그리고 계획한 일정에 따라 사업을 추진해야 한다.

창업방법은 기업을 신설하는 방법, 기존기업을 매수하거나 합병하는 방법, 특정 제품을 생산하는 업체와 계약하여 그 제품을 독점적으로 판매할 수 있는 대리점을 개설하는 방법이 있다.

사업계획은 창업자가 투자에 관한 의사결정을 하는데 인용되는 기본적인 자료로서 반드시 사업성검토를 토대로 하여 수립되어야 한다. 사업계획서는 창업초기의 업무계획으로서 사업의 성공가능성을 미리 점검할 수 있으며, 창업 시 외부에서 투자자를 영입하거나 창업 투자회사의 투자를 받아야 할 경우에도 긴요한 자료이므로 신뢰성과 실현가능성이 있도록 작성되어야 한다.

사업계획서란 사업에 대한 의지와 희망과 확신을 객관화시켜 상대방을 설득하는 자료이자 사업진행에 대한 방향을 제시해주는 계획서이기도 하다. 창업과 관련된 여러 기관에서 필요하므로 철저하고도 자세히 작성해야 한다. 사업계획서에 포함시켜야 할 내용은 다음과 같다.

① **사업개요**: 생산품목, 표준산업분류, 사업효과, 사업규모, 사업목적, 사업동기, 상호사업자 소재지 등이다.
② **생산 및 판매계획(3개년 이상)**: 내수, 수출, 인력고용, 자재소요량, 생산량 등이다.
③ **소요자금 및 조달방법(3개년)**: 자기자금, 차입자금, 기타자금과 이들의 조달방법, 담보계획, 총소요자금, 운전자금, 설비자금 등이다.
④ **생산방식 및 공정표**: 제품생산개요, 제품품질, 제조공정표, 생산능률 등이다.
⑤ **공장입지**: 위치, 소요면적, 용도지역구분, 소요용수, 소요전력 등이다.
⑥ **공장건물 및 부대시설 배치그림**: 입지위치도, 건물배치도, 기계배치도 등이다.
⑦ **시설내역 및 소요자금**: 부지, 설계용역, 조성공사, 공장건물건축, 기계설비 부대건물, 용수시설, 폐수처리시설 등이다.
⑧ **고용계획(3개년)**: 사무직, 기술자, 기능공, 단순노동자 등이다.
⑨ **환경오염방지계획**: 예상오염물질 및 처리방지법, 방지시설 계통도 등이다.
⑩ **사업계획승인**: 처리되는 인허가 관련기재사항 17개인허가 절차는 관할 시·군에서 처리한다. 그리고 기술 집약형 중소기업 업종해당여부도 밝혀야 한다.

창업지원법 이전에는 모든 절차를 개별적으로 신청하였지만 창업지원법에 의하여 훨씬 일관성을 지니고 집중화되었다.

사업계획서가 작성 완료되면 첨부서류로는 공장예정지, 지적도, 입지계약서 사본1부, 공사개략도 등을 준비하여 시·군·구 민원실에 신청한다. 시청 또는 군청에서는 접수일로부터 30일내에 승인여부를 결정하게 되어 있다. 그리고 다른 행정기관과 협의할 내용은 민원접수일로부터 20일내에 다른 행정기관에 협의 요청을 하게 되며 그 결과를 시(市)나 군청에서 결정하여 창업자에게 통보한다.

1.3.4. 회사설립 및 사업자등록

창업자가 업종을 선택하고 사업계획을 수립하고 나면, 사업계획을 수행할 수 있는 기업을 설립하고 사업자등록을 하여야 한다. 구체적인 회사 설립에 대한 절차를 설명하면 다음의 [그림 14-1]과 같다.

▌그림 14-1 ▌ 회사 설립에 대한 절차

2 창업 실무

2.1. 사업타당성 분석

2.1.1. 의의

사업타당성분석은 창업 후 경영활동의 결과물인 목표(매출, 수익 등)에 대해 달성가능성을 사전에 객관적으로 조사하고 검토, 분석하는 과정을 말한다.

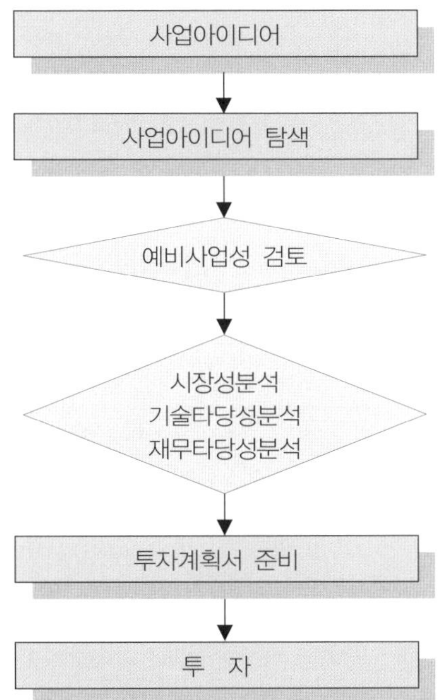

▌그림 14-2 ▌ 사업타당성 분석 절차

2.1.2. 분석의 필요성

2.1.2.1. 효율적 업무수행

사업타당성 분석을 통해 창업자들은 전반적인 문제점과 제약요인들을 사전에 파악함으로써 창업기간을 단축시킬 수 있거나 문제점에 대한 대응책을 준비할 수 있다. 창업자는 자신의 아이디어를 사업화하는데 필요한 여러 자원과 요소들을 명확하게 하며 이를 통해 좀 더 효율적인 업무수행이 이루어지게 된다.

2.1.2.2. 성공가능성 증진

타당성 분석을 통해 창업자는 자신의 아이디어에 대해 객관적이고 체계적인 접근을 할 수 있다.

2.1.2.3. 사전예방

사업의 시장성, 기술적 타당성, 재무적 타당성 등 세부사항에 대한 사전 인지가 성공적인 창업을 만들어 낼 수 있다.

2.1.3. 창업자 평가

창업자와 더불어 창업에 참여하는 사람에 의해 창업의 성공여부는 좌우된다. 그러므로 창업자에 대한 평가에서는 창업자 자신의 특성과 능력, 사업을 하고자 하는 의지 등을 분석한다. 창업자 평가단계에서는 창업자 자신의 성향, 능력에 알맞은 사업을 추진하고 있는지 혹은 자원 조달을 잘할 수 있는지 살펴보아야 한다. 창업자 평가는 스스로에 대한 평가이므로 신중하고 객관적인 접근이 필요하다.

표 14-4 창업자 자가 평가항목

구 분	주요항목	평 가 방 법
창업자 경영능력	인지능력	•산업에 대한 변화인지 •경쟁우위 창출방안 유무
	신뢰성	•주변 평판 •재무적 신용평가
	인적 네트워크	•창업이전/이후 인적네트워크 •학연, 지연에 의한 인적네트워크
	추진력	•목표 달성정도 •목표달성 위한 몰입정도
	창의력	•아이디어 개발능력 •신규사업 기회 포착능력
	위기 관리능력	•위험에 대한 감지능력
	분석력	•기회분석 •경쟁사 분석력
	기획력	•사업계획 구체화 •향후 산업에 대한 기획능력
	조직력	•조직구축 및 관리능력 •조직내부 갈등관리 능력

2.1.4. 분야별 타당성 분석 내용

2.1.4.1. 시장성 분석

사업타당성 분석은 다양한 특성을 가지고 있다. 그러나 일반적으로는 시장성분석, 기술성분석, 재무성분석 등으로 구성된다.

- 시장성분석: 시장성 분석은 창업하고자 하는 기업에게 가장 중요한 부분이다. 왜냐하면 시장성이 있느냐 없느냐를 알려주기 때문이다. 즉 고객에 대한 반응이 어떠한지를 시장성분석을 통해 알 수 있다. 시장분석에서 중요한 요소는 수급동향 및 동향파악, 시장의 구조 및 특성, 경쟁상태 및 경쟁제품 출현여부, 가격동향, 목표시장 선정을 위한 판매전략, 수출가능성 예측 등이다.

표 14-5 시장성분석 항목

평가요소	분 석 항 목
시장전망	• 전체시장 현황 • 시장 규모 및 전망 • 판매영역별, 고객별 잠재수요 분석 • 대체품, 유사품 수급실적 • 시장의 구조 및 특성 • 소비자 특성 및 변화추세 분석
가격/품질경쟁력	• 경쟁제품과 수입품과의 비교 • 자사제품의 경쟁력 요인 추출
매출계획	• 시장개척 가능성 분석 • 시장점유율 분석 • 판매량 증감요인 분석
제품분석	• 제품 강약점 분석 • 제품 보급률 분석 • 원가 및 마케팅 비용 분석 • 마진 및 가격분석

2.1.4.2. 기술타당성 분석

- 기술타당성분석: 기술타당성 분석은 제품이 원만하게 생산될 수 있는지에 대한 분석을 하는 것이다. 기술성 분석의 일반적 요소로는 제품의 특성, 생산 공정의 적정성, 효율적 생산가능성, 입지조건의 적합성, 시설규모 및 생산능력 적정성 여부, 원재료의 수급계획 등이다. 이 과정을 통해 핵심제품을 확보할 수 있게 되며 불량률을 낮추고 제품에 대한 경쟁력과 경제적 생산 능력을 보유할 수 있게 된다.

표 14-6 기술타당성 분석항목

평가요소	분 석 항 목
기술개발 능력	• 기술인력 개발실적 • 개발기술 보유내용
R&D 투자	• R&D 투자비율 • 총인원 대비 기술인력 비율
대표자의 기술 장악력	• 대표자 기술개발능력 • 핵심기술인력 이탈가능성 • 신규인력 확보노력
기술 특징	• 기술상의 차별성 • 경쟁사와의 기술력 차이 • 외부 연구기관의 자문

표 14-7 재무타당성 분석항목[3) 4) 5)]

평가요소	분 석 항 목
필요자금분석	• 시설자금 • 운전자금 • 향후 현금흐름
경제성 분석	• 자본조달비용 • 수익성 추정 • 손익분기점 도달 시기
유통성분석	• 민감도 분석 • 부채비율 • 유통비율

2.1.4.3. 재무타당성분석

• 재무성분석: 재무타당성분석은 시장성분석과 기술성분석을 통해 수집하고 분석한 자료를 바탕으로 경제성이나 수익성을 측정하는 여러 가지 자료를 이용하여 사업의 타당성을 검토하는 것이다.

품질이 뛰어나고 시장에서 성공적으로 판매된다고 하더라도 수익을 만들어 내지 못하면 경제성이 없다는 것이므로 그 사업에 대한 실제 이익은 없는 것이다.

재무타당성분석을 위해서는 재무구조, 수익성, 자금수지 상황분석과 소요자금을 조달하는 방법으로서 영업활동을 통해 들어오는 현금과 증자 등을 통한 자금

3) 전타식 (2009). *쉽게 배우는 창업경영론.* 서울: 두남출판사
4) 중소기업청 (2016). 2016년도 중소기업 지원시책. 대전: 중소기업청
5) 김명관, 현병환, 최종인 (2007). *R&D기획.* 서울: 한국산업기술진흥협회

조성의 가능성을 검토한다. 이후 기간별 예상되는 자금 부족분의 차입에 대한 가능성, 상환능력 등도 평가한다. 이러한 과정을 통해 불확실성을 단순화시키고 효율적 투자를 할 수 있도록 검토해야 한다.

2.2. 사업계획서 작성

훌륭한 혁신 제품을 만들어내는 것이 창업 기업의 주요 과제 중의 하나이지만 그에 못지않게 중요한 것이 벤처의 사업성을 결정짓는 모든 요소를 투자자나 유통업체 등 이해 관계자에게 체계적으로 보여주는 사업계획서(business Plan)라 할 수 있다.

2.2.1. 효과적인 사업 계획서의 요건

이해하고 쉽고 세심하게 작성된 사업계획서는 신규 사업제안이나 자본 투자 등의 목적을 위해 필수적인 사항이다. 설득력 있는 사업 계획서가 되기 위해서 업체의 창업자나 발명가뿐만 아니라 잠재 고객을 지닌 시장, 그리고 자원을 제공하는 투자자의 관점에서 볼 때 유의미한 정보를 부각하여 제시하여야 한다.

① 시장의 강조: 사업계획서를 준비하는 창업자는 제품의 특징 자체보다는 그 제품의 사용자가 어떠한 효과와 이익을 얻을 수 있는지에 관한 명확한 증거를 제시하는데 주안점을 두어야 한다. 이러한 사용자의 효과와 이익에 대한 증거 제시를 위해 다음 두 가지 방법을 활용할 수 있다.

- 소수의 고객에게 견본품을 제공하여 문서로 평가받는 방법
- 잠재적 고객에게 약간의 할인 가격으로 제품을 제공하여 구매율을 측정하는 방법

벤처 창업자들이 종종 범하는 오류는 전체 시장 규모를 추정하고 그것의 5% 내지는 10%만 점유하면 수익성과 성장성이 보장될 수 있다고 하는 식의 사고방식이다. 그러나 창업 기업 제품의 효과와 이익을 실질적으로 볼 수 있는 규모의 업체에 한정해야 한다.

② 투자자 욕구에의 부응: 사업 계획서가 시장의 욕구를 적절히 반영하고 난 뒤, 투자자의 관심을 끄는 재무적 예측 자료를 제시해야 한다. 이를 통해 투자자들은 자금 투입의 정도와 가격을 결정하게 된다. 투자자에게 무엇보다도 중요한 것은 투자한 자본의 회수기간이다. 따라서 사업계획서는 투자자가 최소 3-7년 후 상장이나 매각을 통해서 투자 지분을 유동화할 수 있는 대안을 제시해야 한다.

2.2.2. 사업계획서의 구성

사업계획서는 구상하고 있는 사업의 특징, 기본적 가정 및 재무적 계획을 명시한 문서를 말한다. 이러한 사업 계획서에는 목적이 명시되어야 하고, 독자에게 정확히 전달되어야 한다. 사업계획서는 독자가 산업이나 기술에 전문적인 지식을 가지고 있지 않다는 전제하에 창업자의 주장을 뒷받침할 수 있는 논거가 있어야 하며, 구색을 갖춘 비교적 짧은 글이어야 한다.

① **요약**: 사업 계획서의 요약(Executive Summary)에서는 회사의 현황과 경영진, 제품/서비스 및 사용자의 효익, 시장과 경쟁 상황, 재무 예측, 필요 자금의 액수와 운용 방안, 그리고 투자자의 예상 수익 등을 2쪽 이내로 기술한다.

② **회사**: 회사 소개 부분에서는 회사의 연혁, 목적, 경영진 등이 다루어진다. 구체적으로 회사의 조직 방안, 역할과 책임, 창업자의 개략적 경력, 회사의 생성 과정 및 현황(종업원, 매출, 순익, 제품, 설비 등), 그리고 사업 전략 등을 기술한다.

③ **제품/서비스**: 제품에 관해서는 보다 구체적인 수준에서 제품이 충족할 시장의 욕구를 경쟁사의 제품과 대비하여 기술한다.

④ **시장**: 시장 부분에서는 (1) 목표 시장의 크기, 성장률, 구매 특성 (2) 창업자가 시장을 보는 시각 (3) 회사가 예상하는 시장의 반응 등을 기술해야 한다.

⑤ **경쟁**: 이 부분에서는 목표 시장의 경쟁 업체를 분석한다. 주로 경쟁 업체의 제품, 가격, 마케팅 방법 등을 기술한다.

⑥ **영업 및 마케팅**: 목표 고객을 파악하는 방법, 광고 및 판매 촉진 방안, 유통 경로, 그리고 제품 출시 방안 등을 기술한다.

⑦ **운영**: 여기서는 제품의 생산 방법, 또는 서비스의 운영 방법 등을 다룬다. 구체적으로 설비 투자 방법, 하도급 방안, 운송 방법 등을 논의 한다.

⑧ **재무**: 재무 예측 부분에서 투자자들은 최대한 현실적인 수치를 기대한다. 손익계산서, 대차대조표, 현금흐름표, 손익 분기 분석, 그리고 매출, 순익, 현금 잔고 등 중요한 재무 지표 등을 기술해야 한다.

⑨ **부록**: 여기서는 핵심 경영진에 대한 이력서와 업무 책임을 기술하고, 창업 경영진이 능력 있고 조화로운 팀을 형성한다는 점을 부각시킨다. 제품에 대한 소개와 고객이나 공급 업체로부터의 서한 등을 첨부할 수 있다.

2.2.3 사업계획서 작성 가이드

여기서는 창업자가 실제로 사업 계획서를 작성하고자 할 때 제시해야 하는 주요 사항들이 무엇인지를 자세하고 포괄적인 사업계획서의 가이드라인을 통해 소개하고자 한다. 실제로 벤처 투자사에 제출된 사업계획서와 각종 정부 창업지원 사업의 사업계획서에 필요한 내용으로 다음 내용을 참조하기 바란다.

중소기업 창업 지원 법, 중소기업 진흥법, 공장 배치 및 공장 설립에 관한 법률 등 각종 법령에 의거하여 제출해야 하는 서류 중 사업계획서가 포함될 경우 해당 기관에서 요구하는 서류 양식에 따라 충실히 작성하면 된다. 예컨대 중소기업 창업 지원 법 시행 규칙 제8조(사업 계획의 승인 신청 등)에 보면 "시행령 제29조의 규정에 의한 기술 집약형 중소기업 및 동 제30조의 규정에 의한 농어촌 지역에서 창업되는 중소기업의 창업자가 법 제21조 1항 및 영 제27의 규정에 의하여 사업계획의 승인 또는 변경 승인을 얻고자 하는 경우에는 별지 제6호 서식의 신청서에 다음 각 호의 서류를 첨부하여 시장, 군수, 구청장(자치구의 구청장을 말한다)에게 제출하여야 한다."라고 규정되어 있다.

여기서 제출 서류에는 (1) 사업 계획서(승인 신청서의 경우에 한한다), (2) 변경 계획서 및 변경 사유서(변경 신청의 경우에 한한다), (3) 변경 내용의 신·구 대비표(변경 신청의 경우에 한한다), (4) 위치도, (5) 공장 예정지 지적도, (6) 공사 개요서, (7) 개략 설계 도, (8) 개략 공사비 조서 등으로 규정하고 있어 사업계획서를 주어진 양식에 의해 작성하여 제출해야 한다. 이러한 창업 사업 계획승인에 의한 창업은 공장 설립 신고, 농지 전용 허가 등 공장 설치와 관련된 각종 인 허가를 원 스톱 서비스 원칙에 이해 일괄 의제 처리를 받을 수 있어 창업 절차를 최대한 간소화해준다.

여기서 요구하는 사업계획서의 개괄적 구성은 아래와 같다.

(1) 사업개요
(2) 생산 제품 소개
(3) 생산 및 판매 계획
(4) 창업 전후의 생산 제품 비교
(5) 기술집약형 중소기업 업종에의 해당여부
(6) 공장입지
(7) 시설 내역 및 소요 자금
(8) 자금 조달 계획
(9) 고용 계획
(10) 환경오염 방지 계획
(11) 사업계획 승인으로 의제 처리되는 인허가 관련 기재 사항

다음에서는 창업 투자 회사 등에 의해 일반적으로 요구되고 다양한 용도로 창업자가 활용할 수 있는 사업계획서의 실무적 양식을 보다 구체적으로 소개하고자 한다. 우선 개괄적 구성을 제시하고, 다음으로 각 항목마다 작성해야 하는 내역을 설명한다.

사업 계획서의 목차

1. 개요
2. 연혁
3. 주요 주주 및 경영 기술진
4. 기구 조직도
5. 주요 재무제표
6. 차입금 현황
7. 사업계획 내용
8. 제출 자료

사업 계획서 구성 양식

1. 개요
   • 회사명
   • 대표자
   • 업종: 표준 산업 분류(세세 분류 5자

리)기재
- 계획 제품
- 설립(예정)일
- 기업 형태: 법인/개인
- 자본금
- 자산 규모
- 종업원 수
- 주소 및 전화
  - 본사
  - 사업장
  - 계획 사업장: 대지 평수, 건물평수, 소유
  - 형태(자가/임차)
- 계획 사업명
- 신청 금액

2. 연혁
   - 주요 연혁 사항의 일자 및 내용 기재
3. 주요 주주 및 경영 기술진
   - 주요 주주
     - 주주명, 소유 주식, 금액, 지분율, 관계, 비고 사항 기재
   - 경영 기술진
     - 성명, 직위, 나이, 학력, 경력 사항 기재
4. 기구 조직도
   - 회사 조직도를 도표로 작성함
5. 주요 재무제표
   - 대차 대조표: 과거 2개년
     - 유동 자산
     - 투자와 기타 자산
     - 유형 고정 자산
     - 무형 고정 자산
     - 이연 자산
     - 유동 부채
     - 고정 부채
     - 부채 총계
     - 자본금
     - 잉여금
   - 손익계산서: 과거 2개년
     - 매출액
     - 매출 원가
     - 판매 관리비
     - 영업 이익
     - 영업외 수익
     - 영업외 비용
     - 지급 이자
     - 경상 이익
     - 특별 손익
     - 법인세 등
     - 당기 순이익
6. 차입금 현황
   - 차입 기관별 종류, 현잔, 차입월, 상환일, 이자율, 비고(연체 등)
7. 사업 계획 내용
   - 계획 사업의 개요
     - 제품의 개요, 사업동기, 사업 목적, 기대효과, 사업 규모, 경쟁력 등을 기술
   - 계획 사업의 추진 필요성
     - 기술명: 기술집약형 품목 해당 사항 내용
     - 포함
     - 용도
     - 특성
     - 기타: 국내외 관련 기술현황, 사업화 사례 등 포함
   - 계획 사업 부문별 소요 자금 및 조달 방법: 향후 연도별 및 총계
     - 소요 자금
       * 토지 구입
       * 토목 공사
       * 건축 공사
       * 기계 장치: 규격, 수량, 가격, 용도 등 명세를 별지에 첨부
     - 기타
     - 계
       * 조달방법
     - 본건 차입
     - 자체 자금
     - 기타 차입

- 계
- 계획 사업 일정
  - 수행 기간
  - 월(분기)별 추진 사항 기재
- 인원 현황
  - 현재 관리직, 영업직, 기술직, 기능직, 기타 임원 및 직원 기재
  - 완공 후 관리직, 영업직, 기술직, 기능직, 기타 임원 및 직원 기재
- 생산, 판매 실적 및 계획
  - 생산, 판매 실적: 과거 3개년 연도별, 제품별
  - 내수
  - 수출

  향후 4개년 연도별, 제품별 판매 계획
  - 내수
  - 수출
- 생산 공정도 및 공정 설명
  - 공정별 공정명, 설비명, 수량, 생산능력, 공정 설명
- 추정 손익 계산서: 향후 4개년 연도별
  - 매출액
  - 매출원가
  - 매출 총이익
  - 판매 및 일반 관리비
  - 영업 이익
  - 영업외 수익
  - 영업외 비용
  - 지급 이자
  - 법인세 등
  - 당기 순이익
- 제품 제조 원가: 향후 4개년 연도별
  - 재료비
  - 노무비
  - 경비
    * 감가상각비
    * 복리후생비
  - 외주가공비
  - 소모품비
  - 리스료
  - 지급 수수료
  - 기타
    * 계
- 추정 대차 대조표: 향후 5개년 연도별
  - 유동 자산
  - 투자 자산
  - 기타 자산
  - 유형 고정 자산
  - 무형 고정 자산
  - 이연 자산
  - 자산 총계
  - 유동 부채
  - 고정 부채
  - 부채 통계
  - 자본금
  - 잉여금
  - 부채와 자본 총계
- 담보 제공 계획
  - 담보별 종류, 수량, 금액, 비고 기재
  - 담보 총계 기재

8. 제출 자료
- 경영 기술진 이력서, 주민등록 등본
- 담보 제공서 담보물 감정서, 도시 계획 확인원, 등기부 등본
- 연대 보증인 주민등록 등본, 인감 증명서
- 법인 정관, 인감 증명서
- 상업 등기부 등본
- 사업자 등록증 사본
- 최근 2년간 결산 서류
- 제품 카탈로그
- 기타 참고자료

2.3. 창업자금 조달 및 투자

2.3.1. 창업자금의 의의

창업초기에는 창업인력의 인건비, 사무실 운영비, 연구개발비, 자재 구입비 등 생존과 사업아이템 개발을 위한 최소한의 경비가 필요하다. 창업자가 할 일은 소요되는 자금을 정확히 계산해 내는 것이다. 사업계획 단계에서 아무리 치밀하게 계산하여도 실제 사업 준비를 하다보면 전혀 예상치 못한 경비가 소요되고, 사업이 예상보다 지연되는 경우 더 많은 경비가 소요되기 때문에 처음부터 다소 여유 있게 예산을 세우는 것이 안전하다.

2.3.2. 사업 성장 단계별 소요자금

2.3.2.1. 연구개발 및 창업초기 단계

연구개발 및 창업초기에는 씨앗자금과 창업자금이 필요하다. 씨앗자금은 신기술, 신제품의 연구, 개발, 시험, 시장조사, 사업계획에 투여하는 초기자금을 말하며, 창업자금은 시제품의 생산 및 판매를 위한 마케팅 활용자금을 말한다.

2.3.2.2. 사업화 및 성장단계

사업화 및 성장단계에서는 초기 확장자금과 기업약진 단계자금이 필요하다. 초기 확장자금은 손익분기점에 도달을 추진하는 단계까지 소요되는 자금이며, 기업약진 단계자금은 기업의 확장을 위한 투자자금과 시설확장, 시장확대, 마케팅, 품질개선에 소요되는 자금을 말한다.

2.3.2.3. 안정화 및 성숙단계

안정화 및 성숙단계에 필요한 자금은 확장자금이라고도 하는데, 이는 매출증가에 따른 운전·시설자금과 신기술 개발자금, 해외 투자자금 등을 말한다. 이시기에는 이미 손익분기점을 넘어서 기업의 자금조달이 크게 어렵지는 않은 시기이다.

2.3.3. 기업의 자금조달 방법

2.3.3.1. 단기자금과 장기자금

통상적으로 외부 차입에 의한 부채나 외상매출금과 같은 자산의 경우 장·단기의 구분은 1년을 기준으로 하게 된다. 즉, 1년 이내에 변제기가 도래하는 부채의 경우를 단기부채, 또는 유동부채라고 하며 기업의 유동성에 큰 영향을 미치게 되므로 이러한 단기부채의 관리에 각별하게 신경을 써야 한다.

2.3.3.2. 내부자금과 외부자금

외부자금은 일반적으로 내부자금에 비하여 높은 비용이 수반되게 된다. 따라서 자금을 조달하여야 할 경우는 반드시 아래와 같은 내부자금을 우선적으로 검토하여야 하는 것이다. 한편 유형적인 자금조달에만 얽매이지 말고 거래조건의 변경 등 다양한 자금 활용방안을 모색하는 것이 중요하다.

① 내부자금의 원천
- 당기순이익
- 내부 유보 이익: 배당금 차감전의 유보이익
- 보유 자산 처분: 설비, 매출채권, 재고자산, 기타 자산(자동차 등)
- 회수: 투자금, 주주·임원·종업원 단기 채권, 선급비용
- 투자계획의 철저한 검토: 보수적 투자계획
- 비용관리: 기업 각 부문별 활동에 대한 비용분석 및 효과분석
- 이와 같은 내부자금 활용에 대한 검토는 필연적으로 자산관리와 연관

② 외부자금의 원천
- 신용거래: 거래조건의 변경, 지급기일 연장 등 현재의 거래조건을 최대한 활용
- 차입: 주변 인물이나 은행 등 금융기관으로부터의 자금조달
- 자본금 증자: 외부투자자를 물색하여 자본금 증액

2.3.4. 창업자금의 조달방법

회사의 개념단계나 출발단계에서는 투자자를 설득하기가 쉽지 않고, 투자를 받는다 해도 상당 부분의 지분을 할당해 주어야 한다.

표 14-8 사업자금의 조달원 및 조달 방법

사업자금	자금의 조달원
개 인	친척, 친구, 과거 고용주, 미래 납품업자·고객, 고용예정자, 투자가
기 업	원자재 납품회사, 상품의 판매회사
금융기관	중소기업은행, 국민은행, 외환은행, 한국산업은행, 한국수출입은행
창업투자회사	창업투자회사, 창업투자조합
중소기업진흥공단	중소기업진흥공단
신기술사업금융회사	신기술사업 금융회사
신용보증기관	신용보증기금, 기술보증기금, 지역신용보증재단
리스회사	리스회사
투자기관	투자금융회사, 종합금융회사, 투자신탁회사, 증권금융회사
보험회사	생명보험회사, 손해보험회사
저축기관	신용금고, 체신예금, 신용협동조합, 상호금융, 새마을금고
증권회사	증권회사
정부기금	중소기업진흥기금, 중소기업구조조정기금, 중소기업창업지원기금 등

2.3.5. 은행의 활용

은행의 융자절차는 그동안 지속적으로 추진되어온 융자절차 간소화 작업으로 상당 부분 간소화되기는 하였으나 은행경영의 건전성 확보라는 면에서 융자 시 사전 신용 자사에서부터 대출금 사후관리에 이르기까지 복잡한 절차를 거치게 된다.

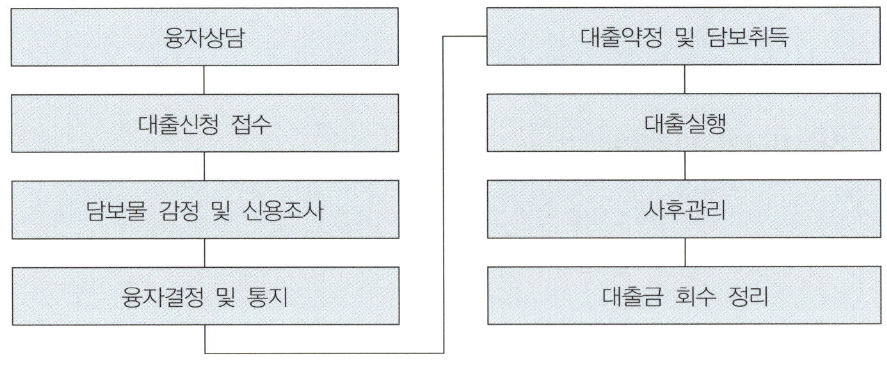

그림 14-3 융자절차 흐름도

2.3.5.1. 대출신청

① 신청 서류의 접수: 은행은 대출신청기업과의 융자상담 결과 융자신청이 타당하다고 인정될 경우, 자금용도에 따라 차이는 있으나 일반적으로 다음과 같은 서류를 요구한다.

표 14-9 융자신청서류

기본 서류	필요 시 요구 서류
– 융자상담 및 차입신청서 – 이사회 차입결의서(법인의 경우) – 법인인감증명서(법인의 경우)	– 사업계획서(시설자금대출) – 신용조사 및 감정서류 – 사업자등록증 사본(개인기업) – 주무관서의 인가서 또는 추천서 사본 – 기타 필요한 서류

이밖에 은행은 융자신청서 담보물 감정에 필요한 서류, 신용조사에 필요한 서류 및 기타 융자신청과 관련된 서류를 요구하며, 융자실행 시에 채권보전에 필요한 서류를 요구하고 있는데 각각의 경우에 필요한 구체적인 서류내역은 <표 14-10>과 같다.

표 14-10 담보를 감정서류 및 신용조자서류(융자신청 시)

구분	기본 서류	필요 시 청수 서류
담보물 감정서류	– 토지등기부등본 – 건물등기부등본 – 도시계획확인원 – 공장인 경우 •기계기구 목록 •수입면장 또는 국산기계구입 영수증 사본	– 토지대장 – 건축물 관리대장 – 주택의 경우 임대차 계약서 사본 – 기타 필요한 서류
신용조사 서류	– 사업현황서 – 법인등기부등본 – 사업자등록 사본 – 최근 2년간 결산 재무제표 및 부속명세서 – 최근 월말 합계잔액시산표	– 주요 주주명부 – 납세완납증명서류 – 향후 3년간 추정 재무제표 – 기타 필요한 서류

표 14-11 채권보전서류(융자실행 시)

기본 서류	필요 시 요구 서류
– 어음 또는 여신거래 약정서 – 채무자 및 보증인의 인감증명서 – (근)저당권 설정계약서 및 위임장	– 추가약정서 – (근)보증서 – 질권설정 계약서 및 위임장 – 기타 필요한 서류(담보제공 상담표 등)

② **신청 서류의 검토:** 은행은 대출실행을 결정하기에 앞서 기업이 제출한 융자신청서류 및 채권보전서류 등에 대한 검토를 하게 되는데 주요 점검사항은 다음과 같다.

㉠ 신청인의 본인 여부, 본인이 아닌 경우에는 그 위임관계

㉡ 신청인의 법률상 행위 능력

㉢ 대리인이 본인의 인감을 소지하고 있는 경우에는 그에 대한 충분한 이유가 있는지 여부

㉣ 신청인의 호적상 지위, 직업 및 생년월일

㉤ 제3자가 담보를 제공하는 경우에는 구체적인 담보제공 사유

㉥ 담보물건이 적합하고 채권 보전 상 충분한가의 여부

㉦ 사업의 개요, 사업현황 및 전망, 과거의 거래현황

㉧ 자금 용도의 적부

㉨ 차주의 인격, 경영능력, 종업원과의 관계, 과거 경력, 건강상태 등

㉩ 상환자원의 적부 등

㉪ 법령, 기타 지시사항 및 관계규정과의 부합여부

㉫ 기타 필요한 사항

2.3.5.2. 담보수순

담보대출의 경우 은행은 대출신청서류를 접수한 후 신청금액이 담보물가액 이내인지 제공된 담보물의 가치를 확인한다.

2.3.5.3. 신용조사

신용조사는 일행이 대출신청기업이 제출한 재무제표 등을 중심으로 사업의 안정성, 수익성 및 상환능력, 기업의 성장성, 산업구조상 차지하는 비중, 정책적 사업에 대한 특전 등을 검사함으로써 대출여부를 결정하기 위한 자료를 작성하는 데 목적이 있다.

2.3.5.4. 대출결정 소요기간

은행은 차입신청서에 대한 심사결과 가능한 것으로 판정되면 해당 대출건에 대한 대출을 결정한다. 대출결정은 신청금액의 규모에 따라 본부승인사항과 취급점장 전결사항으로 구분되는데 본부승인에 의하는 경우가 취급점장에 의하는 경우보다 대출결정에 소요되는 기간이 더 긴 것이 일반적이다.

2.3.5.5. 대출실행

차입신청에 대한 심사결과에 따라 결정권자가 대출승인을 하면 대출이 실행된다. 이때 해당 대출금은 차주명의의 예금계좌에 입금시키는 것을 원칙으로 한다.

2.3.5.6. 담보

담보는 채권자인 은행이 기업 등 채무자의 채무불이행에 대비하여 채권을 확보하는 수단인데 담보취득대상물로는 보통 부동산이 이용되며 이밖에 동산, 유가증권, 예·적금 등이 채권담보로 제공될 수 있다.

2.3.6. 창업지원제도

2.3.6.1. 창업지원제도의 체계

국가경제의 내실 있는 성장·발전과 지역 간 균형성장, 고용확대, 기술개발 촉진, 수입대체 및 수출촉진, 국가경쟁력 강화 등을 위해서는 중소기업이 탄탄한 저변을 형성할 수 있도록 창업을 촉진하여야 한다.

정보는 1986년 5월 12일 중소기업창업지원법을 제정하였으며, 중소기업의 창업을 지원하고, 창업 중소기업이 성장·발전할 수 있도록 절차를 간소화하고, 금융·세제지원 등 종합적인 창업촉진대책을 강구하는 등 정책적 노력을 집중하고 있다.

특히 1996년 2월 12일 중소기업청 개청을 계기로 규제완화 대상을 적극 발굴하여 보다 쉬운 창업이 될 수 있도록 노력하고 있다. 이밖에 중소기업진흥 및 제품구매촉진에 관한 법률(제41조~제46조)과 조세감면규제법(제6조, 제113조~제115조) 등의 관련 법령에 따라 창업지원이 행해지고 있다. 창업기업에 대한 지원체계를 요약하면 [그림 14-4]와 같다.

2.3.6.2. 창업지원의 목적과 효과

창업지원법을 제정·운영을 함으로써 현재의 대기업 중심의 국가산업 기반 구축에서 탈피하여 중소기업이나 벤처기업 중심의 산업구조를 통하여 국가경쟁력 향상과 고용창출에 기여하고자 하고 있다. 이처럼 창업을 적극적으로 지원함으로써 발생하는 효과는 고용창출과 증대, 기술개발촉진, 국내연구개발 의욕고취, 국제경쟁력 강화, 경쟁력 향상, 수입대체 및 수출촉진, 수입규제 회피, 실업극복 등이 있다. 이러한 창업지원의 목적과 효과에 대하여 살펴보면 <표 14-12>와 같다.

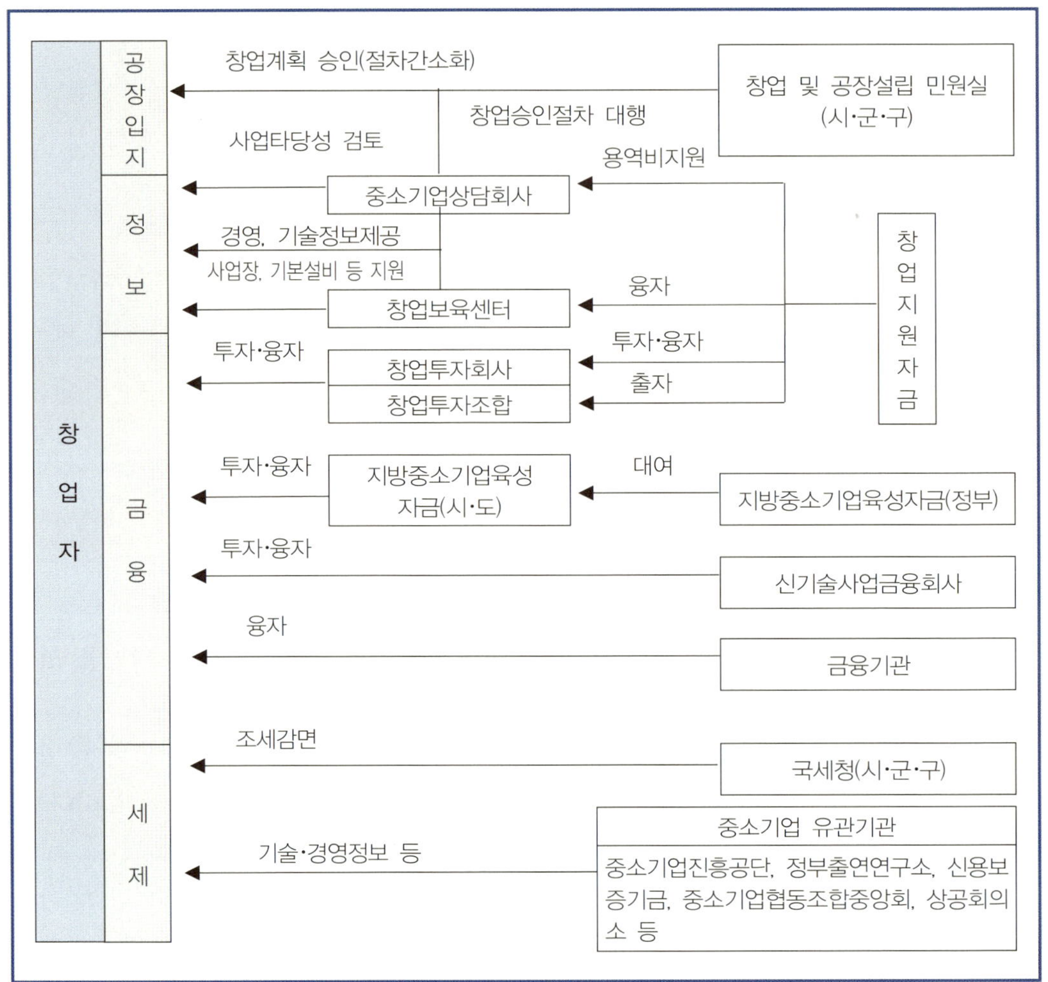

그림 14-4 창업지원 체계도

표 14-12 중소기업 창업지원의 목적과 효과[6) 7)]

구분		
목 적	• 건실한 산업구조의 구축 • 중소기업설립의 촉진 • 중소기업의 발전	• 지역 간 균형성장 • 벤처기업의 육성
효 과	• 국가경쟁력 강화 • 고용촉진 및 향상 • 고용창출과 실업극복 • 수입규제 회피	• 수입대체 및 수출촉진 • 기술개발촉진 • 국내연구개발 의욕고취 • 경제력 향상

6) 방용성, 주윤황 (2014). *창업경영*. 서울: 학현사

7) 정승화 (2008). *벤처 창업론*. 서울: 박영사

3 창업 전략

3.1. 창업 경영전략

3.1.1. 경영전략의 정의

경영전략이라는 개념은 챈들러(A.D. Chandler, 1962)에 의해 첨으로 사용하였으며, "기업의 장기적 목적 및 목표의 결정, 이들 목표를 실행하기 위하여 필요한 활동방향과 자원배분의 결정"이라고 정의하였다.

경영전략이란 기업의 목표를 달성하기 위한 기업 경영활동의 방향을 제시하는 기본적인 틀로서, 기업환경과 기업내부자원을 분석하여 기업의 목표를 달성하기 위한 구체적인 대책과 방법을 말한다. 즉, 경영전략은 기업의 장점과 약점을 기업환경의 기회와 위협에 적합하게 맞추기 위한 의사결정이다.

3.1.2. 경영전략 계획의 수준

경영전략 계획은 조직 규모에 따라 차이가 있다. 일반적으로 전사적 전략, 사업부 전략, 기능부서의 전략 등으로 구분 수립하고 있다. 그러나 조직의 규모가 작은 경우 거창한 경영전략의 수립은 거의 하지 않는다. 창업자는 자기 기업(점포)이 규모가 아주 작다고 해서 경영전략이 필요 없다고 생각한다면 그것은 잘못된 것이다. 무슨 일이든 경영이 필요한 곳에는 전략이 반드시 필요하며 그것의 활용에 따라 결과 달라진다는 것을 명심해야 한다.

3.1.2.1. 기업전략(전사적 전략)

기업전략(corporate strategy)은 기업의 최고 경영자(창업자)가 기업 경영활동의 목표를 이루기 위해, 기업의 나아갈 방향을 정하기 위해 수립하는 전략이다.

기업의 사명을 정의하고, 사업수준과 기능수준에서 나오는 문제들을 검토하며 관련된 활동들 간의 연계성을 발견하고 전략적 우선순위에 따라 자원을 배분한다.

3.1.2.2. 사업전략(사업부 전략)

사업부란 자율적인 운영권을 행사하는 전략적 사업단위라고 하는데, 기업전략이 수립되면 각 사업부는 사업전략을 세운다. 사업전략(business strategy)에서는 기업환경의 정확한 인식, 해당 사업의 경쟁우위, 기업전략에 의해 배분된 자원의 사업부에서의 활용에 대해 구체적인 방법을 결정한다.

3.1.2.3. 기능별 전략(기능부서의 전략)

기능별 전략(functional strategy)이란 사업전략을 실행하기 쉽도록 기능조직단위로 실행할 전략으로서, 생산, 재무, 인사, 마케팅, 연구 개발 등과 같은 각각의 기능부서의 활동 방향을 정하기 위한 전략이다. 기능별 전략은 주로 기능부서의 전문적인 문제에 국한되고 있다.

3.1.3. 경영전략의 분석요소

3.1.3.1. 외부환경

기업이 경영전략을 수립할 때 가장 먼저 고려해야 할 것은 기업을 둘러싼 외부환경이다. 이때 기업에 직접적으로 영향을 미치는 과업환경뿐만 아니라, 기업이 통제할 수 없으나 영향을 미치는 정치적, 경제적, 사회적, 문화적 환경 등 일반 환경에 대해서도 철저히 분석해야 한다.

3.1.3.2. 내부여건

외부환경에 대한 분석이 끝나면 기업 내부의 강점과 약점을 분석하여야 한다. 즉, 기업 자신의 능력과 한계를 정확하게 파악해야 한다. 이러한 내부여건에는 기업의 재무구조, 생산기술 및 설비, 인적자원, 영업능력 등이 포함된다.

3.1.3.3. 기업철학

외부환경과 내부여건에 대한 분석을 토대로 경영자는 전략을 수립하게 된다. 이때 기업의 비전, 사명, 가치관 등은 전략 수립에 영향을 끼친다. 기업의 사명은 기업이 존재하는 이유를 밝히는 것으로, 기업 활동의 방향을 정하는 기본이 되며, 이러한 기업의 사명을 바탕으로 기업의 목표를 정하게 된다.

3.1.3.4. 사회적 책임

기업은 계속적으로 유지되고 발전해야 할 책임을 지닌다고 하였다. 또 사회에 기여한 만큼 기업 이미지가 제고된다. 따라서 경영전략을 수립할 때에 사회적 책임을 고려해야 한다는 것은 기업의 가장 기본적인 목표인 이윤추구와도 일맥상통한다고 할 수 있다.

3.1.4. 경영전략 모형

경영전략 모형을 설명하면 가치사슬모형, 경쟁세력모형, 전략적 격자모형, SWOT 분석으로 설명할 수 있다. 여기에서는 전술한 전략적 격자모형과 SWOT분석은 생략한다.

3.1.4.1. 가치사슬모형

가치사슬모형은 정보시스템이 경영활동을 지원하는데 어떻게 활용되는가를 분석하기 위하여 M. Porter가 제시한 모형이다. 가치사슬이란 제품 및 서비스의 생산에 필요한 여러 업무를 구분하여 몇 개의 활동으로 나누어 연결시킨 것을 말하고 이 때 발생하는 여러 가지 활동을 가치 활동이라고 한다.

가치사슬에서 기업의 활동은 기본활동과 지원활동으로 이루어지는 가치활동(value activity)들로 나누어지는데 [그림 14-5]에서 보는 바와 같이 이러한 활동들은 제품과 서비스의 생산에 필요한 활동들이다. 가치사슬은 '기본활동(primary activity)'과 '지원활동(support activity)'으로 이루어져 있다.

먼저 기본활동은 내부물류(inbound logistics), 생산활동(operations), 외부물류(outbound logistics), 마케팅 및 판매(marketing and sales), 그리고 서비스(service)로 이루어져 있다.

제조업의 경우, 내부물류를 지원하는 활동들은 유입되는 원재료의 입고와 처리를 포함한다. 생산활동은 투입된 원자재를 최종 제품 및 서비스로 변환하는 기능들을 의미한다. 외부물류는 주문 처리와 구매자에게 제품을 보내거나 서비스를 제공하는 과정을 지원한다. 마케팅 및 판매활동은 광고, 판촉, 영업사원 관리를 포함한다. 서비스는 제품의 가치유지 및 향상을 위한 서비스 활동이다.

지원활동은 경영의 기본활동들을 지원하는 지원을 포함한다. [그림 14-5]에서 보는 바와 같이 지원활동은 기본활동을 보조하기 위하여 기업하부구조, 인적자원관리, 기술개발, 구매활동 등을 제공한다.

예를 들어, 기업하부구조는 일반관리 및 기획업무, 재무관리, 법적수속, 회계 등을 의미하는데 이들은 가치사슬을 전반적으로 지원한다.

Porter의 견해에 따르면, 가치사슬은 상호의존적인 연계시스템으로서 사실상 어떤 활동이 수행되는 방식은 다른 활동에도 영향을 미치게 된다.

3.1.4.2. 경쟁세력모형

① 경쟁세력모형의 개념: 기업의 경영전략의 수립을 위해서는 바탕을 둔 경영환경에 대한 파악이 중요한데 현재 기업이 가지고 있는 제품과 서비스, 그리고 업무처리기능의 기회와 위험 요인들에 대한 철저한 분석이 선행되어야 한다.

② 경쟁전략

- 비용우위전략: 비용우위는 경쟁하는 산업 내에서 원가를 절감하거나 생산성 향상을 통하여 경쟁력을 제고시키는 전략을 말한다.
- 차별화전략: 차별화전략은 자사의 제품이나 서비스를 타사의 것에 비하여 차별화함으로써 경쟁우위를 확보하려는 전략으로 제품차별화, 시장차별화, 서비스차별화 등이 있다.
- 집중화전략: Porter가 주장한 세 번째 경쟁전략은 집중화전략인데, 한정된 기업자원을 특정시장이나 제품에 집중함으로써 달성된다.

3.1.5. 전략적 마케팅관리

전략이란 주어진 목표를 달성하는 가장 효율적인 방법에 관한 계획과 결정을 말하며, 전술이란 선택된 전략을 집행하는 데 관한 계획과 결정이다. 전략적 마케팅관리는 마케팅목표(예, 시장점유율, 매출액, 상표선호도)를 설정하고, 이를 달성하기 위하여 필요한 활동들을 계획하고 통제하는 것이다.

3.1.5.1. 표적시장 결정

기업마다 능력을 가장 잘 발휘할 수 있는 세분시장이 다르다. 따라서 한 기업이 시장 전체를 범위로 하여 경쟁하기보다는 그 시장에서 자사가 가장 잘 충족시켜 줄 수 있는 부분을 알아내야 한다. 표적마케팅을 위해 다음과 같이 시장세분화-표적시장 결정-포지셔닝(이미지 창출)의 세 단계가 필요하다. 이 내용은 제10장 표적시장에 자세히 서술한바 있다.

3.2. 창업 인적자원관리전략

3.2.1. 창업 인사관리

3.2.1.1. 인사관리의 의의와 역할

① 의의: 기업은 물적 자원 그 자체로부터 어떤 성과를 얻는 것이 아니라 이들 분야

에서 일하는 사원의 활동에 의해서 목적을 달성하는 것이다.

② 역할: 인사관리활동은 그 관리의 대상이 돈이나 물건이 아니라 인간인지라 여러 측면에서 이중적이고 애매한 특성을 지니고 있는데 그 중에서 다음의 사항들은 특히 염두에 두고 관리에 임해야 하는 것들이다.

③ 인사관리활동의 변화: 창업기업의 살림살이를 꾸려나가기 위해서는 자본, 시장 기술, 정보 등 모두가 필수적인 요소이며 이들 모두가 급변하고 있지만 인적자원 관리의 패러다임이 특히 많이 변했다.

④ 인사관리활동의 설계: 구체적 인사관리활동이란 훌륭한 사람을 적정량 뽑아서 적합한 업무를 맡기고 일한 만큼 공정하게 보상을 하고 부족한 능력을 계속 향상시켜 주며 승진, 이동을 당사자와 회사의 목적에 부합되도록 조정해주며 노동자 단체의 집단적 요구를 적절하게 해결해 주는 것이라고 할 수 있다.

⑤ 확보관리: 인사관리의 최종목표는 능력 있고 혁신적인 인력을 채용하여 유지하는 것 이다. 적절한 인력이 없다면 아무리 잘 만들어진 계획과 잘 설계된 조직이 있더라도 효율적 경영이 이루어질 수 없다.

⑥ 교육·훈련관리: 일단 채용된 인력은 말할 것도 없고 기존인력도 가끔 재훈련이 필요한데 교육·훈련 내용은 크게 둘로 나눌 수 있다. 하나는 업무처리를 위한 기술·지식교육이요 다른 하나는 사기부여, 태도 변화를 위한 정신교육이다. 교육의 종류도 그 대상이 누구냐에 따라 간부교육, 경영자교육, 신입사원교육 등으로 나누어지고 어디서 하느냐에 따라 사내교육과 위탁교육 등의 사외교육이 있을 수 있고 사내교육도 직접 업무현장에서 시행착오를 겪으면서 배우는 직장 내(현장) 교육(On the job Training)과 현장에서 직접 교육하기에는 너무 위험하고 비용이 더 들 경우에는 별도 강의실이나 연수원을 이용하는 직장 외(현장 밖) 교육(Off the Job Training)으로 나눠지기도 하는데 이 두 가지 방식은 시기적절하게 병용되기 마련이다.

⑦ 보상관리: 사원에 대한 보상은 한편으로는 노력의 대가로 지급되는 것이지만 다른 한 편으로는 노력을 유인하는 수단이 되기 때문에 인사관리의 중요한 부분을 이룬다. 그 목표는 휴머니즘 차원을 너무 강조할 수도 없고 전혀 배제할 수도 없는 입장이지만 사원들의 생활비의 기초가 된다는 것을 감안하지 않을 수 없다.

⑧ 사원평가: 일단 전체적인 임금수준이 정해지더라도 이를 사원들 각자에게 어떤 기준으로 배분하느냐의 문제가 남는다. 대개는 신분을 기준으로 나이, 경력이 어느 정도냐(연공급), 하는 일이 무엇이냐(직무급), 어떤 기술과 자격을 가졌느냐(직능급), 회사목표를 얼마나 달성했느냐(성과급) 등이 고려되지만 이들 모두가

병행되는 것이 현실이며, 각 기업의 형편과 특성에 따라 그 비중을 약간씩 달리 하여 종합한다.

⑨ 유지관리: 인적자원의 유지관리라 함은 확보된 인력을 훈련시켜서 업무를 주고 그에 대한 보상을 하는 것도 중요하지만 한편으로는 그들의 능력을 계속 유지시키고 회사에 붙어 있도록 정신적 안정감을 주는 것도 필요하고 때로는 이직을 막고 때로는 적정인원의 유지를 위해 퇴직 대책을 마련하면서까지 조직구성원을 효과적으로 유지하는 전략을 말한다.

3.2.2. 새로운 인사관리 과제

3.2.2.1. 성장위한 혁신과 경영체제 필요

한국 기업의 빠른 추종자(fast-follower) 전략이 한계를 노출하는 가운데 신제품과 서비스를 창출하기 위한 '창조경영'이 화두로 등장하게 되었다. 물론, 미래 성장 동력의 발굴을 위한 新혁신전략 추진이 시급한 상황임을 기업들이 모두 인식하고 있었다.

시대적 상황이 점점 열악해지고 있는 가운데 낮은 출산과 고령화로 인한 인력부족 시대에 어떻게 대응할 것인가에 대한 과제가 새로운 경영체제로의 해법임에 틀림없으며 또한 과격한 노사분규와 갈등에 대한 해소가 기업의 안정적 성장의 기본이 될 것이라 믿는다.

3.2.2.2. 성장위한 인사 부문의 미션(mission) 설정

① 창의성이 발현되는 조직 구현으로 성장 동력 확보에 기여

② 다양한 인재가 능력을 발휘할 수 있는 유연한 인사시스템 도입

③ 산업평화를 달성하여 지속 성장을 위한 기반 구축(상생적 노사관계 구축)

3.2.3. 직원채용

소자본 창업을 위해 인력을 채용할 때는 가급적 최소인원으로 시작하는 것이 좋다. 인력 충원과 관련해서는 다음과 같은 사항을 고려하여야 한다.

창업자 자신에 대한 분석과 창업하고자 하는 업종의 특성에 대한 분석결과를 서로 비교하여 필요한 업무에 대하여 우선 창업자가 감당할 수 없는 것이 무엇인가를 파악하여야 한다.

창업자가 감당할 수 없는 업무가 있다고 판단되면, 팀을 형성할 필요가 있다. 이때 창업자 또는 사업의 책임자는 사업을 철저히 이해하고, 사업에 필요한 인재는 어떤

재능과 특성을 갖춘 사람인가를 파악하여야 한다.

3.2.3.1. 채용기준

창업팀 또는 간부급의 인력이 확보되면 실무직원을 채용하여야 한다. 직원채용에 있어서 기준으로 하여야 할 사항은 능력, 화합, 발전 가능성이라고 할 수 있다.

① **업무수행 능력**: 채용하는 직원은 업무를 수행할 수 있는 사람이어야 한다. 그렇게 되기 위해서는 먼저 채용하는 직원에게 맡겨질 업무가 무엇이 될 것인가를 확실히 파악하고 있어야 한다.
② **화합**: 채용하는 사람은 상하 동료들과 화합할 수 있는 사람이어야 한다. 아무리 능력이 있어도 기업 풍토에 적응하지 못하면 주어진 업무를 원만히 수행하기 어렵다.
③ **잠재력**: 잠재력이 있는 사람을 채용해야 한다. 즉, 시간이 경과함에 따라 잠재력이 향상될 수 있는 사람이어야 한다. 그렇게 하기 위하여 필요한 사항 중에 하나는 오랫동안 근무할 수 있는 사람을 채용하여야 한다.

3.2.3.2. 모집방법

직원을 채용하려고 하면 먼저 채용비용을 고려하여야 한다. 채용비용의 범위 내에서 모집방법, 선발절차, 선발도구 등을 결정해야 한다. 일반적으로 널리 제공되는 모집방법 및 모집원은 다음과 같다.

① **광고**: 광고의 방법은 여러 가지이므로 비용이 저렴하고 효과적인 방법을 선택하면 된다. 광고의 유형은 주요 일간신문, 경제신문, 업종별 전문신문과 잡지, 라디오와 텔레비전 방송 등이 있다.
② **교육·훈련기관**: 이 방법은 고등학교, 전문대학, 4년제 대학교, 사설학원, 직업훈련원 등을 통하여 모집하는 방법이다.
③ **친인척**: 비교적 소기업의 경우 친지들은 창업기업에 주요한 인적구성원이 될 수 있다. 특히 충성심이 많이 필요한 업무의 경우 적합할 수 있다.

창업 인력과 조직을 구성할 때 고려해야 할 사항은 다음과 같다.

첫째, 창업초기의 창업 인력과 회사조직은 단순한 것이 좋다. 어느 정도 기반이 잡힐 때까지는 창업주 혼자서 모든 일을 처리하고 준비하는 것이 좋다.

둘째, 경력직원의 스카우트가 필요한 경우에는 신중을 기해야 한다. 스카우트 직원의 능력도 중요하지만 성격이 원만하고 협동심이 강하며, 창업주를 충실히 보좌해줄 수 있는 사람이어야 한다.

셋째, 창업주 혼자서 단독으로 사업을 영위할 수 없는 경우 흔히 동업형식으로 사업을 시작하게 되는데 이때 주의할 점도 많이 있다. 가급적이면 동업을 피하되 동업이 꼭 필요한 경우에는 상호조건을 정확히 제시하여 합의가 된 후에 창업 준비에 착수해야 한다. 또한 일정기간 후 동업관계가 끝난다는 전제하에서 동업관계가 종료되는 시점에서의 정리방법과 이해관계 조정방법 등도 미리 합의해 두어야 한다.

넷째, 창업 회사의 조직은 일반적인 회사조직을 중심으로 편성하되 해당 업종에 맞는 특색 있는 조직이 필요하다. 기업경영은 인력조직으로부터 시작해서 조직으로 끝난다고도 볼 수 있다. 조직 관리의 여부가 바로 창업주의 부담을 덜어주는 열쇠가 되며, 창업성공의 지름길이 되는 것이다.

3.2.4. 임금계획

신입 및 경력사원을 채용하기 전에 임금제도를 미리 정해놓아야 한다. 왜냐하면 임금제도의 확정 없이 개별적으로 임금교섭을 하게 되면 시간 낭비는 물론이고 종업원 간의 임금 수준이 일정하지 않게 되어 불만의 요소가 되기 때문이다. 또한 향후 임금 인상의 작업 시에도 큰 불편이 따르게 된다.

표 14-13 임금계획

경제적 측면: 가계수입의 원천(생계수단)	비용적 측면: 인건비(주요생산비)
사회적 측면: 사회적 신분의 상징(지위에 적합)	동기적 측면: 능률자극 수단(인재 확보)
심리적 측면: 욕구충족의 수단(유행, 레저)	순환적 측면: 구매력(유효수요)

임금을 노동 서비스에 대한 대가로 볼 때 그 대가의 내용에 있어서는 금전적인 것일 수도 있고 비금전적인 것일 수도 있으며 그 시기 면에 있어서도 현재일 수 있고 미래적일 수도 있다. 그렇다면 임금은 노동 서비스를 제공받는 사용자가 이를 제공하는 근로자에게 공유하는 모든 사전 편익을 포함한다고 보아야 할 것이다.

3.2.5. 교육훈련

기업에서 필요한 인력을 확보하기 위한 채용관리가 인적자원관리 활동의 출발점이라고 한다면 채용된 종업원이 조직문화나 기업환경에 빨리 적응하고 보다 나은 지식이나 기술을 습득케 하여 그들의 능력을 최대한으로 발휘할 수 있도록 하는 과정이

교육훈련이라고 할 수 있다. 교육훈련의 목적은 종업원의 지식, 기술, 태도를 향상 발전시켜서 종업원들로 하여금 그들의 직무에 만족을 갖게 하고, 직무수행능력을 더욱 발전시켜 그들로 하여금 한층 더 중요한 직무를 수행할 수 있도록 하는 데 있다.

먼저, 교육훈련의 필요성 또는 문제는 일반적으로 진행되는 직무의 성과가 미달되거나 잘못이 발생할 때 제기된다.

둘째, 과정은 교육훈련의 목적을 확인하는 것이다.

셋째, 과정은 교육훈련의 목표수준을 설정하는 것이다. 목표수준은 교육훈련의 효율성을 측정하기 위하여 척도를 마련하는 것이다.

넷째, 과정은 피교육자를 선발하는 것이다. 이 과정에서는 피교육자의 수준에 맞는 교육 과정을 결정하는데 계획된 교육내용이 필요하며, 동원이 가능한 종업원을 선발한다.

다섯째, 과정은 교육훈련을 위하여 피교육자를 지식, 기술, 태도 측면에서 교육훈련시킬 때 기준선을 설정하기 위하여 피교육자를 사전 테스트하는 과정이다.

여섯째, 과정은 적절한 교육훈련 방법과 기술을 선택하는 것이다. 교육목적, 평가기준, 피교육자의 수준에 따라 교육훈련방법을 달리 선택해야 한다.

일곱째, 과정은 실제로 교육훈련을 실시하는 과정이다. 이 과정에서 가장 중요한 것은 교육계획과정에서 결정된 형식과 바로 앞 단계의 교육훈련 사이클을 따라야 하는 것이다.

여덟째, 과정은 마지막 단계로 교육훈련 결과를 평가하는 것이다.

교육훈련은 이러한 순환과정을 통하여 지속되어야만 교육훈련 결과의 성과인 변화를 통하여 궁극적인 목적을 달성할 수 있다. 임시응변식의 교육훈련의 실시는 그 효과가 나타나기도 힘들지만 설사 효과가 있다고 해도 지속되기가 어렵다. 교육훈련의 순환과정을 상세히 살펴보면 다음과 같다.

3.2.4.1. 필요성 확인

교육훈련이 효율적으로 실행되기 위해서는 먼저 교육훈련의 필요성이 분석되어야 한다. 왜냐하면 그 필요성이 분석됨으로써 교육훈련의 내용과 방법을 결정하는 데 필요한 정보를 획득할 수 있기 때문이다. 교육훈련의 필요성을 분석하는 방법은 조직 및 생산 문제의 확인, 직무와 종업원의 분석, 종업원과 관리자의 의견모집, 미래에 닥칠 문제 예측 등을 통해 필요성을 도출할 수 있다.

3.2.4.2. 목적 설정 및 확인

교육훈련 프로그램상의 목표는 일반적으로 첫째, 교육과정 자체에 대하여 어떻게 보느냐, 즉 피교육자에게 읽고 쓰기를 연수시키거나, 금연이나 체중감소를 하도록 설계된 프로그램과 같이 피교육자의 프로그램 내용에 대한 반응을 목표로 하는 것이다. 둘째, 지식습득을 목표로 하는 것으로 예를 들어, 외식기업의 경영과 업무상 필요한 지식과 개념을 이해하고 배우는 데 목표를 두는 것이다. 셋째, 직무수행 중의 행동 변화를 목표로 하는 것으로 종업원의 서비스 태도를 향상시키는 것이다. 그리고 넷째, 주방에 쓰레기를 줄이는 훈련과 같은 결과 중심의 목표를 하는 것으로 구분할 수 있다.

3.2.4.3. 목표수준 설정

교육훈련의 필요성이 올바르게 파악되고 교육훈련의 목표가 설정되었다 하더라도 목표 수준이 수립되지 않으면 그 프로그램은 성공할 수 없다. 목표수준은 교육훈련과정을 통해서 얻어지는 지식이나 성과를 측정하는 척도를 마련해 주는 역할을 한다.

3.2.4.4. 피교육자 선발

교육훈련 프로그램의 성공 여부는 궁극적으로 피교육자에게 달려 있다. 아무리 훌륭한 교육을 실시한다 하더라도 피교육자의 노력이 없이는 아무런 성과를 기대할 수 없다. 따라서 피교육자를 선발하는 것은 그 프로그램의 성공 여부에 커다란 영향을 미칠 수 있다.

3.2.4.5. 사전 테스트

사전 테스트는 교육훈련을 실시하기 전 직무수행과 교육훈련 후의 직무수행을 비교할 수 있는 기준이 되므로 이를 시행하지 않으면 교육훈련 프로그램의 성공 여부를 평가할 수 없다. 또한 이를 통하여 프로그램 계획과 교육훈련방법을 선택할 수 있다.

3.2.4.6. 교육훈련방법 선택

교육훈련 성과를 크게 좌우하는 중요한 요소는 교육훈련을 실시함에 있어서 적용하는 방법 내지 기법이다. 교육훈련의 내용이 아무리 훌륭하다고 하더라도 우수한 훈련의 방법이나 기법을 도입할 수 없다면 이는 전혀 소용없는 것이 되고 만다. 그러므로 교육훈련 전문가들에게 요청되는 중요한 과업 중의 하나는 우수한 훈련방법을 발전시키는 문제라 할 수 있다.

3.2.4.7. 교육의 실시

어떤 교육훈련 프로그램이 소기의 목적을 달성하는 데 있어서 실제 교육을 실시하는 단계는 훈련방법, 피교육자, 교육자를 선정하는 과정만큼이나 중요하다. 교육계획을 아무리 철저히 수립하였다 하더라도 계획한 내용대로 교육을 실시하지 못하고, 결국 가장 손쉬운 방법으로 끝내버리는 경우가 더 많다. 계획한 내용대로 교육을 실시하지 못하면 교육목적의 달성은 멀어지게 마련이다.

3.2.4.8. 결과의 평가

교육훈련의 여러 단계 중에서 중요한 것 중의 하나가 교육훈련을 실시한 후 효과를 평가하는 과정이다. 그러나 많은 경우 소홀히 다루어 많은 외식기업들이 많은 교육비를 지출하면서도 교육 프로그램이 종업원들이나 기업에 얼마만큼 도움이 되었는지를 모른다.8)

---

8) 전타식 (2009). *쉽게 배우는 창업경영론.* 서울: 두남출판사

연습문제

01 창업을 해야 하는 이유에 대하여 설명하시오.

02 창업의 절차에 대하여 설명하시오.

03 창업자가 갖추어야 할 자질을 설명하고, 성공한 창업자의 자질들에 대해서 토의하시오.

참고문헌

강순희(1999). *주요국의 인적자원회계(HRA)의 도입사례와 시사점*, 제1회 지식경영 학술 심포지엄
강정수(2016). 슬로우 뉴스, 2월 12일자
강정애·권순원·김현아·양혜현·조은영·태정원(2015). *조직행동론(제2판)*. 서울, 한국
경기개발연구원(2014). *우리나라 벤처캐피탈의 지원현황과 미래 발전사항*. 수원, 한국: 경기개발연구원
구동모·김진극·박형근·오상영·조헌진(2013). *경영학*. 서울, 한국: 학현사
구매조달 분야 NCS(2014), p.17.
김남현·김정원·류태모·송경수·정현우(2015). *경영학원론*. 서울, 한국: 경문사
김명관·현병환·최종인(2007). *R&D기획*. 서울, 한국: 한국산업기술진흥협회
김희철(2012). *창업경영론*. 서울, 한국: 두남출판
노승종·오세경·이승창(2009). *경영학의 이해*(제4판). 서울, 한국: 한경사
문체부(2009). *모태펀드 활성화방안*. 서울, 한국: 문체부
문희경·김주리·최진탁·한성국(2016). *정보기술과 미래사회*. 서울, 한국: 와이북스
박계홍(2015). *경영조직론. 서울, 한국*: 학현사
박명호·김상우·백운배·장영혜(2014). *인터넷마케팅(제3판)*. 서울, 한국: 명경사
박상범·이재식·윤석진(2014). *현대경영학원론*. 서울, 한국: 탑북스
박상범·박지연(2015). *경영학원론(제2판)*. 서울, 한국: 탑북스
박상범·이재식·윤석진(2014). *현대경영학원론*. 서울, 한국: 탑북스
박성환·이준우(2012). *역량중심 인적자원관리*. 서울, 한국: 법문사
박찬수(2014). *마케팅원리(제5판)*. 서울, 한국: 법문사
방용성·주윤황(2014). *창업경영*. 서울, 한국: 학현사
백기복(2014). *조직행동연구.(제6판)*. 서울, 한국: 창민사
서도원·이덕로(2016). *현대경영학원론*. 서울: 한국: 박영사
서인덕·김윤상(2014). *경영학의 이해(제2판)*. 서울, 한국: 문영사
신유근·이춘우(2014). *조직행위론*. 서울, 한국: 한경사
안광호·권익현, 임병훈(2012). *마케팅(제5판)*. 서울, 한국: 북넷
오종석·김종관(2012). *인적자원관리 (제2판)*. 서울, 한국: 탑북스
유필화·황규대·강금식·정홍주·장시영(2008). *디지털시대의 경영학(제3판)*. 서울, 한국: 박영사
유필화, 황규대, 강금식, 정홍주, 장시영(2014). *글로벌시대의 경영학(제3판)*. 서울, 한국: 오래
윤종훈, 송인암, 박계홍, 정지복(2013). *경영학원론(제2판)*. 서울, 한국: 학현사
이명호·신현길·이주헌·정인근·조남신·조장연·김귀곤·김솔(2014). *경영학으로의 초대(제4판)*. 서울, 한국: 박영사

이명호(2015). *경영학으로의 초대.* 서울, 한국: 박영사
이상윤·박한혁(2015), *판매관리론.* 서울: 도서출판 두남
이신모·최항석·한만호(2012). *경영학원론.* 서울, 한국: 두양사
이은숙(2009). *국내 적합성평가제도의 모델에 관한 연구-ISO/IEC 17000시리즈를 중심으로.* 박사학위논문. 서울, 한국: 명지대학교 대학원
이창효·한상찬(1999). *현대 생산·운영관리.* 서울, 한국: 도서출판 대명
이학식·임지훈(2015). *마케팅(제4판).* 서울, 한국: 집현재
임창희(2015). *조직론이해(제4판). 서울, 한국:* 학현사
장영광·정기만(2014). *생활 속의 경영학. 서울, 한국:* 신영사
전효찬(2003). The analysis on Korean companies financing decision and capital structure. 연세대학교 박사학위논문
전타식(2009). *쉽게 배우는 창업경영론.* 서울, 한국: 두남출판사
정순진(2010). *경영학연습.* 서울, 한국: 법문사
정승화(2008). *벤처 창업론.* 서울, 한국: 박영사
정택진·정재익·이은숙·류길홍·송준일(2009). *사회적 책임, 글로벌스탠더드로 실행하라.* 서울, 한국: 한울
㈜런닝솔루션(2002). *조직화.* 서울, 한국: 피어슨에듀케이션솔루션
중소기업청(2016). *2016년도 중소기업 지원시책.* 대전, 한국: 중소기업청
한국표준품질선진화포럼(2013). *지속적 성공을 위한 질경영시스템 구축 실행 가이드(ISO 9004: 2009를 기반으로).* 서울, 한국: 한국표준품질선진화포럼.
Charles W. L. Hill, Wteven L. McShane(2011). *경영학원론.* 서울, 한국: 경문사
ISO 9000: 2005 품질경영시스템-기본과 용어. 제네바, 스위스: ISO
Kelly Rainer, Brad Prince, Hugh Watson(2016). *미래 비즈니스를 위한 경영정보시스템(제3판).* 서울, 한국: 시그마프레스
Paige Baltzan(2016). *경영 정보 시스템(제5판).* 서울, 한국: 생능출판사
Philip Kotler, Gary Armstrong(2015). *Kotler의 마케팅 원리(제15판).* 서울, 한국: 시그마프레스

Adams, J. S. (1963). Toward an understanding of inequity. *Journal of Abnormal and Social Psychology,* 67(5), 422-436.
Alderfer, C. P. (1972). *Existence, relatedness, and growth.* New York: Free Press.
Bontis, N., Dragontti, N. C., Jacobsen, K., & Roos, G. (1999). The Knowledge Toolbox: A Review of the Tools Available to Measure and Manage Intangible Resource. *European Management Journal,* 17(4)
Eccles, R. G. and Pyburn, P. J. (1992). Creating a Comprehensive System to Measure Performance. *Management Accounting*, Oct
Edvinsson, L., & Malone, M. (1997). *Intellectual Capital.* New York.: Harper Business.
Fiedler, F. E. (1964). A contingency model of leadership effectiveness. In L. Berkowtir (Ed.), *Advances in experimental social psychology* (pp. 149-190), New York: Academic Press.

Gröjer, J. E. (1993). *Redovisa anställda på balansräkningen!: Put people on the balance sheet!.* Stockholm: Labora Press.

Herzberg, F., Mausner, B., & Snyderman, B. B. (1959). *The Motivation to Work* (2nd ed.). New York: John Wiley & Sons.

House, R. J. (1971). A path-goal theory of leader effectiveness. *Administrative Science Quarterly.* 16, 321-338.

Johnson, T. H., & Kaplan, R. S. (1987). *Relevance Lost - The Rise and Fall of Management Accounting.* Boston: Mass. Harvard Business School Press.

Kaplan, R. S. & Norton, D. P. (1996). *The Balanced Scorecard,* Boston: Mass. Harvard Business School Press.

Lev, B. (1997). The Boundaries of Financial Reporting and How to Extend Them. Paper at the OECD Conference on 'Industrial Competitiveness in the Knowledge-Based Economy in Stockholm

Lewin, K., Lippitt, R., & White, R. K. (1939). Patterns of aggressive behavior in experimentally created social climates. *Journal of Social Psychology*, 10, 271-301.

Locke, E. A., & Lartham, G. P. (1990). *A Theory of Goal Setting E-Task Performance.* Englewood Cliffs, N. J.: Prentice Hall.

Maslow, A. H. (1943). A theory of human motivation. *Psychological Review*, 50, 370-396.

Max D.Richards, *Setting Strategic Goals and Objectives*, 2d ed. (St.Paul, MN: West, 1986)

McClelland, D. C., Atkinson, J. W., Clark, R. A., and Lowell, E. (1953). *The Achievement Motive* (Eds.). Englewood Cliffs, NJ.: Appleton-Century-Crofts.

Meising, Paul, and Wolfe, Joseph(1985). The Art and Science of Planning at the Business Unit Level. *Management Science,* 31, 773-781.

Miller, Chet, & Cardinal, Laura B. (1994). Strategic Planning and Firm Performance: A Synthesis of More than Two Decades of Research. *Academy of Management Journal,* 37(6), 1646-1665.

Miller, E. (1977). Risk, uncertainty, and divergence of opinion. *Journal of Finance,* 32, 1151- 1168.

Muczyk, Jan P., & Reimann, Bernard C. (1989). MBO as a Complement to Effective Leadership. *The Academy of Management Executive,* 3, 131-138.

Myers,S.C.,& Majluf N. S. (1984). Equity financing in a Myers–Majluf framework with private benefits of control. *Journal of Corporate Finance,* 11(5), 915- 945.

Olve, N-G., Roy, J. & Wetter, M. (1999). *Performance Drivers*. John Wiley & sons Ltd.

Peters, T. (1987). *Thriving on Chaos: Handbook for a Management Revolution*. London: Macmillan.

Ross, S. (2002). Multiple Principals, Multiple Signals: A Signaling Approach to Principal-Agent Relations. *Policy Studies Journal,* 33(3), 363-376.

Shank, J. K., & Gobindarajan, V. (1993). *Strategic Cost Management.* New York: Free Press.

Stata, Ray (1989), Organizational Iearning-The Key to Management Innovation. Sloan Management Review, Spring

Thompson, Jr., Arthur A., & Strickland, III, A. J. (1992). *Strategic Management: Concepts and Cases* (6th ed.). Homewood, IL: Iwin.

Thompson, Jr., Arthur A., & Strickland, III, A. J. (1992). *Strategic Management: Concepts and Cases* (6th ed.). Homewood, IL: Iwin; Shanklin, William L., & Ryans,

Jr., John K. (1981). Is the International Cash Cow Really a Prize Heifer? *Business Horizons,* 24, 10-16.

Vroom, V. (1964). *Work and Motivation.* New York NY.: John Wiley.

찾아보기

▶ ㅊ

공저자 소개

■ 권 영 식
- 한양대학교 경영학과, 겸임교수

■ 김 기 평
- 대전대학교 국제물류학과, 교수

■ 김 세 진
- 유한대학교 경영과, 외래교수

■ 박 철 주
- 삼육대학교 경영학과, 교수

■ 백 운 배
- 대구미래대학교 서비스경영과, 교수

■ 서 근 하
- 경남정보대학교 경영정보과, 교수

■ 서 대 성
- 성결대학교 경영학과, 교수

■ 신 동 진
- 배재대학교 경영학과, 외래교수

■ 이 광 근
- 경동대학교 경영학과, 교수

■ 이 상 윤
- 미국 캐롤라인대학교 경영대학, 학장

■ 이 승 은
- 대전보건대학교 마케팅관리과, 교수

■ 조 경 인
- 대전과학기술대학교, 물류유통경영과, 겸임교수

■ 황 문 영
- 대전과학기술대학교 물류유통경영과, 교수

■ 윤 명 길 (책임저자)
- 을지대학교 의료IT마케팅학과, 교수
- E-mail: retail21@daum.net

경영학원론

초 판 1쇄 인쇄 —— 2017년 8월 15일
초 판 1쇄 발행 —— 2017년 8월 20일
지은이 —— 권영식 김기평 김세진 박철주 백운배 서근하 서대성 신동진 이광근 이상윤 이승은 조경인 황문영 윤명길
펴낸이 —— 전 두 표
펴낸곳 —— 도서출판 두남
서울시 강동구 성내로6길 34-16 두남빌딩
신 고 : 제25100-1988-9호
TEL : 02) 478-2065~7, 2311
FAX : 02) 478-2068
E-mail : dunam1@unitel.co.kr
http://www.dunam.co.kr

정가 25,000원

ISBN 978-89-6414-751-1 93320